"十四五"职业教育国家规划教材

"十三五"职业教育国家规划教材

高等教育教学改革行动计划系列教材 • 大数据与会计专业

财务管理实务

第2版

主　编 | 张文华

副主编 | 于　艳　吴丽娟　马丽丽　耿丽君

電子工業出版社

Publishing House of Electronics Industry

北京 • BEIJING

图书在版编目（CIP）数据

财务管理实务/张文华主编. —2版. —北京：电子工业出版社，2022.5
ISBN 978-7-121-43322-1

Ⅰ. ①财… Ⅱ. ①张… Ⅲ. ①财务管理－高等学校－教材 Ⅳ. ①F275

中国版本图书馆CIP数据核字（2022）第069793号

责任编辑：刘淑丽
印　　刷：三河市华成印务有限公司
装　　订：三河市华成印务有限公司
出版发行：电子工业出版社
北京市海淀区万寿路173信箱　邮编　100036
开　　本：787×1092　1/16　印张：18.25　字数：456千字
版　　次：2018年6月第1版
2022年5月第2版
印　　次：2025年2月第5次印刷
定　　价：59.00元

凡所购买电子工业出版社图书有缺损问题，请向购买书店调换。若书店售缺，请与本社发行部联系，联系及邮购电话：（010）88254888，88258888。

质量投诉请发邮件至 zlts@phei.com.cn，盗版侵权举报请发邮件至 dbqq@phei.com.cn。

本书咨询联系方式：（010）88254182，liusl@phei.com.cn。

前　言

本书是“十三五”职业教育国家规划教材，是“中国特色高水平高职学校和专业建设计划”建设院校立项的重点教材。本书适用于职教本科、高职专科的财经类专业及其他相关专业教学使用，同时也可以满足财经类各专业继续教育和各种形式职业培训教学的需要。

为适应职业教育人才培养模式改革需要，深入贯彻以学生为中心、以职业能力培养为核心的教学改革，本书在第一版的基础上，吸收财务管理改革实践最新成果，对内容体系进行了深度优化整合。编写团队调研了互联网、大数据、云计算、人工智能、区块链等技术创新领域对企业财务管理提出的新要求，依据职业岗位能力、课程教学实践、职业技能大赛、1+X证书和会计专业技术资格考试的需求，在本书编写中全面深化“岗课赛证”融合，强化对财务管理工作岗位职业能力与职业素养的训练和培养。

本书延续“业财融合、理实一体”的总体思路，继续采取“项目导向、任务驱动”的编写模式，以财务管理岗位工作流程为线索，将全书内容设计为八个项目，具体包括：财务管理基础、财务管理的价值观念、筹资管理、投资管理、营运资金管理、利润管理、预算管理和财务分析。每个项目都有明确的“学习目标”（包括“知识学习目标”和“技能训练目标”）、“导入案例”、“项目小结”、“主要概念”、“推荐阅读”和“习题与实训”等栏目。修订后，本书突出了以下特点：

第一，思政引领，德技并修。坚持正确的政治方向和价值观，将会计职业素养培养全程贯通。以习近平新时代中国特色社会主义思想为指导，培育和践行社会主义核心价值观，着力突出财经人诚实守信品格的培养，书中通过“博学增信”“诚信故事”等栏目，培养学生诚信做事、诚信做人、诚信立业的良好品质。

第二，知识点和技能点由浅入深，层层递进。书中尽量简化概念的讲述与描述，培养学生的财务管理逻辑思维，帮助学生更好地掌握和运用知识和技能。本书的编排提供不同学时的教学大纲，便于教师分层次安排教学。

第三，通俗易懂，易学易教。结合职业院校学生的认知规律，对于理论性强的内容，融入编者多年的财务管理教学经验，尽量做到通俗易懂、精简完善。书中还以“想一想”“做一做”“议一议”“温馨提示”“拓展阅读”等栏目形式，对重点概念、知识点和技能点予以提示和巩固，有利于读者对内容的理解和把握，增强了本书的可读性和趣味性。

第四，资源丰富，新形态一体化。在本书的编写中，深化产教融合、校企合作，吸收企业财经专家参与编写，校企“双元”合作开发，突出“做中学、做中教”的职业教育教学特色。本书另配有教学大纲、教学计划、教学课件、习题与实训参考答案、微课视频等相关教学资源。

本书由张文华担任主编，由于艳、吴丽娟、马丽丽、耿丽君担任副主编，肖全章、王慧姝为参编。本书由张文华负责设计体系和编写大纲，并对全书进行修改、总纂和定稿。

在本书编写和修订的过程中，淄博职业学院财务管理实务课程建设团队全体成员参与了课程资源的制作和完善，山东中瑞鲁信税务师事务所有限公司的实践专家参加了教材项目的修订，电子工业出版社编辑刘淑丽对教材的出版给予了支持和帮助，在此一并表示衷心的感谢！

由于水平有限，书中不足在所难免，敬请广大读者提出批评和改进建议，以便我们今后进一步修订完善。

编　者

2022 年 1 月

目　录

项目一　财务管理基础 ······ 1

任务一　认知财务管理 ······ 2

业务一　掌握财务管理的概念及相关活动 ······ 2

业务二　熟悉企业与利益相关者之间的关系 ······ 5

任务二　认知财务管理目标和原则 ······ 6

业务一　掌握财务管理的目标 ······ 7

业务二　熟悉财务目标理论中的冲突 ······ 11

业务三　熟悉企业财务管理的原则 ······ 12

任务三　熟悉财务管理的环境 ······ 13

项目小结 ······ 17

主要概念 ······ 17

推荐阅读 ······ 17

博学增信 ······ 18

习题与实训 ······ 18

项目二　财务管理的价值观念 ······ 21

任务一　掌握货币时间价值 ······ 21

业务一　了解货币时间价值 ······ 21

业务二　掌握货币时间价值的计算 ······ 22

业务三　掌握利率的计算 ······ 32

任务二　掌握风险与报酬 ······ 33

业务一　掌握资产收益与收益率的计算 ······ 34

业务二　掌握资产的风险与衡量 ······ 36

业务三　掌握证券资产组合的风险与收益 ······ 42

业务四　掌握资本资产定价模型 ······ 45

项目小结 ······ 47

主要概念 ······ 47

推荐阅读 ······ 47

博学增信 ······ 48

习题与实训 ······ 48

项目三　筹资管理 ······ 54

任务一　认知筹资管理 ······ 55

业务一　熟悉筹资动机和内容 …… 55
业务二　掌握筹资方式 …… 57
业务三　熟悉筹资分类 …… 59
业务四　了解筹资原则 …… 61
任务二　掌握债务筹资 …… 62
业务一　掌握银行借款筹资 …… 62
业务二　掌握发行公司债券筹资 …… 65
业务三　掌握融资租赁筹资 …… 68
业务四　掌握债务筹资的优缺点 …… 70
任务三　掌握股权筹资 …… 72
业务一　掌握吸收直接投资筹资 …… 72
业务二　掌握发行普通股筹资 …… 74
业务三　掌握留存收益筹资 …… 76
业务四　掌握股权筹资的优缺点 …… 78
任务四　熟悉衍生工具筹资 …… 79
业务一　熟悉可转换债券筹资 …… 79
业务二　熟悉认股权证筹资 …… 82
业务三　了解优先股筹资 …… 83
任务五　掌握资金需要量的预测 …… 85
业务一　熟悉因素分析法 …… 85
业务二　掌握销售百分比法 …… 86
业务三　掌握资金习性预测法 …… 87
任务六　掌握资本成本与资本结构 …… 90
业务一　掌握资本成本 …… 91
业务二　掌握杠杆效应 …… 98
业务三　掌握资本结构 …… 104
项目小结 …… 111
主要概念 …… 111
推荐阅读 …… 111
博学增信 …… 112
习题与实训 …… 112

项目四　投资管理 …… 119

任务一　认知投资管理 …… 120
业务一　了解投资管理的特点 …… 120
业务二　熟悉投资管理的分类和原则 …… 121
任务二　掌握项目投资管理 …… 124
业务一　掌握项目现金流量的计算 …… 125
业务二　掌握项目投资评价的基本方法 …… 128

任务三 掌握证券投资管理 …… 135
业务一 熟悉证券投资 …… 135
业务二 掌握债券投资 …… 138
业务三 掌握股票投资 …… 142
业务四 熟悉基金投资 …… 144
项目小结 …… 145
主要概念 …… 146
推荐阅读 …… 146
博学增信 …… 146
习题与实训 …… 146

项目五 营运资金管理 …… 151

任务一 认知营运资金管理 …… 152
业务一 了解营运资金 …… 152
业务二 熟悉营运资金管理策略 …… 154
任务二 掌握现金管理 …… 157
业务一 了解现金持有动机 …… 157
业务二 掌握最佳现金持有量 …… 158
业务三 熟悉现金管理模式和方法 …… 164
任务三 掌握应收账款管理 …… 167
业务一 了解应收账款的作用和成本 …… 167
业务二 掌握企业的信用政策 …… 169
业务三 掌握应收账款的监控 …… 172
业务四 了解应收账款的日常管理 …… 174
任务四 掌握存货管理 …… 176
业务一 熟悉存货管理的目标和存货的成本 …… 177
业务二 掌握最优存货量的确定 …… 179
业务三 熟悉存货的控制系统 …… 182
任务五 熟悉流动负债管理 …… 183
业务一 掌握短期借款的融资方式 …… 183
业务二 了解短期融资券 …… 185
业务三 掌握商业信用筹资 …… 186
业务四 了解流动负债的利与弊 …… 189
项目小结 …… 189
主要概念 …… 189
推荐阅读 …… 190
博学增信 …… 190
习题与实训 …… 191

项目六 利润管理……195
任务一 认知利润管理……196
业务一 了解利润分配原则……196
业务二 掌握利润分配的顺序……197
任务二 掌握利润分配政策……198
业务一 熟悉股利政策与公司价值的关系……199
业务二 熟悉利润分配的制约因素……203
业务三 掌握股利支付形式与程序……205
业务四 掌握公司股票分割与股票回购……208
项目小结……210
主要概念……211
推荐阅读……211
博学增信……211
习题与实训……211
项目七 预算管理……216
任务一 认知预算管理……216
任务二 掌握预算管理……219
业务一 掌握预算的编制方法……219
业务二 掌握预算的编制……226
业务三 熟悉预算的执行与考核……236
项目小结……238
主要概念……238
推荐阅读……239
博学增信……239
习题与实训……239
项目八 财务分析……243
任务一 认知财务分析……244
业务一 了解财务分析……244
业务二 掌握财务分析的方法……246
任务二 掌握财务报表分析……249
业务一 掌握偿债能力分析……249
业务二 掌握营运能力分析……254
业务三 掌握盈利能力分析……258
业务四 掌握发展能力分析……260
业务五 掌握杜邦分析法……261
项目小结……265
主要概念……265

推荐阅读……265
博学增信……266
习题与实训……266
附录 A 复利终值系数表……270
附录 B 复利现值系数表……273
附录 C 年金终值系数表……276
附录 D 年金现值系数表……279
参考文献……282

项目一

财务管理基础

学习目标

知识学习目标

1. 理解财务管理的含义、内容和目标；
2. 掌握财务管理活动和财务关系；
3. 理解财务管理的环境和原则。

技能训练目标

1. 能够用正确的价值观指导企业的财务管理基础工作；
2. 能够正确判断企业的财务活动；
3. 能够恰当分析企业所处的财务管理环境；
4. 能够正确处理企业与利益相关者之间的关系。

导入案例

如果我无意于成为一名财务经理，那么我为什么还要学习财务管理知识？一个很好的理由是“为未来的工作环境而准备”。越来越多的企业正在削减经理职位，而把公司金字塔的各个层次糅合在一块儿，是为了降低成本和提高劳动生产率。结果，剩下的经理的职责范围变得很宽。未来的成功经理应该是一名团队首领，他的知识和能力保证他既能在组织内纵向流动，又能横向流动，即从事复合型的工作。因此，在不久的未来，掌握基本的财务管理知识将是你工作环境中不可缺少的关键要素。

无论你有意还是无意于成为一名财务经理，无论你从事什么工作，在市场经济时代，掌握财务管理知识和技能都是十分必要的。在现代公司的管理中，财务经理扮演着一个活跃的角色，财务经理每天都必须应付众多外部环境的变化和内部事务的处理，诸如公司之间竞争的加剧、技术的突变、通货膨胀和利率的变化、全球经济的不确定性、汇率的波动、税法的变更、投资的决策、融资的决策、资产管理的决策等。

如果你是一名财务经理，那么你在应变、筹集资金、资产投资和管理等方面的能力将影响公司的成败。要当好一名财务经理，首先应学习财务管理的基本理论，熟悉财务管理的基本内容，掌握财务管理的各种方法与技能；其次应学习财务管理的相关知识与技能；最后在企业经济工作中不断实践和总结。

学习财务管理，应先从了解财务管理的概念和特征开始。

财务管理是在一定的整体目标下，组织企业财务活动、处理财务关系的一项经济管理工作。财务管理的概念建立在财务活动和财务关系的基础上。

任务一 认知财务管理

任务描述

在理解财务管理含义的基础上，掌握公司财务活动包括的相关内容，明确财务管理的目标、原则及所处的环境因素，从而对企业财务管理有一个总体印象。

业务一 掌握财务管理的概念及相关活动

业务描述

理解财务管理的概念并能够灵活应用财务管理的相关活动安排企业工作。

相关知识

财务管理认知

一、财务管理概念

财务管理是基于企业在经营中客观存在的财务活动和财务关系而产生的，它主要利用价值形式对企业所从事的生产经营活动进行管理，是组织资金运动、处理财务关系的一项综合性管理工作。

财务管理是企业管理的一个重要组成部分，财务管理的对象是企业资金的循环与周转。财务管理的实质是处理好企业与各方面的财务关系，其主要内容是筹资、投资、营运和利润分配，其主要职能是预测、预算、决策、控制与分析评价。

【想一想】

企业财务管理的工作过程是财务预测→财务预算→财务决策→财务控制→财务分析→业绩评价与激励。你能否从这个过程中理解财务管理的基本含义？连接这一过程的纽带是什么？

二、财务管理活动

财务管理活动

企业的财务活动具体包括资金的筹集、运用、回收及分配等一系列行为。这些财务活动将财务管理的内容确定为以下四个方面。

（一）筹资活动

筹资活动是指企业为了满足生产经营活动的需要，从一定的渠道，采用特定的方式，筹措和集中所需资金的过程。筹集资金是企业进行生产经营活动的前提，也是资金运动的起点。一般而言，企业可以从三个方面筹集并形成三种性质的资金来源：一是从所有者处取得权益性资金；二是从债权人处取得债务性资金；三是从企业获利中留存一部分权益性资金。企业筹集的资金，可以是货币资金，也可以是实物资产或无形资产。从资金的运动状态看，筹资活动表现为资金的流入。

（二）投资活动

企业在取得资金后，必须将资金投入生产经营活动中，以谋取最大的经济效益，否则，筹资不仅失去意义，而且还会给企业带来损失。投资有广义和狭义之分。广义的投资是指企业将筹集的资金投入使用的过程，包括企业内部使用资金的过程和企业对外投放资金的过程。就前者而言，企业主要是通过购买原材料和机器设备、聘用员工、建造生产设施、开展研发活动等行为将筹集的资金投放到生产经营中的，形成各种生产资料，如流动资产、固定资产、无形资产和其他资产等；然后营运这些资金，开展生产经营活动，并合理确定和控制资金在使用过程中的耗费；最终通过生产经营收入，使这些耗费得以补偿，重回资金起点。狭义的投资仅指企业将现金、实物或无形资产等投放于企业外部其他企业或单位而形成的股权性投资或债权性投资。从资金的运动状态看，投资活动表现为资金的流出。

（三）资金营运活动

资金营运活动是指在日常生产经营活动中所发生的一系列资金的收付活动。相对于其他财务活动而言，资金营运活动是最频繁的财务活动。资金营运活动围绕营运资金展开。如何加快营运资金的周转、提高营运资金的利用效果，是资金营运活动的关键。资金营运活动既包括由于支付工资、营业费用及其他各项费用的现金支出，也包括由于企业销售产品或提供劳务所取得收入的现金回收。从资金的运动状态看，资金营运活动既表现为资金的流出，又表现为资金的流入。

（四）收益分配活动

企业通过资金的投放和使用，必然会取得各种收入。企业的收入先要用以弥补生产耗费及期间费用，缴纳流转环节税费，剩余部分形成企业的营业利润。营业利润和营业外净收支构成企业的利润总额。利润总额先要按国家规定缴纳所得税，税后利润要提取公积金和公益金，分别用于扩大积累、弥补亏损和改善职工集体福利设施，其余利润分配给投资者或暂时留存企业。企业必须根据国家有关法律、法规和制度所确定的分配原则，合理确定分配的规模和分配的方式，这是一项重要的财务管理工作。从资金的运动状态看，收益分配活动表现为资金的流出。

筹资活动、投资活动、资金营运活动和收益分配活动等共同构成了财务活动的主要内容，同时这些财务活动之间也是紧密相关的，如筹资活动是投资活动的前提与基础，资金营运活动是投资活动取得成功的保证，收益分配活动是其他财务活动的必然结果和归宿，同时也为其他财务活动的正常开展提供动力。总之，以上财务活动伴随着企业生产经营活动反复进行，按既有的轨迹不断地运动，共同构成了企业财务管理的主要内容。

【案例分析】

20×2 年年初，齐鲁公司召开年度经济工作会议，总经理李达总结齐鲁公司 20×1 年公司各项经济指标完成情况并对业绩显著的部门和个人进行表彰。同时，根据各部门上报的经济指标，经财务部编制，预算委员会批准，李达总经理下达了公司 20×2 年财务预算。李达总经理在公司年度经济工作会议上说：

“同志们，经过全公司员工的共同努力，20×1 年公司全面完成了各项预定目标，并取得了骄人的业绩。

全年实现销售 22 亿元，比计划的 20 亿元，增长了 10%；全年实现利润 1.2 亿元，比计划的 1 亿元，增长了 20%；全年实现净利 9 000 万元，比计划的 7 500 万元，增长了 20%；全年上缴国家税收 3 000 万元，比计划的 2 600 万元，增长了 15.38%；20×1 年投资 5 000 万元，年末资产总额达 5.5 亿元，比年初的 4.8 亿元，增长了 14.58%；20×1 年年末净资产达 3.85 亿元，比年初的 3 亿元，增长了 28.33%；20×1 年年末每股净收益达 3.85 元，比年初的 3.1 元，增长了 24.19%。

我代表齐鲁公司向全体员工在一年中付出的辛勤劳动表示衷心感谢!

同志们，成绩只能代表过去。20×2 年我们将继续拼搏，经过大家讨论，财务部已经编制了 20×2 年的财务预算，经过公司董事会的审议，我受董事会的委托，向大家下达 20×2 年公司的各项财务预算指标：全年销售目标为 18 亿元；全年利润目标为 1.35 亿元；全年净利润目标为 1 亿元；全年税收目标为 4 000 万元；年末资产目标为 6 亿元；年末净资产目标为 4 亿元；年末每股净收益目标为 4 元。

为实现这些目标，公司决定，筹集资金 3 000 万元，投资建设两条生产线，以进一步扩大企业的生产经营规模。会后请财务部将 20×2 年财务预算下达给各部门。”

任何企业的生产经营活动，都是运用人力、资金、物资与信息等各项生产经营要素来进行的，其中包含了生产经营的业务活动和财务活动两个方面，与之对应的，在企业中必然存在两种基本管理活动，即生产经营管理和财务管理。企业财务是指企业生产经营过程中的资金运动及其所体现的财务关系。财务管理是组织企业财务活动、处理财务关系的一项经济管理工作。理解企业财务管理的基本概念，还必须了解资金运动、财务活动及财务关系等相关概念。

请问：

（1）齐鲁公司的年度经济工作会议是不是主要在安排财务活动？

（2）这些财务活动是否包括了筹资活动、投资活动、资金营运活动和收益分配活动？

【案例分析】

王晓学习了财务管理的内容后有一个设想：毕业后自主创办一个广告设计公司，通过 5 年努力获得 100 万元利润，然后成家立业。带着这个想法王晓请教老师，老师说：“很好，你先做个规划给我看看。”于是，王晓查阅资料，到广告公司实地考察，得到如下信息：广告设计公司需要租用 30 平方米的房屋，每年租金预计为 5 万元；购买一套设计、打印、喷绘设备，预计投资 5 万元；聘请每位工作人员每年需要支付报酬 6 万元；开业运行后每年需要支付水电、物业等管理费用 1 万元；承接广告设计需要支付的材料等费用预计占收入的 30%；增值税占收入的 5%，所得税税率为 25%；工商注册资金需要 5 万元。根据这些信息，王晓编制的财务规划如下。

（1）筹资活动：筹集资本金 5 万元和借款 10 万元，共计 15 万元，开办广告设计公司。

（2）投资活动：用于工商注册、租赁房屋和购买设备。

（3）资金营运活动：聘请 2 位工作人员，每年工资报酬为 12 万元，每年水电物业费为 1 万元，材料费为收入的 30%，增值税为收入的 5%。

（4）收益分配活动：每年利润上缴 25%的所得税，剩余全部归自己，5 年得到 100

万元。

请问：王晓在5年时间里每年需要承接多少业务才能实现目标利润？

业务二　熟悉企业与利益相关者之间的关系

业务描述

掌握财务管理的关系，并能够正确处理企业与利益相关者之间的关系。

相关知识

企业的财务活动是以企业为主体来进行的，企业作为法人，在组织财务活动过程中，必然与企业内外部有关各方发生广泛的经济利益关系，这就是企业的财务关系。企业的财务关系可概括为以下几个方面。

企业与利益相关者的关系

一、企业与政府之间的财务关系

政府作为国家的行政管理者，担负着维护社会正常秩序、保卫国家安全、组织和管理社会活动等任务。为了实现政府职能，国家通过税收的形式参与企业的收益分配。这种关系体现为一种强制和无偿的分配关系。

二、企业与投资者之间的财务关系

这主要是指企业的所有者向企业投入资本形成的所有权关系，企业的所有者主要有国家、个人和法人单位，它具体表现为独资、控股和参股关系。企业作为独立的经营实体，独立经营，自负盈亏，实现所有者资本的保值与增值。所有者以出资人的身份，参与企业税后利润的分配，体现为所有权性质的投资与受资的关系。

三、企业与债权人之间的财务关系

这主要是指债权人向企业贷放资金，企业按借款合同的规定按时支付利息和归还本金所形成的经济关系，企业的债权人主要有金融机构、企业和个人。企业除利用权益资金进行经营活动外，还要借入一定数量的资金，以便扩大企业经营规模，降低资金成本。企业同债权人的财务关系在性质上属于债务与债权关系。在这种关系中，债权人不像资本投资者那样有权直接参与企业经营管理，他们对企业的重大活动不享有表决权，也不参与剩余收益的分配，但在企业破产清算时享有优先求偿权。因此债权人投资的风险相对较小，收益也较低。

四、企业与受资者之间的财务关系

这主要是指企业以购买股票或直接投资的形式向其他企业投资所形成的经济关系。随着市场经济的不断深入发展、企业经营规模和经营范围的不断扩大，这种关系将会越来越广泛。企业与受资方的财务关系体现为所有权性质的投资与受资的关系。企业向其他单位投资，依其出资额，可形成独资、控股和参股情况，并根据其出资份额参与受资方的重大决策和利润分配。企业投资的最终目的是取得收益，但预期收益能否实现，也存在一定的投资风险。投资风险大，要求的收益就高。

五、企业与债务人之间的财务关系

这主要是指企业将资金以购买债券、提供借款或商业信用等形式出借给其他单位所形

成的经济关系。企业将资金借出后，有权要求其债务人按约定的条件支付利息和归还本金。企业同其他债务人的关系体现为债权与债务关系。企业在提供信用的过程中，一方面会产生直接的信用收入，另一方面也会发生相应的机会成本和坏账损失的风险，企业必须考虑两者的对称性。

六、企业内部各单位之间的财务关系

这主要是指企业内部各单位之间在生产经营各环节中相互提供产品或劳务所形成的经济关系。在企业内部实行责任预算和责任考核与评价的情况下，企业内部各责任中心之间相互提供产品与劳务，应以内部转移价格进行核算。这种在企业内部形成的资金结算关系，体现了企业内部各单位之间的利益均衡关系。

七、企业与职工之间的财务关系

这主要是指企业向职工支付劳动报酬过程中所形成的经济关系。职工是企业的劳动者，他们以自身提供的劳动作为参加企业分配的依据。企业根据劳动者的劳动情况，用其收入向职工支付工资、津贴和奖金，并按规定提取公益金等，体现了职工个人和集体在劳动成果上的分配关系。

【议一议】

齐鲁公司20×1年度实现利润12 000万元，按照25%的所得税税率应上缴国家所得税3 000万元，获得净利润9 000万元，年初未分配利润为5 000万元，年末可供分配利润为14 000万元，按照10%提取法定盈余公积，按公司章程分配投资者利润30%～50%。

请问：

（1）在该利润分配中涉及哪些财务关系？

（2）你在处理这些财务关系时是否有主次之分？

（3）假定从公司发展出发，你会选择分配投资者利润的比例是多少？

诚信故事

中国近代山西的商业非常繁荣。山西商人这一群体被称为“晋商”。晋商成功的基础就是立德、守信。

晋商有家训：经商先做人，做人先修德。

天地生人，有一人应有一人之业；人生在世，生一日当尽一日之勤。

凡语必忠信，凡行必笃敬。

思考一下：为什么以逐利为目的的商人却要以诚信为本？

任务二 认知财务管理目标和原则

任务描述

掌握财务管理各种目标的特点和适用范围，并能够正确分析各种目标的优缺点，熟悉

财务管理的原则。

业务一 掌握财务管理的目标

业务描述

掌握财务管理的目标并能够分析各种目标的优缺点。

相关知识

企业的目标就是创造价值。一般而言，企业财务管理的目标就是为企业创造价值服务。鉴于财务主要是从价值方面对企业的商品或服务提供过程实施管理，因而财务管理可为企业的价值创造发挥重要作用。

企业财务管理目标有如下几种具有代表性的理论。

一、利润最大化

利润最大化目标

利润最大化是假定企业财务管理以实现利润最大化为目标。

以利润最大化作为财务管理目标，其主要原因有三：一是人类从事生产经营活动的目的是创造更多的剩余产品，在市场经济条件下，剩余产品的多少可以用利润这个指标来衡量；二是在自由竞争的资本市场中，资本的使用权最终属于获利最多的企业；三是只有每个企业都最大限度地创造利润，整个社会的财富才可能实现最大化，从而带来社会的进步和发展。

利润最大化目标的主要优点是：

企业追求利润最大化，就必须讲求经济核算，加强管理，改进技术，提高劳动生产率，降低产品成本。这些措施都有利于企业资源的合理配置，有利于企业整体经济效益的提高。

然而，以利润最大化作为财务管理目标存在以下缺陷：

（1）没有考虑利润实现时间和货币时间价值。例如，今年 100 万元的利润和 10 年以后同等数量的利润其实际价值是不一样的，10 年间还会有时间价值的增加，而且这一数值会随着折现率的不同而有所不同。

（2）没有考虑风险问题。不同行业具有不同的风险，同等利润值在不同行业中的意义也不相同。例如，风险比较高的高科技企业和风险相对较小的制造业企业无法简单比较。

（3）没有反映创造的利润与投入资本之间的关系。

（4）可能导致企业短期财务决策倾向，影响企业长远发展。由于利润指标通常按年计算，因此，企业决策也往往会服务于年度指标的完成或实现。

二、股东财富最大化

股东财富最大化是指企业财务管理以实现股东财富最大化为目标。在上市公司中，股东财富是由其所拥有的股票数量和股票市场价格两方面决定的。在股票数量一定时，股票价格达到最高，股东财富也就达到最大。

与利润最大化相比，股东财富最大化的主要优点是：

（1）考虑了风险因素，因为通常股价会对风险有较敏感的反应。

（2）在一定程度上能避免企业短期行为，因为不仅目前的利润会影响股票价格，预期的未来利润同样会对股价产生重要影响。

（3）对上市公司而言，股东财富最大化目标比较容易量化，便于考核和奖惩。

以股东财富最大化作为财务管理目标也存在以下缺点：

（1）通常只适用于上市公司，非上市公司难于应用，因为非上市公司无法像上市公司一样随时准确地获得公司股价。

（2）股价受众多因素影响，特别是企业外部的因素，有些还可能是非正常因素。股价不能完全准确地反映企业财务管理状况。例如，有的上市公司处于破产的边缘，但由于可能存在某些机会，其股票市值可能还在走高。

（3）股东财富最大化目标强调更多的是股东利益，而对其他相关者的利益重视不够。

三、企业价值最大化

企业价值最大化是指企业财务管理行为以实现企业的价值最大化为目标。企业价值可以理解为企业所有者权益的市场价值，或者企业所能创造的预计未来现金流量的现值。未来现金流量这一概念，包含了货币时间价值和风险价值两个方面的因素。因为未来现金流量的预测包含了不确定性和风险因素，而现金流量的现值是以货币时间价值为基础对现金流量进行折现计算得出的。

企业价值最大化要求企业通过采用最优的财务政策，充分考虑货币时间价值和风险与报酬的关系，在保证企业长期稳定发展的基础上使企业总价值达到最大。

以企业价值最大化作为财务管理目标，具有以下优点：

（1）考虑了取得报酬的时间，并用货币时间价值的原理进行了计量。

（2）考虑了风险与报酬的关系。

（3）将企业长期、稳定的发展和持续的获利能力放在首位，能克服企业在追求利润上的短期行为，因为不仅目前的利润会影响企业的价值，而且预期的未来利润对企业价值增加也会产生重大影响。

（4）用价值代替价格，克服了外界市场因素的干扰，有效地规避了企业的短期行为。

然而，以企业价值最大化作为财务管理目标也存在以下问题：

（1）企业的价值过于理论化，不易操作。尽管对于上市公司，股票价格的变动在一定程度上揭示了企业价值的变化，但是，股价是多种因素共同作用的结果，特别是在资本市场效率低下的情况下，股票价格很难反映企业的价值。

（2）对于非上市公司，只有对企业进行专门的评估才能确定其价值，而在评估企业的资产时，由于受评估标准和评估方式的影响，很难做到客观和准确。

四、相关者利益最大化

在现代企业是多边契约关系的总和的前提下，要确立科学的财务管理目标，首先就要考虑哪些利益关系会对企业发展产生影响。在市场经济中，企业的理财主体更加细化和多元化。股东作为企业所有者，在企业中有着最大的权利、义务、风险和报酬，但是债权人、员工、企业经营者、客户、供应商和政府也为企业承担着风险。例如：

（1）随着举债经营的企业越来越多，举债比例和规模不断扩大，使得债权人的风险大大增加。

（2）在社会分工细化的今天，由于简单劳动越来越少，复杂劳动越来越多，使得职工的再就业风险不断增加。

（3）在现代企业制度下，企业经理人受所有者委托，作为代理人管理和经营企业。在激烈的市场竞争和复杂多变的形势下，代理人所承担的责任越来越大，风险也随之加大。

（4）随着市场竞争和经济全球化的影响不断增大，企业与客户及企业与供应商之间不再是简单的买卖关系，更多的情况下是长期的伙伴关系，处于一条供应链上，并共同参与同其他供应链的竞争，因而也与企业共同承担一部分风险。

（5）政府不管是作为出资人，还是作为监管机构，都与企业各方的利益密切相关。

综上所述，企业的利益相关者除股东外，还包括债权人、企业经营者、客户、供应商、员工、政府等。因此，在确定企业财务管理目标时，不能忽视这些相关利益群体的利益。

相关者利益最大化目标的具体内容包括如下几个方面：

（1）强调风险与报酬的均衡，将风险限制在企业可以承受的范围内。

（2）强调股东的首要地位，并强调企业与股东之间的协调关系。

（3）强调对代理人即企业经营者的监督和控制，建立有效的激励机制以便实现企业的战略目标。

（4）维护企业普通职工的利益，创造优美和谐的工作环境和提供合理恰当的福利待遇，培养职工长期努力为企业工作。

（5）不断加强与债权人的关系，培养可靠的资金供应者。

（6）关心客户的长期利益，以便保持销售收入的长期稳定增长。

（7）加强与供应商的协作，共同面对市场竞争，并注重企业形象的宣传，遵守承诺，讲究信誉。

（8）保持与政府部门的良好关系。

以相关者利益最大化作为财务管理目标，具有以下优点：

（1）有利于企业长期稳定发展。这一目标注重企业在发展过程中考虑并满足各利益相关者的利益关系。在追求长期稳定发展的过程中，站在企业的角度上进行投资研究，避免只站在股东的角度进行投资可能导致的一系列问题。

（2）体现了合作共赢的价值理念，有利于实现企业经济效益和社会效益的统一。由于兼顾了企业、股东、政府、客户等的利益，企业就不仅仅是一个单纯谋利的组织，还承担了一定的社会责任。企业在寻求其自身的发展和利益最大化过程中，由于客户及其他利益相关者的利益，就会依法经营，依法管理，正确处理各种财务关系，自觉维护和切实保障国家、集体和社会公众的合法权益。

（3）这一目标本身是一个多元化、多层次的目标体系，较好地兼顾了各利益主体的利益。这一目标可使企业各利益主体相互作用、相互协调，并在使企业利益、股东利益达到最大化的同时，使其他利益相关者利益也达到最大化。也就是将企业财富这块“蛋糕”做到最大化的同时，保证每个利益主体所得的“蛋糕”更多。

（4）体现了前瞻性和现实性的统一。例如，企业作为利益相关者之一，有其一套评价指标，如未来企业报酬折现值；股东的评价指标可以使用股票市值；债权人可以寻求风险最小、利息最大；工人可以确保工资福利；政府可考虑社会效益等。不同的利益相关者有各自的指标，只要合理合法、互利互惠、相互协调，就可以实现所有相关者利益最大化。

因此，本书认为，相关者利益最大化是企业财务管理最理想的目标。

【工作实例】

中国石油化工集团有限公司（简称“中石化”）在经济转型和国有企业改革的历程中，经历了以下过程。

1．包干制和激励机制阶段

20世纪90年代中期以前，中石化工业生产总值持续高速增长，而这个时期的工业生产总值一直是中石化的主要生产经营目标。

2．现代企业制度阶段

随着企业自主权的进一步加大、市场经济体系的进一步完善，以及国有企业亏损的不断恶化，政府希望通过建立现代企业制度和引进国外先进的企业管理经验来激励国有企业最大化利润。但是中石化的利润（总额）与净利润在1999年之前有多个年度处于负增长，这说明利润最大化的目标没有实现。

3．国有企业上市阶段

由于企业首次公开募股（Initial Public Offering，IPO）效应，利润（总额）与净利润在1999年有较大幅度增长，在2000年稍有下降，之后平稳增长；每股收益在2000年有较大幅度增长，在2001年稍有下降，之后平稳增长。中石化在香港证券交易所的股价持续波动增长，涨幅远高于道琼斯股票指数及上证综合指数。这表明股东价值最大化是财务管理的目标之一。

4．国有资产保护和可持续发展阶段

随着科学发展观的提出和建立和谐社会的要求，中石化更加关注企业社会责任，建立了健康、安全的环境体系等。此阶段财务管理的目标是企业价值最大化。企业价值最大化要求企业在实现自身利益的同时，还要正确处理其与国家、社会、消费者和债权人等之间的关系，并尽可能使这些社会公众的利益得到最大的满足。企业价值最大化是一个综合目标，即投资人、债权人、经营者、政府和社会各方利益最大化。

从中石化的发展历程中，你能感悟到它的财务管理目标及其变化吗？

【温馨提示】

在《论语》中，有“不义而富且贵，于我如浮云”；“富与贵，是人之所欲也；不以其道得之，不处也。贫与贱，是人之所恶也；不以其道得之，不去也”的说法。其大意为发财富贵是所有人梦寐以求的，如果是通过不正当手段取得的，宁可不要。此外，还有“见利思义，见危授命，久要不忘平生之言，亦可以为成人矣”，以及荀子的“先义而后利者荣，先利而后义者辱”等关于“义与利”的辩论，都成为古代商业活动遵循的无形法则。请问，企业获取利润最大化和遵守道德约束如何平衡？本书认为企业在追求利润最大化时，要先考虑这种利润是否符合社会的道德准则，在此基础上实现利润最大化。

业务二　熟悉财务目标理论中的冲突

业务描述

掌握企业在财务管理中协调利益相关者目标的方法。

相关知识

协调相关者的利益冲突，要把握的原则是：尽可能使企业相关者的利益分配在数量上和时间上达到动态协调平衡。而在所有的利益冲突协调中，所有者与经营者、所有者与债权人的利益冲突协调又至关重要。

一、所有者与经营者利益冲突的协调

所有者与经营者利益冲突的协调

在现代企业中，经营者一般不拥有占支配地位的股权，他们只是所有者的代理人。所有者期望经营者代表他们的利益工作，实现所有者财富最大化，而经营者则有其自身的利益考虑，二者的目标经常会不一致。通常而言，所有者支付给经营者报酬的多少，在于经营者能够为所有者创造多少财富。经营者和所有者的主要利益冲突，就是经营者希望在创造财富的同时，能够获取更多的报酬、更多的享受；而所有者则希望以较小的代价（支付较小的报酬）实现更多的财富。

为了协调这一利益冲突，通常可采取以下方式解决。

1．解聘

这是一种通过所有者约束经营者的办法。所有者对经营者予以监督，如果经营者绩效不佳，就解聘经营者；经营者为了不被解聘就需要努力工作，为实现财务管理目标服务。

2．接收

这是一种通过市场约束经营者的办法。如果经营者决策失误，经营不力，绩效不佳，该企业就可能被其他企业强行接收或吞并，相应地经营者也会被解聘。经营者为了避免这种接收，就必须努力实现财务管理目标。

3．激励

激励就是将经营者的报酬与其绩效直接挂钩，以使经营者自觉采取能提高所有者财富的措施。激励通常有两种方式：

（1）股票期权。它允许经营者以约定的价格购买一定数量的本企业股票，股票的市场价格高于约定价格的部分就是经营者所得的报酬。经营者为了获得更大的股票涨价益处，就必然主动采取能够提高股价的行动，从而增加所有者财富。

（2）绩效股。企业运用每股收益、净资产收益率等指标来评价经营者绩效，并视其绩效大小给予经营者数量不等的股票作为报酬。如果经营者绩效未能达到规定目标，经营者将丧失原先持有的部分绩效股。这种方式使经营者不仅为了多得绩效股而不断采取措施提高经营绩效，而且为了使股价最大化，也会采取各种措施使股价稳定上升，从而增加所有者财富。但即使由于客观原因股价并未提高，经营者也会因为获取绩效股而获利。

二、所有者与债权人利益冲突的协调

所有者的目标可能与债权人期望实现的目标发生矛盾。首先，所有者可能要经营者改变举债资金的原定用途，将其用于风险更高的项目，这会增大偿债风险，债权人的负债价值也必然会降低，造成债权人风险与收益的不对称。这是因为，高风险的项目一旦成功，额外的利润就会被所有者独享；但若失败，债权人却要与所有者共同负担由此而造成的损失。其次，所有者可能在未征得现有债权人同意的情况下，要求经营者举借新债，偿债风险相应增大，从而致使原有债权的价值降低。

所有者与债权人的上述利益冲突，可以通过以下方式解决。

1．限制性借债

债权人通过事先规定借债用途限制、借债担保条款和借债信用条件，使所有者不能通过以上两种方式削弱债权人的债权价值。

2．收回借款或停止借款

债权人在发现企业有侵蚀其债权价值的意图时，采取收回债权或不再给予新的借款的措施，从而保护自身权益。

业务三　熟悉企业财务管理的原则

业务描述

掌握企业财务管理的原则，并能灵活运用，从而实现企业价值最大化。

相关知识

财务管理原则，就是公司在规划和控制资金运动过程中所遵循的依据和原则，它是我国市场经济对财务管理的客观要求。

一、自利行为原则

自利行为原则是指公司在进行决策时按照自己的财务利益行事，在其他条件相同的情况下公司会选择使自己利益最大的行为。

二、双方交易原则

双方交易原则是指每一项交易都至少存在两方，在一方根据自己的经济利益决策时，另一方也会按照自己的经济利益决策行动，并且对方和你一样聪明、勤奋和富有创造力，因此你在决策时要正确预见对方的反应。

三、净增效益原则

净增效益原则是指财务决策建立在净增效益的基础上，一项决策的价值取决于它和替代方案相比所增加的净收益。

四、风险-报酬权衡原则

风险-报酬权衡原则是指风险和报酬之间存在一个对等关系，投资人必须对风险和报酬做出权衡，为追求较高报酬而承担较大风险，或者为降低风险而接受较低的报酬。

五、货币时间价值原则

货币时间价值原则是指在进行财务计量时要考虑货币的时间价值因素。货币时间价值是指货币在经过一定时间的投资和再投资后所增加的价值。

任务三 熟悉财务管理的环境

任务描述

掌握影响企业的主要财务管理环境。

相关知识

一、技术环境

财务管理的技术环境，是指财务管理得以实现的技术手段和技术条件，它决定着财务管理的效率和效果。在企业内部，会计信息主要被提供给管理层决策使用，而在企业外部，会计信息则主要为企业的投资者、债权人等提供服务。随着数据科学、机器人流程自动化等机器智能技术不断应用到财务管理领域（如财务共享），财务管理的技术环境更容易实现数出一门、资源共享，便于不同信息使用者获取、分析和利用，进行投资和相关决策。

二、经济环境

在影响财务管理的各种外部环境中，经济环境是最重要的。

经济环境内容十分广泛，包括经济体制、经济周期、经济发展水平、宏观经济政策及社会通货膨胀水平等。

经济环境

（一）经济体制

在计划经济体制下，国家统筹企业资本、统一投资、统负盈亏，企业利润统一上缴、亏损全部由国家补贴，企业虽然是一个独立的核算单位但无独立的理财权利。财务管理活动的内容比较单一，财务管理方法比较简单。在市场经济体制下，企业成为“自主经营、自负盈亏”的经济实体，有独立的经营权，同时也有独立的理财权。企业可以从其自身需要出发，合理确定资本需要量，然后到市场上筹集资本，再把筹集到的资本投放到高效益的项目上获取更大的收益，最后将收益根据需要和可能进行分配，保证企业财务活动自始至终根据自身条件和外部环境做出各种财务管理决策并组织实施。因此，财务管理活动的内容比较丰富，方法也复杂多样。

（二）经济周期

在市场经济条件下，经济发展与运行带有一定的波动性。大体上经历复苏、繁荣、衰退和萧条几个阶段的循环，这种循环叫作经济周期。

在不同的经济周期，企业应采用不同的财务管理战略。西方财务学者探讨了经济周期中的财务管理战略，现择其要点归纳如表 1-1 所示。

表1-1 经济周期中的财务管理战略

复 苏	繁 荣	衰 退	萧 条
1. 增加厂房设备	1. 扩充厂房设备	1. 停止扩张	1. 建立投资标准
2. 实行长期租赁	2. 继续建立存货	2. 出售多余设备	2. 保持市场份额
3. 建立存货储备	3. 提高产品价格	3. 停产不利产品	3. 压缩管理费用
4. 开发新产品	4. 开展营销规划	4. 停止长期采购	4. 放弃次要利益
5. 增加劳动力	5. 增加劳动力	5. 削减存货	5. 削减存货
		6. 停止扩招雇员	6. 裁减雇员

（三）经济发展水平

财务管理的发展水平是和经济发展水平密切相关的，经济发展水平越高，财务管理水平也越高。财务管理水平的提高，将推动企业降低成本、改进效率、提高效益，从而促进经济发展水平的提高；而经济发展水平的提高，将改变企业的财务战略、财务理念、财务管理模式和财务管理的手段，从而促进企业财务管理水平的提高。财务管理应当以经济发展水平为基础，以宏观经济发展目标为导向，从业务工作角度保证企业经营目标和经营战略的实现。

（四）宏观经济政策

我国正在进行财税体制、金融体制、外汇体制、外贸体制、计划体制、价格体制、投资体制、社会保障制度等各项改革。所有这些改革措施，都深刻地影响着我国的经济生活，也深刻地影响着我国企业的发展和财务活动的运行。例如，金融政策中的货币发行量、信贷规模会影响企业投资的资金来源和投资的预期收益；财税政策会影响企业的资金结构和投资项目的选择等；价格政策会影响资金的投向和投资的回收期及预期收益；会计制度的改革会影响会计要素的确认和计量，进而对企业财务活动的事前预测、决策及事后的评价产生影响等。

（五）通货膨胀水平

通货膨胀对企业财务活动的影响是多方面的，主要表现在：

（1）引起资金占用的大量增加，从而增加企业的资金需求。

（2）引起企业利润虚增，造成企业资金由于利润分配而流失。

（3）引起利润上升，加大企业的权益资金成本。

（4）引起有价证券的价格下降，增加企业的筹资难度。

（5）引起资金供应紧张，增加企业的筹资困难。

为了减轻通货膨胀对企业造成的不利影响，企业应当采取措施予以防范。在通货膨胀初期，货币面临贬值的风险，此时企业进行投资可以避免风险，实现资本保值；与客户应签订长期购货合同，以减少物价上涨造成的损失；取得长期负债，保持资本成本的稳定。在通货膨胀持续期，企业可以采用比较严格的信用条件，减少企业债权；调整财务政策，防止和减少企业资本流失等。

三、金融环境

金融环境

（一）金融机构、金融工具与金融市场

金融机构主要是指银行和非银行金融机构。银行是指经营存款、放款、汇兑、储蓄等金融业务，承担信用中介的金融机构，包括各种商业银行和政策性银行，如中国工商银行、中国农业银行、中国银行、中国建设银行、国家开发银行、中国农业发展银行。非银行金融机构主要包括保险公司、信托投资公司、证券公司、财务公司、金融资产管理公司、金融租赁公司等机构。

金融工具是指形成一方的金融资产并形成其他方的金融负债或权益工具的合同。借助金融工具，资金从供给方转移到需求方。金融工具分为基本金融工具和衍生金融工具两大类。常见的基本金融工具有企业持有的现金、从其他方收取现金或其他金融资产的合同权利、向其他方交付现金或其他金融资产的合同义务等；衍生金融工具又称派生金融工具，是在基本金融工具的基础上通过特定技术设计形成的新的融资工具，如各种远期合约、互换、掉期、资产支持证券等，种类非常复杂、繁多，具有高风险、高杠杆效应的特点。

金融市场是指资金供应者和资金需求者双方通过一定的金融工具进行交易而融通资金的场所。金融市场的构成要素包括资金供应者和资金需求者、金融工具、交易价格、组织方式等。金融市场为企业融资和投资提供了场所，可以帮助企业实现长短期资金转换、引导资本流向和流量，提高资本效率。

（二）金融市场的分类

金融市场可以按照不同的标准进行分类。

1. 货币市场和资本市场

以期限为标准，金融市场可分为货币市场和资本市场。货币市场又称短期金融市场，是指以期限在 1 年以内的金融工具为媒介，进行短期资金融通的市场，包括同业拆借市场、票据市场、大额定期存单市场和短期债券市场；资本市场又称长期金融市场，是指以期限在 1 年以上的金融工具为媒介，进行长期资金交易活动的市场，包括股票市场、债券市场、期货市场和融资租赁市场等。

2. 发行市场和流通市场

以功能为标准，金融市场可分为发行市场和流通市场。发行市场又称一级市场，它主要处理金融工具的发行与最初购买者之间的交易；流通市场又称二级市场，它主要处理现有金融工具转让和变现的交易。

3. 资本市场、外汇市场和黄金市场

以融资对象为标准，金融市场可分为资本市场、外汇市场和黄金市场。资本市场以各种长期资金为交易对象；外汇市场以各种外汇金融工具为交易对象；黄金市场则是集中进行黄金买卖和金币兑换的交易市场。

4. 基础性金融市场和金融衍生品市场

按所交易金融工具的属性，金融市场可分为基础性金融市场与金融衍生品市场。基础性金融市场是指以基础性金融产品为交易对象的金融市场，如商业票据、企业债券、企业股票的交易市场；金融衍生品交易市场是指以金融衍生品为交易对象的金融市场，如远期、期货、掉期（互换）、期权，以及具有远期、期货、掉期（互换）、期权中一种或多种特征的结构化金融工具的交易市场。

5．地方性金融市场、全国性金融市场和国际性金融市场

以地理范围为标准，金融市场可分为地方性金融市场、全国性金融市场和国际性金融市场。

（三）货币市场

货币市场的主要功能是调节短期资金融通。其主要特点是：①期限短。一般为 3～6 个月，最长不超过 1 年。②交易目的是解决短期资金周转。它的资金来源主要是资金所有者暂时闲置的资金，融通资金的用途一般是弥补短期资金的不足。③金融工具有较强的“货币性”，具有流动性强、价格平稳、风险较小等特性。

货币市场主要有拆借市场、票据市场、大额定期存单市场和短期债券市场等。拆借市场是指银行（包括非银行金融机构）同业之间短期性资本的借贷活动。这种交易一般没有固定的场所，主要通过电信手段成交，期限按日计算，一般不超过 1 个月。票据市场包括票据承兑市场和票据贴现市场。票据承兑市场是票据流通转让的基础；票据贴现市场是对未到期票据进行贴现，为客户提供短期资本融通，包括贴现、再贴现和转贴现。大额定期存单市场是一种买卖银行发行的可转让大额定期存单的市场。短期债券市场主要买卖 1 年期以内的短期企业债券和政府债券，尤其是国债。短期债券的转让可以通过贴现或买卖的方式进行。短期债券以其信誉好、期限短、利率优惠等优点，成为货币市场中的重要金融工具之一。

（四）资本市场

资本市场的主要功能是实现长期资本融通。其主要特点是：①融资期限长。至少 1 年以上，最长可达 10 年甚至 10 年以上。②融资目的是解决长期投资性资本的需要，用于补充长期资本，扩大生产能力。③资本借贷量大。④收益较高但风险也较大。

资本市场主要包括债券市场、股票市场和融资租赁市场等。债券市场和股票市场由证券（债券和股票）发行和证券流通构成。有价证券的发行是一项复杂的金融活动，一般要经过以下几个重要环节：①证券种类的选择。②偿还期限的确定。③发售方式的选择。在证券流通中，参与者除了买卖双方，中介也非常活跃。这些中介主要有证券经纪人、证券商，他们在流通市场中起着不同的作用。融资租赁市场是通过资产租赁实现长期资金融通的市场，它具有融资与融物相结合的特点，融资期限一般与资产租赁期限一致。

四、法律环境

（一）法律环境的范畴

法律环境是指企业与外部发生经济关系时应遵守的有关法律、法规和规章，主要包括公司法、证券法、民法典、税法、企业财务通则、企业内部控制基本规范、管理会计指引等。市场经济是法制经济，企业的经济活动总是在一定法律规范内进行的。法律既约束企业的非法经济行为，也为企业从事各种合法经济活动提供保护。

国家相关法律法规按照对财务管理内容的影响情况可以分如下几类：

（1）影响企业筹资的法规主要有公司法、证券法、民法典等。这些法规可以从不同方面规范或制约企业的筹资活动。

（2）影响企业投资的法规主要有证券法、公司法、企业财务通则等。这些法规从不同

角度规范企业的投资活动。

（3）影响企业收益分配的法规主要有税法、公司法、企业财务通则等。这些法规从不同方面对企业收益分配进行了规范。

（二）法律环境对企业财务管理的影响

法律环境对企业的影响是多方面的，影响范围包括企业组织形式、公司治理结构、投融资活动、日常经营、收益分配等。《中华人民共和国公司法》（简称《公司法》）规定，企业可以采用独资、合伙、公司制等企业组织形式。企业组织形式不同，业主（股东）权利责任、企业投融资、收益分配、纳税、信息披露等不同，公司治理结构也不同。上述不同种类的法律，分别从不同方面约束企业的经济行为，对企业财务管理产生影响。

【议一议】

企业在面临财务管理环境时，有些可以积极应对，有些可以消极应付，有些必须严格执行，有些可以加以利用。如果你是企业的财务经理，你将以什么态度来适应这些财务管理环境？

项目小结

通过本项目的学习，掌握企业财务管理的含义；了解企业财务管理的活动；熟悉企业与利益相关者之间的关系；理解财务管理的目标以及如何协调目标理论中的冲突；熟悉企业财务管理的环境。

主要概念

财务管理	筹资活动	投资活动	资金营运活动
收益分配活动	利益相关者	财务管理目标	利润最大化
股东财富最大化	企业价值最大化	相关者利益最大化	技术环境
经济环境	金融环境	法律环境	

推荐阅读

[1] 徐鹿，李雨繁. 资源共享助力企业价值创造的路径研究——基于价值网财务管理视角[J]. 会计之友，2021（23）：17-22.

[2] 邢小强，汤新慧，王珏，张竹. 数字平台履责与共享价值创造——基于字节跳动扶贫的案例研究[J]. 管理世界，2021，37（12）：152-176.

[3] 童元松，王芙蓉. 数字经济环境下企业深化财务管理的新路径[J]. 财务与会计，2020（21）：83.

[4] 丁胜红，周红霞. 企业财务管理理论创新研究[J]. 会计研究，2020（8）：104-114.

[5] 谢志华，许诺，程恺之. 组织变革对企业财务管理目标的影响[J]. 财会月刊，2020（16）：3-8.
[6] 常丽，杨真真. 关于事业单位财务管理的几点思考[J]. 财务与会计，2020（1）：16-18.
[7] 薛雁. 价值观趋同与新作为：企业财务目标分析[J]. 财会通讯，2019（14）：83-86.

博学增信

何谓“诚信”？《说文解字》说：“信，诚也。从人，从言。”又说：“诚，信也。从言，成声。”由此可见，“诚”“信”两字本义是相通的。在古人看来，信不只是为人之道、治国之本，还是自然界的普遍法则。老子认为“道”是循环运行的，是守信的。

习题与实训

一、单项选择题

1. 企业财务管理最理想的目标是（　　）。

A. 利润最大化　　B. 股东财富最大化
C. 企业价值最大化　　D. 相关者利益最大化

2. ABC 公司是一家上市公司，20×1 年年初公司董事会召开公司战略发展讨论会，拟将股东财富最大化作为财务管理目标，下列理由中，难以成立的是（　　）。

A. 股东财富最大化目标考虑了风险因素
B. 股东财富最大化目标在一定程度上能避免企业短期行为
C. 股价能完全准确地反映企业财务管理状况
D. 股东财富最大化目标比较容易量化，便于考核和奖惩

3. 若上市公司以股东财富最大化作为财务管理目标，则衡量股东财富大小的最直观的指标是（　　）。

A. 净利润　　B. 净资产收益率　　C. 每股收益　　D. 股价

4. 下列各项中，能够用于协调企业所有者和企业债权人矛盾的方法是（　　）。

A. 限制性借款　　B. 解聘　　C. 股票期权　　D. 绩效股

5. 某上市公司职业经理人在任职期间不断提高在职消费，损害股东利益。这一现象主要揭示公司制企业的缺点是（　　）。

A. 产权问题　　B. 激励问题　　C. 代理问题　　D. 责权分配问题

6. 在下列各项中，不属于企业财务管理的金融环境内容的是（　　）。

A. 金融市场　　B. 金融机构　　C. 金融工具　　D. 企业财务通则

7. 下列应对通货膨胀风险的各种策略中，错误的是（　　）。

A. 进行长期投资　　B. 签订长期购货合同
C. 取得长期借款　　D. 签订长期销货合同

8. 相对于资本市场而言，下列各项中，属于货币市场特点的是（　　）。

A. 收益高　　B. 期限长　　C. 流动性强　　D. 风险大

9. 属于资本市场的是（　　）。

A. 票据市场　　B. 股票市场

C. 大额定期存单市场　　D. 同业拆借市场

10. 下列说法不正确的是（　　）。

A. 金融工具分为基本金融工具和衍生金融工具

B. 金融市场按期限分为短期金融市场和长期金融市场，即货币市场和资本市场

C. 金融市场按功能分为发行市场和流通市场

D. 资本市场所交易的金融工具具有较强的货币性

二、多项选择题

1. 下列关于利润最大化目标和股东财富最大化目标的说法不正确的有（　　）。

A. 均没有考虑风险因素　　B. 均受股价变动的影响

C. 均不能避免企业的短期行为　　D. 通常只适用于上市公司

2. 下列各财务管理目标中，考虑了风险因素的有（　　）。

A. 利润最大化　　B. 股东财富最大化

C. 企业价值最大化　　D. 相关者利益最大化

3. 下列关于财务管理环境的说法，不正确的有（　　）。

A. 资本市场以资本为交易对象

B. 货币市场的主要功能是调节短期资金融通，交易目的是解决短期资金周转

C. 企业股票的交易市场属于基础性交易市场

D. 资本市场主要包括短期债券市场、股票市场和融资租赁市场等

4. 在下列各项中，属于企业财务管理的法律环境内容的有（　　）。

A. 金融市场　　B. 公司法　　C. 金融工具　　D. 税法

5. 以下关于企业价值最大化目标理论的说法中，正确的有（　　）。

A. 考虑了风险因素　　B. 能够避免短期行为

C. 考虑了时间因素　　D. 以股东财富最大化作为基础

6. 债权人和所有者利益冲突的解决方式包括（　　）。

A. 限制现金股利的发放　　B. 停止借款

C. 设定担保抵押　　D. 在合同里规定借债用途

7. 为了应对通货膨胀给企业造成的影响，企业可以采取的措施有（　　）。

A. 放宽信用期限　　B. 取得长期负债

C. 减少企业债权　　D. 签订长期购货合同

8. 法律环境对企业的影响是多方面的，以下各选项中，属于法律环境影响范围的有（　　）。

A. 企业组织形式　　B. 公司治理结构

C. 投融资活动　　D. 收益分配

三、判断题

1. 如果公司以股东财富最大化作为财务管理目标，存在利益冲突时，应优先满足股

东的利益需求。 (　　)

2. 与企业价值最大化目标相比，股东财富最大化目标的局限性在于未能克服企业追求利润的短期行为。 (　　)

3. 企业价值最大化体现了合作共赢的价值理念，有利于实现企业经济效益和社会效益的统一。 (　　)

4. 对于以相关者利益最大化为财务管理目标的公司来说，最为重要的利益相关者应当是公司员工。 (　　)

5. 经营者和所有者的主要利益冲突，是经营者希望在创造财富的同时，能够获取更多的报酬、更多的享受；而所有者希望以较小的代价实现更多的财富。协调这一利益冲突的方式是解聘、股票期权和绩效股。 (　　)

6. 在经济复苏阶段，公司一般应当增加厂房设备，开发新产品。 (　　)

7. 在经济萧条时期，公司采取的财务战略可以是削减存货、裁减雇员。 (　　)

8. 在影响财务管理的各种外部环境中，金融环境是最重要的。 (　　)

9. 金融市场按功能分为一级市场和二级市场，即基础性金融市场和金融衍生品市场。 (　　)

项目二

财务管理的价值观念

学习目标

知识学习目标

1. 掌握货币时间价值、风险、报酬的概念；
2. 理解货币时间价值的作用，经营风险、财务风险的内涵，以及风险与报酬的关系。

技能训练目标

1. 能够用正确的价值观指导企业的财务管理基础工作；
2. 掌握货币时间价值的计算；
3. 理解风险与收益的关系，并能计算相关衡量指标。

导入案例

小李准备购买一套婚房，向小张借款10万元，答应5年后连本带利归还12万元，在银行年利率为5%的情况下，小张能答应他吗？另外小张想买一辆小汽车，销货方给出的条件是现在立即付款需付18万元，如果分次付款，可在今后的5年内每年年末付款4.1万元，在银行年利率为5%的情况下，小张选择哪种方式付款更有利？

请同学们在学习本项目内容后帮助小张解决这两个问题。

任务一 掌握货币时间价值

任务描述

在了解货币时间价值、风险、报酬的概念的基础上，理解货币时间价值的作用，以及经营风险、财务风险的内涵和风险与报酬的关系，掌握货币时间价值的计算，理解风险与收益的关系，并能计算相关衡量指标。

业务一 了解货币时间价值

业务描述

在理解货币时间价值内涵的基础上能够做出正确的投资决策。

相关知识

货币时间价值

货币时间价值，是指在没有风险和没有通货膨胀的情况下，货币经历一定时间的投资和再投资所增加的价值，也称资金的时间价值。

在实务中，人们习惯使用相对数字表示货币时间价值，即用增加的价值占投入货币的百分数来表示。用相对数表示的货币时间价值也称纯粹利率，简称纯利率。纯利率是指在没有通货膨胀、无风险情况下资金市场的平均利率。没有通货膨胀时，短期国债利率可以视为纯利率。

由于货币随时间的延续而增值，不同时间单位货币的价值不相等，所以，不同时间的货币不宜直接进行比较，需要把它们换算到相同的时点进行比较才有意义。由于货币随时间的增长过程与复利的计算过程在数学上相似，因此，在换算时广泛使用复利计算方法。

企业在投资时，至少要求得到社会平均利润率，否则不如投资另外的项目或行业。因此，货币的时间价值成为财务管理最基本的价值观念。财务管理对货币时间价值的研究，主要体现在资金筹集、运用和分配等方面。货币随时间的增长过程与复利的计算过程在数学上相似，因此，在换算时广泛使用复利计算的方法。

由于货币随着时间的延续而增值，现在的一元钱与将来的一元多钱甚至几元钱在经济上是等效的。也就是说，一定的货币资金经过投资后，在不同的时点上具有不同的价值量。例如，今天将 1 元钱存入银行，在银行年利率为 4%的情况下，一年后就是 1.04 元。可见，经过一年后，今天的 1 元钱发生了 0.04 元的增值，今天的 1 元与一年后的 1.04 元经济价值相等。

可以得出结论：今天的 1 元钱比一年后的 1 元钱价值量要大。我们把货币在使用过程中随着时间的推移而发生的增值现象，称为货币具有时间价值的属性。

业务二　掌握货币时间价值的计算

业务描述

运用货币时间价值，能正确计算出现值和终值，并能进行财务活动的简要分析。

相关知识

货币时间价值的表现形式有两种：现值（本金）和终值（本利和）。现值即现在的价值，是未来某一时点上的货币按一定的利率折算到现在的价值。终值即未来的价值，是现在一定量的货币按一定的利率折算到未来某一时点上的价值。

现值和终值的计算涉及利息的计息方式。目前的计息方式有两种：单利和复利。在单利方式下，只有本金计算利息。而在复利方式下，不仅本金计算利息，而且利息也要计算利息，俗称“利滚利”。

为了说明货币时间价值的计算，我们先定义如下符号：P 为现值，F 为终值，I 为利息，i 为利息率，n 为计息期数。除非特别指明，计息期为一年。

一、单利终值和现值

任何在银行有过存款经历的人，都应该熟悉单利这种计息方式。单利终值的计算公式为：

$$F = P \cdot (1 + i \cdot n)$$

【例 2-1】你将 10 000 元存入银行，当年利率为 5%时，5 年后单利终值是多少？

解：

F=10 000×（1+5%×5）

=12 500（元）

现值与终值的计算是互逆的。单利现值的计算公式为：

$$P = F / (1 + i \cdot n)$$

【例 2-2】某人欲在 3 年后购置一套价值 46 000 元的机器设备，则在单利率为 5%的情况下，现在须存入银行的资金为多少？

解：

P=46 000÷（1+3×5%）

=40 000（元）

【试一试】

（1）将现金 50 000 元存入银行，期限 3 年，若年利率为 5%，单利计息，则 3 年后你可以获取的本利和是多少？

（2）李某准备存入银行一笔钱，希望在 10 年后取得本利和 200 000 元，用以支付其孩子的出国留学费用。银行存款利率为 8%，单利计息，则李某目前应存入银行多少钱？

二、复利终值和现值

1. 复利终值

复利终值是指一次性的收（付）款项按复利计算若干期后的本利和。

在复利计息方式下，本金 P 存入银行，一年后的本利和为 $P \cdot (1+i)$；两年后的本利和为 $P \cdot (1+i) \cdot (1+i) = P \cdot (1+i)^2$ ；三年后的本利和为 $P \cdot (1+i)^2 \cdot (1+i) = P \cdot (1+i)^3$ ；以此类推，第 n 年后的本利和为 $F = P \cdot (1+i)^n$ 。

复利终值和现值

事实上，企业生产经营中产生的资本增值会继续留在企业参与周转，因此，货币时间价值的计算通常采用复利计息方式。

复利终值的计算公式为：

$$F = P \cdot (1+i)^n$$

式中，$(1+i)^n$ 被称作复利终值系数或 1 元的复利终值，用符号（F/P，i，n）表示。例如，（F/P，5%，3）表示利率为 5%的 3 期复利终值系数。为了计算方便，通常将（F/P，i，n）制成复利终值系数表（见附录 A），使用时直接查表即可。复利终值计算公式也可写作：

$$F = P \cdot (F/P,\ i,\ n)$$

【例 2-3】你现在有 10 000 元存款，在复利率为 5%的情况下，4 年后可以从银行提出多少钱?

解:

查复利终值系数表，(*F*/*P*，5%，4) =1.215 5

$F = P\cdot(F/P, i, n)$

$=10\,000\times1.215\,5$

$=12\,155$（元）

2. 复利现值

理解了复利终值，复利现值的计算就不难了。求出未来值的现在价值的过程，就是复利现值的计算。复利现值的计算与复利终值是互逆的，计算公式为：

$$P = F/(1+i)^n = F\cdot(1+i)^{-n}$$

式中，$(1+i)^{-n}$ 被称作复利现值系数或1元的复利现值，用符号（*P*/*F*，*i*，*n*）表示。同样，为了计算方便，通常将（*P*/*F*，*i*，*n*）制成复利现值系数表（见附录B），使用时直接查得即可。复利现值计算公式也可写作：

$$P = F\cdot(P/F, i, n)$$

【例2-4】 某人欲在3年后购置一项100 000元的资产，则在利率为5%的情况下，现在须存入银行的资金为多少?

解:

查复利现值系数表，(*P*/*F*，5%，3) =0.863 8

$P = F\cdot(P/F, i, n)$

$=100\,000\times0.863\,8$

$=86\,380$（元）

以上讨论的是一次性收付款现值与终值的计算方法，用时间线图表示如图2-1所示。

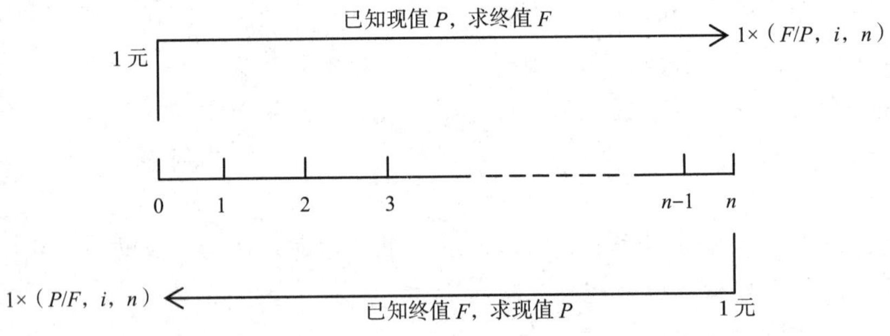

图2-1　一次性收付款现值与终值的计算

图2-1反映了一次性收付款项的现值与终值的计算方法。而在实际工作中，还存在一定时期内资金多次收付的情况，即系列收付款项。系列收付款项又有各期金额相等和不相等两种情况。各期金额不相等的系列收支的处理如下例所示。

【例2-5】 齐鲁公司欲投资新建一条生产线。经过预测分析，新生产线建成后各年年末的收入依次为：30 000元、32 400元、43 000元、47 000元、42 100元。行业投资收益率为18%。计算这条生产线总收入的现值。

解：

第一年年末收入的现值：30 000×（P/F，18%，1）= 30 000×0.847 5
第二年年末收入的现值：32 400×（P/F，18%，2）= 32 400×0.718 2
第三年年末收入的现值：43 000×（P/F，18%，3）= 43 000×0.608 6
第四年年末收入的现值：47 000×（P/F，18%，4）= 47 000×0.515 8
第五年年末收入的现值：42 100×（P/F，18%，5）= 42 100×0.437 1
总收入的现值：117 508.99（元）

综上所述，现值有一个重要的特性：可加性，表现为产生多期现金流量的资产的现值等于各期现金流量现值之和，如图 2-2 所示。如果各期末的现金流量用 CF 表示，我们可以得出系列收支现值的一般计算公式。

$$P = CF_1 \cdot (P/F,\ i,\ 1) + CF_2(P/F,\ i,\ 2) + CF_3(P/F,\ i,\ 3) + \cdots + CF_n(P/F,\ i,\ n)$$

系列收支的终值如何计算？其实，系列收支终值的计算并不难，终值也有可加性。与现值的计算相比，只要调转计算的方向，并且注意期数 n 的确定就可以了。仍用上述案例分析的资料。

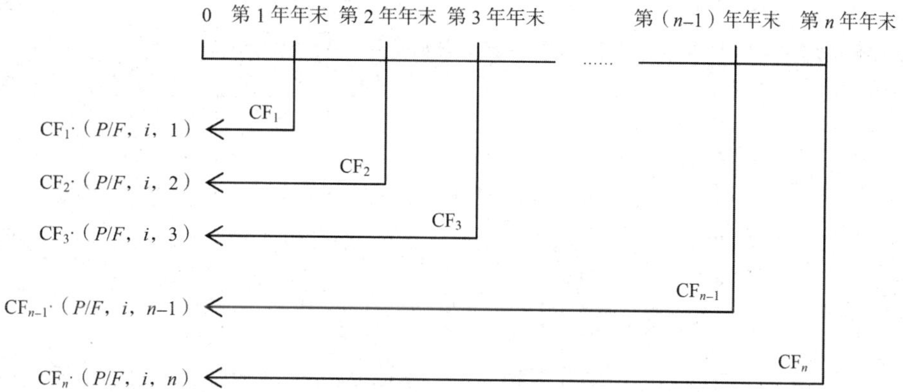

图 2-2 系列收付款现值计算

【例 2-6】承接【例 2-5】，计算这条生产线总收入 5 年后的终值。

解：

第一年年末收入的终值：30 000×（F/P，18%，4）= 30 000×1.938 8
第二年年末收入的终值：32 400×（F/P，18%，3）= 32 400×1.643 0
第三年年末收入的终值：43 000×（F/P，18%，2）= 43 000×1.392 4
第四年年末收入的终值：47 000×（F/P，18%，1）= 47 000×1.180 0
第五年年末收入的终值：42 100 = 42 100
总收入的终值：268 830.40（元）

以上讨论的是系列不等额收支的现值和终值的计算方法。在理财活动中，经常会遇到等额的系列现金收支。例如，保险费、养老金、等额分期收付款等。要计算这些收支的现值（终值），完全可以采用系列不等额收支的现值（终值）的计算方法，但是这个过程麻烦而且枯燥。下面介绍几个简单的公式来解决这个问题。这就是年金终值和现值的计算。

拓展阅读

“72 法则”

Bill Veeck 曾用 1 000 万美元购买了 Chicago White Sox（棒球队），并且在 5 年后把它卖出，得到 2 000 万美元。简而言之，他在五年内使他的钱增加了一倍。那么，Veeck 这项投资的投资收益率是多少？

处理复利问题，包括使自己的财富倍增的问题，一个快捷的方法是利用“72 法则”。该法则表明：用 72 去除投资年限 n，就得到了近似的利息率 i。该利息率将保证使投资的资金在年内增加一倍。在 Veeck 的例子中，有：$72/n \div 100 = i$ 即 $72/5 \div 100 = 14.4\%$。如果 Veeck 取消这笔投资而把资金用于储蓄，利率为 6%，那么，他必须等上约 12 年才能使他的资金倍增。即 $72/i \div 100 = n$ 或 $72/6\% \div 100 = 12$（年）。

实际上，对于我们所遇到的大部分各种利率，“72 法则”都给出了使资金倍增所要求的利率或投资期数。但按该法则计算的结果并不总是准确的。例如，在每年复利一次的利率下，要使资金在 5 年内倍增，必须要求利率达到 14.87%，而根据“72 法则”计算的结果是 14.4%。同样，若准确地计算，把资金按 6%的利率存入银行，只要过 11.9 年就能使资金倍增；而按“72 法则”计算得出的结果是 12 年。尽管它不准确，但是对于那些近似的用口算的资金倍增问题，“72 法则”是相当方便的。

理解要点：倍增的简易计算法，已知期限求倍增利率，或已知利率求倍增期限。

三、年金终值和现值

年金的概念及分类

年金，通常记作 A，是指在一定期间内，每隔相等的期间发生的等额的系列收支，具有连续性和等额性。年金按其收付发生的时点不同，可分为普通年金、即付年金、递延年金和永续年金等几种。

（一）普通年金

普通年金，又称后付年金，是指从第一期开始，每期期末发生的年金。

1. 普通年金终值的计算

根据复利终值的计算方法计算年金终值，则第一年年末 A 的终值为 $A\cdot(1+i)^{n-1}$，以此类推，最后一年年末 A 的终值为 A，普通年金终值 F 的一般计算公式为：

$$F = A\cdot(1+i)^{n-1} + A\cdot(1+i)^{n-2} + \cdots + A\cdot(1+i)^2 + A\cdot(1+i) + A \tag{2-1}$$

等式两边同乘以（$1+i$），则有：

$$F(1+i) = A\cdot(1+i)^{n} + A\cdot(1+i)^{n-1} + \cdots + A\cdot(1+i)^3 + A\cdot(1+i)^2 + A(1+i) \tag{2-2}$$

式（2-2）－式（2-1），可得：

$$F(1+i) - F = A\cdot(1+i)^n - A$$

整理上式，有：

$$F = A\times\frac{(1+i)^n - 1}{i}$$

式中，$\frac{(1+i)^n - 1}{i}$ 被称作年金终值系数，用符号（F/A，i，n）表示。为了计算方便，通常将（F/A，i，n）制成年金终值系数表（见附录 C），以供查询。普通年金终值 F 的计算公式也可写作：

$$F = A \cdot (F/A, i, n)$$

【例 2-7】 有一投资项目，在 4 年建设期内每年年末从银行贷款 50 万元，贷款年利率 10%，则第四年年末应付本息总额是多少万元？

解：

这显然是普通年金终值的计算问题。

查年金终值系数表，$(F/A, 10\%, 4) = 4.641\ 0$

$F = 50 \times (F/A, 10\%, 4)$

$= 50 \times 4.641\ 0$

$= 232.05$（万元）

事实上，出借人（如银行）在放贷的过程中会考虑这样一种可能性：借款人有能力支付各期的利息，但在到期日可能没有足够的现金来偿还本金。如果借款人的财务状况恶化，或者金融市场紧缩，对银行将极为不利。解决这个问题的办法是建立偿债基金。

所谓偿债基金，就是为了在约定的未来某一时点清偿债务或积累一定数额的资金而必须分次等额形成的存款准备金。这里，未来某一时点债务或一定数额的资金就相当于年金终值 F，而分次等额的存款就是年金，所以，计算年偿债基金，就是已知年金终值和年金终值系数，求年金的问题。

根据 $F = A \cdot (F/A, i, n)$，则有：

$$A = F / (F/A, i, n)$$

【例 2-8】 齐鲁公司 5 年后偿还 80 万元的债务，在利率为 10%的情况下，从现在起每年年末存入银行多少钱才能偿还这笔债务？

解：

这是已知年金终值和年金终值系数，求年金的问题。

$A = 80 \div (F/A, 10\%, 5)$

$= 80 \div 6.105\ 1$

$= 13.10$（万元）

2. 普通年金现值的计算

普通年金现值是指一定时期内每期期末等额收（付）款的现值之和。

根据复利现值的计算方法计算年金现值，则第一年年末 A 的现值为 $A/(1+i)$，第二年年末 A 的现值为 $A/(1+i)^2$，以此类推，第 n 年年末 A 的现值为 $A/(1+i)^n$，普通年金现值 P 的一般计算公式为：

普通年金现值的计算

$$P = A/(1+i) + A/(1+i)^2 + A/(1+i)^3 + \cdots + A/(1+i)^{n-1} + A/(1+i)^n \qquad (2\text{-}3)$$

等式两边同乘以 $(1+i)$，则有：

$$P \cdot (1+i) = A + A/(1+i) + A/(1+i)^2 + \cdots + A/(1+i)^{n-2} + A/(1+i)^{n-1} \qquad (2\text{-}4)$$

式（2-4）−式（2-3），则有：

$$P \cdot (1+i) - P = A - \frac{A}{(1+i)^n}$$

整理上式，有：

$$P = A \cdot \frac{1-(1+i)^{-n}}{i}$$

式中，$\frac{1-(1+i)^{-n}}{i}$ 被称作年金现值系数，用符号（P/A，i，n）表示。为了计算方便，通常将（P/A，i，n）制成年金现值系数表（见附录D），以供查询。普通年金现值 P 的计算公式也可写作：

$$P = A \cdot (P/A,\ i,\ n)$$

【例 2-9】 齐鲁公司从现在起每年年末可获得投资收益 15 万元，按年利率 8%计算，5 年收益的现值是多少？

解：

查年金现值系数表，（P/A，8%，5）=3.992 7

P=15×（P/A，8%，5）

=15×3.992 7

=59.890 5（万元）

年资本回收额是指在约定年限内等额回收初始投入资本的金额。年资本回收额的计算实际上是已知普通年金现值 P，求年金 A。

$$A = P \cdot \frac{i}{1-(1+i)^{-n}}$$

式中，$\frac{i}{1-(1+i)^{-n}}$ 被称作资本回收系数，记作（A/P，i，n）。

【例 2-10】 齐鲁公司采用分期付款方式购入一台设备，价款 30 万元，付款期限为 6 年，在利率为 10%的情况下，每年年末应支付多少元？

解：

这是已知现值和年金现值系数求年金的问题。

根据 P=A·（P/A，i，n），可知：

A=P/（P/A，i，n）

查年金现值系数表，（P/A，10%，6）=4.355 3

A=30/（P/A，10%，6）

=30/4.355 3

=6.888 2（万元）

（二）即付年金

即付年金，又称先付年金、预付年金，是指从第一期开始，每期期初发生的年金。即付年金与普通年金的区别仅在于付款的时间不同。

1. 即付年金终值的计算

根据复利终值的计算方法计算即付年金终值，则第一年年初 A 的终值为 $A\cdot(1+i)^n$，第二年年初 A 的终值为 $A\cdot(1+i)^{n-1}$，以此类推，第 n 年年初 A 的终值为 $A\cdot(1+i)$，即

付年金终值 F 的一般计算公式为：

$$F = A\cdot(1+i)^n + A\cdot(1+i)^{n-1} + \cdots + A\cdot(1+i)^2 + A\cdot(1+i)$$

根据等比数列求和公式，有：

$$F = A\cdot\left[\frac{(1+i)^{n+1}-1}{i}-1\right]$$

式中，$\left[\frac{(1+i)^{n+1}-1}{i}-1\right]$ 被称作即付年金终值系数，它与普通年金终值系数 $\left[\frac{(1+i)^n-1}{i}\right]$ 相比，计算期数多 1，系数少 1。即付年金终值系数可记作［（F/A，i，n+1）−1］。由于年金终值系数是按普通年金终值编制的，所以在计算即付年金终值时应将其调整为普通年金终值来计算。这样，通过查阅“年金终值系数表”，得到利率为 i、期数为（n+1）期的年金终值系数，然后减 1，便得出对应的即付年金终值系数。可用下列公式计算即付年金的终值：

$$F = A\cdot[(F/A,\ i,\ n+1)-1]$$
$$=A\cdot(F/A,\ i,\ n)\times(1+i)$$

【例 2-11】齐鲁公司决定连续 4 年于每年年初存 50 万元作为设备改造资金，在银行利率为 10%的情况下，公司第四年年末取出的本利和是多少？

解：

这是即付年金终值计算问题。

$F = A\cdot[(F/A,\ i,\ n+1)-1]$

=50×（6.105 1−1）

=255.255（万元）

2．即付年金现值的计算

即付年金现值是指一定时期内每期期初等额收付款的现值之和。

根据复利现值的计算方法计算即付年金现值，则第一期期初 A 的现值为 A，第二期期初 A 的现值为 $A/(1+i)$，以此类推，第 n 期期初 A 的现值为 $A/(1+i)^{n-1}$，即付年金现值 P 的一般计算公式为：

$$P=A+A/(1+i)+A/(1+i)^2+\cdots+A/(1+i)^{n-1}$$

根据等比数列求和公式，有：

$$P = A\cdot\left[\frac{1-(1+i)^{-(n-1)}}{i}+1\right]$$

式中，$\left[\frac{1-(1+i)^{-(n-1)}}{i}+1\right]$ 被称作即付年金现值系数，它与普通年金现值系数 $\frac{1-(1+i)^{-n}}{i}$ 相比，计算期数少 1，系数多 1。即即付年金现值系数可记作［（P/A，i，n−1）+1］。同样，计算即付年金现值时应将其调整为普通年金现值来计算。这样，通过查阅年金现值系数表，得到利率为 i，期数为（n−1）期的年金现值系数，然后加 1，便得出对应的即付年金现值系数。可用下列公式计算即付年金的现值。

$$P = A\cdot[(P/A,\ i,\ n-1)+1]$$
$$= A\cdot(P/A,\ i,\ n)\times(1+i)$$

【例 2-12】齐鲁公司转让其商标使用权 8 年，每年年初收到商标使用权收入 50 万元，假设银行利率为 10%，如果在第一年年初一次性收款，则合理的定价是多少？

解：

$P = A\cdot[(P/A,\ i,\ n-1)+1]$

$=50\times[(P/A,\ 10\%,\ 8-1)+1]$

$=50\times(4.8684+1)$

$=293.42$（万元）

（三）递延年金

递延年金是指若干期（假设有 m 期，$m\geqslant1$）以后才开始发生的系列等额收付款项。它是普通年金的特殊形式，凡不是从第一期开始的年金都是递延年金。

1. 递延年金现值的计算

递延年金现值是指递延期以后，每期等额发生的系列收支的现值之和。

假设递延期为 m，年金发生期为 n，介绍两种常用的计算方法。

第一种方法：先将递延年金视为 n 期普通年金，计算递延期末（m）的现值，然后将此现值计算调整到第一期期初。

$$P_m = A\cdot(P/A,\ i,\ n)$$
$$P = P_m\cdot(P/F,\ i,\ m)$$

即

$$P = A\cdot(P/A,\ i,\ n)\cdot(P/F,\ i,\ m)$$

第二种方法：先将递延年金视为（$m+n$）期普通年金，计算（$m+n$）期普通年金的现值，然后扣除实际并未发生的递延期（m）的年金现值，可求出递延年金的现值。

$$P = A\cdot[(P/A,\ i,\ m+n)-(P/A,\ i,\ m)]$$

【例 2-13】齐鲁公司拟投资建设一项固定资产，建设期为 3 年，使用寿命为 8 年，预计投产建成后，每年产生收入 100 万元。利率为 10%，计算收入的现值。

解：

这是递延年金现值的计算问题。

$m=3$，$n=8$

$P = A\cdot(P/A,\ i,\ n)\cdot(P/F,\ i,\ m)$

$=100\times(P/A,\ 10\%,\ 8)\times(P/F,\ 10\%,\ 3)$

$=100\times5.3349\times0.7513$

$=400.8$（万元）

也可以用下列方法计算。

$P = A\cdot[(P/A,\ i,\ m+n)-(P/A,\ i,\ m)]$

$=A\times[(P/A,10\%,11)-(P/A,10\%,3)]$

$=100\times(6.4951-2.4869)$

$=400.8$（万元）

2. 递延年金终值的计算

由递延年金的特征可以看出：递延年金终值的计算与递延期无关，其计算方法与普通年金终值的计算方法相同。假设递延期为 m，年金发生期为 n，递延年金终值的计算公式如下：

$$F=A\cdot(F/A,i,n)$$

【例 2-14】承接【例 2-13】，计算收入的终值。

解：

$F=A\cdot(F/A,i,n)$

$=100\times(F/A,10\%,8)$

$=100\times11.436$

$=1143.6$（万元）

【想一想】

复利终值系数与复利现值系数，年金终值系数与偿债基金系数，年金现值系数与资本回收系数之间存在什么样的关系？普通年金终值系数与即付年金终值系数，普通年金现值系数与即付年金现值系数之间存在什么关系？

（四）永续年金

永续年金是指无期限地收付等额款项，由于没有终止时间，因此没有终值。其现值的计算可通过普通年金现值的公式推导而出：

$$P=A\cdot\frac{1-(1+i)^{-n}}{i}$$

当 $n\to\infty$ 时，$(1+i)^{-n}\to0$，故：

$$P=\frac{A}{i}$$

【例 2-15】齐鲁公司是一家私营公司，现正欲转让，B 公司考虑收购这家公司。齐鲁公司年平均税后收入为 180 万元，而且近 5 年来，基本上未偏离平均值。当利率为 10%时，比较现实的起始价格是多少？

解：

如果 B 公司认为齐鲁公司的收入比较稳定，这家公司的公平价格应为无限期的未来收入的现值之和。换言之，公平的价格是年收入一定的永续年金的现值。

$P=A/i$

$=180\div10\%$

$=1800$（万元）

【试一试】

你毕业多年后准备在母校设立一项永久性的奖学金，计划每年颁奖50 000元，若利率为10%，应投入多少钱作为启动基金？

解：

$P=A/i$

$=50\ 000 \div 10\%$

$=500\ 000$（元）

业务三　掌握利率的计算

业务描述

掌握插值法下利率如何计算，理解实际利率和名义利率的内涵及关系并能够进行相互间的换算。

相关知识

一、利率的计算

复利计息方式下，利率与现值（或者终值）系数之间存在一定的数量关系。已知现值（或者终值）系数，则可以通过插值法计算对应的利率。

$$i = i_1 + \frac{B - B_1}{B_2 - B_1} \cdot (i_2 - i_1)$$

式中，所求利率为 i，i 对应的现值（或者终值）系数为 B，B_1、B_2 为现值（或者终值）系数表中 B 相邻的系数，i_1、i_2 为 B_1、B_2 对应的利率。

若已知复利现值（或者终值）系数 B 以及期数 n，可以查复利现值（或者终值）系数表，找出与已知复利现值（或者终值）系数最接近的两个系数及其对应的利率，按插值法公式计算利率。

【例2-16】李某下岗后获得50 000元现金补助，他决定实现再就业，现将50 000元款项存起来。李某估计如果20年后这笔款项连本带利达到250 000元，那就可以解决自己的养老问题。银行存款的年利率为多少，他的计划才能变成现实？

解：

$50\ 000 \times (F/P, i, 20) = 250\ 000$

$(F/P, i, 20) = 5$，即 $(1+i)^{20} = 5$

可采用逐次测试法（也称试误法）计算：

当 $i=8\%$ 时，$(F/P, 8\%, 20) = 4.661\ 0$

当 $i=9\%$ 时，$(F/P, 9\%, 20) = 5.604\ 4$

因此，i 在8%和9%之间。运用插值法有：

$$i = i_1 + \frac{B - B_1}{B_2 - B_1} \cdot (i_2 - i_1)$$

$$=8\%+\frac{5-4.6610}{5.6044-4.6610}\times(9\%-8\%)$$

$$=8.36\%$$

说明：如果银行存款的年利率为 8.36%，则李先生的预期可以变成现实。

二、名义利率与实际利率

名义利率是指票面利率，实际利率是指投资者得到利息回报的真实利率。

1. 一年多次计息时的名义利率与实际利率

如果以“年”作为基本计息期，每年计算一次复利，这种情况下的实际利率等于名义利率。如果按照短于一年的计息期计算复利，这种情况下的实际利率高于名义利率。名义利率与实际利率的换算关系如下：

$$i=(1+r/m)^m-1$$

式中，i 为实际利率，r 为名义利率，m 为每年复利计息次数。

【例 2-17】年利率为 12%，按季复利计息，试求实际利率。

解：$i=(1+r/m)^m-1=(1+12\%/4)^4-1=1.1255-1=12.55\%$

2. 通货膨胀情况下的名义利率与实际利率

名义利率，是央行或其他提供资金借贷的机构所公布的未调整通货膨胀因素的利率，即利息（报酬）的货币额与本金的货币额的比率，它是包括补偿通货膨胀（包括通货紧缩）风险的利率。实际利率是指剔除通货膨胀率后储户或投资者得到利息回报的真实利率。

名义利率与实际利率之间的关系为：

1+名义利率=（1+实际利率）×（1+通货膨胀率）

所以，实际利率的计算公式为：

$$实际利率=\frac{1+名义利率}{1+通货膨胀率}-1$$

【例 2-18】20×1 年中国建设银行一年期存款年利率为 3%，假设通货膨胀率为 2%，则实际利率为多少？

解：

$$实际利率=\frac{1+3\%}{1+2\%}-1=0.98\%$$

如果该例中通货膨胀率为 4%，则：

$$实际利率=\frac{1+3\%}{1+4\%}-1=-0.96\%$$

任务二 掌握风险与报酬

任务描述

理解经营风险与财务风险的内涵；通过风险收益的计算评价，掌握单项资产与资产组合的风险衡量以及风险收益率的计算；理解资本资产定价模型。

业务一　掌握资产收益与收益率的计算

业务描述

在理解资产收益内涵的基础上掌握其计算。在实际工作中，因工作角度不同，收益率也有不同的类型，掌握各类型间有何区别，以及如何进行计算。

相关知识

一、资产收益的含义与计算

资产的收益是指资产的价值在一定时期的增值。在一般情况下，有以下两种表述资产收益的方式。

第一种方式是以金额表示的，被称为资产的收益额，通常以资产价值在一定期限内的增值量来表示。该增值量来源于两部分：一部分是期限内资产的现金净收入；另一部分是期末资产的价值（或市场价格）相对于期初价值（价格）的升值。前者多为利息、红利或股息收益，后者被称为资本利得。

第二种方式是以百分比表示的，被称为资产的收益率或报酬率，是资产增值量与期初资产价值（价格）的比值。该收益率也包括两部分：一部分是利息（股息）收益率；另一部分是资本利得的收益率。显然，以金额表示的收益与期初资产的价值（价格）相关，不利于不同规模资产之间收益的比较，而以百分数表示的收益则是一个相对指标，便于不同规模下资产收益的比较和分析。因此，在通常情况下，我们都用收益率的方式来表示资产的收益。

另外，由于收益率是相对于特定期限的，因此它的大小要受计算期限的影响，但是计算期限常常不一定是一年。为了便于比较和分析，对于计算期限短于或长于一年的资产，在计算收益率时一般要将不同期限的收益率转化成年收益率。

因此，如果不做特殊说明的话，资产的收益指的就是资产的年收益率，又称资产的报酬率。

单期资产的收益率的计算方法如下：

单期资产的收益率=资产价值（价格）的增值/期初资产价值（价格）

=［利息（股息）收益+资本利得］/期初资产价值（价格）

=利息（股息）收益率+资本利得收益率

【例2-19】某股票一年前的价格为10元，一年中的税后股息为0.25元，现在的市价为12元。那么，在不考虑交易费用的情况下，一年内该股票的收益率是多少？

解：

一年中资产的收益为：0.25+（12−10）=2.25（元）

股票的收益率=（0.25+12−10）÷10=2.5%+20%=22.5%

其中，股利收益率为2.5%，资本利得收益率为20%。

二、资产收益率的类型

在实际的财务工作中，由于工作角度和出发点不同，收益率可以有以下一些类型。

（一）实际收益率

实际收益率表示已经实现或者确定可以实现的资产收益率，表述为已实现或确定可以实现的利息（股息）率与资本利得收益率之和。当然，当存在通货膨胀时，还应当扣除通货膨胀率的影响，之后才是真实的收益率。

（二）预期收益率

预期收益率也被称为期望收益率，是指在不确定的条件下，预测的某资产未来可能实现的收益率。对期望收益率的直接估算，可参考以下三种方法。

第一种计算预期收益率的方法是：首先描述影响收益率的各种可能情况，然后预测各种可能发生的概率，以及在各种可能情况下收益率的大小，那么预期收益率就是各种情况下收益率的加权平均，权数是各种可能情况发生的概率。计算公式为：

$$\text{预期收益率}\ E(R)=\sum_{i=1}^{n} R_i \times P_i$$

式中，$E(R)$为预期收益率；P_i表示情况 i 可能出现的概率；R_i表示情况 i 出现时的收益率。

【例 2-20】某人以 5 000 元购买某股票，预计未来一年不会发放红利也未出售，且未来一年后市值达到 5 900 元的可能性为 50%，市价达到 6 000 元的可能性也是 50%。那么预期收益率是多少？

解：预期收益率=［50%×（5 900−5 000）+50%×（6 000−5 000）］÷5 000=19%

上例中，我们给出了半年后各种可能的市值及其概率，然而，现实中要完成这项工作是相当困难的。

第二种计算预期收益率的方法是：首先收集事后收益率（历史数据），将这些历史数据按照不同的经济状况分类，并计算发生在各类经济状况下的收益率观测值的百分比，将所得百分比作为各类经济情况可能出现的概率；其次计算各类经济情况下所有收益率观测值的平均值作为该类情况下的收益率；最后计算各类情况下收益率的加权平均数就得到预期收益率。

例如，假定收集了历史上的 100 个收益率的观测值，在这 100 个历史数据中，发生在经济良好情况下的有 30 个，发生在经济一般和经济较差情况下的各有 50 个和 20 个，那么可估计经济情况出现良好、一般和较差的概率分别为 30%、50%和 20%。然后，将经济良好情况下所有 30 个收益率观测值的平均值（假如为 10%）作为经济良好情况下的收益率，同样，计算另两类经济情况下观测值的平均值（假如分别是 8%和 5%），那么，预期收益率=30%×10%+50%×8%+20%×5%=8%。

尽管这种利用历史数据去预测未来的方法有一定的局限性，但至少可以作为预测的参考依据，而且这种方法简便，易于运用。

第三种计算预期收益率的方法是：收集能够代表预测期收益率分布的历史收益率的样本，假定所有历史收益率的观察值出现的概率相等，那么预期收益率就是所有数据的简单算术平均值。

【例 2-21】齐鲁公司股票的历史收益率数据如表 2-1 所示，请用算术平均值估计其预期收益率。

表 2-1 齐鲁公司股票的历史收益率

年 度	1	2	3	4	5	6
收益率	20%	30%	40%	35%	55%	50%

解：收益率的期望值或预期收益率 $E(R)$ =（20%+30%+40%+35%+55%+50%）÷ 6=38.33%

（三）必要收益率

必要收益率也称最低必要报酬率或最低要求的收益率，表示投资者对某资产合理要求的最低收益率。这里所说的投资者可以是个体，但如果不做特殊说明的话，通常指全体投资者。每个人对某特定资产都会要求不同的收益率，如果某股票的预期收益率超过大多数人对该股票要求的至少应得到的收益率时，实际的投资行为就会发生。也就是说，只有他们认为至少能够获得他们所要求的必要收益率时，他们才会购买该股票。必要收益率与认识到的风险有关，人们对资产的安全性有不同的看法。如果某公司陷入财务困难的可能性很大，也就是说购买该公司股票产生损失的可能性很大，那么购买该公司股票时就会要求有较高的收益率，所以该股票的必要收益率就会较高。相反，如果某项资产的风险较小，那么，对这项资产要求的必要收益率也就小。因此，必要收益率由以下两部分构成。

1．无风险收益率

无风险收益率也称无风险利率，它是指无风险资产的收益率，它的大小由纯粹利率（货币时间价值）和通货膨胀补贴两部分组成。无风险资产一般满足两个条件：一是不存在违约风险；二是不存在再投资收益率的不确定性。实际上，满足这两个条件的资产几乎是不存在的，一般用与所分析的资产的现金流量期限相同的国债来表示。因此，一般用国债的利率表示无风险利率，该国债应该与所分析的资产的现金流量有相同的期限。在一般情况下，为了方便起见，通常用短期国债的利率近似地代替无风险收益率。

2．风险收益率

风险收益率是指某资产持有者因承担该资产的风险而要求的超过无风险利率的额外收益。风险收益率衡量了投资者将资金从无风险资产转移到风险资产而要求得到的“额外补偿”，它的大小取决于两个因素：一是风险的大小；二是投资者对风险的偏好。

业务二 掌握资产的风险与衡量

业务描述

理解风险的概念和分类、风险大小的衡量、风险与报酬的关系、企业对风险采用的控制对策。

相关知识

货币时间价值的计算是在假定没有风险和通货膨胀的基础上进行的，但是在财务活动中，经营风险带来的财务风险是客观存在的，而且风险和收益是密切相关的，所以财务管理者必须研究风险和报酬。

一、风险的概念

风险是指收益的不确定性。虽然风险的存在可能意味着收益的增加，但人们考虑更多的则是损失发生的可能性。企业风险，是指对企业的战略与经营目标实现产生影响的不确定性。从财务管理的角度看，风险是企业在各项财务活动过程中，由于各种难以预料或无法控制的因素作用，使企业的实际收益与预计收益发生背离，从而蒙受经济损失的可能性。

诚信故事

秦国的商鞅在变法之初，为了取得民众的信任，特意立大木于城门，承诺给能将大木搬到另一个城门的人赏金若干。大家一开始将信将疑。后来有人真搬了大木到另一个城门，拿到了赏金。从此，国人都知道国相商鞅是出令必行的，变法由此顺利推行。可见，“诚信为本”也是治国之道。

现代社会更加需要诚信。就个人而言，诚信是内在的人格魅力，是立身之本；就企业而言，诚信是宝贵的无形资产，是良好口碑和长远发展的保证。讲诚信才能立业，才能有美好的前程。

二、风险的衡量

风险是与各种可能的结果和结果的概率分布相联系的。对风险的衡量与计算，必须从概率分析入手。衡量风险的指标主要有收益率的方差、标准差和标准差率等。

（一）概率分布

概率是指随机事件发生的可能性。经济活动可能产生的种种收益可以看作一个个随机事件，其出现或发生的可能性，可以用相应的概率描述。

概率分布是指一项活动可能出现的所有结果的概率集合。例如，投球可能会出现两种结果：投进和未投进，这两种结果的可能性各占 50%，这两个各占 50%的概率作为一个整体，反映了投球这一活动可能出现结果的概率分布。

假定用 X 表示随机事件，X_i 表示随机事件的第 i 个结果，P_i 为出现该结果的相应概率。若 X_i 出现，则 $P_i=1$；若不出现，则 $P_i=0$。同时，所有可能结果出现的概率之和必定为 1。因此，概率必须符合下列两个要求：

（1）$0 \leqslant P_i \leqslant 1$；

（2）$\sum_{i=1}^{n} P_i = 1$。

【例 2-22】齐鲁公司销售汽车，全年计划销售 500 辆，但汽车销售量与市场情况密切相关，市场调查后，有关市场预测与汽车销售量的关系如表 2-2 所示。

表 2-2 市场预测与汽车销量概率分布

市场情况	年销售量 X_i（辆）	概率 P_i
需求很大	800	0.1
需求较大	600	0.2
需求一般	400	0.4
需求较差	200	0.2
需求很差	50	0.1

概率分布图以可能结果为横轴、以概率为纵轴的坐标点画线表示，如图 2-3 所示。

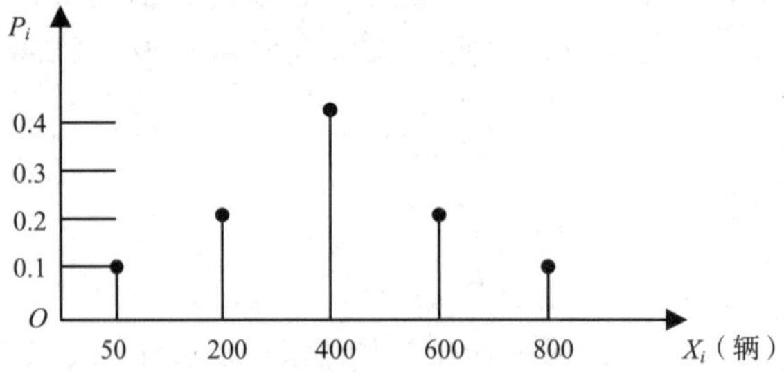

图 2-3 市场预测与汽车销量概率分布

概率分布有两种类型：一种是不连续的概率分布，其特点是概率分布在各个特定的点上；另一种是连续的概率分布，其特点是概率分布在连续图像的两点之间的区间上，如图 2-4 所示。

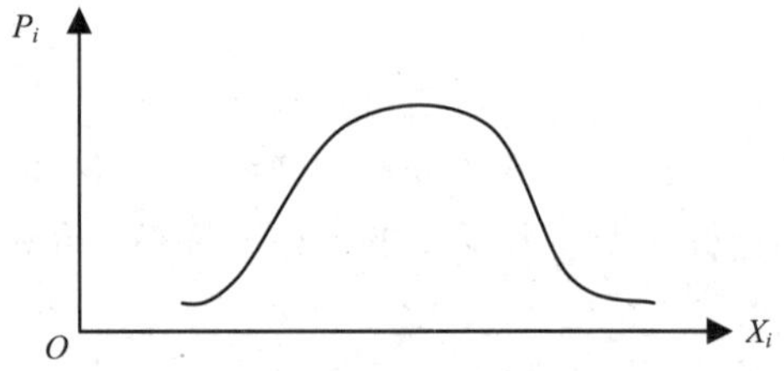

图 2-4 连续的概率分布

（二）期望值

期望值是一个概率分布中的所有可能结果，以各自相应的概率为权数计算的加权平均值。通常用符号 $\bar{E}$ 表示，其计算公式为：

$$\bar{E}=\sum_{i=1}^{n}X_iP_i$$

【例 2-23】以表 2-2 中有关数据为依据，计算汽车预计销售量的期望值，即期望销售量为：

$\bar{E}$=800×0.1+600×0.2+400×0.4+200×0.2+50×0.1

=80+120+160+40+5

=405（辆）

该公司目标销售量为 500 辆，但按照市场调查的结果，运用概率期望值计算，可能只能销售 405 辆汽车。

期望值体现的是预期收益的平均化，在各种不确定性因素影响下，它代表了投资者的合理预期。

（三）方差

在概率已知的情况下，方差的计算公式为：

$$\sigma^2=\sum_{i=1}^{n}(X_i-\bar{E})^2\times P_i$$

式中，$(X_i-\bar{E})$ 表示第 i 种情况可能出现的结果与期望值的差，P_i 表示第 i 种情况可能出现的概率。方差的计算公式可以表述为：离差的平方的加权平均数。

【例 2-24】承接【例 2-23】，汽车预计年销售量与期望年销售量的方差为：

$$\begin{aligned}\sigma^2&=(800-405)^2\times0.1+(600-405)^2\times0.2+(400-405)^2\times\\&\quad 0.4+(200-405)^2\times0.2+(50-405)^2\times0.1\\&=44\ 225\end{aligned}$$

（四）标准差

标准差也叫标准离差，是方差的平方根。它是反映概率分布中各种可能结果对期望的偏离程度，即离散程度的一个数值，通常以符号 σ 表示，其计算公式为：

$$\sigma=\sqrt{\sum_{i=1}^{n}(X_i-\bar{E})^2\cdot P_i}$$

标准差以绝对数衡量决策方案的风险，在期望值相同的情况下，标准差越大，风险越大；反之，标准差越小，则风险越小。

【例 2-25】承接【例 2-24】，汽车预计年销售量与期望年销售量的标准差为：

$$\begin{aligned}\sigma&=\sqrt{\begin{aligned}&(800-405)^2\times0.1+(600-405)^2\times0.2+(400-405)^2\times0.4+(200-405)^2\times\\&0.2+(50-405)^2\times0.1\end{aligned}}\\&=\sqrt{44\ 225}\\&=210.30\end{aligned}$$

需要注意的是，由于标准差是衡量风险的绝对数指标，因此，对于期望值不同的决策方案，该指标数值没有直接可比性，对此，必须进一步借助标准差率的计算来说明问题。

（五）标准差率

标准差率是标准差同期望值之比，通常用符号 V 表示，其计算公式为：

$$V=\frac{\sigma}{E}\times100\%$$

标准差率是一个相对数指标，它以相对数反映决策方案的风险程度。在期望值不同的情况下，标准差率越大，风险越大；反之，标准差率越小，风险越小。

【例 2-26】承接【例 2-25】，汽车预计年销售量的标准差率为：

$$V=\frac{\sigma}{E}\times100\%=\frac{210.30}{405}\times100\%=51.93\%$$

通过决策方案的风险量化，决策者便可做出决策。对于单个方案，决策者可根据其标准差（率）的大小，并将其同设定的可接受的此项指标最高限值对比，看前者是否低于后者，然后做出取舍。对于多方案择优，决策者的行动则应选择低风险、高收益的方案，即选择标准差最低、期望收益最高的方案。然而，高收益往往伴随高风险，低收益方案其风险程度也较低，究竟选择何种方案，就要权衡期望收益与风险，而且还要视决策者对风险的态度而定。谨慎的决策者可能会选择低收益、低风险的方案，具有开拓精神的决策者则可能选择高收益、高风险的方案。

【做一做】

齐鲁公司中A投资项目与经济环境状况有关，有关概率分布与预计收益率如表2-3所示。

表2-3　齐鲁公司投资项目的收益概率分布

经济情况	发生概率	收益率
1	0.15	−0.1
2	0.25	0.14
3	0.40	0.20
4	0.20	0.25

请计算：

（1）A投资项目的期望收益率；

（2）A投资项目的标准差；

（3）A投资项目的标准差率。

三、风险控制对策

1．规避风险

当资产风险所造成的损失不能由该资产可能获得的收益予以抵消时，应当放弃该资产，以规避风险。例如，拒绝与不守信用的厂商业务往来；放弃可能明显导致亏损的投资项目等。

2．降低风险

降低风险主要有两方面意思：一是控制风险因素，降低风险发生的可能；二是控制风险发生的频率和降低风险损害程度。降低风险的常用方法有：进行准确的预测；对决策进行多方案优选和替代；及时与政府部门沟通，获取政策信息；在发展新产品前，充分进行市场调研；采用多领域、多地域、多项目、多品种的经营或投资以分散风险。

3．转移风险

对可能给企业带来灾难性损失的资产，企业应以一定的代价，采取某种方式转移风险。例如，向保险公司投保；采取合资、联营、联合开发等措施实现风险共担；通过技术转让、租赁经营和业务外包等实现风险转移。

4. 接受风险

接受风险包括风险自担和风险自保两种。风险自担，是指风险损失发生时，直接将损失摊入成本或费用，或者冲减利润；风险自保，是指企业预留一笔风险金或随着生产经营的进行，有计划地计提资产减值准备等。

四、风险偏好

风险偏好是指为了实现目标，企业或个体投资者在承担风险的种类、大小等方面的基本态度。风险就是一种不确定性，投资者面对这种不确定性所表现出的态度、倾向是其风险偏好的具体体现。

根据人们效用函数的不同，可以按照风险的偏好不同将其分为风险回避者、风险追求者和风险中立者。

1. 风险回避者

当预期收益率相同时，风险回避者都会偏好具有低风险的资产；而对于同样风险的资产，他们则都会钟情于具有高预期收益的资产。但当面临以下这样两种资产时，他们的选择就要取决于他们对待风险的不同态度：一项资产具有较高的预期收益率的同时也具有较高的风险，而另一项资产虽然预期收益率低，但风险水平也低。风险回避者在承担风险时，就会因承担风险而要求额外收益，额外收益要求的多少不仅与所承担风险的高低有关（风险越高，要求的风险收益就越高），还取决于他们的风险偏好。对风险回避的愿望越强烈，要求的风险收益就越高。一般的投资者和企业管理者都是风险回避者，因此财务管理的理论框架和实务方法都是针对风险回避者的，并不涉及风险追求者和中立者的行为。

2. 风险追求者

与风险回避者恰恰相反，风险追求者主动追求风险，喜欢收益的波动胜于喜欢收益的稳定。他们选择资产的原则是：当预期收益相同时，选择风险高的，因为这会给他们带来更大的效用。

3. 风险中立者

风险中立者既不回避风险，也不主动追求风险。他们选择资产的唯一标准是预期收益的大小，而不管风险状况如何，这是因为所有预期收益相同的资产将给他们带来同样的效用。

【温馨提示】

在面对单一投资方案的情况下，如何决定方案是否可行？在面对多个投资方案的情况下，又如何做选择？

（1）在单一方案情况下，在预期收益满意的前提下，考虑风险，当标准差率小于设定的可接受的最高值时，方案就是可行的。

（2）在多方案情况下，总的原则是风险最低、收益最高。但如果不存在风险最低、收益最高的方案，则需要进行风险与收益的权衡，并且还要视决策者对风险的态度而定。

业务三　掌握证券资产组合的风险与收益

业务描述

掌握证券资产组合预期收益率的计算，以及风险如何进行衡量，进而对企业相关项目进行正确的决策。

相关知识

两个或两个以上资产所构成的集合，被称为资产组合。如果资产组合中的资产均为有价证券，则该资产组合也称证券资产组合或证券组合。证券资产组合的风险与收益具有与单个资产不同的特征。尽管方差、标准差、标准差率是衡量风险的有效工具，但当某项资产或证券成为投资组合的一部分时，这些指标就可能不再是衡量风险的有效工具。我们首先讨论证券资产组合的预期收益率的计算，再进一步讨论组合风险及其衡量。

一、证券资产组合的预期收益率

证券资产组合的预期收益率就是组成证券资产组合的各种资产收益率的加权平均数，其权数为各种资产在组合中的价值比例。证券资产组合的预期收益率计算公式如下：

$$E(R_p)=\sum_{i=1}^{n}W_iE(R_i)$$

式中，$E(R_p)$表示证券资产组合的预期收益率；$E(R_i)$表示组合内第i项资产的预期收益率；W_i表示第i项资产在整个组合中所占的价值比例。

【例2-27】齐鲁公司的一个投资组合中包含A、B和C三种股票，权重分别为30%、40%和30%，三种股票的预期收益率分别为20%、15%、10%。要求：计算该投资组合的预期收益率。

解： 该投资组合的预期收益率$E(R_p)$ $=30\%\times20\%+40\%\times15\%+30\%\times10\%=15\%$

二、证券资产组合的风险及其衡量

1. 证券资产组合的风险分散功能

两项证券资产组合的收益率的方差满足以下关系式：

$$\sigma_p^2=W_1^2\sigma_1^2+W_2^2\sigma_2^2+2W_1W_2\rho_{1,2}\sigma_1\sigma_2$$

式中，σ_p^2表示证券资产组合的收益率的方差，它衡量的是组合的风险；σ_1和σ_2分别表示组合中两项资产的标准差；W_1和W_2分别表示组合中两项资产所占的价值比例；$\rho_{1,2}$反映两项资产收益率的相关程度，即两项资产收益率之间的相对运动状态，称为相关系数。理论上，相关系数介于区间[-1，1]内。

当$\rho_{1,2}$等于1时，表明两项资产的收益率具有完全正相关的关系，即它们的收益率变化方向和变化幅度完全相同。这时$\sigma_p^2=(W_1\sigma_1+W_2\sigma_2)^2$，即$\sigma_p^2$达到最大。由此表明，组合的风险等于组合中各项资产风险的加权平均值。换句话说，当两项资产的收益率完全正相关时，两项资产的风险完全不能相互抵消，所以这样的组合不能降低任何风险。

当$\rho_{1,2}$等于-1时，表明两项资产的收益率具有完全负相关的关系，即它们的收益率变化方向和变化幅度完全相反。这时 $\sigma_p^2=(W_1\sigma_1-W_2\sigma_2)^2$，即 σ_p^2 达到最小，甚至可能是零。因此，当两项资产的收益率完全负相关时，两项资产的风险可以充分地相互抵消，甚至完全消除。因而，这样的组合能够最大限度地降低风险。

在实务中，两项资产的收益率具有完全正相关和完全负相关的情况几乎是不可能的。绝大多数资产两两之间都具有不完全的相关关系，即相关系数小于 1 且大于–1（大多数情况下大于零）。因此，会有 $0<\sigma_p<(W_1\sigma_1+W_2\sigma_2)$，即证券资产组合收益率的标准差小于组合中各资产收益率标准差的加权平均值，即证券资产组合的风险小于组合中各项资产风险之加权平均值。因此，大多数情况下，证券资产组合能够分散风险，但不能完全消除风险。

一般来讲，随着证券资产组合中资产个数的增加，证券资产组合的风险会逐渐降低，当资产的个数增加到一定程度时，证券资产组合的风险程度将趋于平稳，这时组合风险的降低将非常缓慢直到不再降低。

在证券资产组合中，能够随着资产种类增加而降低直至消除的风险，被称为非系统性风险；不能随着资产种类增加而分散的风险，被称为系统性风险。下面对这两类风险进行详细论述。

2. 非系统性风险

非系统性风险又称公司风险或可分散风险，是可以通过证券资产组合而分散掉的风险。它是指由于某种特定原因对某特定资产收益率造成影响的可能性。它是特定企业或特定行业所持有的，与政治、经济和其他影响所有资产的市场因素无关。对于特定企业而言，公司风险可进一步分为经营风险和财务风险。

经营风险是指因生产经营方面的原因给企业目标带来不利影响的可能性，如由于原材料供应地的政治经济情况变动、新材料的出现等因素带来的供应方面的风险；由于生产组织不合理而带来的生产方面的风险；由于销售决策失误带来的销售方面的风险。

财务风险又称筹资风险，是指由于举债而给企业目标带来的可能影响。企业举债经营，全部资金中除自有资金外还有一部分借入资金，这会对自有资金的获利能力造成影响；同时，借入资金需还本付息，一旦无力偿付到期债务，企业便会陷入财务困境甚至破产。

值得注意的是，在风险分散的过程中，不应当过分夸大资产多样性和资产个数的作用。实际上，在证券资产组合中资产数目较低时，增加资产的个数，分散风险的效应会比较明显，但资产数目增加到一定程度时，风险分散的效应就会逐渐减弱。经验数据表明，组合中不同行业的资产个数达到 20 个时，绝大多数非系统性风险均已被消除掉。此时，如果继续增加资产数目，对分散风险已经没有多大的实际意义，只会增加管理成本。另外，不要指望通过资产多样化达到完全消除风险的目的，因为系统性风险是不能够通过风险的分散来消除的。

3. 系统性风险及其衡量

系统性风险又称市场风险或不可分散风险，是影响所有资产的、不能通过资产组合而消除的风险。这部分风险是由那些影响整个市场的风险因素所引起的。这些因素包括宏观经济形势的变动、国家经济政策的变化、税制改革、企业会计准则改革、世界能源状况、政治因素等。

尽管绝大部分企业和资产都不可避免地受到系统性风险的影响，但并不意味着系统性风险对所有资产或所有企业有相同的影响。有些资产受系统性风险的影响大一些，而有些资产受的影响较小。单项资产或证券资产组合受系统性风险影响的程度，可以通过系统性风险系数（β系数）来衡量。

（1）单项资产的系统性风险系数（β系数）。单项资产的β系数是指可以反映单项资产收益率与市场平均收益率之间变动关系的一个量化指标，它表示单项资产收益率的变动受市场平均收益率变动的影响程度。换句话说，就是相对于市场组合的平均风险而言，单项资产所含的系统性风险的大小。

系统性风险系数或β系数的定义式如下：

$$\beta_i = \text{COV}(R_i, R_m) / \sigma_m^2 = \rho_{i,m}\sigma_i\sigma_m / \sigma_m^2 = \rho_{i,m} \cdot \sigma_i / \sigma_m$$

式中，$\rho_{i,m}$表示第i项资产的收益率与市场组合收益率的相关系数；σ_i是该项资产收益率的标准差，反映该资产的风险大小；σ_m是市场组合收益率的标准差，反映市场组合的风险；三个指标的乘积表示该资产收益率与市场组合收益率的协方差。

（2）市场组合。市场组合是指由市场上所有资产组成的组合。它的收益率就是市场平均收益率，实务中通常用股票价格指数的收益率来代替。而市场组合收益率的方差则代表了市场整体的风险。由于包含了所有的资产，因此，市场组合中的非系统性风险已经被消除，所以市场组合的风险就是市场风险或系统性风险。

根据上述β系数的定义可知，当某资产的β系数等于1时，说明该资产的收益率与市场平均收益率呈同方向、同比例的变化。即如果市场平均收益率增加（或减少）1%，那么该资产的收益率也相应地增加（或减少）1%。也就是说，该资产所含的系统风险与市场组合的风险一致。当某资产的β系数小于1时，说明该资产收益率的变动幅度小于市场组合收益率的变动幅度，因此其所含的系统性风险小于市场组合的风险；当某资产的β系数大于1时，说明该资产收益率的变动幅度大于市场组合收益率的变动幅度，因此其所含的系统性风险大于市场组合风险。

大多数资产的β系数是大于零的，也就是说，它们的收益率的变化方向与市场平均收益率的变化方向是一致的，只是变化幅度不同而导致β系数不同。极个别资产的β系数与市场平均收益的变化方向相反，当市场平均收益增加时，这类资产的收益却在减少。例如，西方个别收账公司和个别再保险公司的β系数是接近零的负数。

在实际中，要想利用定义式去计算β系数，是非常困难的。β系数的计算常常利用收益率的历史数据，采用线性回归的方法取得。

其实，在实务中，并不需要企业财务人员或投资者自己去计算证券的β系数，一些证券咨询机构会定期公布大量交易过的证券的β系数。不同公司之间的β系数有所不同，即便是同一家公司在不同时期，其系数也会或多或少地有所差异。我国也有一些证券咨询机构定期计算和编制各上市公司的β系数，大家可以通过中国证券市场数据库等查询。

（3）证券资产组合的系统性风险系数。对于证券资产组合来说，其所含的系统性风险的大小可以用组合β系数来衡量。证券资产组合的β系数是所有单项资产β系数的加权平均数，权数为各种资产在证券资产组合中所占的价值比例。其计算公式为：

$$\beta_p = \sum_{i=1}^{n}(\beta_i \times W_i)$$

式中，β_p是证券资产组合的β系数；β_i表示第 i 项资产的β系数；W_i为第 i 项资产在组合中所占的价值比重。由于单项资产的β系数不尽相同，因此通过替换资产组合中的资产或改变不同资产在组合中的价值比例，可以改变组合的风险特性。

【例 2-28】齐鲁公司某证券资产组合中有三只股票，相关的信息如表 2-4 所示。要求：计算证券资产组合的β系数。

表 2-4 某证券资产组合的相关信息

股　票	β系数	股票的每股市价（元）	股票的数量（只）
A	0.8	8	100
B	1.2	1	200
C	1.8	5	200

解：

首先计算 A、B、C 三只股票所占的价值比例。

A 股票比例：$(8\times100)\div(8\times100+1\times200+5\times200)\times100\%=40\%$

B 股票比例：$(1\times200)\div(8\times100+1\times200+5\times200)\times100\%=10\%$

C 股票比例：$(5\times200)\div(8\times100+1\times200+5\times200)\times100\%=50\%$

然后计算加权平均β系数，即证券资产组合的β系数：

$\beta_p=40\%\times0.8+10\%\times1.2+50\%\times1.8=1.34$

业务四　掌握资本资产定价模型

业务描述

掌握资本资产定价模型的基本原理，在此基础上理解证券市场线并学会证券组合必要收益率的计算。

相关知识

一、资本资产定价模型的基本原理

在资本资产定价模型（Capital Asset Pricing Model，CAPM）中，资本资产主要是指股票资产，而定价则试图解释资本市场如何决定股票收益率，进而决定股票价格。

根据风险与收益的一般关系，某资产的必要收益率是由无风险收益率和资产的风险收益率决定的。公式如下：

必要收益率=无风险收益率+风险收益率

资本资产定价模型的一个主要贡献就是解释了风险收益率的决定因素和度量方法，并且给出了一个简单易用的表达形式：

$$R=R_f+\beta\cdot(R_m-R_f)$$

这是资本资产定价模型的核心关系式。式中，R 表示某资产的必要收益率；R_f表示无风险收益率，通常以短期国债的利率来近似替代；β表示该资产的系统风险系数；R_m表示市场组合收益率，通常用股票价格指数收益率的平均值或所有股票的平均收益率来代替。

式中，（R_m-R_f）被称为市场风险溢酬。它是附加在无风险收益率之上的，由于承担了市场平均风险所要求获得的补偿，因此它反映的是市场作为整体对风险的平均“容忍”程度，也就是市场整体对风险的厌恶程度。对风险越是厌恶和回避，要求的补偿就越高，因此，市场风险溢酬的数值就越大。反之，如果市场的抗风险能力强，则对风险的厌恶和回避就不是很强烈，因此，要求的补偿就越低，所以市场风险溢酬的数值就越小。

二、证券市场线

如果把资本资产定价模型公式中的β看作自变量（横坐标），必要收益率 R 作为因变量（纵坐标），无风险收益率（R_f）和市场风险溢酬（R_m-R_f）作为已知系数，那么这个关系式在数学上就是一个直线方程，叫作证券市场线（Security Market Line，SML），即以下关系式所代表的直线：

$$R=R_f+\beta\cdot(R_m-R_f)$$

证券市场线对任何公司、任何资产都是适合的。只要将该公司或资产的β系数代入上述直线方程中，就能得到该公司或资产的必要收益率。

证券市场线上每个点的横、纵坐标值分别代表每一项资产（或证券资产组合）的系统性风险系数和必要收益率。因此，证券市场上任意一项资产或证券资产组合的系统性风险系数和必要收益率都可以在证券市场线上找到对应的一点。

在证券市场线关系式的右侧，唯一与单项资产相关的就是β系数，而β系数正是对该资产所有的系统性风险的度量，因此，证券市场线一个重要的暗示就是“只有系统性风险才有资格要求补偿”。该公式中并没有引入非系统性风险即公司风险，也就是说，投资者要求补偿只是因为他们“忍受”了系统性风险，而不包括公司风险，因为公司风险可以通过证券资产组合被消除掉。

【例 2-29】某年齐鲁公司的β系数是1.17，短期国库券利率为4%，标准普尔股票价格指数的收益率是10%，那么，齐鲁公司该年股票的必要收益率应为：$R=R_f+\beta\cdot(R_m-R_f)=4\%+1.17\times(10\%-4\%)=11.02\%$。

三、证券资产组合的必要收益率

证券资产组合的必要收益率也可以通过证券市场线来描述：

$$证券资产组合的必要收益率\ R=R_f+\beta_p\times(R_m-R_f)$$

此公式与前面的资本资产定价模型公式非常相似，它们唯一不同的是β系数的主体，这里的β_p是证券资产组合的β系数。

【例 2-30】假设当前短期国债收益率为3%，股票价格指数平均收益率为12%，利用【例2-28】中的有关信息求出的β系数，计算A、B、C三种股票组合的必要收益率。

解：三种股票组合的必要收益率 $R=3\%+1.34\times(12\%-3\%)=15.06\%$

四、资本资产定价模型的有效性和局限性

资本资产定价模型和证券市场线最大的贡献在于其提供了对风险和收益之间的一种实质性的表述，首次将“高收益伴随着高风险”用这样简单的关系式表达出来，CAPM和SML是对现实中风险与收益关系最为贴切的表述，因此长期以来，被财务人员、金融从业

者以及经济学家作为处理风险问题的主要工具。

尽管 CAPM 已经得到了广泛的认可，但在实际运用中，仍存在一些明显的局限，主要表现在：①某些资产或企业的β系数难以估计，特别是对一些缺乏历史数据的新兴行业来说更是如此。②由于经济环境的不确定性和不断变化，使得依据历史数据估算出来的β系数对未来的指导作用必然要打折扣。③CAPM 是建立在一系列假设上的，其中一些假设与实际情况有较大偏差，使得 CAPM 的有效性受到质疑。这些假设包括市场是均衡的、市场不存在摩擦、市场参与者都是理性的、不存在交易费用、税收不影响资产的选择和交易等。

由于以上局限，资本资产定价模型只能大体描绘出证券市场运动的基本情况，而不能完全确切地揭示证券市场的一切。因此，在运用这一模型时，应该更注重它所揭示的规律。

项目小结

学完本项目，应掌握复利现值和终值的含义及计算方法，年金现值、年金终值的含义及计算方法，利率的计算；熟悉资产和资产组合的风险与收益的含义，以及风险的衡量方法；掌握资本资产定价模型和证券市场线。

主要概念

货币时间价值	单利	复利现值	复利终值
年金现值	年金终值	普通年金	即付年金
递延年金	永续年金	名义利率	实际利率
无风险收益率	风险收益率	经营风险	财务风险
资本资产定价模型	证券市场线		

推荐阅读

[1] 王陈慧子，杨东. 从比特币定性看数字货币的价值维度[J]. 学习与探索，2021（6）：51-59.
[2] 李金玮，韦倩. 货币政策与上市公司市场价值：基于投入产出网络视角[J]. 金融经济学研究，2021，36（1）：64-76.
[3] 冯金华. 价值规律、供求关系和市场机制——基于马克思主义劳动价值论的研究[J]. 上海经济研究，2020（5）：5-21+31.
[4] 陈姿含. 数字货币法律规制：技术规则的价值导向[J]. 西安交通大学学报（社会科学版），2020，40（3）：64-71+80.
[5] 肖远企. 货币的本质与未来[J]. 金融监管研究，2020，（1）：1-15.
[6] 谢俊明，谢圣远. 货币价值波动、财富分配差距扩大与系统性金融风险[J]. 财经理论与实践，2020，41（1）：34-40.

[7] 尤歆惟. 价值形式理论与货币的生成逻辑——从马克思到宇野学派的价值形式理论演进史评析[J]. 内蒙古社会科学（汉文版），2019，40（4）：42-48.
[8] 张丹. 复利的理性分析及利用探究[J]. 山西财经大学学报，2019，41（S1）：23-25.
[9] 冯金华. 基于劳动价值论的利率决定理论和货币政策[J]. 上海经济研究，2019,（4）：5-16.
[10] 许金叶，许玉琴. 区块链“数字货币”的价值之谜——基于劳动价值论的价值分析[J]. 会计之友，2019,（3）：149-153.

博学增信

子曰：“人而无信，不知其可也。大车无輗，小车无軏，其何以行之哉？”

——《论语·为政》

一个人不讲诚信，如何跟人交往？没有诚信，就像车没有了輗和軏这些关键部件，怎么行走？诚信是中华民族的传统美德之一，滋养着中国人的心灵。

习题与实训

一、单项选择题

1. 已知（F/P，9%，4）=1.411 6,（F/P，9%，5）=1.538 6,（F/A，9%，4）=4.573 1，则（F/A，9%，5）为（　　）。

A. 4.984 7　　B. 5.984 7　　C. 5.573 3　　D. 4.573 3

2.（P/F，i，9）与（P/F，i，10）分别表示 9 年期和 10 年期的复利现值系数，关于二者的数量关系，下列表达式正确的是（　　）。

A.（P/F，i，10）=（P/F，i，9）$-i$

B.（P/F，i，10）=（P/F，i，9）×（$1+i$）

C.（P/F，i，9）=（P/F，i，10）×（$1+i$）

D.（P/F，i，10）=（P/F，i，9）$+i$

3. 某项银行贷款本金 100 万，贷款 10 年，利率为 8%，每年年末等额偿还本息，每年偿还额计算公式为（　　）。

A. 100×［1+8%/（F/A，8%，10）］　　B. 100×［1+8%/（P/A，8%，10）］

C. 100÷（F/A，8%，10）　　D. 100÷（P/A，8%，10）

4. 下列各项中，与普通年金终值系数互为倒数的是（　　）。

A. 预付年金现值系数　　B. 普通年金现值系数

C. 偿债基金系数　　D. 资本回收系数

5. 小金于 20×2 年 1 月 15 日取得一笔贷款 200 000 元，用于支付攻读 MBA 的学费，年限为 2 年，年利率为 12%。小金从 20×2 年 2 月 15 日开始还款，每月还一次，则其每个月的应付金额为（　　）元。

A. 200 000×（P/A，12%，2） B. 200 000÷（P/A，1%，24）

C. 200 000×（F/A，12%，2） D. 200 000÷（F/A，1%，24）

6. 某企业在年初向银行借入21万元，期限为5年，每年等额还本付息的金额为5万元，已知（P/A，6%，5）=4.212 4，（P/A，7%，5）=4.100 2，则银行向其提供的借款利率为（ ）。

A. 6.11% B. 7.38% C. 6.85% D. 5.92%

7. 已知普通年金的每次等额发生额为10 000元，利率为10%时的年金终值为61 051元，则等额发生次数相同的预付年金终值约为（ ）元。

A. 67 156.10 B. 55 500.91 C. 73 871.71 D. 51 051

8. 某公司采用融资租赁方式租入一台设备，租赁合同约定，租期为5年，自租赁开始日起，每年等额支付租金10 000元。假设折现率为8%，则该项融资租赁各年租金在租赁开始日的现值合计约为（ ）元。已知：（P/A，8%，5）= 3.992 7。

A. 36 969.44 B. 39 927 C. 49 927 D. 43 121.16

9. 一项永久性扶贫基金拟在每年年初发放80万元扶贫款，年利率为4%，则该基金需要在第一年年初投入的资金数额（取整数）为（ ）元。

A. 1 923 B. 2 080 C. 2 003 D. 2 000

10. 甲公司投资一项证券资产，每年年末都能按照6%的名义利率获取相应的现金收益。假设通货膨胀率为2%，则该证券资产的实际利率为（ ）。

A. 3.88% B. 3.92% C. 4.00% D. 5.88%

11. 公司投资于某项长期基金，本金为5 000万元，每季度可获取现金收益50万元，则其年收益率为（ ）。

A. 2.01% B. 1.00% C. 4.00% D. 4.06%

12. 已知通货膨胀条件下的名义利率为8.15%，实际利率为5%，则通货膨胀率大约为（ ）。

A. 4% B. 3.15% C. 3% D. 5.15%

13. 某投资者购买甲公司股票，购买价格为100万元，当期分得现金股利5万元，当期期末公司股票市场价格上升到120万元。则该投资产生的资本利得为（ ）万元。

A. 20 B. 15 C. 5 D. 25

14. 在投资报酬不确定的情况下，按照估计的各种可能收益水平及其发生概率计算的加权平均数是（ ）。

A. 实际收益率 B. 期望收益率 C. 必要收益率 D. 无风险收益率

15. 下列各项中，不能用于衡量风险的是（ ）。

A. 贝塔系数 B. 期望值 C. 标准差率 D. 方差

16. 某项目的期望投资收益率为14%，风险收益率为9%，收益率的标准差为2%，则该项目收益率的标准差率为（ ）。

A. 0.29% B. 22.22% C. 14.29% D. 0.44%

17. 某项目的投资收益率的期望值为20%，投资收益率的标准差率为40%，则该项目的投资收益率的方差为（ ）。

A. 8% B. 0.64% C. 25% D. 50%

18. 已知甲项目的期望投资收益率为 10%，标准差为 4%；乙项目的期望投资收益率为 15%，标准差为 6%。则下列关于甲、乙两个项目所做出的判断，正确的是（　　）。

A. 甲和乙均为有风险的投资项目　　B. 甲项目的风险大于乙项目

C. 甲项目的风险小于乙项目　　D. 无法比较甲、乙两个项目的风险大小

19. 项目 A 的投资收益率为 10%，项目 B 的投资收益率为 15%，比较项目 A 和项目 B 风险的大小，可以用（　　）。

A. 两个项目的收益率方差　　B. 两个项目的收益率的标准差

C. 两个项目的投资收益率　　D. 两个项目的标准差率

20. 企业计提资产减值准备，从风险对策上看属于（　　）。

A. 接受风险　　B. 降低风险　　C. 转移风险　　D. 规避风险

21. 某公司购买了一批贵金属材料，为避免资产被盗而造成损失，向财产保险公司进行了投保，则该公司采取的风险对策是（　　）。

A. 规避风险　　B. 接受风险　　C. 转移风险　　D. 降低风险

22. 有甲、乙两种证券，甲证券的必要收益率为 10%，乙证券要求的风险收益率是甲证券的 1.5 倍，如果无风险收益率为 4%，则根据资本资产定价模型，乙证券的必要收益率为（　　）。

A. 12%　　B. 16%　　C. 15%　　D. 13%

二、多项选择题

1. 影响货币时间价值大小的因素主要包括（　　）。

A. 单利　　B. 复利　　C. 资金额　　D. 利率和期限

2. 某公司拟购置一处房产，付款条件是：从第 4 年开始，每年年初支付 10 万元，连续付 10 次，共 100 万元，假设该公司的资金成本率为 10%，则相当于该公司现在一次付款的金额为（　　）万元。

A. $10[(P/A, 10\%, 12)-(P/A, 10\%, 2)]$

B. $10(P/A, 10\%, 10)(P/F, 10\%, 2)$

C. $10[(P/A, 10\%, 13)-(P/A, 10\%, 3)]$

D. $10[(P/A, 10\%, 12)-(P/A, 10\%, 3)]$

3. 某公司取得 3 000 万元的贷款，期限为 6 年，年利率为 10%，每年年初偿还等额本息，则对于每年年初应支付金额，计算正确的有（　　）。

A. $3\,000 \div [(P/A, 10\%, 5)+1]$　　B. $3\,000 \div [(P/A, 10\%, 7)-1]$

C. $3\,000 \div (P/A, 10\%, 6) \times (1+10\%)$　　D. $3\,000 \div [(P/A, 10\%, 6) \times (1+10\%)]$

4. 递延年金的特点有（　　）。

A. 最初若干期没有收付款项　　B. 后面若干期等额收付款项

C. 其终值计算与普通年金相同　　D. 其现值计算与普通年金相同

5. 已知纯粹利率为 3%，通货膨胀补偿率为 2%，投资者对某证券要求的风险收益率为 6%，则下列表述中，正确的有（　　）。

A. 无风险收益率为 5%　　B. 无风险收益率为 1%

C. 必要收益率为 11%　　D. 必要收益率为 9%

6. 下列各项中，影响投资的必要收益率的有（　　）。

A. 资金时间价值　　B. 通货膨胀水平

C. 投资风险水平　　D. 投资者的风险偏好

7. 在财务管理中，经常被用来衡量风险大小的指标有（　　）。

A. 标准差　　B. 边际成本　　C. 风险收益率　　D. 标准差率

8. 下列各项中，属于经营风险的有（　　）。

A. 开发新产品不成功而带来的风险　　B. 消费者偏好发生变化而带来的风险

C. 自然气候恶化而带来的风险　　D. 原材料价格变动而带来的风险

9. 下列各种风险应对措施中，能够转移风险的有（　　）。

A. 拒绝给不符合信用标准的客户提供商业信用

B. 进行多元化经营

C. 与其他企业合资经营

D. 为汽车购买机动车辆保险

10. 关于两项证券资产的风险比较，下列说法正确的有（　　）。

A. 期望值相同，标准差率越大，风险越大

B. 期望值不同，标准差越大，风险越大

C. 期望值不同，标准差率越大，风险越大

D. 期望值相同，标准差越大，风险越大

11. 下列各项中，属于公司股票面临的系统性风险的有（　　）。

A. 公司业绩下滑　　B. 市场利率波动

C. 宏观经济政策调整　　D. 公司管理层变更

12. 如果投资组合由收益率的变化方向相反且变化幅度相同的两种证券组成，则下列结论中，正确的有（　　）。

A. 该两种证券收益率的相关系数为 -1

B. 该两种证券收益率具有完全负相关的关系

C. 该投资组合的标准差可以为 0

D. 该投资组合可以最大限度地降低风险

13. 下列各项因素中，影响投资组合收益率的有（　　）。

A. 组合内各单项资产在投资组合中所占的价值比例

B. 组合内各单项资产的收益率

C. 组合内各单项资产的方差

D. 组合内各单项资产收益率的相关系数

三、判断题

1. 货币时间价值是指在没有通货膨胀的情况下，货币经历一定时间的投资和再投资所增加的价值。（　　）

2. 一般来说，在折现率一定的情况下，随着期数的增加，未来某一款项的现值将逐渐变大。（　　）

3. 在等额收付次数一定的情况下，随着利率的提高，普通年金终值逐渐变大，普通年金现值逐渐变小。（　　）

4. 在利率及等额收付次数相同的情况下，预付年金终值大于普通年金终值，预付年

金现值小于普通年金现值。 （ ）

5. 永续年金由于收付款的次数无穷多，所以其现值无穷大。 （ ）

6. 如果通货膨胀率大于名义利率，则实际利率为正数。 （ ）

7. 无风险收益率是由纯利率和通货膨胀补偿率组成的。 （ ）

8. 必要收益率与投资者认识到的风险有关。如果某项资产的风险较低，那么投资者对该项资产要求的必要收益率就较高。 （ ）

9. 标准差率可用于收益率期望值不同的情况下的风险比较，标准差率越大，表明风险越大。 （ ）

10. 根据证券投资组合理论，在其他条件不变的情况下，如果两项贷款的收益率具有完全正相关关系，则该证券投资组合不能够分散风险。 （ ）

11. 两项资产的收益率负相关时，才能分散组合的投资风险。 （ ）

12. 如果各单项资产的 β 系数不同，则可以通过调整资产组合中不同资产的构成比例改变组合的系统风险。 （ ）

13. 两种股票构成的资产组合的预期收益率是这两种股票预期收益率的加权平均数，其权数为两种股票在组合中的价值比重。 （ ）

14. 证券组合的风险水平不仅与组合中各证券的收益率标准差有关，而且与各证券收益率的相关程度有关。 （ ）

四、综合题

1. 20×1年年初，某公司购置一条生产线，有以下四种方案。

方案一：20×3年年初一次性支付100万元。

方案二：20×1年至20×3年每年年初支付30万元。

方案三：20×2年至20×5年每年年初支付24万元。

方案四：20×3年至20×7年每年年初支付21万元。

已知部分货币时间价值表如表2-5所示。

表2-5 部分货币时间价值表

n	1	2	3	4	5	6
（P/F，10%，n）	0.909 1	0.826 4	0.751 3	0.683 0	0.620 9	0.564 5
（P/A，10%，n）	0.909 1	1.735 5	2.486 9	3.169 9	3.790 8	4.355 3

要求：

（1）计算方案一付款方式下，支付价款的现值；

（2）计算方案二付款方式下，支付价款的现值；

（3）计算方案三付款方式下，支付价款的现值；

（4）计算方案四付款方式下，支付价款的现值；

（5）选择哪种付款方式更有利于公司？

2. 丙公司计划借入5年期贷款1 000万元，有三家商业银行可供选择，有关资料如下：

资料一：A银行贷款的年利率为7%，每年计息一次，可选择到期一次还本付息或在贷款期内每年年末等额偿还本息。

资料二：B 银行贷款的年利率为 6%，在贷款期内每季度末等额偿还本息。

资料三：C 银行要求在贷款期内每年年末偿还 240 万元。

已知：（F/P，6%，5）= 1.338 2，（F/P，7%，5）= 1.402 6，（P/F，6%，5）= 0.747 3，（P/F，7%，5）= 0.713 0，（F/A，6%，5）= 5.637 1，（F/A，7%，5）= 5.750 7，（P/A，6%，5）= 4.212 4，（P/A，7%，5）= 4.100 2。要求：

（1）计算 A 银行贷款到期一次还本付息的金额。

（2）计算 A 银行贷款在贷款期内每年年末等额偿还本息的金额。

（3）计算 B 银行贷款的实际利率。

（4）计算 C 银行贷款的实际利率。

（5）以贷款实际利率为标准，为丙公司选择贷款银行。

3. 某企业有甲、乙两个投资项目，计划投资额均为 1 000 万元，其收益率的概率分布如表 2-6 所示。

表 2-6 甲、乙项目的收益情况

市场状况	概 率	甲项目（收益率，%）	乙项目（收益率，%）
好	0.2	20	30
一般	0.6	10	10
差	0.2	5	−10

要求：

（1）分别计算甲、乙两个项目收益率的期望值。

（2）分别计算甲、乙两个项目收益率的标准差。

（3）比较甲、乙两个投资项目风险的大小。

4. 甲公司现有一笔闲置资金，拟投资于某证券组合，该组合由 X、Y、Z 三种股票构成，资金权重分别为 40%、30%和 30%，β 系数分别为 2.5、1.5 和 1，其中 X 股票投资收益率的概率分布如表 2-7 所示。

表 2-7 X 股票投资收益率的概率分布表

状 况	概率（%）	投资收益率（%）
行情较好	30	20
行情一般	50	12
行情较差	20	5

Y、Z 股票的预期收益率分别为 10%和 8%，当前无风险利率为 4%，市场组合的必要收益率为 9%。

要求：

（1）计算 X 股票的预期收益率。

（2）计算该证券组合的预期收益率。

（3）计算该证券组合的 β 系数。

（4）利用资本资产定价模型计算该证券组合的必要收益率，并据以判断该证券组合是否值得投资。

项目三

筹资管理

学习目标

知识学习目标

1. 了解筹资管理的内容；
2. 熟悉筹资的方式、分类和原则；
3. 了解各种筹资方式的特点；
4. 熟悉债务筹资和股权筹资方式的优缺点；
5. 掌握融资租赁租金的计算；
6. 掌握资金需求量的预测；
7. 掌握资本成本的计算方法；
8. 掌握杠杆效应及其计算方法；
9. 熟悉资本结构的相关理论；
10. 掌握资本结构优化的方法。

技能训练目标

1. 能够用正确的价值观指导企业的筹资管理工作；
2. 会运用销售百分比法、回归分析法等专门方法预测筹资规模；
3. 能通过各种筹资方式的比较，为筹资方式选择提供信息；
4. 会计算各种资本成本，并能进行筹资决策；
5. 能运用杠杆原理进行风险分析；
6. 会运用资本结构优化的方法。

导入案例

齐鲁佳乐包装股份有限公司是以塑料编织包装物为主导产品的专业生产企业，同时兼营化妆品和中药产业。产品除内销外，还销往俄罗斯、澳大利亚、美国、智利、芬兰、韩国及马来西亚等国家，出口约占35%。20×2年，公司股权在股权交易中心成功挂牌。随着企业的不断发展，20×5年生产部门和销售部门已经制定了生产和销售可行性分析报告给公司董事会。为保证公司生产和销售计划的实施，公司董事会要求财务部门制订资金筹集方案，以给予资金保障。那么，20×5年需要增加多少资金才能满足该企业生产经营的需要？怎样预测该企业的资金需要量？可供选择的资金筹集方式有哪些？怎样做出筹资决策？

任务一 认知筹资管理

任务描述

了解企业筹资管理的内容和原则、熟悉企业筹资的主要方式和分类方法，为企业筹资活动的开展提供支持。

业务一 熟悉筹资动机和内容

业务描述

熟悉企业的筹资动机，掌握筹资管理的内容。

相关知识

企业筹资，是指企业为了满足经营活动、投资活动、资本结构管理和其他需要，运用适当的筹资方式，通过一定的筹资渠道，筹措和获取所需资金的一种财务行为。

认识筹资

一、企业筹资的动机

企业筹资最基本的目的，是为了企业经营的维持和发展，为企业的经营活动提供资金保障。例如，为提高技术水平购置新设备而筹资；为对外投资活动而筹资；为产品研发而筹资；为解决资金周转临时需要而筹资等。主要的筹资动机有以下几种：

（一）创立性筹资动机

创立性筹资动机，是指企业在创立时，为取得资本金并形成开展经营活动的基本条件而产生的筹资动机。公司设立的相关法律规定，企业或公司在设立时都要求有符合企业章程或公司章程规定的全体股东认缴的出资额。企业在创立时，要按照企业经营规模预计长期资本需要量和流动资金需要量、购建厂房设备等，安排流动资金，形成企业的经营能力，需要通过股权资金和债务资金来筹集。

（二）支付性筹资动机

支付性筹资动机，是指为了满足经营业务活动的正常波动所形成的支付需要而产生的筹资动机。企业在开展经营活动过程中，经常会出现超出维持正常经营活动资金需求的季节性、临时性的交易支付需要，如原材料购买的大额支付、员工工资的集中发放、银行借款的偿还、股东股利的发放等。这些情况要求除了正常经营活动的资金投入，还需要通过经常的临时性筹资来满足经营活动的正常波动需求，从而满足企业的支付能力。

（三）扩张性筹资动机

扩张性筹资动机，是指企业因扩大经营规模或满足对外投资需要而产生的筹资动机。企业扩大再生产，经营规模扩张、开展对外投资，就需要大量追加筹资。具有良好发展前景、处于成长期的企业，往往会产生扩张性的筹资动机。扩张性的筹资活动，在筹资的时间和数量上都要服从于投资决策和投资计划的安排，避免资金的闲置和投资时机的贻误。扩张性筹资的直接结果，往往是企业资产总规模的增加和资本结构的明显变化。

（四）调整性筹资动机

调整性筹资动机，是指企业因调整资本结构而产生的筹资动机。资本结构调整的目的在于降低资本成本、控制财务风险、提升企业价值。企业调整性筹资动机的原因主要是优化资本结构，合理利用财务杠杆效应；债务资本比例过高，有较大的财务风险；股权资本比例较大，企业的资本成本负担较重，可以通过筹资增加股权或债务资金，达到调整、优化资本结构的目的。此外，债务结构进行的内部调整，比如将流动负债转化为长期负债或者举借新债偿还旧债。调整性筹资的目的是调整资本结构，而不是为企业经营活动追加资金，这类筹资一般不会增加企业的资本总额。

（五）混合性筹资动机

混合性筹资动机，一般基于企业规模扩张和调整资本结构两种目的，兼具扩张性筹资动机和调整性筹资动机的特性，同时增加了企业的资产总额和资本总额，也导致企业的资产结构和资本结构同时变化。例如，企业对外投资需要大额资金，其资金来源通过长期贷款或发行公司债券解决，这种情况既扩张了企业规模，又使得企业的资本结构有较大的变化。

【议一议】

企业不同的筹资情形，都是为了实现什么样的筹资动机？

二、筹资管理的内容

筹资活动是企业资金流转运动的起点，筹资管理要求解决企业为什么要筹资、需要筹集多少资金、以什么方式筹集，以及如何协调财务风险和资本成本、合理安排资本结构等问题。

企业筹资时应先科学预计资金需要量，然后合理安排筹资渠道、选择筹资方式，最后通过降低资本成本和控制财务风险选出最佳的筹资决策，并有效运用所筹资金。

（一）科学预计资金需要量

在正常情况下，企业资金的需求，来源于两个基本目的：满足经营运转的资金需要；满足投资发展的资金需要。企业在创立时，要按照规划的生产经营规模，核定长期资本需要量和流动资金需要量；企业在正常营运时，要根据年度经营计划和资金周转水平，核定维持营业活动的日常资金需求量；企业在扩张发展时，要根据扩张规模或对外投资对大额资金的需求，安排专项的资金。

（二）合理安排筹资渠道，选择筹资方式

筹资渠道，是指企业筹集资金的来源方向与通道。一般来说，企业最基本的筹资渠道有两条：直接筹资和间接筹资。直接筹资，是企业与投资者协议或通过发行股票、债券等方式直接从社会取得资金；间接筹资，是企业通过银行等金融机构以信贷关系间接从社会取得资金。具体来说，企业的筹资渠道主要有国家财政投资和财政补贴、银行与非银行金融机构信贷、资本市场筹集、其他法人单位与自然人投入、企业自身积累等。

对于不同渠道的资金，企业可以通过不同的筹资方式来取得。筹资方式是企业筹集资

金所采取的具体方式。企业筹资，总体来说是从企业外部和内部取得的。外部筹资是指从企业外部筹措资金，内部筹资主要依靠企业的利润留存积累。外部筹资主要有两种方式：股权筹资和债务筹资。股权筹资，是企业通过吸收直接投资、发行股票等方式从股东投资者那里取得资金；债务筹资，是企业通过向银行借款、发行债券、利用商业信用、融资租赁等方式从债权人那里取得资金。

安排筹资渠道和选择筹资方式是一项重要的财务工作，这直接关系到企业所能筹措资金的数量、成本和风险，因此，需要深刻认识各种筹资渠道和筹资方式的特征、性质以及与企业融资要求的适应性。在权衡不同性质资金的数量、成本和风险的基础上，应按照不同的筹资渠道合理选择筹资方式，有效筹集资金。

（三）降低资本成本，控制财务风险

资本成本是企业筹集和使用资金所付出的代价，包括资金筹集费用和占用费用。在资金筹集过程中，要发生股票发行费、借款手续费、证券印刷费、公证费、律师费等费用，这些属于资金筹集费用。在企业生产经营和对外投资活动中，要发生利息支出、股利支出、融资租赁的租金利息等费用，这些属于资金占用费用。

不同筹资方式的资本成本一般是不同的，通常债务资金比股权资金的资本成本要低，而且其资本成本在签订债务合同时就已确定，与企业的经营业绩和盈亏状况无关。即使同是债务资金，由于借款、债券和租赁的性质不同，其资本成本也有差异。企业筹资的资本成本，需要通过资金使用所取得的收益与报酬来补偿，资本成本的高低，决定了企业资金使用的最低投资收益率要求。因此，企业在筹资管理中，要权衡债务清偿的财务风险，合理利用资本成本较低的资金，努力降低企业的资本成本率。

尽管债务资金的资本成本较低，但由于债务资金有固定还款期限，到期必须偿还，因此企业承担的财务风险比股权资金要大。财务风险，是指企业无法足额偿付到期债务的本金和利息的风险，主要表现为偿债风险。无力清偿债权人的债务，可能会导致企业破产。企业筹集资金在降低资本成本的同时，要充分考虑财务风险，防范企业破产的财务危机。

业务二　掌握筹资方式

业务描述

掌握企业的筹资方式。

相关知识

筹资方式，是指企业筹集资金所采取的具体形式，它受到法律环境、经济体制、融资市场等筹资环境的制约，特别是受国家对金融市场和融资行为方面的法律法规制约。

一般来说，企业最基本的筹资方式有股权筹资和债务筹资两种。股权筹资形成企业的股权资金，通过吸收直接投资、公开发行股票等方式取得；债务筹资形成企业的债务资金，通过向银行借款、发行公司债券、利用商业信用等方式取得。另外，还有兼有股权筹资和债务筹资性质的混合筹资方式。

一、吸收直接投资

吸收直接投资，是指企业以投资合同、协议等形式定向地吸收国家、法人单位、自然人等投资主体资金的筹资方式，是一种股权筹资方式。这种筹资方式不以股票这种融资工具为载体，通过签订投资合同或投资协议规定双方的权利和义务，主要适用于非股份制公司筹集股权资本。

二、发行股票

发行股票，是指企业以发售股票的方式取得资金的筹资方式，只有股份有限公司才能发行股票，是一种股权筹资方式。股票是股份有限公司发行的，表明股东按其持有的股份享有权益和承担义务的可转让的书面投资凭证。股票的发售对象，可以是社会公众，也可以是定向的特定投资主体。这种筹资方式只适用于股份有限公司，而且必须以股票作为载体。

三、留存收益

留存收益，是指企业从税后净利润中提取的公积金，以及从企业可供分配利润中留存的未分配利润。留存收益，是企业将当年利润转化为股东对企业追加投资的过程，是一种股权筹资方式。

四、向金融机构借款

向金融机构借款，是指企业根据借款合同从银行或非银行金融机构取得资金的筹资方式，是一种债务筹资方式。这种筹资方式广泛适用于各类企业，它既可以筹集长期资金，也可以融通短期资金，具有灵活、方便的特点。

五、发行债券

发行债券，是指企业以发售公司债券的方式取得资金的筹资方式，是一种债务筹资方式。按照中国证券监督管理委员会颁布的《公司债券发行与交易管理办法》，除了地方政府融资平台公司，所有公司制法人，均可以发行公司债券。公司债券是公司依照法定程序发行、约定还本付息期限、标明债权债务关系的有价证券。发行公司债券，适用于向法人单位和自然人两种渠道筹资。

六、融资租赁

融资租赁，也称资本租赁或财务租赁，是指企业与租赁公司签订租赁合同，从租赁公司取得租赁物资产，通过对租赁物的占有、使用取得资金的筹资方式，是一种债务筹资方式。融资租赁方式不直接取得货币性资金，通过租赁信用关系，直接取得实物资产，快速形成生产经营能力，然后通过向出租人分期交付租金的方式偿还资产的价款。

七、商业信用

商业信用，是指企业之间在商品或劳务交易中，由于延期付款或延期交货所形成的借贷信用关系，是一种债务筹资方式。商业信用是由于业务供销活动而形成的，它是企业短期资金的一种重要的和经常性的来源。

【想一想】

企业设立可以采用的筹资方式主要有哪些？

业务三　熟悉筹资分类

业务描述

熟悉企业筹资的各种分类方法。

相关知识

企业筹资按不同的标准有不同的分类方法。例如，可按企业所取得资金的权益特性不同，分为股权筹资、债务筹资及衍生工具筹资三类；按其是否以金融机构为媒介，分为直接筹资和间接筹资两类；按资金的来源范围不同，分为内部筹资和外部筹资两类；按所筹集资金的使用期限不同，分为长期筹资和短期筹资两类。

一、股权筹资、债务筹资及衍生工具筹资

按企业所取得资金的权益特性不同，企业筹资分为股权筹资、债务筹资及衍生工具筹资三种类型。

1. 股权筹资

股权筹资形成企业的股权资本，是股东投入的、企业依法长期拥有、能够自主调配运用的资本。股权资本在企业持续经营期间内，投资者不得抽回，因而也称企业的自有资本、主权资本或权益资本。

股权资本是企业从事生产经营活动和偿还债务的基本保证，是代表企业基本资信状况的一个主要指标。企业的股权资本通过吸收直接投资、发行股票、内部积累等方式取得。股权资本一般不用偿还本金，它形成企业的永久性资本，因而财务风险小，但付出的资本成本相对较高。

股权资本，包括实收资本（股本）、资本公积金、盈余公积金和未分配利润。其中，实收资本（股本）和其溢价部分形成的资本公积，是外部投资者原始投入的；盈余公积、未分配利润和部分资本公积，是原始投入资本在企业持续经营中形成的经营积累。通常，盈余公积、未分配利润被共同称为留存收益。股权筹资在经济意义上形成了企业的所有者权益，其金额等于企业资产总额减去负债总额后的余额。

2. 债务筹资

债务筹资形成债务资本，是企业按合同向债权人取得的，在规定期限内需要清偿的债务。其主要形式有通过向金融机构借款、发行债券、融资租赁等方式取得。

由于债务资金到期要归还本金和支付利息，债权人对企业的经营状况不承担责任，因而债务资金具有较大的财务风险，但付出的资本成本相对较低。从经济意义上来说，债务资金是债权人对企业的一种投资，债权人依法享有企业使用债务资金所取得的经济利益，因而债务资金形成了企业的债权人权益。

3. 衍生工具筹资

衍生工具筹资，包括兼具股权与债务筹资性质的混合融资和其他衍生工具融资。我国上市公司目前最常见的混合融资方式是可转换债券融资，最常见的其他衍生工具融资方式是认股权证融资。

二、直接筹资与间接筹资

按其是否以金融机构为媒介，企业筹资分为直接筹资和间接筹资两种类型。

1. 直接筹资

直接筹资，是企业直接与资金供应者协商融通资金的筹资活动。直接筹资不需要通过金融机构来筹措资金，是企业直接从社会取得资金的方式。直接筹资方式主要有发行股票、发行债券、吸收直接投资等。直接筹资方式既可以筹集股权资金，也可以筹集债务资金。相对来说，直接筹资的筹资手续比较复杂，筹资费用较高；但筹资领域广阔，能够直接利用社会资金，有利于提高企业的知名度和资信度。

2. 间接筹资

间接筹资，是企业借助于银行和非银行金融机构而筹集资金。在间接筹资方式下，银行等金融机构发挥中介作用，预先积聚资金，然后提供给企业。间接筹资的基本方式是银行借款和融资租赁。间接筹资形成的主要是债务资金，主要用于满足企业资金周转的需要。间接筹资手续相对比较简便，筹资效率高，筹资费用较低，但容易受金融政策的制约和影响。

三、内部筹资与外部筹资

按资金的来源范围不同，企业筹资分为内部筹资和外部筹资两种类型。

1. 内部筹资

内部筹资是指企业通过利润留存而形成的筹资来源。内部筹资数额大小主要取决于企业可分配利润的多少和利润分配政策，一般无须花费筹资费用，从而降低了资本成本。

2. 外部筹资

外部筹资是指企业向外部筹措资金而形成的筹资来源。处于初创期的企业，内部筹资的可能性是有限的；处于成长期的企业，内部筹资往往难以满足需要，这就需要企业广泛地开展外部筹资，如发行股票、债券，取得商业信用、银行借款等。企业向外部筹资大多需要花费一定的筹资费用，从而提高了筹资成本。

四、长期筹资与短期筹资

按所筹集资金的使用期限不同，企业筹资分为长期筹资和短期筹资两种类型。

1. 长期筹资

长期筹资，是指企业筹集使用期限在 1 年以上的资金。长期筹资的目的主要在于形成和更新企业的生产和经营能力，或扩大企业生产经营规模，或为对外投资筹集资金。长期筹资通常采取吸收直接投资、发行股票、发行债券、长期借款、融资租赁等方式，所形成的长期资金主要用于购建固定资产、形成无形资产、进行对外长期投资、垫支流动资金、产品和技术研发等。从资金权益性质来看，长期资金可以是股权资金，也可以是债务资金。

2. 短期筹资

短期筹资，是指企业筹集使用期限在 1 年以内的资金。短期资金主要用于企业的流动资产和资金日常周转，一般在短期内需要偿还。短期筹资经常利用商业信用、短期借款、保理业务等方式来筹集。

【想一想】

按照上述不同的分类标准，向金融机构借款筹资应分别属于哪种筹资方式？

业务四　了解筹资原则

业务描述

了解企业筹资的基本原则。

相关知识

企业筹资是一项重要而复杂的工作。为此，企业在筹集资金时，应当做到筹措合法、规模适当、取得及时、来源经济、结构合理。

一、筹措合法

企业筹资必须遵守国家的相关法律法规，合法筹措资金，依法履行约定的责任，合法合规筹资，依法披露信息，维护有关各方的合法权益，避免非法筹资行为给企业本身及相关主体造成损失。

二、规模适当

企业筹资必须合理确定所需筹资的数量。企业财务人员要认真分析生产经营及其发展的需要，采用一定的方法，预测资本的需要数量，合理确定筹资规模。既要避免因资本筹集不足影响生产经营的正常进行，又要防止资本筹集过多，造成资本闲置。

三、取得及时

企业筹资必须根据企业资本的投放使用时间来合理安排，及时取得资本来源，使筹资与用资在时间上相协调，避免资本滞后而错过投资的最佳时机，也要防止取得资本过早而造成投放前的闲置。

四、来源经济

来源经济原则是指要充分利用各种筹资渠道，选择经济、可行的资金来源。企业所筹集的资金都要付出资本成本的代价，进而给企业的资金使用提出了最低收益要求。不同筹资渠道和方式所取得的资金，其资本成本各有差异。企业应当在考虑筹资难易程度的基础上，针对不同来源资金的成本，认真选择筹资渠道，并选择经济、可行的筹资方式，力求降低筹资成本。

五、结构合理

结构合理原则是指筹资管理要综合考虑各种筹资方式，优化资本结构。企业筹资要综合考虑股权资本与债务资本的关系、长期资本与短期资本的关系、内部筹资与外部筹资的关系，合理安排资本结构，保持适当偿债能力，防范企业财务危机。

【想一想】

企业筹资管理的原则有哪些？

任务二 掌握债务筹资

任务描述

掌握银行借款、发行公司债券和融资租赁三种筹资方式的主要内容，掌握融资租赁租金的计算方法，熟悉债务筹资的优缺点，为企业进行债务筹资打下良好基础。

业务一 掌握银行借款筹资

业务描述

掌握银行借款筹资的相关内容。

相关知识

银行借款是指企业向银行或其他非银行金融机构借入的、需要还本付息的款项，包括偿还期限超过1年的长期借款和不足1年的短期借款，主要用于企业购建固定资产和满足流动资金周转的需要。

一、银行借款的种类

（一）政策性银行贷款、商业性银行贷款和其他金融机构贷款

银行借款按提供贷款的机构，分为政策性银行贷款、商业性银行贷款和其他金融机构贷款。

1．政策性银行贷款

政策性银行贷款是指执行国家政策性贷款业务的银行向企业发放的贷款，通常为长期贷款。如国家开发银行贷款，主要满足企业承建国家重点建设项目的资本需要；中国进出口信贷银行贷款，主要为大型设备的进出口提供买方信贷或卖方信贷；中国农业发展银行贷款，主要用于确保国家对粮、棉、油等政策性收购资本的供应。

2．商业性银行贷款

商业性银行贷款是指由各商业银行，如中国工商银行、中国建设银行、中国农业银行、中国银行等，向企业提供的贷款，用以满足企业生产经营的资本需要，包括短期贷款和长期贷款。

3．其他金融机构贷款

其他金融机构贷款，如从信托投资公司取得实物或货币形式的信托投资贷款，从财务公司取得的各种中长期贷款，从保险公司取得的贷款等。其他金融机构的贷款一般较商业性银行贷款的期限要长，要求的利率较高，对借款企业的信用要求和担保的选择比较严格。

（二）信用贷款和担保贷款

银行借款按机构对贷款有无担保要求，分为信用贷款和担保贷款。

1．信用贷款

信用贷款是指以借款人的信誉或保证人的信用为依据而获得的贷款。企业取得这种贷

款，无须以财产作抵押。这种贷款由于风险较高，银行通常要收取较高的利息，往往还附加一定的限制条件。

2．担保贷款

担保贷款是指由借款人或第三方依法提供担保而获得的贷款。担保包括保证责任、财务抵押、财产质押，由此，担保贷款包括保证贷款、抵押贷款和质押贷款。

（1）保证贷款是指以第三方作为保证人承诺在借款人不能偿还借款时，按约定承担一定保证责任或连带责任而取得的贷款。

（2）抵押贷款是指以借款人或第三方的财产作为抵押物而取得的贷款。抵押是指债务人或第三方并不转移对财产的占有，只将该财产作为对债权人的担保。债务人不能履行债务时，债权人有权将该财产折价或者以拍卖、变卖的价款优先受偿。作为贷款担保的抵押品，可以是不动产、机器设备、交通运输工具等实物资产，可以是依法有权处分的土地使用权，也可以是股票、债券等有价证券等，它们必须是能够变现的资产。抵押贷款有利于降低银行贷款的风险，提高贷款的安全性。

（3）质押贷款是指以借款人或第三方的动产或财产权利作为质押物而取得的贷款。质押是指债务人或第三方将其动产或财产权利移交给债权人占有，将该动产或财产权利作为债权的担保。债务人不履行债务时，债权人有权以该动产或财产权利折价或者以拍卖、变卖的价款优先受偿。作为贷款担保的质押品，可以是汇票、支票、债券、存款单、提单等信用凭证，可以是依法可以转让的股份、股票等有价证券，也可以是依法可以转让的商标专用权、专利权、著作权中的财产权等。

二、银行借款的程序

（1）提出申请，银行审批。企业根据筹资需求向银行书面申请，按银行要求的条件和内容填报借款申请书。银行按照有关政策和贷款条件，对借款企业进行信用审查，依据审批权限，核准公司申请的借款金额和用款计划。银行审查的主要内容是：公司的财务状况、信用情况、盈利的稳定性、发展前景、借款投资项目的可行性、抵押品和担保情况。

（2）签订合同，取得借款。借款申请获批准后，银行与企业进一步协商贷款的具体条件，签订正式的借款合同，规定贷款的数额、利率、期限和一些约束性条款。借款合同签订后，企业在核定的贷款指标范围内，根据用款计划和实际需要，一次或分次将贷款转入公司的存款结算户，以便使用。

三、长期借款的保护性条款

由于银行等金融机构提供的长期贷款金额大、期限长、风险高，因此，除借款合同的基本条款外，债权人通常还在借款合同中附加各种保护性条款，以确保企业按要求使用借款和按时足额偿还借款。保护性条款一般有三种。

1．例行性保护条款

这类条款作为例行常规，在大多数借款合同中都会出现，主要包括：①要求定期向提供贷款的金融机构提交财务报表，以使债权人随时掌握公司的财务状况和经营成果。②不准在正常情况下出售较多的非产成品存货，以保持企业的正常生产经营能力。③如期清偿应缴纳税金和其他到期债务，以防被罚款而造成不必要的现金流失。④不准以资产作其他承诺的担保或抵押。⑤不准贴现应收票据或出售应收账款，以避免或有负债等。

2．一般性保护条款

一般性保护条款是对企业资产的流动性及偿债能力等方面的要求条款，这类条款应用于大多数借款合同，主要包括：①保持企业的资产流动性。要求企业需持有最低限度的货币资本及其他流动资产，以保持企业资产的流动性和偿债能力，一般规定了企业必须保持的最低营运资金数额和最低流动比率数值。②限制企业非经营性支出。例如，限制支付现金股利、购入股票和职工加薪的数额规模，以减少企业资本的过度外流。③限制企业资本支出的规模。控制企业资产结构中的长期性资产的比例，以减少公司日后不得不变卖固定资产以偿还贷款的可能性。④限制公司再举债规模。目的是以防止其他债权人取得对公司资产的优先索偿权。⑤限制公司的长期投资。例如，规定公司不准投资于短期内不能收回资本的项目，不能未经银行等债权人同意而与其他公司合并等。

3．特殊性保护条款

这类条款是针对某些特殊情况而出现在部分借款合同中的条款，只有在特殊情况下才能生效，主要包括：要求公司的主要领导人购买人身保险；借款的用途不得改变；违约惩罚条款等。

上述各项条款结合使用，将有利于全面保护银行等债权人的权益。但借款合同是经双方充分协商后决定的，其最终结果取决于双方谈判能力的大小，而不完全取决于银行等债权人的主观愿望。

四、银行借款筹资的优缺点

（一）银行借款筹资的优点

（1）筹资速度快。与发行债券、融资租赁等债务筹资方式相比，银行借款的程序相对简单，所花时间较短，公司可以迅速获得所需资本。

（2）资本成本较低。利用银行借款筹资，比发行债券和融资租赁的利息负担要低，而且无须支付证券发行费用、租赁手续费用等筹资费用。

（3）筹资弹性较大。在借款之前，公司根据当时的资本需求与银行等贷款机构直接商定贷款的时间、数量和条件。在借款期间，若公司的财务状况发生某些变化，也可与债权人再协商，变更借款数量、时间和条件，或提前偿还本息。因此，借款筹资对公司具有较大的灵活性，特别是短期借款更是如此。

（二）银行借款筹资的缺点

（1）限制条款较多。与债券筹资相比较，银行借款合同对借款用途有明确规定，通过借款的保护性条款，对公司资本支出额度、再筹资、股利支付等行为有严格的约束，以后公司的生产经营活动和财务政策必将受到一定程度的影响。

（2）筹资数额有限。银行借款的数额往往受到贷款机构资本实力的制约，不可能像发行债券、股票那样一次筹集到大笔资本，无法满足公司大规模筹资的需要。

【想一想】

相对于股权筹资而言，长期借款筹资的优点是什么？

业务二 掌握发行公司债券筹资

业务描述

掌握发行公司债券筹资的相关内容。

相关知识

公司债券又称企业债券，是企业依照法定程序发行的、约定在一定期限内还本付息的有价证券。债券是持有人拥有公司债权的书面证书，它代表持券人同发债公司之间的债权债务关系。公司债券可以公开发行，也可以非公开发行。

【温馨提示】

由企业发行的债券被称为企业债券或公司债券。由政府发行的债券被称为政府债券。由金融机构发行的债券被称为金融债券。

一、发行债券的条件

在我国，根据《公司法》的规定，股份有限公司和有限责任公司，具有发行债券的资格。

根据《中华人民共和国证券法》(简称《证券法》)规定，公开发行公司债券，应当符合下列条件：

(1)具备健全且运行良好的组织机构；

(2)最近三年平均可分配利润足以支付公司债券一年的利息；

(3)国务院规定的其他条件。

公开发行公司债券筹集的资金，必须按照公司债券募集办法所列资金用途使用；改变资金用途，必须经债券持有人会议作出决议。公开发行债券筹措的资金，不得用于弥补亏损和非生产性支出。

二、公司债券的种类

(一)记名债券和无记名债券

公司债券按债券是否记名，分为记名债券和无记名债券。

1. 记名债券

记名债券，应当在公司债券存根簿上载明债券持有人的姓名及住所、债券持有人取得债券的日期及债券的编号等债券持有人信息。记名公司债券，由债券持有人以背书方式或者法律、行政法规规定的其他方式转让；转让后由公司将受让人的姓名或者名称及住所记载于公司债券存根簿。

2. 无记名债券

无记名债券，应当在公司债券存根簿上载明债券总额、利率、偿还期限和方式、发行日期及债券的编号。无记名公司债券的转让，由债券持有人将该债券交付给受让人后即发生转让的效力。

（二）可转换债券与不可转换债券

公司债券按债券是否能够转换成公司股票，分为可转换债券与不可转换债券。

1. 可转换债券

可转换债券，是指债券持有者可以在规定的时间内按规定的价格将债券转换为发债公司的股票。这种债券在发行时，对债券转换为股票的价格和比率等都做了详细规定。《公司法》规定，可转换债券的发行主体是股份有限公司中的上市公司。

2. 不可转换债券

不可转换债券，是指不能转换为发债公司股票的债券，大多数公司债券属于这种类型。

（三）担保债券和信用债券

公司债券按有无特定财产担保，分为担保债券和信用债券。

1. 担保债券

担保债券是指以抵押方式担保发行人按期还本付息的债券，主要是指抵押债券。抵押债券按其抵押品的不同，又分为不动产抵押债券、动产抵押债券和证券信托抵押债券。

2. 信用债券

信用债券是无担保债券，是仅凭公司自身信用发行的、没有抵押品作抵押担保的债券。在公司清算时，信用债券的持有人因无特定的资产作担保品，只能作为一般债权人参与剩余财产的分配。

（四）公开发行债券和非公开发行债券

公司债券按是否公开发行，分为公开发行债券和非公开发行债券。

资信状况符合规定标准的公司债券可以向公众投资者公开发行，也可以自主选择仅面向合格投资者公开发行。未达到规定标准的公司债券公开发行应当面向合格投资者。非公开发行的公司债券应当向合格投资者发行。

三、公司债券的发行程序

1. 做出发债决议

拟发行公司债券的公司，需要由公司董事会制订公司债券发行的方案，并由公司股东大会批准，做出决议。

2. 提出发债申请

根据《证券法》规定，申请公开发行公司债券，应当向国务院授权的部门或者国务院证券监督管理机构报送公司营业执照、公司章程、公司债券募集办法等正式文件及国务院授权的部门或者国务院证券监督管理机构规定的其他文件。按照《证券法》聘请保荐人的，还应当报送保荐人出具的发行保荐书。

3. 公告募集办法

企业发行债券的申请经批准后，要向社会公告公司债券的募集办法。公司债券募集分为私募发行和公募发行。私募发行是以特定的少数投资者为指定对象发行债券，公募发行是在证券市场上以非特定的广大投资者为对象公开发行债券。

4. 委托证券经营机构发售

按照我国公司债券发行的相关规定，公司债券的公募发行采取间接发行方式。在这种发行方式下，发行公司与承销团签订承销协议。承销团由数家证券公司或投资银行组成，承销方式有代销和包销两种。代销是指承销机构代为推销债券，在约定期限内未售出的余额可退还发行公司，承销机构不承担发行风险。包销是由承销团先购入发行公司拟发行的全部债券，然后再售给社会上的投资者，如果约定期限内未能全部售出，余额要由承销团负责认购。

5．交付债券，收缴债券款

债券购买人向债券承销机构付款购买债券，承销机构向购买人交付债券。然后，债券发行公司向承销机构收缴债券款，登记债券存根簿，并结算发行代理费。

四、债券的偿还

债券偿还时间按其实际发生与规定的到期日之间的关系，分为提前偿还与到期偿还两类，其中后者又包括分批偿还和一次偿还两种。

1．提前偿还

提前偿还又称提前赎回或收回，是指在债券尚未到期之前就予以偿还。只有在公司发行债券的契约中明确规定了有关允许提前偿还的条款，公司才可以进行此项操作。提前偿还所支付的价格通常要高于债券的面值，并随到期日的临近而逐渐下降。具有提前偿还条款的债券可使公司筹资有较大的弹性。当公司资本有结余时，可提前赎回债券；当预测利率下降时，也可提前赎回债券，而后以较低的利率来发行新债券。

2．到期分批偿还

如果一个公司在发行同一种债券的当时就为不同编号或不同发行对象的债券规定了不同的到期日，这种债券就是分批偿还债券。因为各批债券的到期日不同，它们各自的发行价格和票面利率也可能不相同，从而导致发行费较高；但由于这种债券便于投资人挑选最合适的到期日，因而便于发行。

3．到期一次偿还

多数情况下，发行债券的公司在债券到期日一次性归还债券本金，并结算债券利息。

五、债券筹资的优缺点

（一）债券筹资的优点

（1）一次筹资数额大。利用发行公司债券筹资，能够筹集大额资金，满足公司大规模筹资的需要。这是与银行借款、融资租赁等债务筹资方式相比，企业选择发行公司债券筹资的主要原因，大额筹资能够适应大型公司经营规模的需要。

（2）筹资使用限制少。与银行借款相比，发行债券募集的资金在使用上具有一定的灵活性和自主性。特别是发行债券所筹集的大额资金，能够被用于流动性较差的公司长期资产上。用于公司扩张、增加大型固定资产和基本建设投资的需求多采用发行债券方式筹资。

（3）提高公司的社会声誉。发行公司债券，往往是股份有限公司和有实力的有限责任公司所为。通过发行公司债券，既筹集了大量资金，也扩大了公司的社会影响。

（二）债券筹资的缺点

债券筹资的主要缺点是资本成本负担较高。

相对于银行借款筹资，发行债券的利息负担和筹资费用都比较高。而且债券不能像银行借款一样进行债务展期，加上大额的本金和较高的利息，在固定的到期日，将会对公司现金流量产生巨大的财务压力。因为公司债券的期限长、利率相对固定，因此在预计市场利率持续上升的金融市场环境下，发行公司债券筹资，能够锁定资本成本。

【议一议】

对于投资者而言，在公司债券、政府债券和金融债券中，购买哪种债券的投资风险最大？为什么？

业务三　掌握融资租赁筹资

业务描述

掌握融资租赁筹资的相关内容。

相关知识

租赁，是指通过签订资产出让合同的方式，使用资产的一方（承租方）通过支付租金，向出让资产的一方（出租方）取得资产使用权的一种交易行为。在融资租赁中，承租方通过得到所需资产的使用权，完成了筹集资金的行为。

一、租赁的基本特征

（1）所有权与使用权相分离。租赁则是资金与实物相结合基础上的分离。

（2）融资与融物相结合。租赁是以商品形态与货币形态相结合提供的信用活动，出租人在向企业出租资产的同时，解决了企业的资金需求，具有信用和贸易双重性质，使银行信贷和财产信贷融合在一起，是企业融资的一种特定形式。

（3）租金的分期支付。在租金的偿还方式上，采取了分期支付方式。出租方的资金一次投入，分期收回。对于承租方而言，通过租赁可以提前获得资产的使用价值，分期支付租金便于分期规划未来的现金流出量。

二、融资租赁的基本形式与程序

（一）融资租赁的基本形式

（1）直接租赁。直接租赁是融资租赁的主要形式，承租方提出租赁申请时，出租方按照承租方的要求选购，然后再出租给承租方。

（2）售后租回。售后租回是指承租方由于急需资本等各种原因，将自己的资产售给出租方，然后作为承租企业从出租方将所售资产租回使用。在这种租赁合同中，除资产所有者的名义改变外，其余情况均无变化。

（3）杠杆租赁。杠杆租赁是指涉及承租人、出租人和贷款人三方的融资租赁业务。一般来说，当所涉及的资产价值昂贵时，出租人只投入部分资金，通常为资产价值的20%～40%，其余资金则通过将该资产抵押担保的方式，向贷款人（通常为银行）申请贷款解决。租赁公司将购进的设备出租给承租人，用收取的租金偿还贷款，该资产的所有权属于出租人。因此，出租人既是出租人也是借款人，既要收取租金又要偿还债务。如果出租人到期不能按期偿还借款，资产所有权则转移给贷款人。

（二）融资租赁的基本程序

（1）选择租赁公司，提出委托申请。当企业决定采用融资租赁方式以获取某项设备时，需要了解各个租赁公司的资信情况、融资条件和租赁费率等，分析比较选定一家作为出租单位。然后，向租赁公司申请办理融资租赁。

（2）签订购货协议。由承租企业和租赁公司中的一方或双方，与选定的设备供应厂商进行购买设备的技术谈判和商务谈判，在此基础上与设备供应厂商签订购货协议。

（3）签订租赁合同。承租企业与租赁公司签订租赁设备的合同，如需要进口设备，还应办理设备进口手续。租赁合同是租赁业务的重要文件，具有法律效力。融资租赁合同的内容可分为一般条款和特殊条款两部分。

（4）办理验货、付款与保险。设备供应厂商将设备发运到指定地点，承租企业要办理验收手续。验收合格后签发交货及验收证书交给租赁公司，作为其支付货款的依据。

（5）定期交付租金。承租企业按租赁合同规定，分期缴纳租金，这也就是承租企业对所筹资本的分期还款。

（6）合同期满处理设备。承租企业根据合同约定，对设备续租、退租或留购。

三、融资租赁租金的计算

（一）租金的构成

融资租赁的租金包括设备原价及预计残值、利息、租赁手续费和利息等。其中：

（1）设备原价及预计残值包括设备买价、运输费、安装调试费、保险费，以及设备租赁期满后出售可得的收入等。

（2）利息是指租赁公司为承租企业购置设备垫付资金所应支付的利息。

（3）租赁手续费是指租赁公司承办租赁设备所发生的业务费用，包括业务人员工资、办公费、差旅费等和必要的利润。

（二）租金的支付方式

租金的支付有以下几种分类方式：

（1）按支付间隔期长短，分为年付、半年付、季付和月付等方式。

（2）按在期初和期末支付，分为先付租金和后付租金。

（3）按每期支付金额，分为等额支付和不等额支付。

在实务中，承租企业与租赁公司商定的租金支付方式，大多为后付等额年金。

（三）租金的计算

在我国融资租赁实务中，租金的计算大多采用等额年金法。等额年金法下，通常要根据利率和租赁手续费率确定一个租费率，作为折现率。

（1）后付租金即于每年年末支付等额租金，其计算公式为：

$$A=P/(P/A,\ i,\ n)$$

（2）先付租金即于每年年初支付等额租金，计算公式为：

$$A=P/\left[(P/A,\ i,\ n-1)+1\right]$$

【例 3-1】齐鲁公司于20×1年1月1日从租赁公司租入价值100万元的设备一台，租期为5年，租赁期满残值为10万元，设备归租赁公司。假设双方商定折现率为10%，租金于每年年末支付一次。要求：计算每年的租金。

解：

每年租金 $=\left[100-10\times(P/F,10\%,5)\right]/(P/A,10\%,5)$

查表代入系数得：

每年租金 $=(100-5\times0.6209)\div3.7908=25.56$（万元）

四、租赁筹资的优缺点

（一）租赁筹资的优点

（1）能迅速获得所需资产。融资租赁集“融资”与“融物”于一身，比先筹措资金再购置设备节省了时间，可尽快形成生产能力。

（2）财务优势明显。融资租赁与购买的一次性支出相比，能够避免一次性支付的负担。全部租金通常在整个租期内分期支付，企业无须一次筹集大量资金偿还。此外，还款时，租金可以通过项目本身产生的收益来支付，具有明显的财务优势。

（3）筹资限制较少。企业运用股票、债券、长期借款等筹资方式，都受到相当多的资格条件等限制，如足够的抵押品、银行贷款的信用标准、发行债券的政府管制等。相比之下，租赁筹资的限制条件很少。

（4）能延长资金融通的期限。通常为购置设备而贷款的借款期限比该资产的物理寿命要短得多，而融资租赁的融资期限却可接近其全部使用寿命期限；并且其金额随设备价款金额而定，无融资额度的限制。

（二）租赁筹资的缺点

融资租赁租金通常比举借银行借款或发行债券所负担的利息高得多，租金总额通常要高于设备价值的30%。尽管与借款方式比，融资租赁能够避免到期一次性集中偿还的财务压力，但高额的固定租金也给各期的经营带来了分期的负担。

【议一议】

与银行借款筹资方式相比，融资租赁的租金比借款利息高很多，但是为什么还有企业愿意采用融资租赁方式进行筹资？

业务四　掌握债务筹资的优缺点

业务描述

理解债务筹资的优缺点。

相关知识

一、债务筹资的优点

1. 筹资速度较快

与股权筹资比，债务筹资不需要经过复杂的审批手续和证券发行程序，如银行借款、融资租赁等，可以迅速地获得资本。

2. 筹资弹性较大

发行股票等股权筹资，一方面需要经过严格的政府审批；另一方面从企业的角度出发，由于股权不能退还，股权资本在未来永久性地给企业带来了资本成本的负担。利用债务筹资，可以根据企业的经营情况和财务状况，灵活商定债务条件，控制筹资数量，安排取得资本的时间。

3. 资本成本负担较轻

一般来说，债务筹资的资本成本要低于股权筹资。其一是取得资本的手续费用等筹资费用较低；其二是利息、租金等用资费用比股权资本要低；其三是利息等资本成本可以在税前支付。

4. 可以利用财务杠杆

债务筹资不改变公司的控制权，因而股东不会出于控制权稀释原因反对公司举债。债权人从企业那里只能获得固定的利息或租金，不能参加公司剩余收益的分配。当企业的资本收益率高于债务利率时，会增加普通股股东的每股收益，提高净资产收益率，提升企业价值。

5. 稳定公司的控制权

债权人无权参加企业的经营管理，利用债务筹资不会改变和分散股东对公司的控制权。在信息沟通与披露等公司治理方面，债务筹资的代理成本也较低。

二、债务筹资的缺点

1. 不能形成企业稳定的资本基础

债务资金有固定的到期日，到期需要偿还，只能作为企业的补充性资本来源。再加上债务往往需要进行信用评级，没有信用基础的企业和新创企业，往往难以取得足够的债务资金。现有债务资金在企业的资本结构中达到一定比例后，往往由于财务风险升高而不容易再取得新的债务资本。

2. 财务风险较大

债务资金有固定的到期日，有固定的利息负担。抵押、质押等担保方式取得的债务，在资本使用上可能会有特别的限制。这些都要求企业必须有一定的偿债能力，要保持资产流动性及其资产收益水平，作为债务清偿的保障，对企业的财务状况提出了更高的要求，否则会给企业带来财务危机，甚至导致企业破产。

3. 筹资数额有限

债务筹资的数额往往受到贷款机构资本实力的制约，不可能像发行股票那样一次筹集到大量资本，无法满足公司大规模筹资的需要。

【议一议】

银行借款、发行公司债券和融资租赁三种筹资方式，哪种筹资方式的资本成本最高？哪种筹资方式的资本成本最低？

任务三 掌握股权筹资

任务描述

掌握吸收直接投资、发行普通股股票和留存收益三种股权筹资方式的主要内容，理解股权筹资的优缺点，为企业进行权益筹资打下良好基础。

业务一 掌握吸收直接投资筹资

业务描述

掌握吸收直接投资筹资的主要内容。

相关知识

吸收直接投资，是指企业按照“共同投资、共同经营、共担风险、共享收益”的原则，直接吸收国家、法人、个人和外商投入资金的一种筹资方式。吸收直接投资是股权筹资的主要方式之一，是非股份制企业筹集权益资本的基本方式。采用吸收直接投资的企业，资本不分为等额股份，无须公开发行股票。在吸收直接投资的实际出资额中，注册资本部分形成实收资本；超过注册资本的部分属于资本溢价，形成资本公积。

一、吸收直接投资的种类

吸收直接投资主要有吸收国家投资、吸收法人投资、吸收外商直接投资、吸收社会公众投资四种类型。

1. 吸收国家投资

国家投资是指有权代表国家投资的政府部门或机构，以国有资产投入公司，形成国有资本。吸收国家投资一般具有以下特点：①产权归属国家；②资本的运用和处置受国家约束较大；③在国有公司中采用比较广泛。

2. 吸收法人投资

吸收法人投资是指法人单位以其依法可支配的资产投入公司，形成法人资本。吸收法人资本一般具有以下特点：①发生在法人单位之间；②以参与公司利润分配或控制为目的；③出资方式灵活多样。

3. 吸收外商直接投资

外商投资是指外国的自然人、企业或者其他组织（以下称外国投资者）直接或间接在中国境内进行的投资。外商投资企业是指全部或者部分由外国投资者投资，依照中国法律在中国境内登记注册设立的企业。

4. 吸收社会公众投资

吸收社会公众投资是指社会个人或本企业职工以个人合法财产投入企业，形成个人资本。吸收社会公众投资一般具有以下特点：①参加投资的人员较多；②每人投资的数额相对较少；③以参与公司利润分配为基本目的。

二、吸收直接投资的出资方式

吸收直接投资的出资方式主要有以货币资产出资、以实物资产出资、以土地使用权出资、以知识产权出资、以特定债权出资等。

1. 以货币资产出资

以货币资产出资是吸收直接投资中最重要的出资方式。企业有了货币资产，便可以获取其他物质资源，支付各种费用，满足企业创建时的开支和随后的日常周转需要。

2. 以实物资产出资

以实物资产出资是指投资者以房屋、建筑物、设备等固定资产和材料、燃料、商品产品等流动资产所进行的投资。实物投资应符合以下条件：①适合企业生产、经营、研发等活动的需要；②技术性能良好；③作价公平合理。

实物出资中实物的作价，应当评估作价，核实财产。国有及国有控股企业接受其他企业的非货币资产出资，需要委托有资格的资产评估机构进行资产评估。

3. 以土地使用权出资

土地使用权是指土地经营者对依法取得的土地在一定期限内有进行建筑、生产经营或其他活动的权利。土地使用权具有相对的独立性，在土地使用权存续期间，包括土地所有者在内的其他任何人和单位，不能任意收回土地和非法干预使用权人的经营活动。企业吸收土地使用权投资应符合以下条件：①适合企业科研、生产、经营、研发等活动的需要；②地理、交通条件适宜；③作价公平合理。

4. 以知识产权出资

知识产权通常是指专有技术、商标权、专利权、非专利技术等无形资产。投资者以知识产权出资应符合以下条件：①有助于企业研究、开发和生产出新的高科技产品；②有助于企业提高生产效率，改进产品质量；③有助于企业降低生产消耗、能源消耗等各种消耗；④作价公平合理。

吸收知识产权等无形资产出资的风险较大。因为以知识产权投资，实际上是把技术转化为资本，使技术的价值固定化。而技术具有强烈的时效性，会因其不断老化落后而导致实际价值不断减少甚至完全丧失。

此外，相关法律法规对无形资产出资方式规定：股东或发起人不得以劳务、信用、自然人姓名、商誉、特许经营权或者设定担保的财产等作价出资。

5. 以特定债权出资

特定债权，指企业依法发行的可转换债券以及按照国家有关规定可以转作股权的债权。

三、吸收直接投资的程序

1. 确定筹资数量

企业在新建或扩大经营时，首先确定资本的需要量。资本的需要量应根据企业的生产经营规模和供销条件等来核定，确保筹资数量与资本需要量相适应。

2. 寻找投资单位

企业既要广泛了解有关投资者的资信、财力和投资意向，又要通过信息交流和宣传，使出资方了解企业的经营能力、财务状况以及未来预期，以便公司从中寻找最合适的合作伙伴。

3. 协商和签署投资协议

找到合适的投资伙伴后，双方进行具体协商，确定出资数额、出资方式和出资时间等事宜，并签署投资的协议或合同，以明确双方的权利和责任。

4. 取得筹集的资金

签署投资协议后，企业应按规定或计划取得资金。如果采取现金投资方式，通常还要编制拨款计划，确定拨款期限、每期数额及划拨方式，有时投资者还要规定拨款的用途，如果为实物、工业产权、非专利技术、土地使用权投资，必须核实有关财产。必要时可聘请专业资产评估机构来评定，然后办理产权的转移手续取得资产。

四、吸收直接投资的优缺点

（一）吸收直接投资的优点

（1）能够尽快形成生产能力。吸收直接投资不仅可以取得一部分货币资本，而且能够直接获得所需的先进设备和技术，尽快形成生产经营能力。

（2）容易进行信息沟通。吸收直接投资的投资者比较单一，股权没有社会化、分散化，甚至有的投资者直接担任公司管理层职务，公司与投资者易于沟通。

（3）吸收投资的手续相对比较简便，与发行普通股相比筹资费用较低。

（4）有利于增强企业信誉。吸收直接投资所筹集的资金属于企业的权益资金，与债务筹资方式相比，吸收直接投资能够提高企业的资本实力，有利于扩大企业经营规模，壮大企业实力。

（二）吸收直接投资的缺点

（1）资本成本较高。相对于股票筹资来说，吸收直接投资的资本成本较高。当企业经营较好、盈利较多时，投资者往往要求将大部分盈余作为红利分配，因为企业向投资者支付的报酬是按其出资数额和企业实现利润的比率来计算的。

（2）企业控制权集中，不利于公司治理。采用吸收直接投资方式筹资，投资者一般都要求获得与投资数额相适应的经营管理权。如果某个投资者的投资额比例较大，则该投资者对企业的经营管理就会有相当大的控制权，容易损害其他投资者的利益。

（3）不利于产权交易。吸收投入资本由于没有证券为媒介，不利于产权交易，难以进行产权转让。

【想一想】

在吸收直接投资的筹资方式（以货币资产出资、以实物资产出资、以土地使用权出资、以知识产权出资、以特定债权出资）中，哪种是潜在风险最大的筹资方式？

业务二　掌握发行普通股筹资

业务描述

掌握发行普通股股票筹资的主要内容。

相关知识

股票是股份有限公司为筹措股权资本而发行的有价证券，它代表了股东对企业的所有权。股票作为一种所有权凭证，体现着股东对发行公司净资产的所有权。股票只能由股份有限公司发行。

一、股票的特点

1. 永久性

公司发行股票所筹集的资金属于公司的长期自有资金，没有期限，无须归还。换言之，股东在购买股票之后，一般情况下不能要求发行企业退还股金。

2. 流通性

股票作为一种有价证券，在资本市场上可以自由流通，也可以继承、赠送或作为抵押品。股票特别是上市公司发行的股票具有很强的变现能力，流动性很强。

3. 风险性

由于股票的永久性，股东成了企业风险的主要承担者。风险的表现形式有股票价格的波动性、红利的不确定性、破产清算时股东处于剩余财产分配的最后顺序等。

4. 参与性

股东作为股份公司的所有者，拥有参与企业管理的权利，包括重大决策权、经营者选择权、财务监控权、公司经营的建议和质询权等。此外，股东还有承担有限责任、遵守公司章程等义务。

二、股票的种类

（一）普通股股票和优先股股票

股票按股东的权利和义务不同，分为普通股股票和优先股股票。

1. 普通股股票

普通股股票简称普通股，是公司发行的代表股东享有平等的权利、义务，不加特别限制的，股利不固定的股票。普通股是最基本的股票，股份有限公司在通常情况下只发行普通股。

2. 优先股股票

优先股股票简称优先股，是公司发行的相对于普通股具有一定优先权的股票。其优先权利主要表现在股利分配优先权和分取剩余财产优先权上。优先股股东在股东大会上无表决权，在参与公司经营管理上受到一定限制，仅对涉及优先股权利的问题有表决权。

（二）记名股票和无记名股票

股票按票面是否记名，分为记名股票和无记名股票。

记名股票是在股票票面上记载有股东姓名或将名称记入公司股东名册的股票。无记名股票不登记股东名称，公司只记载股票数量、编号及发行日期。我国《公司法》规定，公司向发起人、国家授权投资机构、法人发行的股票，为记名股票；向社会公众发行的股票，可以为记名股票，也可以为无记名股票。

（三）A 股、B 股、H 股、N 股和 S 股

股票按发行对象和上市地点，分为 A 股、B 股、H 股、N 股和 S 股等。

A 股即人民币普通股票，由我国境内公司发行，境内上市交易，它以人民币标明面值，以人民币认购和交易。B 股即人民币特种股票，由我国境内公司发行，境内上市交易，它以人民币标明面值，以外币认购和交易。H 股是注册地在内地、上市地在中国香港的股票，

以此类推，在纽约和新加坡上市的股票，就分别被称为N股和S股。

三、普通股股东的权利

股东最基本的权利是按投入公司的股份额，依法享有公司收益获取权、公司重大决策参与权和选择公司管理者的权利，并以其所持股份为限对公司承担责任。

（1）公司管理权。股东对公司的管理权主要体现在重大决策参与权、经营者选择权、财务监控权、公司经营的建议权和质询权、股东大会召集权等方面。

（2）收益分享权。股东有权通过股利方式获取公司的税后利润，利润分配方案由董事会提出并经过股东大会批准。

（3）股份转让权。股东有权将其所持有的股票出售或转让。

（4）优先认股权。原有股东拥有优先认购本公司增发股票的权利。

（5）剩余财产要求权。当公司解散、清算时，股东有对清偿债务、清偿优先股股东以后的剩余财产索取的权利。

四、发行普通股筹资的优缺点

（一）发行普通股筹资的优点

（1）两权分离，有利于公司自主经营管理。公司通过对外发行股票筹资，公司的所有权与经营权相分离，分散了公司控制权，有利于公司自主管理、自主经营。普通股筹资的股东众多，公司日常经营管理事务主要由公司的董事会和经理层负责，但公司的控制权分散，公司也容易被经理人控制。

（2）能增强公司的社会声誉，促进股权流通和转让。普通股筹资、股东的大众化，为公司带来了广泛的社会影响。特别是上市公司，其股票的流通性强，有利于市场确认公司的价值。普通股筹资以股票作为媒介，便于股权的流通和转让，吸收新的投资者。然而，流通性强的股票交易，也容易在资本市场上被恶意收购。

（二）发行普通股筹资的缺点

（1）资本成本较高。由于股票投资的风险较大，收益具有不确定性，投资者就会要求较高的风险补偿。因此，股票筹资的资本成本较高。

（2）不易及时形成生产能力。普通股筹资吸收的一般都是货币资金，还需要通过购置和建造形成生产经营能力。相对吸收直接投资方式来说，这不易及时形成生产能力。

【想一想】

为什么股份有限公司都希望发行的股票能够上市？

业务三　掌握留存收益筹资

业务描述

掌握留存收益筹资的主要内容。

相关知识

留存收益筹资是股权筹资的主要方式之一。留存收益是企业税后净利润形成的，属于企业的所有者，包括盈余公积和未分配利润。

一、留存收益的性质

从性质上看，企业通过合法有效经营所实现的税后净利润，都属于企业的所有者，因此，属于所有者的利润包括分配给所有者的利润和尚未分配、留存于企业的利润。

企业将本年度的利润部分甚至全部留存下来的原因很多，主要包括：第一，收益的确认和计量是建立在权责发生制基础上的，企业有利润，但企业不一定有相应的现金净流量增加，因而企业不一定有足够的现金将利润全部或部分分派给所有者。第二，法律法规从保护债权人利益和要求企业可持续发展等角度出发，限制企业将利润全部分配出去。《公司法》规定，企业每年的税后利润，必须提取10%的法定公积金。公司法定公积金累计额为公司注册资本的50%以上的，可以不再提取。第三，企业基于自身扩大再生产和筹资的需求，也会将一部分利润留存下来。

二、留存收益的筹资途径

（一）提取盈余公积金

盈余公积金，是指有指定用途的留存净利润，其提取基数是抵减年初累计亏损后的本年度净利润。盈余公积金主要被用于企业未来的经营发展，经投资者审议后也可被用于转增股本（实收资本）和弥补公司经营亏损。

（二）未分配利润

未分配利润，是指未限定用途的留存净利润。未分配利润有两层含义：第一，这部分净利润本年没有分配给公司的股东投资者；第二，这部分净利润未指定用途，可被用于企业未来的经营发展、转增资本（实收资本）、弥补以前年度的经营亏损及以后年度的利润分配。

三、利用留存收益筹资的优缺点

（一）利用留存收益筹资的优点

（1）不用发生筹资费用。与普通股筹资相比较，留存收益筹资不需要发生筹资费用，资本成本较低。

（2）维持公司的控制权分布。利用留存收益筹资，不用对外发行新股或吸收新投资者，由此增加的权益资本不会改变公司的股权结构，不会稀释原有股东的控制权。

（二）利用留存收益筹资的缺点

当期留存收益的最大数额是当期的净利润，不如外部筹资一次性可以筹集大量资金。如果企业发生亏损，当年没有利润留存。另外，股东和投资者从自身期望出发，往往希望企业每年发放一定股利，保持一定的利润分配比例。

【议一议】

利用留存收益增加权益资金的途径有哪些？

业务四　掌握股权筹资的优缺点

业务描述

掌握股权筹资的优缺点。

相关知识

一、股权筹资的优点

1. 股权筹资是企业稳定的资本基础

股权资本没有固定的到期日，无须偿还，是企业的永久性资本，除非企业清算时才可能予以偿还。这对于保障企业对资本的最低需求、促进企业长期持续稳定经营具有重要意义。

2. 股权筹资是企业良好的信誉基础

股权资本作为企业最基本的资本，代表了公司的资本实力，是企业与其他单位组织开展经营业务，进行业务活动的信誉基础。同时，股权资本也是其他方式筹资的基础，尤其可为债务筹资，包括银行借款、发行公司债券等提供信用保障。

3. 股权筹资的财务风险较小

股权资本不用在企业正常运营期内偿还，没有还本付息的压力。相对于债务资金而言，股权资本筹资限制少，资本使用上也无特别限制。另外，企业可以根据其经营状况和业绩的好坏，决定向投资者支付报酬的多少，资本成本负担比较灵活。

二、股权筹资的缺点

1. 资本成本负担较重

一般而言，股权筹资的资本成本要高于债务筹资。这主要是由于投资者投资于股权特别是投资于股票的风险较高，投资者或股东相应要求得到较高的收益率。从企业成本开支的角度来看，股利、红利从税后利润中支付，而使用债务资金的资本成本允许税前扣除。此外，普通股的发行、上市等方面的费用也十分庞大。

2. 控制权变更可能影响企业长期稳定发展

利用股权筹资，由于引进了新的投资者或出售了新的股票，必然会导致公司控制权结构的改变，而控制权变更过于频繁，又势必会影响公司管理层的人事变动和决策效率，影响公司的正常经营。

3. 信息沟通与披露成本较大

投资者或股东作为企业的所有者，有了解企业经营业务、财务状况、经营成果等的权利。企业需要通过各种渠道和方式加强与投资者的关系管理、保障投资者的权益。特别是上市公司，其股东众多而分散，只能通过公司的公开信息披露和了解公司状况，这就需要公司花更多的精力。有些公司还需要设置专门的部门，进行公司的信息披露和投资者关系管理。

【想一想】

股权筹资中留存收益筹资方式有没有资本成本？

任务四 熟悉衍生工具筹资

任务描述

了解可转换债券、认股权证、优先股筹资的主要内容。

业务一 熟悉可转换债券筹资

业务描述

了解可转换债券的基本性质，熟悉可转换债券的基本要素，掌握可转换债券的优缺点。

相关知识

可转换债券是一种混合型证券，是公司普通债券与证券期权的组合体。可转换债券的持有人在一定期限内可以按照事先规定的价格或者转换比例，自由地选择是否转换为公司普通股。

一、可转换债券的种类

按照转股权是否与可转换债券分离，可转换债券可以分为两类：一类是不可分离的可转换债券；另一类是可分离的可转换债券。

1．不可分离的可转换债券

不可分离的可转换债券，是指其转股权与债券不可分离，持有者直接按照债券面额和约定的转股价格，在约定的期限内将债券转换为股票。

2．可分离的可转换债券

可分离的可转换债券，是指发行时附有认股权证，是认股权证和公司债券的组合。发行上市后，公司债券和认股权证各自独立流通、交易。认股权证的持有者认购股票时，需要按照认购价（行权价）出资购买股票。

二、可转换债券的基本性质

1．证券期权性

可转换债券给予债券持有者未来的选择权。在事先约定的期限内，投资者可以选择将债券转换为普通股票，也可以放弃转换权利，持有至债券到期还本付息。由于可转换债券持有人具有在未来按一定的价格购买股票的权利，因此可转换债券实质上是一种未来的买入期权。

2．资本转换性

可转换债券在正常持有期，属于债务性质；转换成股票后，属于股权性质。在债券的转换期间，持有人没有将其转换为股票，发行企业到期必须无条件地支付本金和利息。转换成股票后，债券持有人成为企业的股权投资者。资本双重性的转换，取决于投资者是否行权。

3．赎回与回售

可转换债券一般都会有赎回条款，发债公司在可转换债券转换前，可以按一定条件赎回债券。通常，公司股票价格在一段时期内连续高于转股价格达到某一幅度时，公司会按事先约定的价格买回未转股的可转换公司债券。同样，可转换债券一般也会有回售条款，公司股票价格在一段时期内连续低于转股价格达到某一幅度时，债券持有人可按事先约定的价格将所持债券回卖给发行公司。

三、可转换债券的基本要素

可转换债券的基本要素是指构成可转换债券基本特征的必要因素，它们代表了可转换债券与一般债券的区别。

1．标的股票

可转换债券转换期权的标的物是可转换成的公司股票。标的股票一般是发行公司自己的普通股票。

2．票面利率

可转换债券的票面利率一般会低于普通债券的票面利率，有时甚至还低于同期银行存款利率。这是因为，在可转换债券的投资收益中，除债券的利息收益外，还附加了股票买入期权的收益部分。一个设计合理的可转换债券在大多数情况下，其股票买入期权的收益可以弥补债券利息收益的差额。

3．转换价格

转换价格是指可转换债券在转换期间内据以转换为普通股的折算价格，即将可转换债券转换为普通股的每股普通股的价格。例如，每股30元，即指可转换债券到期时，将债券金额按每股30元转换为相应股数的股票。

4．转换比率

转换比率是指每一份可转换债券在既定的转换价格下能转换为普通股股票的数量。在债券面值和转换价格确定的前提下，转换比率为债券面值与转换价格之商：

$$\text{转换比率}=\frac{\text{债券面值}}{\text{转换价格}}$$

5．转换期

转换期是指可转换债券持有人能够行使转换权的有效期限。可转换债券的转换期可以与债券的期限相同，也可以短于债券的期限。转换期间的设定通常有四种情形：债券发行日至到期日；发行日至到期前；发行后某日至到期日；发行后某日至到期前。至于选择哪种，要看公司的资本使用状况、项目情况、投资者要求等。由于转换价格高于公司发债时的股价，投资者一般不会在发行后立即行使转换权。

6．赎回条款

赎回条款是指发债公司按事先约定的价格买回未转股债券的规定。赎回一般发生在公司股票价格在一段时期内连续高于转股价格达到某一幅度时。

发债公司在赎回债券之前，要向债券持有人发出赎回通知，要求他们在将债券转股与卖回给发债公司之间做出选择。一般情况下，投资者大多会将债券转换为普通股。可见，设置赎回条款最主要的功能是强制债券持有者积极行使转股权，因此又被称为加速条款。同时也能使发债公司避免在市场利率下降后继续向债券持有人支付较高的债券利率所蒙受的损失。

7. 回售条款

回售条款是指债券持有人有权按照事前约定的价格将债券卖回给发债公司的条件规定。回售一般发生在公司股票价格在一段时期内连续低于转股价格达到某一幅度时。回售对于投资者而言实际上是一种卖权，有利于降低投资者的持券风险。

8. 强制性转换条款

强制性转换条款是指在某些条件具备之后，债券持有人必须将可转换债券转换为股票，无权要求偿还债务本金的规定。可转换债券发行之后，其股票价格可能出现巨大波动。如果股价长期表现不佳，又未设计回售条款，投资者就不会转股。公司可设置强制性转换条款，保证可转换债券顺利地转换成股票，预防投资者到期集中挤兑引发公司破产的悲剧。

四、可转换债券筹资的优缺点

（一）可转换债券筹资的优点

（1）筹资灵活性。可转换债券将传统的债务筹资功能和股票筹资功能结合起来，筹资性质和时间上具有灵活性。

（2）资本成本较低。可转换债券的利率低于同一条件下普通债券的利率，降低了公司的筹资成本；另外，在可转换债券转换为普通股时，公司无须另外支付筹资费用，又节约了股票的筹资成本。

（3）筹资效率高。可转换债券在发行时，规定的转换价格往往高于当时本公司的股票价格。如果这些债券将来都转换成了股权，这相当于在债券发行之际，就以高于当时股票市价的价格新发行了股票。因此，在公司发行新股时机不佳时，可以先发行可转换债券，以其将来变相发行普通股。

（二）可转换债券筹资的缺点

（1）存在不转换的财务压力。如果在转换期内公司股价处于恶化时，持券者到期不会转股，会造成公司的集中兑付债券本金的财务压力。

（2）存在回售的财务压力。若可转换债券发行后，公司股价长期低迷，在设计有回售条款的情况下，投资者集中在一段时间内将债券回售给发行公司，加大了公司的财务支付压力。

诚信故事

汉朝初年，有一位开国功臣名叫季布，非常重视承诺，热心帮助他人，以至于社会上流传着一句话：“得黄金百斤，不如得季布一诺。”这就是成语“一诺千金”的由来。后来，季布被追杀，多亏那些得到过他帮助的人鼎力相助，才逃过危难。

“信”是内在诚信与外在守信的统一。一个人只有内诚于心，也就是俗话说的有良心，敢于面对真实的自己，才会外信于人；和朋友讲信义、守信用，言行一致，才能赢得朋友的信任，建立良好的人际关系。因此，儒家认为诚信是人在世上安身立命的根本。《论语》中有30多次提到“信”字，可见孔子对“信”的重视。

业务二　熟悉认股权证筹资

业务描述

熟悉认股权证的基本性质和优缺点。

相关知识

认股权证是一种由上市公司发行的证明文件，持有人有权在一定时间内以约定价格认购该公司发行的一定数量的股票。广义的权证（Warrant），是一种持有人有权于某一特定期间或到期日，按约定的价格认购或沽出一定数量的标的资产的期权，按买或卖的不同权利可分为认购权证和认沽权证，又称看涨权证和看跌权证。认股权证，属于认购权证。

一、认股权证的基本性质

1．认股权证的期权性

认股权证本质上是一种股票期权，属于衍生金融工具，具有实现融资和股票期权激励的双重功能。但认股权证本身是一种认购普通股的期权，它没有普通股的红利收入，也没有普通股相应的投票权。

2．认股权证是一种投资工具

投资者可以通过购买认股权证获得市场价与认购价之间的股票差价收益，因此它是一种具有内在价值的投资工具。

二、认股权证筹资的优缺点

（一）认股权证筹资的优点

（1）认股权证是一种融资促进工具。认股权证的发行人是发行标的股票的上市公司，认股权证通过以约定价格认购公司股票的契约方式，能保证公司在规定的期限内完成股票发行计划，顺利实现融资。

（2）有助于改善上市公司的治理结构。采用认股权证进行融资，融资的实现是缓期分批实现的。上市公司及其大股东的利益，与投资者是否在到期之前执行认股权证密切相关。因此，在认股权证有效期间，上市公司管理层及其大股东的任何有损公司价值的行为，都可能降低上市公司的股价，从而降低投资者执行认股权证的可能性，这将损害上市公司管理层及其大股东的利益。因此，认股权证能够约束上市公司的败德行为，并激励他们更加努力地提升上市公司的市场价值。

（3）有利于推进上市公司的股权激励机制。认股权证是常用的员工激励工具，通过给予管理者和重要员工一定的认股权证，可以把管理者和员工的利益与企业价值成长紧密地联系在一起，建立一个管理者与员工通过提升企业价值再实现自身财富增值的利益驱动机制。

（二）认股权证筹资的缺点

（1）稀释每股收益。投资者持认股权证购买的是公司新发行的股票，并非二级市场的股票。这样，当认股权证行使时普通股股份增多，会导致每股收益下降。

（2）容易分散公司的控制权。发行公司为了吸引投资者，其认股权证通常随有价证券一起发售。当认股权证行使时，企业的股权结构会发生改变，稀释原有股东的控制权。

【想一想】

企业在什么情况下更倾向于选择发行可转换债券或认股权证筹资？

业务三　了解优先股筹资

业务描述

了解优先股筹资的主要内容。

相关知识

一、优先股的概念

优先股是指股份有限公司发行的具有优先权利、相对优先于普通股的股份。在利润分配及剩余财产清偿分配的权利方面，优先股持有人优先于普通股股东；但在参与公司决策管理等方面，优先股的权利受到限制。

二、优先股的基本性质

（1）约定股息。相对于普通股而言，优先股的股利收益是事先约定的，也是相对固定的。因此，优先股的股息一般不会根据公司经营情况而变化，而且优先股一般也不再参与公司普通股的利润分红。但优先股的固定股息率各年可以不同，另外，优先股也可以采用浮动股息率分配利润。

（2）权利优先。优先股在年度利润分配和剩余财产清偿分配方面，具有比普通股股东优先的权利。优先股可以先于普通股获得股息，公司的可分配利润先分给优先股股东，剩余部分再分给普通股股东。在剩余财产方面，优先股的清偿顺序先于普通股而次于债权人。优先股的优先权利是相对于普通股而言的，优先股股东不可以要求经营成果不佳、无法分配股利的公司支付固定股息；优先股股东也不可以要求无法支付股息的公司进入破产程序，不能向人民法院提出企业重整、和解或者破产清算申请。

（3）权利范围小。优先股股东一般没有选举权和被选举权，对股份公司的重大经营事项无表决权。仅在股东大会表决与优先股股东自身利益直接相关的特定事项时，具有有限表决权，例如，修改公司章程中与优先股股东利益相关的事项条款时，优先股股东有表决权。

三、优先股的种类

1. 固定股息率优先股和浮动股息率优先股

优先股股息率在股权存续期内不做调整的，被称为固定股息率优先股；优先股股息率根据约定的计算方法进行调整的，被称为浮动股息率优先股。优先股采用浮动股息率的，在优先股存续期内票面股息率的计算方法在公司章程中要事先明确。

2. 强制分红优先股与非强制分红优先股

公司在章程中规定，在有可分配税后利润时必须向优先股股东分配利润的，被称为强制分红优先股，否则即为非强制分红优先股。

3．累积优先股和非累积优先股

根据公司因当年可分配利润不足而未向优先股股东足额派发股息，差额部分是否累积到下一会计年度，可将优先股分为累积优先股和非累积优先股。累积优先股是指公司在某一时期所获盈利不足，导致当年可分配利润不足以支付优先股股息，则将应付股息累积到次年或以后某一年盈利时，在普通股的股利发放之前，连同本年优先股股息一并发放。

非累积优先股则是指公司不足以支付优先股的全部股息时，对所欠股息部分，优先股股东不能要求公司在以后年度补发。

4．参与优先股和非参与优先股

根据优先股股东按照确定的股息率分配股息后，是否有权同普通股股东一起参加剩余税后利润分配，可将优先股分为参与优先股和非参与优先股。持有人除可按规定的股息率优先获得股息外，还可与普通股股东分享公司的剩余收益的优先股，称之为参与优先股。持有人只能获取一定股息但不能参加公司额外分红的优先股，称之为非参与优先股。

5．可转换优先股和不可转换优先股

根据优先股是否可以转换成普通股，可将其分为可转换优先股和不可转换优先股。可转换优先股是指在规定的时间内，优先股股东或发行人可以按照一定的转换比率把优先股转换成该公司普通股。否则是不可转换优先股。

6．可回购优先股和不可回购优先股

根据发行人或优先股股东是否享有要求公司回购优先股的权利，可分为可回购优先股和不可回购优先股。可回购优先股是指允许发行公司按发行价加上一定比例的补偿收益回购的优先股。公司通常在认为可以用较低股息率发行新的优先股时，用此方法回购已发行的优先股股票。不附有回购条款的优先股，则被称为不可回购优先股。

我国的《优先股试点管理办法》规定：优先股每股票面金额为 100 元；上市公司不得发行可转换为普通股的优先股；上市公司公开发行优先股应当在公司章程中规定以下事项：

（1）采取固定股息率。

（2）在有可分配税后利润的情况下必须向优先股股东分配股息。

（3）未向优先股股东足额派发股息的差额部分应当累积到下一会计年度。

（4）优先股股东按照约定的股息率分配股息后，不再同普通股股东一起参加剩余利润分配。

四、优先股筹资的优缺点

优先股既像公司债券，又像公司股票，因此优先股筹资属于混合筹资，其筹资特点兼有债务筹资和股权筹资性质。

（一）发行优先股筹资的优点

（1）有利于丰富资本市场的投资结构。优先股有利于为投资者提供多元化投资渠道，增加固定收益型产品。看重现金红利的投资者可投资优先股，而希望分享公司经营成果成长的投资者则可以选择普通股。

（2）有利于股份公司股权资本结构的调整。发行优先股，是股份公司股权资本结构调整的重要方式。公司资本结构调整，既包括债务资本和股权资本的结构调整，也包括股权资本的内部调整。

（3）有利于保障普通股收益和控制权。优先股的每股收益是固定的，只要净利润增加并且高于优先股股息，普通股的每股收益就会上升。另外，优先股股东无表决权，因此不影响普通股股东对企业的控制权，也基本上不会稀释原普通股的权益。

（4）有利于降低公司财务风险。优先股股利不是公司必须偿付的一项法定债务，如果公司财务状况恶化、经营成果不佳，这种股利可以不支付，从而相对避免了企业的财务负担。由于优先股没有规定最终到期日，它实质上是一种永续性借款。优先股的收回由企业决定，企业可在有利条件下收回优先股，具有较大的灵活性。发行优先股，增加了权益资本，从而改善了公司的财务状况。从财务角度上看，优先股属于股债连接产品。作为资本，可以降低企业整体负债率；作为负债，可以增加长期资金来源，有利于公司的长久发展。

（二）发行优先股筹资的缺点

优先股筹资可能给股份公司带来一定的财务压力。首先，优先股的资本成本相对于债务较高，主要是由于优先股股息不能抵减所得税，而债务利息可以抵减所得税。其次，固定股息率优先股、强制分红优先股、可累积优先股股利支付的固定性可能成为企业的一项财务负担。

任务五 掌握资金需要量的预测

任务描述

熟悉资金需要量预测的因素分析法，掌握销售百分比法、资金习性预测法，为企业科学合理地预测资金需要量打下坚实的基础。

资金的需要量是筹资的数量依据，必须科学合理地进行预测。筹资数量预测的基本目的，是保证筹集的资金既能满足生产经营的需要，又不会产生资金多余而闲置。

业务一 熟悉因素分析法

业务描述

熟悉资金需要量的因素分析法。

相关知识

因素分析法又称分析调整法，是以有关项目基期年度的平均资本需要量为基础，根据预测年度的生产经营任务和资金周转加速的要求，进行分析调整，来预测资金需要量的一种方法。这种方法计算简便，容易掌握，但预测结果不太精确。它通常被用于品种繁多、规格复杂、资金需要量较小的项目。因素分析法的计算公式如下：

资金需要量=（基期资金平均占用额 - 不合理资金占用额）×（1+预测期销售增长率）÷（1+预测期资金周转速度增长率）

【例 3-2】齐鲁公司上年度资金平均占用额为 3 000 万元，经分析，其中不合理部分 300 万元，预计本年度销售增长 6%，资金周转加速 2%。则：

预测年度资金需要量=（3 000−300）×（1+6%）÷（1+2%）= 2 805.88（万元）

业务二　掌握销售百分比法

业务描述

掌握资金需要量预测的销售百分比法。

相关知识

一、销售百分比法的基本原理

销售百分比法

销售百分比法，是假设某些资产和负债与销售款存在稳定的百分比关系，根据这个假设预计外部资金需要量的方法。企业的销售规模扩大时，要相应增加流动资产；如果销售规模增加很多，还必须增加长期资产。为取得扩大销售所需增加的资产，企业需要筹措资金。这些资金，一部分来自随销售收入同比例增加的流动负债，一部分来自预测期的收益留存，还有一部分则通过外部筹资取得。

销售百分比法，将反映生产经营规模的销售因素与反映资金占用的资产因素连接起来，根据销售与资产之间的数量比例关系来预计企业的外部筹资需要量。销售百分比法先假设某些资产与销售额存在稳定的百分比关系，根据销售与资产的比例关系预计资产额，根据资产额预计相应的负债和所有者权益，进而确定筹资需求量。

二、销售百分比法的基本步骤

1．确定随销售额变动而变动的资产和负债项目

随着销售额的变化，敏感性（经营性）资产项目将占用更多的资金。同时，随着敏感性资产的增加，相应的敏感性（经营性）短期债务也会增加，如存货增加会导致应付账款增加，此类债务被称为“自动性债务”，可以为企业提供暂时性资金。敏感性资产与敏感性负债的差额通常与销售额保持稳定的比例关系。这里，敏感性资产项目包括库存现金、应收账款、存货等项目；而敏感性负债项目包括应付票据、应付账款等项目，不包括短期借款、短期融资券、长期负债等筹资性负债。

2．确定有关项目与销售额的稳定比例关系

如果企业资金周转的营运效率保持不变，敏感性资产项目与敏感性负债项目将会随销售额的变动而成正比例变动，保持稳定的百分比关系。企业应当根据历史资料和同业情况，剔除不合理的资金占用，寻找与销售额的稳定百分比关系。

3．确定需要增加的筹资数量

预计由于销售增长而需要的资金需求增长额，扣除利润留存后，为所需要的外部筹资额，即外部融资需要量。

外部融资需要量=新增销售额×（敏感性资产占销售额的百分比－敏感性负债占销售额的百分比）－预计销售额×销售净利率×留存收益率

$$=\frac{A}{S_1}\times\Delta S-\frac{B}{S_1}\times\Delta S-S_2\times P\times E$$

式中，A 表示随销售而变化的敏感性资产；B 表示随销售而变化的敏感性负债；S_1 表示基期销售额；S_2 表示预测期销售额；ΔS 表示销售变动额；P 表示销售净利率；E 表示利润留存率；A/S_1 表示敏感性资产占销售额的百分比；B/S_1 表示敏感性负债占销售额的百分比。

需要说明的是，如果非敏感性资产增加，则外部筹资需要量也应相应增加。

【例 3-3】齐鲁公司 20×5 年 12 月 31 日的简要资产负债表如表 3-1 所示。假定齐鲁公司 20×5 年的销售额为 20 000 万元，销售净利率为 10%，利润留存率为 40%。20×6 年销售额预计增长 20%，公司有足够的生产能力，无须追加固定资产投资。

表 3-1 齐鲁公司资产负债表（20×5 年 12 月 31 日）

资 产	金额（万元）	敏感性资产占销售额的百分比（%）	负债与权益	金额（万元）	敏感性负债占销售额的百分比（%）
货币资金	1 000	5	短期借款	5 000	—
应收账款	3 000	15	应付账款	2 000	10
存货	6 000	30	预提费用	1 000	5
固定资产	6 000	—	公司债券	2 000	—
			实收资本	4 000	—
			留存收益	2 000	—
合计	16 000	50	合计	16 000	15

外部融资需要量=新增销售额×（敏感性资产占销售额的百分比–敏感性负债占销售额的百分比）–预测期销售额×销售净利率×利润留存率

=20 000×20%×（50%–15%）–20 000×（1+20%）×10%×40%

=440（万元）

销售百分比法的优点，是能为筹资管理提供短期预计的财务报表，以适应外部筹资的需要，且易于使用，但在有关因素发生变动的情况下，必须相应地调整原有的销售百分比。

业务三 掌握资金习性预测法

业务描述

掌握资金需要量预测的资金习性预测法。

相关知识

一、资金习性预测法

资金习性预测法，是指根据资金习性预测未来资金需要量的一种方法。所谓资金习性，是指资金的变动同销售量变动之间的依存关系。按照资金同销售量之间的依存关系，可以把资金区分为不变资金、变动资金和半变动资金。

不变资金是指在一定的销售量范围内，不受销售量变动的影响而保持固定不变的那部分资金。它主要包括：为维持营业而占用的最低数额的现金，原材料的保险储备，必要的成品储备，厂房、机器设备等固定资产占用的资金。

变动资金是指随销售量的变动而同比例变动的那部分资金。它一般包括直接构成产品实体的原材料、外购件等占用的资金。另外，在最低储备以外的现金、存货、应收账款等也具有变动资金的性质。

半变动资金是指虽然受销售量变化的影响，但不成同比例变动的资金，例如，一些辅助材料上占用的资金。半变动资金可采用一定的方法划分为不变资金和变动资金两部分。

二、根据资金占用总额与销售量的关系预测

这种方式是根据历史上企业资金占用总额与销售量之间的关系，把资金分为不变资金和变动资金两部分，然后结合预计的销售量来预测资金需要量。

设销售量为自变量 X，资金占用为因变量 Y，它们之间的关系可用下式表示：

$$Y=a+bX$$

式中，a 表示不变资金；b 表示单位销售量所需的变动资金。

可见，只要求出 a 和 b，并知道预测期的销售量，就可以用上述公式测算资金需求情况。

a 和 b 的预测主要有高低点法和回归直线法两种。

1. 高低点法

高低点法是以过去某一会计期间的资金占用额和业务量资料为依据，从中选取业务量最高点和业务量最低点，将总资金需要量进行分解，得出资金需要量的模型。其计算公式为：

$$\text{变动资金}(b)=\frac{\text{最高点销售量资金占用额}-\text{最低点销售量资金占用额}}{\text{最高点销售量}-\text{最低点销售量}}$$

$$\text{不变资金}(a)=\text{最高点销售量资金占用额}-b\times\text{最高点销售量}$$

$$\text{或：不变资金}(a)=\text{最低点销售量资金占用额}-b\times\text{最低点销售量}$$

使用高低点法计算资金需求总额时，需要注意，分子不是（最高资金占用–最低资金占用），而是（最高点销售量对应的资金占用-最低点销售量对应的资金占用）。

【例 3-4】齐鲁公司历年销售量和资金需要量变化情况如表 3-2 所示，20×6 的预计销售量为 1 500 万件，用高低点法预测 20×6 年所需要的资金量。

表 3-2 销售量与资金变化情况

年 度	销售量 X（万件）	资金需要量 Y（万元）
20×1	1 100	950
20×2	1 200	1 000
20×3	1 200	1 000
20×4	1 300	1 050
20×5	1 400	1 100

解：

本例中，最高点销售量为 1 400 万件，对应的资金需要量为 1 100 万元；最低点销售量为 1 100 万件，对应的资金需要量为 950 万元，所以，

$$\text{变动资金}(b)=\frac{1\,100-950}{1\,400-1\,100}=0.5\text{（万元/万件）}$$

不变资金（a）=950−0.5×1 100=400（万元）

或：=1 100−0.5×1 400=400（万元）

代入模型得直线方程式为：

$Y = 400 + 0.5X$

根据20×6年的预计销售量为1 500万件，计算20×6年的预计资金需要量。

Y=400+0.5×1 500

=1 150（万元）

因齐鲁公司20×5年年末已有资金1 100万元，因此，20×6年该公司需要筹集资金50（=1 150−1 100）万元。

采用高低点法计算较简单，但它只采用了历史成本资料中的高点和低点两组数据，故代表性较差。

2. 回归直线法

回归直线法也称一元回归分析法。它假定影响预测资金需要量的因素只有一个，根据直线方程式$Y = a + bX$，按照最小二乘法原理，来确定一条误差最小的、能正确反映自变量X和因变量Y之间关系的直线，其常数项a和系数b的计算公式为：

$$b = \frac{n\sum XY - \sum X \sum Y}{n\sum X^2 - (\sum X)^2}$$

$$a = \frac{\sum Y - b\sum X}{n}$$

待求出a、b的值后，代入$Y = a + bX$，结合自变量X的取值，即可求得预测对象Y的预测资金需要量。

【例3-5】承接【例3-4】用回归分析法预测齐鲁公司20×6年所需要的资金量。

解：

根据上述资料，列表计算如表3-3所示。

表3-3 资金需要量预测

年 度	销售量X（万件）	资金需要量Y（万元）	XY	X^2
20×1	1 100	950	1 045 000	1 210 000
20×2	1 200	1 000	1 200 000	1 440 000
20×3	1 200	1 000	1 200 000	1 440 000
20×4	1 300	1 050	1 365 000	1 690 000
20×5	1 400	1 100	1 540 000	1 960 000
$n=5$	$\sum X$=6 200	$\sum Y$=5 100	$\sum XY$=6 350 000	$\sum X^2$=7 740 000

根据公式，有：

$$b = \frac{n\sum XY - \sum X \sum Y}{n\sum X^2 - (\sum X)^2} = \frac{5\times 6\ 350\ 000 - 6\ 200\times 5\ 100}{5\times 7\ 740\ 000 - (6\ 200)^2} = 0.5\text{（万元/万件）}$$

$$a = \frac{\sum Y - b\sum X}{n} = \frac{5\ 100 - 0.5\times 6\ 200}{5} = 400\text{（万元）}$$

代入模型得直线方程式为：

$Y = 400 + 0.5X$

20×6 年的资金需要量的预计同高低点法。

运用线性回归法必须注意以下几个问题：

（1）资金需要量与营业业务量之间线性关系的假定应符合实际情况；

（2）确定 a、b 数值，应利用连续若干年的历史资料，一般要有 3 年以上的资料；

（3）应考虑价格等因素的变动情况。

三、采用逐项分析法预测

这种方式是根据各资金占用项目（如现金、存货、应收账款、固定资产）和资金来源项目同产销量之间的关系，把各项目的资金都分成变动资金和不变资金两部分，然后汇总在一起，求出企业变动资金总额和不变资金总额，来预测资金需要量。

企业的库存现金、存货、应收账款、流动负债、固定资产等可以根据历史资料，计算资金需要量中不变资金和变动资金的数额，如表 3-4 所示。

表 3-4　资金需求量预测表（分项预测）　　单位：元

项　目	年度不变资金 ***a***	每 1 元销售收入所需变动资金 ***b***
流动资产：		
库存现金	20 000	0.12
应收账款	100 000	0.25
存货	200 000	0.23
小计	320 000	0.60
减：流动负债		
应付账款及应付费用	120 000	0.25
净资金占用	200 000	0.35
固定资产	800 000	0
所需资金合计	1 000 000	0.35

进行资金习性分析，把资金划分为变动资金和不变资金两部分，从数量上掌握了资金同销售量之间的规律性，对准确地预测资金需要量有很大帮助。

任务六　掌握资本成本与资本结构

任务描述

理解资本结构的原理、杠杆效应的原理和资本结构的含义，掌握资金成本的计算、杠杆效应的计算和资本结构优化的方法。

企业的筹资管理，不仅要合理选择筹资方式，而且还要科学安排资本结构。资本结构优化是企业筹资管理的基本目标，也会对企业的生产经营安排产生制约性的影响。资本成本是资本结构优化的标准，不同性质的资本所具有的资本成本特性，带来了杠杆效应。

业务一　掌握资本成本

业务描述

理解资本成本的概念，熟悉资本成本的种类，了解资本成本的作用和影响因素，掌握资本成本的计算方法。

相关知识

一、资本成本的概念

资本成本是指企业为筹集和使用资本而付出的代价，包括筹资费用和占用费用。资本成本是资本所有权与资本使用权分离的结果。对出资者而言，由于让渡了资本使用权，必须要求取得一定的补偿，资本成本表现为让渡资本使用权所带来的投资收益。对筹资者而言，由于取得了资本使用权，必须付出一定的代价，资本成本表现为取得资本使用权所付出的代价。资本成本可以用绝对数表示，也可以用相对数表示。用绝对数表示的资本成本，主要由以下两个部分构成。

1. 筹资费

筹资费是指企业在筹集资本过程中为获得资本而付出的代价，例如，向银行支付的借款手续费，因发行股票、公司债券等有价证券而支付的发行费等。筹资费用通常在资本筹集时一次性发生，在资本使用过程中不再发生，可将其视为筹资数额的一项扣除。

2. 占用费

占用费是指企业在资本使用过程中因占用资本而付出的费用，如向银行等债权人支付的利息、向股东分配的股利等。占用费用是因为占用了他人资本而必须支付的，是资本成本的主要内容。

二、资本成本的种类

在企业筹资实务中，资本成本有以下几种。

1. 个别资本成本

个别资本成本是指企业各种长期资本的成本率，如长期借款资本成本、债券资本成本、股票资本成本。企业在比较各种筹资方式时，需要使用个别资本成本率。

2. 平均资本成本

平均资本成本是指多元化筹资方式下的综合资本成本，反映了企业资本成本整体水平的高低。企业在进行长期资本结构决策时，可以使用平均资本成本。

3. 边际资本成本

边际资本成本是指企业追加长期资本的成本率。企业在追加筹资方案的选择中，需要运用边际资本成本。

三、资本成本的作用

资本成本是衡量资本结构优化程度的标准，也是对投资获得经济效益的最低要求。企业筹得的资本付诸使用以后，只有投资收益率高于资本成本，才能表明所筹集的资本取得了较好的经济效益。资本成本的作用主要表现在以下几个方面。

1．资本成本是比较筹资方式、选择筹资方案的依据

各种资本的资本成本率，是比较、评价各种筹资方式的依据。在评价各种筹资方式时，一般会考虑的因素包括对企业控制权的影响、对投资者吸引力的大小、融资的难易和风险、资本成本的高低等，而资本成本是其中的重要因素。在其他条件相同时，企业筹资应选择资本成本最低的方式。

2．平均资本成本是衡量资本结构是否合理的依据

企业的财务管理目标是企业价值最大化，企业价值是企业资产带来的未来经济利益的现值。计算企业价值时，通常采用企业的平均资本成本作为折现率，当平均资本成本率最小时，企业价值最大，此时的资本结构是企业理想的资本结构。

3．资本成本是评价投资项目可行性的主要标准

任何投资项目，如果它预期的投资收益率超过该项目使用资本的资本成本率，则该项目在经济上就是可行的。因此，资本成本率是企业用以确定项目要求达到的投资收益率的最低标准。

4．资本成本是评价企业整体业绩的重要依据

一定时期企业资本成本的高低，不仅反映企业筹资管理的水平，还可作为评价企业整体经营业绩的标准。企业的生产经营活动，实际上就是所筹集资本经过投放后形成资产的营运，企业的总资产税后收益率应高于其平均资本成本率，这样才能带来剩余收益。

四、影响资本成本的因素

1．总体经济环境

总体经济环境和状态决定企业所处的国民经济发展状况和水平，以及预期的通货膨胀，这些都会对企业筹资的资本成本产生影响。如果国民经济保持健康、稳定、持续增长，整个社会经济的资本供给和需求相对均衡且通货膨胀水平低，资本所有者投资的风险小，预期收益率低，筹资的资本成本相应就比较低。相反，如果经济过热，通货膨胀水平持续居高不下，投资者投资风险大，预期收益率高，筹资的资本成本就高。

2．资本市场条件

资本市场条件包括资本市场的效率和风险。如果资本市场缺乏效率，证券的市场流动性低，投资者投资风险大，要求的预期收益率高，那么通过资本市场筹集资本的成本就比较高。

3．企业经营状况和融资状况

企业的经营风险和财务风险共同构成企业总体风险，如果企业经营风险高，财务风险大，则企业总体风险水平高，投资者要求的预期收益率高，企业筹资的资本成本相应就大。

4．企业对筹资规模和时限的需求

在一定时期内，国民经济体系中的资本供给总量是一定的，资本是一种稀缺资源。因此，企业一次性需要筹集的资本规模越大、占用资本时限越长，资本成本就越高。当然，融资规模、时限与资本成本的正向相关性并非线性关系。一般来说，融资规模在一定限度内，并不会引起资本成本的明显变化；当融资规模突破一定限度时，才会引起资本成本的明显变化。

五、资本成本计算的基本模式

资本成本计算的基本模式

资本成本可以用绝对数表示，也可以用相对数表示。资本成本用绝对数表示即资本总成本，它是筹资费用和用资费用之和。由于它不能反映用资多少，所以较少使用。资本成本用相对数表示即资本成本率，它是资金占用费与筹资净额的比率，一般讲资本成本多指资本成本率。

（一）一般模式

为了便于分析比较，资本成本通常用不考虑货币时间价值的一般通用模型计算。计算时，将初期的筹资费用作为筹资额的一项扣除，扣除筹资费用后的筹资额被称为筹资净额，一般模式的计算公式是：

$$资本成本率=\frac{年资本占用费}{筹资总额-筹资费用}=\frac{年资本占用费}{筹资总额\times(1-筹资费用率)}$$

式中，筹资费用率=筹资费用 ÷ 筹资总额×100%。

【温馨提示】

若资本来源为负债，还存在税前资本成本和税后资本成本的区别。计算税后资本成本需要从年资本占用费中减去资本占用费税前扣除导致的所得税节约额。

（二）折现模式

对于金额大、时间超过一年的长期资本，更准确一些的资本成本计算方式是采用折现模式，即将债务未来还本付息或股权未来股利分红的折现值与目前筹资净额相等时的折现率作为资本成本率。

由：筹资净额现值-未来资本清偿额现金流量现值=0

可得：资本成本率=所采用的折现率

六、个别资本成本的计算

个别资本成本是指单一融资方式的资本成本，包括银行借款资本成本、公司债券资本成本、融资租赁资本成本、优先股资本成本、普通股资本成本和留存收益资本成本等，其中前三类是债务资本成本，后三类是权益资本成本。个别资本成本率可用于比较和评价各种筹资方式。

（一）债务资本成本的计算

债务资本成本包括银行借款资本成本、公司债券资本成本和融资租赁资本成本三种。根据企业所得税法的规定，企业的债务利息允许从税前利润中扣除，从而可以抵免企业所得税。因此，企业实际负担的债务资本成本率应当考虑所得税因素，公式如下：

银行借款资本成本的计算

$$资本成本率=\frac{年利息\times(1-所得税税率)}{债务筹资总额\times(1-债务筹资费用率)}\times100\%$$

1．银行借款资本成本的计算

银行借款资本成本包括借款利息和借款手续费用。利息费用税前支付，可以起抵税作用，手续费用是筹资费用的具体体现。一般计算税后资本成本率，税后资本成本率与权益资本成本率具有可比性。银行借款的资本成本率按一般模式计算为：

$$\text{银行借款资本成本率}=\frac{\text{借款本金}\times\text{年利率}\times(1-\text{所得税税率})}{\text{借款本金}\times(1-\text{筹资费用率})}\times 100\%$$

$$=\frac{\text{年利率}\times(1-\text{所得税税率})}{1-\text{筹资费用率}}\times 100\%$$

$$\text{即}K_b=\frac{I(1-T)}{P_b(1-f)}\times 100\%=\frac{i(1-T)}{1-f}\times 100\%$$

式中，K_b为银行借款资本成本率；I为银行借款年利息；P_b为银行借款筹资总额；T为所得税税率；f为银行借款筹资费用率；i 为银行借款年利率。

对于长期借款，考虑货币时间价值问题，还可以用折现模式计算资本成本率，公式如下：

$$M(1-f)=\sum_{t=1}^{n}\frac{I_t(1-T)}{(1+K_b)^t}+\frac{M}{(1+K_b)^n}$$

式中，M为债务面值或债务本金（名义借款额）；t为期限。

【例3-6】 齐鲁公司取得5年期长期借款300万元，年利率为10%，每年付息一次，到期一次还本，借款费用率为0.1%，企业所得税税率为25%，计算该项借款的资本成本率。

解：

在不考虑货币时间价值的情况下：

$$K_b=\frac{10\%\times(1-25\%)}{1-0.1\%}=7.51\%$$

考虑货币时间价值，该项长期借款的资本成本计算如下：

$300\times(1-0.1\%)=300\times 10\%\times(1-25\%)\times(P/A, K_b, 5)+300\times(P/F, K_b, 5)$

$299.7=22.5\times(P/A, K_b, 5)+300\times(P/F, K_b, 5)$

当i=7%时，$22.5\times 4.100\,2+300\times 0.713=306.15$

当i=8%时，$22.5\times 3.992\,7+300\times 0.680\,6=294.02$

按插值法计算，$K_b=\frac{299.7-306.15}{294.02-306.15}\times 1\%+7\%=7.53\%$

2．公司债券资本成本的计算

公司债券资本成本包括债券利息和债券发行费用。债券可以溢价发行，也可以折价发行，其资本成本率按一般模式计算为：

$$\text{公司债券资本成本率}=\frac{\text{债券面值}\times\text{票面利率}\times(1-\text{所得税税率})}{\text{债券发行价格}\times(1-\text{筹资费用率})}\times 100\%$$

$$\text{即}K_b=\frac{I(1-T)}{L(1-f)}\times 100\%=\frac{B\cdot i(1-T)}{L(1-f)}$$

式中，K_b为公司债券资本成本率；I 为公司债券年利息；T 为所得税税率；L 为公司债券发行价格，即公司债券筹资总额；f 为公司债券筹资费用率；B 为公司债券面值总额；i为公司债券年利率。

【例 3-7】齐鲁公司以 1 100 元的价格，溢价发行面值为 1 000 元、期限为 5 年、票面利率为 7%的公司债券一批。每年付息一次，到期一次还本，发行费用率为 3%，所得税税率为 25%。计算该批债券的资本成本率。

解：

$$K_b = \frac{1\,000 \times 7\% \times (1-25\%)}{1\,100 \times (1-3\%)} = 4.92\%$$

考虑货币时间价值，该项公司债券的资本成本率计算如下：

$$1\,100 \times (1-3\%) = 1\,000 \times 7\% \times (1-25\%) \times (P/A, K_b, 5) + 1\,000 \times (P/F, K_b, 5)$$

$$1\,067 = 52.5 \times (P/A, K_b, 5) + 1\,000 \times (P/F, K_b, 5)$$

当 i=3%时，$52.5 \times 4.579\,7 + 1\,000 \times 0.862\,6 = 1\,103.03$

当 i=4%时，$52.5 \times 4.451\,8 + 1\,000 \times 0.821\,9 = 1\,055.62$

按插值法计算，$K_b = \frac{1\,067 - 1\,103.03}{1\,055.62 - 1\,103.03} \times 1\% + 3\% = 3.76\%$

3．融资租赁资本成本的计算

融资租赁各期的租金中，包含本金每期的偿还和各期手续费用（租赁公司的各期利润），其资本成本率只能按折现模式计算。

【例 3-8】齐鲁公司于 20×2 年 1 月 1 日从租赁公司租入设备一台，该设备价值 60 万元，租期为 6 年，租赁期满时预计残值为 5 万元，归租赁公司。每年租金为 131 283 元，则有：

$$600\,000 - 50\,000 \times (P/F, K_b, 6) = 131\,283 \times (P/A, K_b, 6)$$

按插值法计算，得：K_b=10%。

（二）权益资本成本的计算

权益资本成本包括优先股资本成本、普通股资本成本和留存收益资本成本三种。根据企业所得税法的规定，公司需以税后利润向股东分派股利，故没有抵税利益。

1．优先股资本成本的计算

优先股的资本成本主要是向优先股东支付的各期股利。对于固定股利率优先股而言，如果各期股息是相等的，优先股的资本成本率按一般模式计算为：

$$K_s = \frac{D}{P_n(1-f)}$$

式中，K_s 为优先股资本成本率；D 为优先股年固定股息；P_n 为优先股发行价格，f 表示筹资费用率。

【例 3-9】某上市公司发行面值为 100 元的优先股，规定的年股息率为 8%。该优先股溢价发行，发行价格为 110 元；发行时筹资费用率为发行价的 2%。则该优先股的资本成本率为：

$$K_s = \frac{100 \times 8\%}{110 \times (1-2\%)} = 7.42\%$$

由本例可见，该优先股票面股利率为 8%，但实际资本成本率只有 7.42%，主要原因是因为该优先股溢价 1.1 倍发行。

2．普通股资本成本的计算

普通股资本成本主要是向股东支付的各期股利。由于各期股利并不一定固定，随企业各期收益波动，普通股的资本成本只能按折现模式计算，并假定各期股利的变化呈一定的规律性。如果是上市公司普通股，其资本成本还可以根据该公司股票收益率与市场收益率的相关性，按资本资产定价模型法估计。

（1）股利增长模型法。假定资本市场有效，股票市场价格与价值相等。假定某股票本期支付的股利为 D_0，未来各期股利按速度 g 永续增长。目前股票市场价格为 P_0，则普通股资本成本率为：

$$K_s = \frac{D_0(1+g)}{P_0(1-f)} + g = \frac{D_1}{P_0(1-f)} + g$$

【例 3-10】齐鲁公司普通股市价为 20 元，筹资费用率为 2%，本年发放现金股利每股 0.3 元，预期股利年增长率为 5%。则：

$$K_s = \frac{0.3 \times (1+5\%)}{20 \times (1-2\%)} + 5\% = 6.61\%$$

（2）资本资产定价模型法。假定资本市场有效，股票市场价格与价值相等。假定无风险收益率为 R_f，市场平均收益率为 R_m，某股票贝塔系数为 β，则普通股资本成本率为：

$$K_s = R_f + \beta(R_m - R_f)$$

【例 3-11】某上市公司普通股 β 系数为 1.6，此时一年期国债利率为 6%，市场平均收益率为 16%，则该普通股资本成本率为：

$$K_s = 6\% + 1.6 \times (16\% - 6\%) = 22\%$$

3．留存收益资本成本的计算

留存收益是企业税后净利形成的，是一种所有者权益，其实质是所有者向企业的追加投资。企业利用留存收益筹资无须发生筹资费用。如果企业将留存收益用于再投资，所获得的收益率低于股东自己进行一项风险相似的投资项目的收益率，企业就应该将其分配给股东。留存收益的资本成本率，表现为股东追加投资要求的收益率，其计算与普通股成本相同，也分为股利增长模型法和资本资产定价模型法，其区别在于是否考虑筹资费用。

七、平均资本成本的计算

平均资本成本是指多元化融资方式下的综合资本成本，反映了企业资本成本整体水平的高低。在衡量和评价单一融资方案时，需要计算个别资本成本；在衡量和评价企业筹资总体的经济性时，需要计算企业的平均资本成本，以便确立企业理想的资本结构。

企业平均资本成本，是以各项个别资本在企业总资本中的比重为权数，对各项个别资本成本率进行加权平均而得到的总资本成本率。计算公式为：

$$K_w = \sum_{j=1}^{n} K_j W_j$$

式中，K_w 为平均资本成本率；K_j 为第 j 种资本的资本成本率；W_j 为第 j 种个别资本占全部资本的比重。

平均资本成本率的计算，存在权数价值的选择问题，即各项个别资本按什么权数来确定资本比重。通常，可供选择的价值形式有账面价值、市场价值、目标价值等。

1. 账面价值权数

账面价值权数即以各项个别资本的会计报表账面价值为基础来计算资本权数，确定各类资本占总资本的比重。其优点是，资料容易取得，可以直接从资产负债表中得到，而且计算结果比较稳定。其缺点是，当债券和股票的市价与账面价值差距较大时，导致按账面价值计算出来的资本成本，不能反映目前从资本市场上筹集资本的现时机会成本，不适合评价现时的资本结构。

2. 市场价值权数

市场价值权数即以各项个别资本的现行市价为基础来计算资本权数，确定各类资本占总资本的比重。其优点是，能够反映现时的资本成本水平，有利于进行资本结构决策。其缺点是，现行市价处于经常变动之中，不容易取得，而且现行市价反映的只是现时的资本结构，不适用未来的筹资决策。

3. 目标价值权数

目标价值权数即以各项个别资本预计的未来价值为基础来确定资本权数，确定各类资本占总资本的比重。其优点是，对于公司筹措新资本，需要反映期望的资本结构时，目标价值是有益的，适用于未来的筹资决策。其缺点是，目标价值的确定难免具有主观性。

以目标价值为基础计算资本权重，能体现决策的相关性。目标价值权数的确定，可以选择未来的市场价值，也可以选择未来的账面价值。选择未来的市场价值，与资本市场现状联系比较紧密，能够与现时的资本市场环境状况结合起来，目标价值权数的确定一般以现时市场价值为依据。然而，市场价值波动频繁，可行方案是选用市场价值的历史平均值，如 30 日、60 日、120 日均价等。总之，目标价值权数是主观愿望和预期的表现，依赖于财务经理的价值判断和职业经验。

【例 3-12】 齐鲁公司 20×5 年期末的长期资金账面总额为 2 000 万元，其中：银行长期贷款为 800 万元，占 40%；长期债券为 200 万元，占 10%；普通股为 1 000 万元，占 50%。长期贷款、长期债券和普通股的个别资本成本率分别为 5%、6%、9%。普通股市场价值为 1 800 万元，债务市场价值等于账面价值。计算该公司的平均资本成本率。

解：

按账面价值计算：$K_w = 5\% \times 40\% + 6\% \times 10\% + 9\% \times 50\% = 7.10\%$

按市场价值计算：$K_w = \dfrac{5\% \times 800 + 6\% \times 200 + 9\% \times 1\,800}{800 + 200 + 1\,800} = 7.64\%$

八、边际资本成本的计算

边际资本成本是企业追加筹资的成本。企业的个别资本成本和平均资本成本，是企业过去筹集的单项资本的成本或目前使用全部资本的成本。然而，企业在追加筹资时，不能仅仅考虑目前所使用资本的成本，还要考虑新筹集资金的成本，即边际资本成本。边际资本成本是企业进行追加筹资的决策依据。筹资方案组合时，边际资本成本的权数采用目标价值权数。

【例 3-13】齐鲁公司设定的目标资本结构为：银行借款占 15%、公司债券占 25%、股东权益占 60%。现拟追加筹资 2 000 万元，按此资本结构来筹资。个别资本成本率预计分别为：银行借款 6%、公司债券 10%、股东权益 12%。追加筹资 2 000 万元的边际资本成本如表 3-5 所示。

表 3-5　边际资本成本计算表

资本种类	目标资本结构（%）	追加筹资额（万元）	个别资本成本（%）	边际资本成本（%）
银行借款	15	300	6	0.9
公司债券	25	500	10	2.5
股东权益	60	1 200	12	7.2
合计	100	2 000	—	10.6

【想一想】

在进行筹资决策时，在什么情况下分别选择个别资本成本、加权平均资本成本或边际资本成本作为决策依据？

业务二　掌握杠杆效应

业务描述

理解经营杠杆效应、财务杠杆效应和总杠杆效应的概念，掌握经营杠杆系数、财务杠杆系数和总杠杆系数的计算方法，分析杠杆效应与杠杆风险之间的关系。

相关知识

财务管理中存在类似于物理学中的杠杆效应，表现为：由于特定固定支出或费用的存在，导致当某一财务变量以较小幅度变动时，另一相关变量会以较大幅度变动。财务管理中的杠杆效应，包括经营杠杆、财务杠杆和总杠杆三种效应形式。

杠杆效应既可以产生杠杆利益，也可能带来杠杆风险。因此，企业的资本结构决策应当在杠杆利益与风险之间进行权衡。

一、经营杠杆效应

（一）经营杠杆

经营杠杆

经营杠杆是指由于固定性经营成本的存在，而使得企业的资产收益（息税前利润）变动率大于业务量变动率的现象。经营杠杆反映了资产收益的波动性，用以评价企业的经营风险。

企业在生产经营中会有这么一种现象：在单价和成本水平不变的条件下，销售量的增长会引起息税前利润以更大的幅度增长，这就是经营杠杆效应。用息税前利润（Earnings Before Interest and Tax，EBIT）表示资产总收益，则：

$$\text{EBIT} = S - V - F = (P - V_c)\ Q - F = M - F$$

式中，EBIT 是息税前利润；S 是销售额；V 是变动性经营成本；F 是固定性经营成本；P 是销售单价；V_c 是单位变动成本；Q 是产销业务量；M 是边际贡献。

上式中，影响 EBIT 的因素包括产品售价、产品需求、产品成本等因素。当产品成本中存在固定成本时，如果其他条件不变，产销业务量的增加虽然不会改变固定成本总额，但会降低单位产品分摊的固定成本，从而提高单位产品利润，使息税前利润的增长率大于产销业务量的增长率，进而产生经营杠杆效应。当不存在固定性经营成本时，所有成本都是变动性经营成本，边际贡献等于息税前利润，此时息税前利润变动率与产销业务量的变动率完全一致。

（二）经营杠杆系数

只要企业存在固定成本，就存在经营杠杆效应，但以不同产销业务量为基础，其经营杠杆效应的大小程度是不一致的。测算经营杠杆效应程度，常用指标为经营杠杆系数。经营杠杆系数（Degree of Operational Leverage，DOL）是指息税前利润变动率与产销业务量变动率的比值。其计算公式为：

$$\text{经营杠杆系数（DOL）}=\frac{\text{息税前利润变动率}}{\text{产销业务量变动率}}=\frac{\Delta \text{EBIT}}{\text{EBIT}_0}\Big/\frac{\Delta Q}{Q_0}$$

式中，DOL 是经营杠杆系数；ΔEBIT 是息税前利润变动额；ΔQ 是产销业务量变动值。

上式经整理，经营杠杆系数的计算也可以简化为：

$$\text{DOL}=\frac{\text{基期边际贡献}}{\text{基期息税前利润}}=\frac{M_0}{M_0-F_0}=\frac{\text{EBIT}_0+F_0}{\text{EBIT}_0}=\frac{M_0}{\text{EBIT}_0}$$

【例 3-14】齐鲁公司销售甲产品，固定成本为 600 万元，变动成本率为 60%。20×2 年的年销售额为 6 000 万元，变动成本为 3 600 万元，息税前利润为 1 800 万元；20×3 年的年销售额为 7 500 万元，变动成本为 4 500 万元，息税前利润为 2 400 万元。

解：

$$\text{DOL}=\frac{\Delta \text{EBIT}}{\text{EBIT}_0}\Big/\frac{\Delta Q}{Q_0}=\frac{600}{1\,800}\Big/\frac{1\,500}{6\,000}=1.33$$

或：$\text{DOL}=\dfrac{M_0}{\text{EBIT}_0}=\dfrac{6\,000-3\,600}{1\,800}=1.33$

可以看出，该公司销售额增长了 25%，息税前利润增长了 33.33%，产生了 1.33 倍的经营杠杆效应。

（三）经营杠杆与经营风险

经营风险是指企业由于生产经营上的原因而导致的资产收益波动的风险。

引起企业经营风险的主要原因是市场需求、价格、成本等因素的不确定性，经营杠杆本身并不是资产收益不确定的根源，只是资产收益波动的表现。然而，经营杠杆放大了市场和生产等因素变化对利润波动的影响。经营杠杆系数越高，表明资产收益等利润波动程度越大，经营风险也就越大。根据经营杠杆系数的计算公式，有：

$$\text{DOL}=\frac{\text{EBIT}_0+F_0}{\text{EBIT}_0}=1+\frac{F_0}{\text{EBIT}_0}=1+\frac{F_0}{(P-V_C)\,Q_0-F_0}$$

上式表明，在息税前利润为正的前提下，经营杠杆系数最低为 1，不会为负数；只要有固定性经营成本存在，经营杠杆系数总是大于 1。

从上式可知，影响经营杠杆的因素包括：企业成本结构中的固定成本比重、息税前利润水平。其中，息税前利润水平又受产品销售数量、销售价格、成本水平（单位变动成本和固定成本总额）高低的影响。固定成本比重越高，成本水平越高，产品销售数量和销售价格水平越低，经营杠杆效应越大，反之亦然。

【例 3-15】 某企业生产 A 产品，固定成本为 150 万元，变动成本率为 60%，当销售额分别为 1 200 万元、800 万元、375 万元时，经营杠杆系数分别为：

$$DOL_{1\,200}=\frac{1\,200-1\,200\times 60\%}{1\,200-1\,200\times 60\%-150}=1.45$$

$$DOL_{800}=\frac{800-800\times 60\%}{800-800\times 60\%-150}=1.88$$

$$DOL_{375}=\frac{375-375\times 60\%}{375-375\times 60\%-150}=\infty$$

上例计算结果表明：在其他因素不变的情况下，销售额越小，经营杠杆系数越大，经营风险也就越大，反之亦然。例如，销售额为 1 200 万元时，DOL 为 1.45；销售额为 800 万元时，DOL 为 1.88，显然后者的不稳定性大于前者，经营风险也大于前者。在销售额处于盈亏临界点 375 万元时，经营杠杆系数趋于无穷大，此时企业销售额稍有减少便会导致更大的亏损。

财务杠杆

二、财务杠杆效应

（一）财务杠杆

财务杠杆是指由于固定性资本成本的存在，而使得企业的普通股收益（或每股收益）变动率大于息税前利润变动率的现象。财务杠杆反映了权益资本报酬的波动性，用以评价企业的财务风险。

用普通股收益或每股收益表示普通股权益资本报酬，则：

$$TE=(EBIT-I)(1-T)$$

$$EPS=TE/N=[(EBIT-I)(1-T)]/N$$

式中，TE 为普通股收益，即净利润；EPS 为每股收益；I 为债务资本利息；T 为所得税税率；N 为普通股股数。

【温馨提示】

如果存在优先股股利，在计算 TE 时，应将优先股股利扣除。计算如下：

$$TE=(EBIT-I)(1-T)-D$$

$$EPS=TE/N=[(EBIT-I)(1-T)-D]/N$$

影响普通股收益的因素包括资产收益、资本成本、所得税税率等因素。当有利息费用等固定性资本成本存在时，如果其他条件不变，息税前利润的增加虽然不改变固定利息费用总额，但会降低每元息税前利润分摊的利息费用，从而提高每股收益，使得普通股收益的增长率大于息税前利润的增长率，进而产生财务杠杆效应。当不存在固定利息、股息等资本成本时，息税前利润就是利润总额，此时利润总额变动率与息税前利润变动率完全一致。如果两期所得税税率和普通股股数保持不变，则每股收益的变动率与利润总额变动率也完全一致，进而与息税前利润变动率一致。

（二）财务杠杆系数

只要企业融资方式中存在固定性资本成本，就存在财务杠杆效应。测算财务杠杆效应程度，常用指标为财务杠杆系数。财务杠杆系数（Degree of Financial Leverage，DFL），是每股收益变动率与息税前利润变动率的比。其计算公式为：

$$\text{财务杠杆系数(DFL)}=\frac{\text{普通股每股收益变动率}}{\text{息税前利润变动率}}=\frac{\Delta \text{EPS}/\text{EPS}_0}{\Delta \text{EBIT}/\text{EBIT}_0}$$

式中，ΔEPS 为每股收益变动额。

在不存在优先股股息的情况下，上式经整理，财务杠杆系数的计算也可以简化为：

$$\text{DFL}=\frac{\text{基期息税前利润}}{\text{基期利润总额}}=\frac{\text{EBIT}_0}{\text{EBIT}_0-I_0}$$

如果企业既存在固定利息的债务，也存在固定股息的优先股，则财务杠杆系数的计算进一步调整为：

$$\text{DFL}=\frac{\text{EBIT}_0}{\text{EBIT}_0-I_0-\dfrac{D_P}{1-T}}$$

式中，D_P表示优先股股利；T表示所得税税率。

【例 3-16】有甲、乙、丙三个公司，资本总额均为 1 000 万元，所得税税率均为 25%，每股面值均为 1 元。甲公司资本全部由普通股组成；乙公司为债务资金 300 万元（利率为 10%）、普通股 700 万元；丙公司为债务资金 500 万元（利率为 10.8%）、普通股 500 万元。三个公司 20×8 年的 EBIT 均为 200 万元，20×9 年的 EBIT 均为 300 万元，EBIT 增长了 50%。有关财务指标如表 3-6 所示。

表 3-6　普通股收益及财务杠杆的计算

利润项目		甲公司	乙公司	丙公司
普通股股数（万股）		1 000	700	500
普通股收益（等于净利润）	20×8 年（万元）	150.000	127.500	109.500
	20×9 年（万元）	225.000	202.500	184.500
	增长率（%）	50.000	58.824	68.493
每股收益	20×8 年（元）	0.150	0.182	0.219
	20×9 年（元）	0.225	0.289	0.369
	增长率（%）	50.000	58.791	68.493
财务杠杆系数		1.00	1.18	1.37

可见，资本成本固定型的资金所占比重越高，财务杠杆系数就越大。甲公司资金全部由普通股组成，由于不存在固定资本成本的资金，没有财务杠杆效应；乙公司存在债务资金 300 万元，其普通股收益增长幅度是息税前利润增长幅度的 1.18 倍；丙公司存在债务资

金500万元，并且债务资金的比重比乙公司高，其普通股收益增长幅度是息税前利润增长幅度的1.37倍。

（三）财务杠杆与财务风险

财务风险是指企业由于筹资产生的资本成本负担而导致的普通股收益波动的风险。引起企业财务风险的主要原因是资产收益的不利变化和资本成本的固定负担。由于财务杠杆的作用，当企业的息税前利润下降时，企业仍然需要支付固定的资本成本，导致普通股剩余收益以更快的速度下降。

财务杠杆放大了资产收益变化对普通股收益的影响，财务杠杆系数越高，表明普通股收益的波动程度越大，财务风险也就越大。在不存在优先股股息的情况下，根据财务杠杆系数的计算公式，有：

$$\mathrm{DFL} = 1 + \frac{I_0}{\mathrm{EBIT}_0 - I_0}$$

在上面的公式中，分子是企业筹资产生的固定性资本成本负担，分母是归属于股东的收益。上式表明，在企业有正的税后利润的前提下，财务杠杆系数最低为1，不会为负数；只要有固定性资本成本存在，财务杠杆系数总是大于1。

从上式可知，影响财务杠杆的因素包括：企业资本结构中债务资本比重、普通股收益水平、所得税税率水平。其中，普通股收益水平又受息税前利润、固定资本成本高低的影响。债务成本比重越高、固定的资本成本支付额越高、息税前利润水平越低，财务杠杆效应越大，反之亦然。

【例3-17】在例3-16中，三个公司20×8年的财务杠杆系数分别为：甲公司1.00、乙公司1.18、丙公司1.37。这意味着，如果息税前利润下降，甲公司的每股收益与之同步下降，而乙公司和丙公司的每股收益会以更大的幅度下降。导致各公司每股收益不为负数的息税前利润最大降幅如表3-7所示。

表3-7　息税前利润降幅

公　司	财务杠杆系数	每股收益降低（%）	息税前利润降低（%）
甲	1.00	100	100.00
乙	1.18	100	84.75
丙	1.37	100	72.99

上述结果意味着，丙公司20×9年在20×8年的基础上，息税前利润降低72.99%，普通股收益会出现亏损；乙公司息税前利润降低84.75%，普通股收益会出现亏损；甲公司息税前利润降低100%，普通股收益会出现亏损。显然，丙公司不能支付利息、不能满足普通股股利要求的财务风险远高于其他公司。

总杠杆

三、总杠杆效应

（一）总杠杆

经营杠杆和财务杠杆可以独自发挥作用，也可以综合发挥作用，总杠杆是用来反映两者之间共同作用结果的，即权益资本收益与产销业务量之间的变动关系。由于固定性经营成本的存在，产生经营杠杆效应导致息税前利润的变动幅度大于产销业务量的变动幅度；同样，由于固定性资本成本的存在，产生财务杠杆效应又导致每股收益的变动幅度大于息税前利润的变动幅度。两种杠杆共同作用，将导致产销业务量的变动引起普通股每股收益更大的变动，即总杠杆效应。

总杠杆是指由于固定经营成本和固定资本成本的存在，导致普通股每股收益变动率大于产销业务量的变动率的现象。

（二）总杠杆系数

只要企业同时存在固定性经营成本和固定性资本成本，就存在总杠杆效应。产销量变动通过息税前利润的变动，传导至普通股收益，使得每股收益发生更大的变动。用总杠杆系数（Degree of Total Leverage，DTL）表示总杠杆效应程度，可见，总杠杆系数是经营杠杆系数和财务杠杆系数的乘积，是普通股收益变动率与产销量变动率的倍数，计算公式为：

$$总杠杆系数=\frac{普通股每股收益变动率}{产销量变动率}$$

在不存在优先股股息的情况下，上式经整理，总杠杆系数的计算也可以简化为：

$$\mathrm{DTL}=\mathrm{DOL}\times\mathrm{DFL}=\frac{基期边际贡献}{基期利润总额}=\frac{基期税后边际贡献}{基期税后利润}$$

$$即\ \mathrm{DTL}=\frac{M_0}{M_0-F_0-I_0}=\frac{M_0}{\mathrm{EBIT}_0-I_0}$$

【例 3-18】甲公司总股数为 300 万股，其他有关资料如表 3-8 所示，假设变动成本率为 60%，可以分别计算其经营杠杆系数、财务杠杆系数和总杠杆系数。

表 3-8 杠杆效应计算表 单位：万元

项 目	20×4 年	20×5 年	变动率（%）
销售收入	2 000	2 400	20
边际贡献（M）	800	960	20
固定成本	400	400	—
息税前利润（EBIT）	400	560	40
利息（I）	100	100	—
利润总额	300	460	53.33
净利润（税率 25%）	225	345	53.33
每股收益（元/股）	0.75	1.15	53.33
经营杠杆（DOL）	M_0/EBIT$_0$ =800/400		2.000
财务杠杆（DFL）	EBIT$_0$/（EBIT$_0$–I_0）=400/（400–100）		1.333
总杠杆（DTL）	DOL × DFL= M_0/（EBIT$_0$–I_0）=800/（400–100）		2.667

（三）总杠杆与公司风险

公司风险包括经营风险和财务风险，反映其整体风险。总杠杆系数反映了经营杠杆和财务杠杆之间的关系，用以评价企业的整体风险水平。在总杠杆系数一定的情况下，经营杠杆系数与财务杠杆系数此消彼长。

总杠杆效应的意义在于：第一，能够说明产销业务量变动对普通股收益的影响，据以预测未来的每股收益水平；第二，揭示了财务管理的风险管理策略，即要保持一定的风险状况水平，需要维持一定的总杠杆系数，经营杠杆和财务杠杆可以有不同的组合。

一般来说，在企业初创阶段，产品市场占有率低，产销业务量小，经营杠杆系数大，此时企业筹资主要依靠权益资本，在较低程度上使用财务杠杆；在企业扩张成熟期，产品市场占有率高，产销业务量大，经营杠杆系数小，此时，企业资本结构中可扩大债务资本在较高程度上使用财务杠杆。

一般来说，固定资产比重较大的资本密集型企业，经营杠杆系数高，经营风险大，企业筹资主要依靠权益资本，以保持较小的财务杠杆系数和财务风险；变动成本比重较大的劳动密集型企业，经营杠杆系数低，经营风险小，企业筹资主要依靠债务资金，保持较大的财务杠杆系数和财务风险。

【想一想】

物理学中的杠杆效应要有合适的支点，才能通过杠杆用很小的力量移动较重的物体。那么在财务管理中，三种杠杆效应中的支点分别是什么？

业务三　掌握资本结构

业务描述

理解资本结构的含义，了解资本结构决策的影响因素，掌握优化资本结构的方法。

相关知识

资本结构及其管理是企业筹资管理的核心问题。企业应综合考虑有关影响因素，运用适当的方法确定最佳资本结构，提升企业价值。如果企业现有资本结构不合理，应通过筹资活动优化调整资本结构，使其趋于科学合理。

一、资本结构

（一）资本结构的含义

在筹资管理中，资本结构有广义和狭义之分。广义的资本结构是指全部债务与股东权益的构成比例；狭义的资本结构则是指长期负债与股东权益的构成比例。本书所指的资本结构，是指狭义的资本结构。

资本结构是在企业多种筹资方式下筹集资金形成的，各种筹资方式不同的组合决定着企业资本结构及其变化。企业筹资方式虽然很多，但总的来看分为债务资本和权益资本两大类。权益资本是企业必备的基础资本，因此资本结构问题实际上也就是债务资本的比例问题，即债务资本在企业全部资本中所占的比重。

不同的资本结构会给企业带来不同的后果。企业利用债务资本进行举债经营具有双重结果，既可以发挥财务杠杆效应，又可能带来财务风险。因此，企业必须权衡财务风险和资本成本的关系，确定最佳的资本结构。评价企业资本结构最佳状态的标准应该是既能够提高股权收益或降低资本成本，又能控制财务风险，最终目的是提升企业价值。

所谓最佳资本结构是指在一定条件下使企业平均资本成本率最低、企业价值最大的资本结构。资本结构优化的目标，是降低平均资本成本率或提升公司价值。从理论上讲，最佳资本结构是存在的，但由于企业内部条件和外部环境的经常性变化，动态地保持最佳资本结构十分困难。因此在实践中，目标资本结构通常是企业结合自身实际进行适度负债经营所确立的资本结构，是根据满意化原则确定的资本结构。

（二）资本结构理论

资本结构理论是现代企业财务领域的核心部分，美国学者弗兰科·莫迪利安尼（Franco Modigliani）与默顿·米勒（Merton Miller）提出了著名的MM理论，标志着现代资本结构理论的建立。

1. MM理论

最初的MM理论是建立在以下基本假设基础上的：①企业只有长期债券和普通股票，债券和股票均在完善的资本市场上交易，不存在交易成本；②个人投资者与机构投资者的借款利率与企业的借款利率相等且无借债风险；③具有相同经营风险的企业称为风险同类，经营风险可以用息税前利润的方差衡量；④每一个投资者对企业未来的收益、风险的预期都相同；⑤所有的现金流量都是永续的，债券也是。

该理论认为，不考虑企业所得税，有无负债不改变企业的价值。因此企业价值不受资本结构的影响。而且，有负债企业的股权成本随着负债程度的增大而增大。

在考虑企业所得税带来的影响后，修正的MM理论被提出。该理论认为企业可利用财务杠杆增加企业价值，因负债利息可带来避税利益，企业价值会随着资产负债率的增加而增加。具体而言，有负债企业的价值等于同风险等级中某一无负债企业的价值加上赋税节余的价值；有负债企业的股权成本等于相同风险等级的无负债企业的股权成本加上与以市值计算的债务与股权比例成比例的风险收益，且风险收益取决于企业的债务比例以及企业所得税税率。

在此基础上，米勒进一步将个人所得税因素引入修正的MM理论，并建立了同时考虑企业所得税和个人所得税的MM资本结构理论模型。

2. 权衡理论

修正的MM理论只是接近了现实，在现实经济实践中，各种负债成本随负债比率的增大而上升，当负债比率达到某一限度时，企业负担破产成本的概率会增加。经营良好的企业，通常会维持其债务不超过某一限度。

权衡理论通过放宽MM理论完全信息以外的各种假定，考虑在税收、财务困境成本存在的条件下，资本结构如何影响企业市场价值。权衡理论认为，有负债企业的价值等于无负债企业价值加上税赋节约现值，再减去财务困境成本的现值。

3. 代理理论

代理理论认为企业资本结构会影响经理人员的工作水平和其他行为选择，从而影响企业未来现金收入和企业市场价值。该理论认为，债务筹资有很强的激励作用，并将债务视为一种担保机制。这种机制能够促使经理多努力工作，少个人享受，并且做出更好的投资决策，从而降低由于两权分离而产生的代理成本（股权代理成本）；但是，债务筹资可能带来另一种代理成本，即企业接受债权人监督而产生的成本（债务代理成本）。均衡的企业所有权结构是由股权代理成本和债务代理成本之间的平衡关系来决定的。

4．优序融资理论

优序融资理论以非对称信息条件以及交易成本的存在为前提，认为企业外部融资要多支付各种成本，使得投资者可以从企业资本结构的选择来判断企业市场价值。企业偏好内部融资，当需要进行外部融资时，债务筹资优于股权筹资。从成熟的证券市场来看，企业的筹资优序模式首先是内部筹资，其次是借款、发行债券、可转换债券，最后是发行新股筹资。

二、资本结构决策的影响因素

资本结构是一个产权结构问题，是社会资本在企业经济组织形式中的资源配置结果。资本结构的变化，将直接影响社会资本所有者的利益。

（一）企业经营状况的稳定性和成长性

企业产销业务量的稳定程度对资本结构有重要影响。如果产销比较稳定，企业则可较多地负担固定的财务费用；如果产销业务量和盈余有周期性，则负担固定财务费用将承担较大的财务风险。经营发展能力表现为未来产销业务量的增长率，如果产销业务量能够以较高的水平增长，企业可以采用高负债的资本结构，以提升权益资本的报酬。

（二）企业的财务状况和信用等级

企业财务状况越好，信用等级越高，债权人越愿意向企业提供信用，企业越容易获得债务资本。相反，如果企业财务情况欠佳，信用等级不高，债权人投资风险大，这样会降低企业获得信用的能力，加大债务资本筹资的资本成本。

（三）企业的资产结构

资产结构是企业筹集资本后进行资源配置和使用后的资金占用结构，包括长短期资产构成和比例，以及长短期资产内部的构成和比例。资产结构对企业资本结构的影响主要包括：拥有大量固定资产的企业主要通过发行股票融通资金；拥有较多流动资产的企业更多地依赖流动负债融通资金，资产适用于抵押贷款的企业负债较多，以技术研发为主的企业则负债较少。

（四）企业投资者和管理当局的态度

从企业投资者的角度看，如果企业股权分散，企业可能更多地采用权益资本筹资以分散企业风险。如果企业为少数股东所控制，股东通常重视企业控股权问题，为防止控股权稀释，企业一般尽量避免普通股筹资，而是采用优先股或债务筹资方式。从企业管理当局的角度看，高负债资本结构的财务风险高，一旦经营失败或出现财务危机，管理当局将面临市场接管的威胁或者被董事会解聘。因此，稳健的管理当局偏好于选择低负债比例的资本结构。

（五）行业特征和企业规模

不同行业，其资本结构差异很大。产品市场稳定的成熟产业，经营风险低，因此可提高债务资本比重，发挥财务杠杆作用；高新技术企业的产品、技术、市场尚不成熟，经营风险高，因此可降低债务资本比重，控制财务杠杆风险。

同一企业在不同发展阶段上，资本结构安排不同。企业在初创阶段，经营风险高，在资本结构安排上应控制负债比例；企业在发展成熟阶段，产品产销业务量稳定和持续增长，经营风险低，可适度增加债务资金比重，发挥财务杠杆效应；企业收缩阶段，产品市场占有率下降，经营风险逐步加大，应逐步降低债务资金比重，保证经营现金流量能够偿付到期债务，保持企业持续经营能力，减少破产风险。

（六）税收政策和货币政策

进行资本结构决策必然要研究理财环境因素，特别是宏观经济状况。政府调控经济的手段包括财政税收政策和货币金融政策。当所得税税率较高时，债务资本的抵税作用大，企业倾向于选择债务筹资。货币金融政策影响资本供给，从而影响利率水平的变动，也会影响企业的资本结构，当国家执行紧缩的货币政策时，市场利率较高，企业债务资本成本就会增加。

三、资本结构的优化

资本结构优化，要求企业权衡负债的低资本成本和高财务风险的关系，确定合理的资本结构。资本结构优化的目标，是降低平均资本成本率或提高企业价值。资本结构的优化方法通常有平均资本成本比较法、每股收益分析法、企业价值分析法。

1. 平均资本成本比较法

平均资本成本比较法，是通过计算和比较各种可能的筹资组合方案的加权平均资本成本，选择平均资本成本最低的方案。能够降低平均资本成本的资本结构，就是合理的资本结构。这种方法侧重于从资本投入的角度对筹资方案和资本结构进行优化分析。该方法的优点是：计算简便，通俗易懂。

【例 3-19】齐鲁公司需筹集 5 000 万元长期资本，可以用长期借款、发行公司债券、发行普通股三种方式筹集，其个别资本成本已分别测定，有关资料如表 3-9 所示。

表 3-9　齐鲁公司资本成本与资本结构数据表　　单位：%

筹资方式	资本结构			个别资本成本
	第一种方案	第二种方案	第三种方案	
长期借款	30	20	40	6
公司债券	15	20	10	8
普通股	55	60	50	9
合计	100	100	100	

首先，分别计算三个方案的加权平均资本成本 K。

第一种方案：$K=30\%\times 6\%+15\%\times 8\%+55\%\times 9\%=7.95\%$

第二种方案：$K=20\%\times 6\%+20\%\times 8\%+60\%\times 9\%=8.2\%$

第三种方案：$K=40\%\times 6\%+10\%\times 8\%+50\%\times 9\%=7.7\%$

其次，根据企业筹资评价的其他标准，考虑企业的其他因素，对各个方案进行修正之后，再选择其中成本最低的方案。本例中假设其他因素对方案选择的影响甚小，则第三种方案的综合资本成本最低。这样，该公司的资本结构为长期借款 2 000 万元，发行公司债券 500 万元，发行普通股 2 500 万元。

2. 每股收益分析法

企业可以用每股收益的变化来判断资本结构是否合理，能够提高普通股每股收益的资本结构，就是合理的资本结构。每股收益受到经营利润水平、债务资本成本水平等因素的影响，分析每股收益与资本结构的关系，可以找到每股收益无差别点。每股收益无差别点法，也称 EBIT-EPS 分析法，是通过每股收益无差别点来进行资本结构决策的方法。所谓每股收益无差别点，是指不同筹资方式下每股收益都相等时的息税前利润或业务量水平。根据每股收益无差别点，可以分析判断在什么样的息税前利润水平或产销业务量水平前提下适于采用何种筹资组合方式，进而确定企业的资本结构安排。

在每股收益无差别点上，无论是采用债务还是股权筹资方案，每股收益都是相等的。当预期息税前利润或业务量水平大于每股收益无差别点时，应当选择债务筹资方案，反之选择股权筹资方案（大债小股）。在每股收益无差别点时，不同筹资方案的每股收益是相等的，用公式表示如下：

$$\frac{(\overline{\mathrm{EBIT}}-I_1)\times(1-T)}{N_1}=\frac{(\overline{\mathrm{EBIT}}-I_2)\times(1-T)}{N_2}$$

式中，$\overline{\mathrm{EBIT}}$ 是每股收益无差别点，即息税前利润平衡点；I_1、I_2 是两种筹资方式下的债务利息；N_1、N_2 是两种筹资方式下的普通股股数，T 是所得税税率。

【温馨提示】

如果存在优先股股息 DP_1 和 DP_2，则应从净利润中将优先股股息扣除。

$$\frac{(\overline{\mathrm{EBIT}}-I_1)\times(1-T)-\mathrm{DP}_1}{N_1}=\frac{(\overline{\mathrm{EBIT}}-I_2)\times(1-T)-\mathrm{DP}_2}{N_2}$$

求出息税前利润即每股收益无差别点。

$$\overline{\mathrm{EBIT}}=\frac{\text{大利息}\times\text{大股数}-\text{小利息}\times\text{小股数}}{\text{大股数}-\text{小股数}}=\frac{I_1\times N_2-I_2\times N_1}{N_2-N_1}$$

将求出的 $\overline{\mathrm{EBIT}}$ 代入公式等式的任何一方可以求出此时的每股收益（Earning Per Share，EPS）。

【例 3-20】齐鲁公司目前有债务资金 4 000 万元（年利息为 320 万元）；普通股资本 2 000 万股。公司有一个较好的新投资项目，需要追加筹资 2 000 万元，有两种筹资方案如下。

甲方案：向银行取得长期借款 2 000 万元，利率为 10%。

乙方案：增发普通股 200 万股，每股发行价为 10 元。

根据财务人员测算，追加筹资后销售额有望达到 5 000 万元，变动成本率为 40%，固定成本为 1 000 万元，企业所得税税率为 25%，不考虑筹资费用因素。

要求：

（1）计算长期债务和普通股筹资方式的每股收益无差别点，并根据每股收益分析法确定齐鲁公司应该选择的方案；

（2）其他条件不变，若追加投资后预期销售额为 7 000 万元，分析企业应该选择哪种方案。（假设企业所得税税率为 25%）

解：

（1）根据上述数据，代入每股收益无差别点公式。

$$\frac{(\overline{\text{EBIT}}-320-200)\times(1-25\%)}{2\,000}=\frac{(\overline{\text{EBIT}}-320)\times(1-25\%)}{2\,000+200}$$

得：$\overline{\text{EBIT}}$=2 520（万元）

EPS =0.75（元）

那么，$\overline{\text{EBIT}}$ 为 2 520 万元是两个筹资方案的每股收益无差别点。在此点上，两个方案的每股收益相等，均为 0.75 元。

企业追加筹资后预期的 EBIT 为：

5 000×（1−40%）−1 000=2 000（万元），低于无差别点 2 520 元，因此，企业应该选择股权筹资的乙方案。在 5 000 万元销售额水平上，甲方案的 EPS 为 0.56 元，乙方案的 EPS 为 0.57 元。

（2）若追加投资后齐鲁公司预期销售额为 7 000 万元，这种情况下 EBIT 为：

7 000×（1−40%）−1 000=3 200（万元），大于每股收益无差别点 2 520 万元，因此，企业应该选择债务筹资的甲方案。在 7 000 万元销售额水平上，甲方案的 EPS 为 1.01 元，乙方案的 EPS 为 0.98 元。

当企业需要的资本额较大时，可能会采用多种筹资方式组合融资。此时，需要详细比较分析各种组合筹资方式下的资本成本负担及对每股收益的影响，选择每股收益最高的筹资方式。

3. 企业价值分析法

以上两种方法都是从账面价值的角度进行资本结构优化分析，没有考虑市场反应，也没有考虑风险因素。

企业价值分析法，是在考虑市场风险的基础上，以公司市场价值为标准，进行资本结构优化，即能够提升公司价值的资本结构，就是合理的资本结构。这种方法主要用于对现有资本结构进行调整，适用于资本规模较大的上市公司。同时，在企业价值最大的资本结构下，公司的加权平均资本成本率也是最低的。

（1）确定企业市场价值模型。

$$V=S+B$$

式中，V 为公司价值；S 为权益资本价值；B 为债务资金价值。

（2）计算债务资金价值和权益资本价值。

为简化分析，假设公司各期的 EBIT 保持不变，债务资金的市场价值等于其面值。

权益资本的市场价值可通过下式计算：

$$S=\frac{(\text{EBIT}-I)\times(1-T)}{K_s}$$

且：$K_s=R_f+\beta(R_m-R_f)$

（3）计算不同资本结构下的加权平均资本成本，其计算公式为：

$$K_w = K_b \frac{B}{V} + K_s \frac{S}{V}$$

（4）做出决策。企业价值最高，且加权平均资本成本最低的资本结构为最合理的资本结构。

【例3-21】 某公司息税前利润为400万元，资本总额账面价值为2 000万元。假设无风险收益率为6%，证券市场平均收益率为10%，所得税税率为25%。债务市场价值等于面值，经测算，不同债务水平下的权益资本成本率和税前债务利息率（假设税前债务利息率等于税前债务资本成本）如表3-10所示。

表3-10 税前债务利息率和权益资本成本率资料表

债务市场价值 B（万元）	税前债务利息率（%）	股票 β 系数	权益资本成本率（%）
0	—	1.50	12.0
200	8.0	1.55	12.2
400	8.5	1.65	12.6
600	9.0	1.80	13.2
800	10.0	2.00	14.0

（1）根据表3-10的资料，将以上数据分别代入公式：

$$S = \frac{(\text{EBIT} - I) \times (1 - T)}{K_s}$$

计算不同债务市场价值下的股票市场价值：

当 B=0 时，$S = \dfrac{(400-0)\times(1-25\%)}{12.0\%}$=2 500（万元）

当 B=200 时，$S = \dfrac{(400-200\times8.0\%)\times(1-25\%)}{12.2\%}$=2 361（万元）

当 B=400 时，$S = \dfrac{(400-400\times8.5\%)\times(1-25\%)}{12.6\%}$=2 179（万元）

当 B=600 时，$S = \dfrac{(400-600\times9.0\%)\times(1-25\%)}{13.2\%}$=1 966（万元）

当 B=800 时，$S = \dfrac{(400-800\times10.0\%)\times(1-25\%)}{14.0\%}$=1 714（万元）

（2）计算不同资本结构下的企业总价值和综合资本成本，如表3-11所示。

表3-11 公司价值和平均资本成本率

债务市场价值（万元）	股票市场价值（万元）	公司总价值（万元）	税后债务资本成本（%）	普通股资本成本（%）	平均资本成本（%）
0	2 500	2 500	—	12.0	12.0
200	2 361	2 561	6.00	12.2	11.72
400	2 179	2 579	6.38	12.6	11.64
600	1 966	2 566	6.75	13.2	11.69
800	1 714	2 514	7.50	14.0	11.93

（3）通过以上计算可知，在没有债务资本的情况下，公司的总价值等于股票的账面价值。当公司增加债务资金时，财务杠杆开始发挥作用，公司总价值上升，平均资本成本下降。在债务达到 400 万元时，公司总价值最高，平均资本成本最低。债务超过 400 万元后，随着利率的不断上升，财务杠杆作用逐步减弱甚至呈现负作用，公司总价值下降，平均资本成本不断上升。因此，债务资本为 400 万元时的资本结构是该公司的最优资本结构。

【议一议】

学习完了筹资管理的所有内容，同学们可以总结一下：企业应如何确定最佳的筹资方案？综合考虑的因素有哪些？

项目小结

了解企业筹资的基本内容、筹资方式和筹资原则的主要内容，熟悉债务筹资和股权筹资的优缺点、杠杆效应的概念、资本结构的概念。理解银行借款、公司债券和融资租赁三种债务筹资方式的主要内容，以及吸收直接投资、发行普通股和留存收益三种股权筹资方式的主要内容。掌握融资租赁筹资方式中租金的计算、资金需要量的预测方法、资本成本的计算、杠杆效应的计算以及资本结构优化的计算方法。

主要概念

筹资管理	筹资方式	筹资原则	债务筹资
股权筹资	可转换债券	认股权证	优先股
资本成本	因素分析法	销售百分比法	资金习性预测法
经营杠杆	财务杠杆	总杠杆	资本结构
平均资本成本比较法	每股收益分析法	企业价值分析法	

推荐阅读

[1] 张春颖，王月. 经济增速对企业权益资本成本的影响研究——基于股权集中度的调节效应[J]. 工业技术经济，2021，40（12）：35-42.

[2] 汤晓冬，陈少华. 投资者关注、盈余操纵与权益资本成本[J]. 财贸研究，2021，32（11）：83-96.

[3] 郭田勇，孙光宇. 经济政策不确定性、融资成本和企业创新[J]. 国际金融研究，2021，（10）：78-87.

[4] 慕丽. 资产评估操纵、隐含资本成本与企业投资效率[J]. 财会通讯，2021，（14）：59-62.

[5] 李晓龙，冉光和. 数字金融发展、资本配置效率与产业结构升级[J]. 西南民族大学学报（人文社会科学版），2021，42（7）：152-162.

[6] 肖作平，周婧霏. 腐败、媒体关注与权益资本成本[J]. 证券市场导报，2021，(8)：36-47.
[7] 丁妙松，戴娟萍. 权衡理论和商业模式视角下苏宁易购的股权融资策略研究[J]. 财务与会计，2021，(8)：45-48.
[8] 韩金红，潘莹. 产业政策、产权性质与资本结构动态调整[J]. 投资研究，2021，40(3)：131-148.
[9] 沈昊旻，程小可，杨鸣京. 去杠杆、稳杠杆与企业资本结构——基于实施效果与实现路径的检验[J]. 财经论丛，2021，(1)：75-84.
[10] 权锡鉴，史晓洁，宋晓缤，王苑琢，王竹泉. 资本配置结构优化的企业混合所有制：工业互联网平台的赋能机理与本质[J]. 会计研究，2020，(12)：99-112.

博学增信

《周易・系辞下》中提到："日往则月来，月往则日来，日月相推而明生焉。寒往则暑来，暑往则寒来，寒暑相推而岁成焉。"每天、每年都是循环往复的过程，这就是天地的诚信。

按照儒家思想"天人合一"的观念，"人道"与"天道"是一致的。诚信是天之道，人同样应该努力追求诚信的境界。在自身修养上，要追求诚意；在社会实践上，人与人之间要讲诚信。否则，人与人之间就容易产生冲突，社会就会失去和谐与安宁。

你认为应该从哪些方面去追求诚信？

习题与实训

一、单项选择题

1. 企业因发放现金股利的需要而进行筹资的动机属于（　　）。

A. 扩张性筹资动机　　B. 支付性筹资动机
C. 创立性筹资动机　　D. 调整性筹资动机

2. 关于直接筹资和间接筹资，下列表述错误的是（　　）。

A. 直接筹资仅可以筹集股权资金　　B. 直接筹资的筹资费用较高
C. 发行股票属于直接筹资　　D. 融资租赁属于间接筹资

3. 下列各项中，属于内部筹资方式的是（　　）。

A. 利用留存收益筹资　　B. 向股东发行新股筹资
C. 向企业股东借款筹资　　D. 向企业职工借款筹资

4. 不属于担保贷款的是（　　）。

A. 质押贷款　　B. 保证贷款　　C. 抵押贷款　　D. 信用贷款

5. 下列筹资方式中，属于债务筹资方式的是（　　）。

A. 吸收直接投资　　B. 融资租赁　　C. 留存收益　　D. 发行优先股

6. 下列各项中，不属于债务筹资优点的是（　　）。

A. 可形成企业稳定的资本基础　　B. 筹资弹性较大

C. 筹资速度较快　　D. 筹资成本负担较轻

7. 与发行公司债券相比，银行借款筹资的优点是（　　）。

A. 资本成本较低　　B. 资金使用的限制条件少

C. 能提高公司的社会声誉　　D. 单次筹资数额较大

8. 下列各项中，不计入融资租赁租金的是（　　）。

A. 租赁手续费　　B. 承租公司的财产保险费

C. 租赁公司垫付资金的利息　　D. 设备的买价

9. 租赁一台设备，价值200万元，租期为10年，租赁后期满的残值为10万元，归租赁公司所有，租赁的年利率为7%，手续费为2%，年初支付租金，每年的租金表达式为（　　）。

A. $[200-10\times(P/F, 9\%, 10)]/[(P/A, 9\%, 10)(1+9\%)]$

B. $[200-10\times(P/F, 9\%, 10)]/(P/A, 9\%, 10)$

C. $[200-10\times(P/F, 7\%, 10)]/[(P/A, 9\%, 10)(1+7\%)]$

D. $[200-10\times(P/F, 7\%, 10)]/(P/A, 7\%, 10)$

10. 与发行债务筹资相比，发行普通股股票筹资的优点是（　　）。

A. 可以稳定公司的控制权　　B. 可以降低资本成本

C. 可以利用财务杠杆　　D. 可以形成稳定的资本基础

11. 与银行借款筹资相比，下列属于普通股筹资特点的是（　　）。

A. 筹资速度较快　B. 资本成本较低　C. 筹资数额有限　D. 财务风险较小

12. 相对于普通股筹资，下列属于留存收益筹资特点的是（　　）。

A. 资本成本较高　　D. 筹资数额较大

C. 增强公司的声誉　　D. 不发生筹资费用

13. 下列筹资方式中，筹资速度较快，但在资金使用方面往往具有较多限制条款的是（　　）。

A. 发行债券　B. 融资租赁　C. 发行股票　D. 银行借款

14. 某公司发行的可转换债券面值为100元，转股价格为20元。当前该债券已到转股期，股票市价为25元，则该可转换债券的转换比率为（　　）。

A. 1.25　B. 0.8　C. 5　D. 4

15. 与普通股筹资相比，下列属于优先股筹资优点的是（　　）。

A. 有利于降低公司财务风险　　B. 优先股股息可以抵减所得税

C. 有利于保障普通股股东的控制权　　D. 有利于减轻公司现金支付的财务压力

16. 下列各项中，属于衍生工具筹资方式的是（　　）。

A. 认股权证筹资　B. 商业信用筹资　C. 普通股筹资　D. 融资租赁筹资

17. 下列各项中，属于资本成本中筹资费用的是（　　）。

A. 优先股的股利支出　　B. 银行借款的手续费

C. 融资租赁的资金利息　　D. 债券的利息费用

18. 某公司敏感性资产和敏感性负债占销售额的比重分别为50%和10%，并保持稳定不变。20×1 年销售额为 1 000 万元，预计 20×2 年销售额增长 20%，销售净利率为 10%，利润留存率为 30%。不考虑其他因素，则根据销售百分比法，20×2 年的外部融资需求量为（　　）万元。

A. 80　　B. 64　　C. 44　　D. 74

19. 某公司取得 5 年期长期借款 200 万元，年利率 8%，每年付息 1 次，到期一次还本，筹资费用率为 0.5%。企业所得税率为 25%，不考虑货币时间价值，该借款的资本成本率为（　　）。

A. 0.065　　B. 0.075　　C. 0.060 3　　D. 0.085

20. 某企业发行债券，发行价为 90 元，面值为 100 元，筹资费用率为 5%，票面年利率为 8%。所得税税率为 25%，则债券实际利率为（　　）。

A. 0.08　　B. 0.06　　C. 0.070 2　　D. 0.093 6

21. 某公司发行优先股，面值总额为 8 000 万元，年股息率为 8%，股息不可税前抵扣。发行价格为 10 000 万元，发行费用占发行价格的 2%，则该优先股的资本成本率为（　　）。

A. 0.081 6　　B. 0.064　　C. 0.08　　D. 0.065 3

22. 某公司发行普通股股票，筹资费率为 6%，股价为每股 10 元，本期已付现金股利 2 元/股，未来各期股利按 2%持续增长，该公司留存收益的资本成本率为（　　）。

A. 0.204　　B. 0.212　　C. 0.224　　D. 0.237

23. 某公司 20×1 年普通股收益为 100 万元，20×2 年息税前利润预计增长 20%，假设财务杠杆系数为 3，则 20×2 年普通股收益预计为（　　）万元。

A. 300　　B. 120　　C. 100　　D. 160

24. 计算下列筹资方式的资本成本时需要考虑企业所得税因素影响的是（　　）。

A. 留存收益资本成本　　B. 债务资本成本

C. 普通股资本成本　　D. 优先股资本成本

25. 若企业基期固定成本为 200 万元，基期息税前利润为 300 万元，则经营杠杆系数为（　　）。

A. 2.5　　B. 1.67　　C. 1.5　　D. 0.67

26. 某公司基期息税前利润 1 000 万元，基期利息费用为 400 万元，假设与财务杠杆相关的其他因素保持变，则该公司计划期的财务杠杆系数为（　　）。

A. 2.5　　B. 1.67　　C. 1.25　　D. 1.88

27. 在下列筹资方式中，能给企业带来财务杠杆效应的是（　　）。

A. 发行普通股　　B. 认股权证　　C. 融资租赁　　D. 留存收益

28. 有一种资本结构理论认为，有负债企业的价值等于无负债企业价值加上税赋节约现值，再减去财务困境成本的现值，这种理论是（　　）。

A. 代理理论　　B. 权衡理论　　C. MM 理论　　D. 优序融资理论

29. 企业筹资的优序模式为（　　）。

A. 内部筹资、借款、发行债券、发行股票

B. 发行股票、内部筹资、借款、发行债券

C. 借款、发行债券、发行股票、内部筹资

D. 借款、发行债券、内部筹资、发行股票

二、多项选择题

1. 下列各项中，属于直接筹资方式的有（ ）。

A. 发行股票　B. 银行借款　C. 融资租赁　D. 发行债券

2. 下列筹资方式中，一般属于间接筹资方式的有（ ）。

A. 优先股筹资　B. 融资租赁　C. 银行借款筹资　D. 债券筹资

3. 相对于普通股筹资，属于银行借款筹资特点的有（ ）。

A. 财务风险低　B. 不分散公司控制权

C. 可以利用财务杠杆　D. 筹资速度快

4. 下列各项中，属于债务筹资方式的有（ ）。

A. 商业信用　B. 吸收直接投资　C. 融资租赁　D. 留存收益

5. 在确定融资租赁的租金时，一般需要考虑的因素有（ ）。

A. 租赁公司办理租赁业务所发生的费用

B. 租赁期满后租赁资产的预计残值

C. 租赁公司购买租赁资产所垫付资金的利息

D. 租赁资产价值

6. 下列筹资方式中，可以降低财务风险的有（ ）。

A. 银行借款筹资　B. 留存收益筹资　C. 普通股筹资　D. 融资租赁筹资

7. 下列各项中，属于发行股票的目的有（ ）。

A. 拓宽筹资渠道　B. 加快流通、转让　C. 巩固控制权　D. 降低披露成本

8. 与增发新股筹资相比，留存收益筹资的优点有（ ）。

A. 筹资成本低　B. 有助于增强公司的社会声誉

C. 有助于维持公司的控制权分布　D. 筹资规模大

9. 相对于普通股而言，优先股的优先权包含的内容有（ ）。

A. 股利分配优先权　B. 配股优先权

C. 剩余财产分配优先权　D. 表决优先权

10. 关于资本成本，下列说法正确的有（ ）。

A. 资本成本是衡量资本结构是否合理的重要依据

B. 资本成本一般是投资所应获得收益的最低要求

C. 资本成本是取得资本所有权所付出的代价

D. 资本成本是比较筹资方式、选择筹资方案的依据

11. 关于银行借款筹资的资本成本，下列说法错误的有（ ）。

A. 银行借款手续费会影响银行借款的资本成本

B. 银行借款的资本成本仅包括银行借款利息支出

C. 银行借款的资本成本率一般等于无风险利率

D. 银行借款的资本成本与还本付息方式无关

12. 下列因素中，一般会导致企业借款资本成本增加的有（ ）。

A. 资本市场流动性增强　B. 企业经营风险增加

C. 通货膨胀水平提高　D. 企业盈利能力上升

13. 下列各项中，影响债券资本成本的有（ ）。

A. 债券发行费用　B. 债券票面利率　C. 债券发行价格　D. 利息支付频率

14. 平均资本成本计算涉及对个别资本的权重选择问题，关于价值权数，下列说法正确的有（　）。

A. 账面价值权数不适合评价现时的资本结构合理性

B. 目标价值权数一般以历史账面价值为依据

C. 目标价值权数更适用于企业未来的筹资决策

D. 市场价值权数能够反映现时的资本成本水平

15. 下列各项中，影响经营杠杆的因素有（　）。

A. 债务利息　B. 销售量　C. 所得税　D. 固定性经营成本

16. 下列财务决策方法中，可被用于资本结构优化决策的有（　）。

A. 企业价值分析法　B. 安全边际分析法

C. 每股收益分析法　D. 平均资本成本比较法

三、判断题

1. 支付的银行借款利息属于企业的筹资费用。（　）

2. 对于吸收直接投资这种筹资方式，投资人可以用土地使用权出资。（　）

3. 相对于债权筹资成本，股权筹资成本较低、财务风险较高。（　）

4. 若某公司当年可分配利润不足以支付优先股的全部股息时，所欠股息在以后年度不予补发，则该优先股属于非累积优先股。（　）

5. 优先股的优先权体现在剩余财产清偿分配顺序上居于债权人之前。（　）

6. 其他条件不变时，优先股的发行价格越高，其资本成本率也越高。（　）

7. 在计算加权平均资本成本时，采用市场价值权数能够反映企业期望的资本结构，但不能反映筹资的现时资本成本。（　）

8. 相对于采用目标价值权数，采用市场价值权数计算的平均资本成本更适用于未来的筹资决策。（　）

9. 如果企业的全部资本来源于普通股权益资本，则其总杠杆系数与经营杠杆系数相等。（　）

10. 使企业税后利润最大的资本结构是最佳资本结构。（　）

11. 最佳资金结构是使企业筹资能力最强、财务风险最小的资本结构。（　）

12. 平均资本成本比较法侧重于从资本投入角度对筹资方案和资本结构进行优化分析。（　）

四、综合题

1. 甲公司20×1年实现销售收入为100 000万元，净利润为5 000万元，利润留存率为20%。甲公司20×1年12月31日的资产负债表（简表）如表3-12所示。

表3-12　甲公司资产负债表（简表）　单位：万元

资　产	期末余额	负　债	期末余额
货币资金	1 500	应付账款	3 000
应收账款	3 500	长期借款	4 000

续表

资　产	期末余额	负　债	期末余额
存货	5 000	实收资本	8 000
固定资产	11 000	留存收益	6 000
资产合计	21 000	负债与所有者权益合计	21 000

公司预计20×2年的销售收入比上年增长20%,假定经营性资产和经营性负债与销售收入保持稳定的百分比关系，其他项目不随着销售收入的变化而变化，同时假设销售净利率与利润留存率保持不变，公司采用销售百分比法预测资金需要量。

要求：

（1）计算20×2年预计经营性资产增加额。

（2）计算20×2年预计经营性负债增加额。

（3）计算20×2年预计留存收益增加额。

（4）计算20×2年预计外部融资需要量。

2. 甲公司20×1年年末长期资本为5 000万元，其中长期银行借款为1 000万元，年利率为6%；所有者权益（包括普通股股本和留存收益）为4 000万元。公司计划在20×2年追加筹集资金5 000万元，其中按面值发行债券2 000万元，票面年利率为6.86%，期限为5年，每年付息一次，到期一次还本，筹资费用率为2%；发行优先股筹资3 000万元，固定股息率为7.76%，筹集费用率为3%。公司普通股β系数为2，一年期国债利率为4%，市场平均收益率为9%。公司适用的所得税税率为25%。假设不考虑筹资费用对资本结构的影响，发行债券和优先股不影响借款利率和普通股股价。

要求：

（1）计算甲公司长期银行借款的资本成本率。

（2）假设不考虑货币时间价值，计算甲公司发行债券的资本成本率。

（3）计算甲公司发行优先股的资本成本率。

（4）利用资本资产定价模型计算甲公司留存收益的资本成本率。

（5）计算甲公司20×2年完成筹资后的平均资本成本率。

3. 甲公司适用的企业所得税税率为25%，计划追加筹资20 000万元，方案如下：向银行取得长期借款3 000万元，借款年利率为4.8%，每年付息一次；发行面值为5 600万元、发行价格为6 000万元的公司债券，票面利率为6%，每年付息一次；增发普通股11 000万元。假定资本市场有效，当前无风险收益率为4%，市场平均收益率为10%，甲公司普通股的β系数为1.5，不考虑筹资费用、货币时间价值等其他因素。

（1）计算长期借款的资本成本率。

（2）计算发行债券的资本成本率。

（3）利用资本资产定价模型，计算普通股的资本成本率。

（4）计算追加筹资方案的平均资本成本率。

4. 甲公司是一家制造业股份有限公司，生产销售一种产品，产销平衡。20×1年度销售量为10万件，单价为0.9万元/件，单位变动成本为0.5万元/件，固定成本总额为30 000万元，20×1年利息费用为2 000万元。公司预计20×2年产销量将增加5%，假定单价、单位变动成本、固定成本总额保持稳定不变。

要求：

（1）计算20×1年息税前利润。

（2）以20×1年为基础，计算下列指标：经营杠杆系数、财务杠杆系数、总杠杆系数。

（3）计算20×2年的下列指标，预计息税前利润，预计每股收益增长率。

5. 甲公司发行在外的普通股总股数为3 000万股，其全部债务为6 000万元（年利率为6%）。公司因业务发展需要追加筹资2 400万元，有两种方案选择。A方案：增发普通股600万股，每股发行价为4元。B方案：按面值发行债券2 400万元，票面利率为8%。公司采用资本结构优化的每股收益分析法进行方案选择。假设发行股票和发行债券的筹资费忽略不计，经测算，追加筹资后公司销售额可以达到3 600万元，变动成本率为50%，固定成本总额为600万元，公司适用的企业所得税税率为25%。要求：

（1）计算两种方案的每股收益相等时的息税前利润。

（2）计算公司追加筹资后的预计息税前利润。

（3）根据要求（1）和要求（2）的计算结果，判断公司应当选择何种筹资方案，并说明理由。

项目四

投资管理

学习目标

知识学习目标

1. 了解投资管理的特点；
2. 了解投资管理的分类；
3. 熟悉投资管理的原则；
4. 掌握项目投资决策中的现金流量；
5. 掌握项目投资评价方法；
6. 掌握证券投资管理。

技能训练目标

1. 能够用正确的价值观指导企业的投资管理工作；
2. 掌握项目投资决策中的现金流量，能够计算项目投资中各期现金流量；
3. 能熟练掌握项目投资决策的评价方法，会计算各个评价指标；
4. 能够运用项目投资评价指标，为企业项目投资提供决策依据；
5. 会对企业的证券投资进行管理。

导入案例

齐鲁公司有足够的资金准备投资于三个独立投资项目。A 项目原始投资额为 10 000 元，期限为 5 年；B 项目原始投资额为 18 000 元，期限为 5 年；C 项目原始投资额为 18 000 元，期限为 8 年。折现率为 10%，其他有关资料如表 4-1 所示。

思考：如果你是公司的财务人员，你将如何安排投资顺序？

表 4-1　独立投资方案的可行性指标

项　目	A 项目	B 项目	C 项目
原始投资额（元）	10 000	18 000	18 000
每年现金净流量（NCF，元）	4 000	6 500	5 000
期限（年）	5	5	8
净现值（NPV）	5 164	6 642	8 675
现值指数（PVI）	1.52	1.37	1.48
内含收益率（IRR，%）	28.68	23.61	22.28

任务一 认知投资管理

任务描述

了解投资的概念、投资管理的特点，熟悉投资管理的分类和投资管理的原则。

业务一 了解投资管理的特点

业务描述

了解投资管理的特点，明确企业的投资活动与经营活动是不相同的，投资属于企业的战略性决策，投资活动的结果对企业在经济利益上有较长期的影响。

相关知识

投资管理的特点

投资，广义地讲，是指特定经济主体（包括政府、企业和个人）以本金回收并获利为基本目的，将货币、实物资产等作为资本投放于某一个具体对象，以在未来较长期间内获取预期经济利益的经济行为。企业投资，简言之，是企业为获取未来长期收益而向一定对象投放资金的经济行为。例如，购建厂房设备、兴建电站、购买股票债券等经济行为，均属于投资行为。

企业的投资活动与经营活动是不相同的，投资活动的结果对企业在经济利益上有较长期的影响。企业投资涉及的资金多、经历的时间长，对企业未来的财务状况和经营活动都有较大的影响。与日常经营活动相比，企业投资的主要特点表现在以下几个方面。

一、属于企业的战略性决策

企业的投资活动一般涉及企业未来的经营发展方向、生产能力规模等问题，如厂房设备的新建与更新、新产品的研制与开发、对其他企业的股权控制等。

劳动力、劳动资料和劳动对象，是企业的生产要素，是企业进行经营活动的前提条件。企业投资主要涉及劳动资料要素方面，包括生产经营所需的固定资产的购建、无形资产的获取等。企业投资的对象也可能是生产要素综合体，即对另一个企业股权的取得和控制。这些投资活动，直接影响本企业未来的经营发展规模和方向，是企业简单再生产得以顺利进行并实现扩大再生产的前提条件。企业的投资活动先于经营活动，这些投资活动往往需要一次性地投入大量的资金，并在一段较长的时期内发生作用，对企业经营活动的方向产生重大影响。

二、属于企业的非程序化管理

企业有些经济活动是日常重复性进行的，如原材料的购买、人员的雇用、产品的生产制造、产成品的销售等，被称为日常的例行性活动。这类活动经常性地重复发生，有一定的规律，可以按既定的程序和步骤进行。对这类重复性日常经营活动进行的管理，被称为程序化管理。企业有些经济活动往往不会经常性地重复出现，如新产品的开发、设备的更新、企业的兼并等，被称为非例行性活动。非例行性活动只能针对具体问题，按特定的影响因素、相关条件和具体要求来进行审查和抉择。对这类非重复性特定经济活动进行的管理被称为非程序化管理。

企业的投资项目涉及的资金数额较大。这些项目的管理，不仅是一个投资问题，也涉及资金筹集问题。特别是对于设备和生产能力的购建、对其他关联企业的并购等，需要大量的资金。对于一个产品制造或商品流通的实体企业来说，这种筹资和投资不会经常发生。

企业的投资项目对企业的影响时间较长。这些投资项目实施后，将形成企业的生产条件和生产能力，将在企业多个经营周期内直接发挥作用，也将间接影响日常经营活动中流动资产的配置与分布。

企业的投资活动涉及企业的未来经营发展方向和规模等重大问题，是不经常发生的。投资活动具有一次性和独特性的特点，投资管理属于非程序化管理。每一次投资的背景、特点、要求等可能都不一样，无明显的规律性可遵循，管理时更需要周密思考、慎重考虑。

三、投资价值的波动性大

投资项目的价值，是由投资标的物资产的内在获利能力决定的。这些标的物资产的形态是不断转换的，未来收益的获得具有较强的不确定性，其价值也具有较强的波动性。同时，各种外部因素，如市场利率、物价等的变化，也时刻影响着投资标的物的资产价值。因此，企业确定投资管理决策时，要充分考虑投资项目的时间价值和风险价值。

企业投资项目的变现能力不强，因为其投放的标的物大多是机器设备等变现能力较差的长期资产，资产持有目的不是为了变现，并且不准备在一年或超过一年的一个营业周期内变现。因此，投资项目的价值是不易确定的。

业务二　熟悉投资管理的分类和原则

业务描述

熟悉投资管理的分类和投资管理的原则，企业进行投资时要遵循投资管理的原则。

相关知识

一、投资管理的分类

将企业投资的类型进行科学的分类，有利于分清投资的性质，按不同的特点和要求进行投资决策，加强投资管理。

投资管理的分类

（一）直接投资和间接投资

按投资活动与企业本身的生产经营活动的关系，企业投资可以划分为直接投资和间接投资。

直接投资，是将资金直接投放于形成生产经营能力的实体性资产、直接谋取经营利润的企业投资。企业通过直接投资，购买并配置劳动力、劳动资料和劳动对象等具体生产要素，开展生产经营活动。

间接投资，是将资金投放于股票、债券等资产上的企业投资。之所以称之为间接投资，是因为股票、债券的发行方在筹集到资金后，再把这些资金投放于形成生产经营能力的实体性资产，获取经营利润。而间接投资方不直接介入具体生产经营过程，通过股票、债券上所约定的收益分配权利，获取股利或利息收入，分享直接投资的经营利润。基金投资也是一种间接投资，通过投资于股票、债券等的投资组合获取收益。

（二）项目投资与证券投资

按投资对象的存在形态和性质，企业投资可以分为项目投资和证券投资。

企业可以通过投资，购买具有实质内涵的经营资产，包括有形资产和无形资产，形成具体的生产经营能力，开展实质性的生产经营活动，谋取经营利润。这类投资，被称为项目投资。项目投资的目的在于改善生产条件、扩大生产能力，以获取更多的经营利润。项目投资属于直接投资。

企业可以通过投资，购买证券资产，通过证券资产上所赋予的权利，间接控制被投资企业的生产经营活动，获取投资收益。这类投资，被称为证券投资，即购买属于综合生产要素的权益性权利资产的企业投资。

证券，是一种金融资产，即以经济合同契约为基本内容、以凭证票据等书面文件为存在形式的权利性资产。如债券投资代表的是未来按契约规定收取债息和收回本金的权利，根据是否有明确的到期日，债券投资分为普通债券投资和永续债投资。股票投资代表的是对发行股票企业的经营控制权、财务控制权、收益分配权、剩余财产追索权等股东权利，根据股东权利和义务的不同，股票投资可分为普通股票投资和优先股票投资。基金投资则代表一种信托关系，是一种收益权。证券投资的目的，在于通过持有证券获取投资收益，或控制其他企业的财务或经营政策，并不直接从事具体生产经营过程。因此，证券投资属于间接投资。

直接投资与间接投资、项目投资与证券投资，两种投资分类方式的内涵和范围是一致的，只是分类角度不同。直接投资与间接投资强调的是投资的方式性，项目投资与证券投资强调的是投资的对象性。

（三）发展性投资与维持性投资

按投资活动对企业未来生产经营前景的影响，企业投资可以划分为发展性投资和维持性投资。

发展性投资是指对企业未来的生产经营发展全局有重大影响的企业投资。发展性投资也可被称为战略性投资，如企业间兼并合并的投资、转换新行业和开发新产品的投资、大幅度扩大生产规模的投资等。发展性投资项目实施后，往往可以改变企业的经营方向和经营领域，或者明显地扩大企业的生产经营能力，或者实现企业的战略重组。

维持性投资是为了维持企业现有的生产经营正常顺利进行，不会改变企业未来生产经营发展全局的企业投资。维持性投资也可被称为战术性投资，如更新替换旧设备的投资、配套流动资金投资等。维持性投资项目所需要的资金不多，对企业生产经营的前景影响不大，投资风险相对也较小。

（四）对内投资与对外投资

按投资活动资金投出的方向，企业投资可以划分为对内投资和对外投资。

对内投资是指在本企业范围内部的资金投放，用于购买和配置各种生产经营所需的经营性资产。对外投资是指向本企业范围以外的其他单位的资金投放。对外投资多以现金、有形资产、无形资产等资产形式，通过联合投资、合作经营、换取股权、购买证券资产等投资方式，向企业外部其他单位投放资金。

对内投资都是直接投资；对外投资主要是间接投资，也可能是直接投资。

（五）独立投资与互斥投资

按投资项目之间的相互关联关系，企业投资可以划分为独立投资和互斥投资。

独立投资是相容性投资，各个投资项目之间互不关联、互不影响，可以同时并存。例如，建造一个饮料厂和建造一个纺织厂，它们之间并不冲突，可以同时进行。对于一个独立投资项目而言，其他投资项目是否被采纳，对本项目的决策并无显著影响。因此，独立投资项目决策考虑的是方案本身是否满足某种决策标准。例如，可以规定凡提交决策的投资方案，其预期投资收益率都要求达到20%才能被采纳。这里，预期投资收益率达到20%，就是一种预期的决策标准。

互斥投资是非相容性投资，各个投资项目之间相互关联、相互替代，不能并存。如对企业现有设备进行更新，购买新设备就必须处置旧设备，它们之间是互斥的。对于一个互斥投资项目而言，其他投资项目是否被采纳或放弃，直接影响本项目的决策，其他项目被采纳，本项目就不能被采纳。因此，互斥投资项目决策考虑的是各方案之间的排斥性，也许每个方案都是可行方案，但需要从中选择最优方案。

二、投资管理的原则

为了适应投资项目的特点和要求，实现投资管理的目标，做出合理的投资决策，需要制定投资管理的基本原则，据以保证投资活动的顺利进行。

（一）可行性分析原则

投资项目的金额大，资金占用的时间长，一旦投资就具有不可逆转性，对企业的财务状况和经营前景影响重大。因此，在投资决策之时，必须建立严密的投资决策程序，进行科学的可行性分析。

投资项目可行性分析是投资管理的重要组成部分，其主要任务是对投资项目实施的可行性进行科学的论证，主要包括环境可行性、技术可行性、市场可行性、财务可行性等方面。项目可行性分析将对项目实施后未来的运行和发展前景进行预测，通过定性分析和定量分析比较项目的优劣，为投资决策提供参考。

环境可行性，要求投资项目对环境的不利影响最小，并能带来有利影响，包括对自然环境、社会环境和生态环境的影响。技术可行性，要求投资项目形成的生产经营能力，具有技术上的适应性和先进性，包括工艺、装备、地址等。市场可行性，要求投资项目形成的产品能够被市场所接受，具有市场占有率，进而才能带来财务上的可行性。

财务可行性，要求投资项目在经济上具有效益性，这种效益性是明显的和长期的。财务可行性是在相关的环境、技术、市场可行性完成的前提下，着重围绕技术可行性和市场可行性而开展的专门经济性评价。同时，它一般也包含资金筹集的可行性。

财务可行性分析是投资项目可行性分析的主要内容，因为投资项目的根本目的是经济效益，市场和技术上可行性的落脚点也是经济上的效益性，项目实施后的业绩绝大部分表现在价值化的财务指标上。

财务可行性分析的主要方面和内容包括：收入、费用和利润等经营成果指标的分析；

资产、负债、所有者权益等财务状况指标的分析；资金筹集和配置的分析；资金流转和回收等资金运行过程的分析；项目现金流量、净现值、内含收益率等项目经济性效益指标的分析；项目收益与风险关系的分析等。

（二）结构平衡原则

投资往往是一个综合性的项目，不仅涉及固定资产等生产能力和生产条件的购建，还涉及使生产能力和生产条件正常发挥作用所需要的流动资产的配置。同时，由于受资金来源的限制，投资也常常会遇到资金需求超过资金供应的矛盾。如何合理配置资源，使有限的资金发挥最大的效用，是投资管理中资金投放所面临的重要问题。

可以说，一个投资项目的管理就是综合管理。资金既要投放于主要生产设备，又要投放于辅助设备；既要满足长期资产的需要，又要满足流动资产的需要。投资项目在资金投放时，要遵循结构平衡的原则，合理分布资金，具体包括固定资金与流动资金的配套关系、生产能力与经营规模的平衡关系、资金来源与资金运用的匹配关系、投资进度和资金供应的协调关系、流动资产内部的资产结构关系、发展性投资与维持性投资的配合关系、对内投资与对外投资的顺序关系、直接投资与间接投资的分布关系等。

投资项目在实施后，资金就较长期地固化在具体项目上，退出和转向都不太容易。只有遵循结构平衡的原则，投资项目才能正常顺利地运行，才能避免资源的闲置和浪费。

（三）动态监控原则

投资的动态监控，是指对投资项目实施过程中的进程控制。特别是对于那些工程量大、工期长的建造项目来说，有一个具体的投资过程，需要按工程预算实施有效的动态投资控制。

投资项目的工程预算，是对总投资中各工程项目以及所包含的分步工程和单位工程造价规划的财务计划。建设性投资项目应当按工程进度，对分项工程、分步工程、单位工程的完成情况，逐步进行资金拨付和资金结算，控制工程的资金耗费，防止资金浪费。在项目建设完工后，通过工程决算，全面清点所建造的资产数额和种类，分析工程造价的合理性，合理确定工程资产的账面价值。

对于间接投资而言，投资前首先要认真分析投资对象的投资价值，根据风险与收益均衡的原则合理选择投资对象。在持有金融资产过程中，要广泛收集投资对象和资本市场的相关信息，全面了解被投资单位的财务状况和经营成果，保护自身的投资权益。有价证券类的金融资产投资，其投资价值不仅由被投资对象的经营业绩决定，还受资本市场的制约。这就需要分析资本市场上资本的供求关系状况，预计市场利率的波动和变化趋势，动态地估算投资价值，寻找转让证券资产和收回投资的最佳时机。

任务二 掌握项目投资管理

任务描述

熟悉项目投资决策中的现金流量，掌握项目投资决策的评价方法，能够学会应用评价指标对投资项目做出决策。

业务一　掌握项目现金流量的计算

业务描述

了解投资方案在未来一定期间所发生的现金收支，掌握投资项目各个时期的现金流量的计算方法。

相关知识

现金流量是投资项目财务可行性分析的主要分析对象，回收期、净现值、内含收益率等财务评价指标，均是以现金流量为对象进行可行性评价的。利润只是期间财务报告的结果，对于投资方案财务可行性来说，项目的现金流量状况比会计期间盈亏状况更为重要。一个投资项目能否顺利进行，有无经济效益，不一定取决于有无会计期间利润，而在于能否带来正现金流量，即整个项目能否获得超过项目投资的现金回收。

由一项长期投资方案所引起的在未来一定期间所发生的现金收支，叫作现金流量（Cash Flow）。其中，现金收入被称为现金流入量，现金支出被称为现金流出量，现金流入量与现金流出量相抵后的余额，被称为现金净流量（Net Cash Flow，NCF）。

在一般情况下，投资决策中的现金流量通常指现金净流量。这里，所谓的现金既可以指库存现金、银行存款等货币性资产，也可以指相关非货币性资产（如原材料、设备等）的变现价值。

投资项目从整个经济寿命周期来看，大致可以分为三个时点阶段：投资期、营业期、终结期，现金流量的各个项目也可归属于各个时点阶段之中。

一、投资期

投资阶段的现金流量主要是现金流出量，即在该投资项目上的原始投资，包括在长期资产上的投资和垫支的营运资金。如果该项目的筹建费、开办费较高，也可作为初始阶段的现金流出量计入递延资产。在一般情况下，初始阶段中固定资产的原始投资通常在年内一次性投入（如购买设备），如果原始投资不是一次性投入（如工程建造），则应把投资归属于不同的投入年度之中。

1. 长期资产投资

长期资产投资包括在固定资产、无形资产、递延资产等长期资产上的购入、建造、运输、安装、试运行等方面所需的现金支出，如购置成本、运输费、安装费等。投资实施后导致固定资产性能改进而发生的改良支出，属于固定资产的后期投资。

2. 营运资金垫支

营运资金垫支是指投资项目形成了生产能力、需要在流动资产上追加的投资。由于扩大了企业生产能力，原材料、在产品、产成品等流动资产规模也随之扩大，需要追加投入日常营运资金。同时，企业营业规模扩充后，应付账款等结算性流动负债也随之增加，自动补充了一部分日常营运资金的需要。因此，为该投资垫支的营运资金是追加的流动资产扩大量与结算性流动负债扩大量的净差额。为简化计算，垫支的营运资金在营业期的流入流出过程可忽略不计，只考虑投资期投入与终结期收回对现金流量的影响。

二、营业期

营业阶段是投资项目的主要阶段，该阶段既有现金流入量，也有现金流出量。现金流入量主要是营运各年的营业收入，现金流出量主要是营运各年的付现营运成本。

营业期

另外，营业期内某一年发生的大修理支出，如果会计处理在本年内一次性作为损益性支出，则直接作为该年付现成本；如果跨年摊销处理，则本年作为投资性的现金流出量，摊销年度以非付现成本形式处理。营业期内某一年发生的改良支出是一种投资，应作为该年的现金流出量，以后年度通过折旧收回。

在正常营业阶段，由于营运各年的营业收入和付现营运成本数额比较稳定，如不考虑所得税因素，营业阶段各年现金净流量一般为：

营业现金净流量（NCF）=营业收入–付现成本

=营业利润+非付现成本

式中，非付现成本主要是固定资产年折旧费用、长期资产摊销费用、资产减值损失等。其中，长期资产摊销费用主要有跨年的大修理摊销费用、改良工程折旧摊销费用、筹建开办费摊销费用等。

所得税是投资项目的现金支出，即现金流出量。考虑所得税对投资项目现金流量的影响，投资项目正常营运阶段所获得的营业现金净流量，可按下列公式进行测算：

营业现金净流量（NCF）=营业收入–付现成本–所得税

或：=税后营业利润+非付现成本

或：=收入×（1–所得税税率）–付现成本×（1–所得税税率）+非付现成本×所得税税率

三、终结期

终结阶段的现金流量主要是现金流入量，包括固定资产变价净收入、固定资产变现净损益和垫支营运资金的收回。

终结期

1. 固定资产变价净收入

投资项目在终结阶段，原有固定资产将退出生产经营，企业对固定资产进行清理处置。固定资产变价净收入，是指固定资产出售或报废时的出售价款或残值收入扣除清理费用后的净额。

2. 固定资产变现净损益对现金净流量的影响

固定资产变现净损益对现金净流量的影响用公式表示如下：

固定资产变现净损益对现金净流量的影响=（账面价值–变价净收入）×所得税税率

如果（账面价值–变价净收入）>0，则意味着发生了变价净损失，可以抵税，减少现金流出，增加现金净流量。如果（账面价值–变价净收入）<0，则意味着实现了变现净收益，应该纳税，增加现金流出，减少现金净流量。

变现时固定资产账面价值指的是固定资产账面原值与变现时按照税法规定计提的累计折旧的差额。如果变现时，按照税法的规定，折旧已经全部计提，则变现时固定资产账面价值等于税法规定的净残值；如果变现时，按照税法的规定，折旧没有全部计提，则变现时固定资产账面价值等于税法规定的净残值与剩余的未计提折旧之和。

3．垫支营运资金的收回

伴随着固定资产的出售或报废，投资项目的经济寿命结束，企业将与该项目相关的存货出售，应收账款收回，应付账款也随之偿付。营运资金恢复到原有水平，项目开始垫支的营运资金在项目结束时得到回收。

在实务中，对某一投资项目在不同时点上现金流量数额的测算，通常通过编制“投资项目现金流量表”进行。通过该表，能测算出投资项目相关现金流量的时间和数额，以便进一步进行投资项目的可行性分析。

【例4-1】齐鲁公司某投资项目需要3年建成，每年年初投入建设资金135万元，共投入405万元。建成投产之时，需投入营运资金210万元，以满足日常经营活动需要。项目投产后，估计每年可获税后营业利润90万元。固定资产使用年限为7年，使用后第5年预计进行一次改良，估计改良支出为120万元，分两年平均摊销。资产使用期满后，估计有残值净收入16.5万元，采用年限法折旧。项目期满时，垫支营运资金全额收回。

根据以上资料，编制成“投资项目现金流量表”如表4-2所示。

表4-2 投资项目现金流量表　　单位：万元

年　度	0	1	2	3	4	5	6	7	8	9	10	总计
固定资产价值	−135	−135	−135	—	—	—	—	—	—	—	—	−405
固定资产折旧	—	—	—	—	55.5	55.5	55.5	55.5	55.5	55.5	55.5	388.5
改良支出	—	—	—	—	—	—	—	—	−120	—	—	−120
改良支出摊销	—	—	—	—	—	—	—	—	—	60	60	120
税后营业利润	—	—	—	—	90	90	90	90	90	90	90	630
残值净收入	—	—	—	—	—	—	—	—	—	—	16.5	16.5
营运资金	—	—	—	−210	—	—	—	—	—	—	210	0
总计	−135	−135	−135	−210	145.5	145.5	145.5	145.5	25.5	205.5	432	630

注：表中的数字，负值为现金流出量，正值为现金流入量，以下各表同。

在投资项目管理的实践中，由于所得税的影响，营业阶段现金流量的测算比较复杂，需要在所得税基础上考虑税后收入、税后付现成本，以及非付现成本抵税对营业现金流量的影响。

【例4-2】齐鲁公司计划增添一条生产流水线，以扩充生产能力。现有A、B两个方案可供选择。A方案需要投资750 000元，B方案需要投资1 125 000元。两方案的预计使用寿命均为5年，折旧均采用直线法，A方案预计残值为30 000元，B方案预计残值为45 000元。A方案预计年销售收入为1 500 000元，第一年付现成本为990 000元，以后在此基础上每年增加维修费15 000元。B方案预计年销售收入为2 100 000元，年付现成本为1 575 000元。项目投入营运时，A方案需垫支营运资金300 000元，B方案需垫支营运资金375 000元。公司所得税税率为25%。

根据上述资料，两方案的现金流量计算如表4-3和表4-4所示。表4-3列示的是A方案营业期间现金流量的具体测算过程，B方案营业期间的现金流量比较有规律，其现金流量的测算可以用公式直接计算。表4-4列示的是A、B两个方案投资项目每年的现金流量。

表4-3　营业期现金流量计算表　　单位：元

年　度	1	2	3	4	5
A方案：					
销售收入（1）	1 500 000	1 500 000	1 500 000	1 500 000	1 500 000
付现成本（2）	990 000	1 005 000	1 020 000	1 035 000	1 050 000
折旧（3）	144 000	144 000	144 000	144 000	144 000
营业利润（4）=（1）-（2）-（3）	366 000	351 000	336 000	321 000	306 000
所得税（5）=（4）×25%	91 500	87 750	84 000	80 250	76 500
税后营业利润（6）=（4）-（5）	274 500	263 250	252 000	240 750	229 500
营业现金净流量（7）=（3）+（6）	418 500	407 250	396 000	384 750	373 500

B方案营业现金净流量=税后营业利润+非付现成本

=（2 100 000−1 575 000−216 000）×（1−25%）+216 000

= 447 750（元）

或：=收入×（1−所得税税率）−付现成本×（1−所得税税率）+非付现成本×所得税税率

= 2 100 000×（1−25%）−1 575 000×（1−25%）+216 000×25%

= 447 750（元）

表4-4　投资项目现金流量计算表　　单位：元

年　度	0	1	2	3	4	5
A方案：						
固定资产投资	−750 000	—	—	—	—	—
营运资金垫支	−300 000	—	—	—	—	—
营业现金流量	—	418 500	407 250	396 000	384 750	373 500
固定资产残值	—	—	—	—	—	30 000
营运资金收回	—	—	—	—	—	300 000
现金流量合计	−1 050 000	418 500	407 250	396 000	384 750	703 500
B方案：						
固定资产投资	−1 125 000	—	—	—	—	—
营运资金垫支	−375 000	—	—	—	—	—
营业现金流量	—	447 750	447 750	447 750	447 750	447 750
固定资产残值	—	—	—	—	—	45 000
营运资金收回	—	—	—	—	—	375 000
现金流量合计	−1 500 000	447 750	447 750	447 750	447 750	867 750

业务二　掌握项目投资评价的基本方法

业务描述

掌握项目投资评价的基本方法，在对投资项目进行评价时能够计算出各评价指标。

相关知识

一、回收期

回收期

回收期（Payback Period，PP），是指投资项目的未来现金净流量与原始投资额相等时所经历的时间，即原始投资额通过未来现金流量回收所需要的时间。投资者希望投入的资本能以某种方式尽快地收回来，收回的时间越长，所担风险就越大。因而，投资方案回收期的长短是投资者十分关心的问题，也是评价方案优劣的标准之一。用回收期指标评价方案时，回收期越短越好。

（一）静态回收期

静态回收期没有考虑货币时间价值，直接用未来现金净流量累积到原始投资数额时所经历的时间作为静态回收期。

1. 未来每年现金净流量相等时

其计算公式为：

$$\text{静态回收期}=\frac{\text{原始投资额}}{\text{每年现金净流量}}$$

【例 4-3】 齐鲁公司有一投资项目，原始投资额为 180 万元，项目预计的使用年限是 6 年，假设每年的现金净流量都是 50 万元。要求：计算该项目的静态回收期。

解： 项目静态回收期=180/50=3.6（年）

2. 未来每年现金净流量不相等时

在这种情况下，应把未来每年的现金净流量逐年加总，根据累计现金流量来确定回收期。可依据如下公式进行计算（设 M 是收回原始投资额的前一年）：

$$\text{静态回收期}=M+\text{第 }M\text{ 年的尚未收回额}/\text{第（}M+1\text{）年的现金净流量}$$

【例 4-4】 齐鲁公司有一投资项目，需投资 300 000 元，使用年限为 5 年，每年的现金流量不相等，资本成本率为 5%，有关资料如表 4-5 所示。要求：计算该投资项目的静态回收期。

表 4-5 项目现金流量表

单位：元

年 度	现金净流量	累计现金净流量	净流量现值	累计现值
1	60 000	60 000	57 144	57 144
2	70 000	130 000	63 490	120 634
3	120 000	250 000	103 656	224 290
4	100 000	350 000	82 270	306 560
5	80 000	430 000	62 680	369 240

解：

从表 4-5 中的累计现金净流量栏中可以看出，该投资项目的回收期在第 3 年与第 4 年之间。为了计算较为准确的回收期，采用以下方法：

$$项目回收期=3+\frac{300\,000-250\,000}{100\,000}=3.5（年）$$

静态投资回收期的优点是：能够直观地反映原始投资的返本期限；静态指标的计算简单，便于理解，容易掌握；可以直观地利用回收期之前的净现金流量信息。

其缺点是：没有考虑货币时间价值因素；不能正确反映投资方式的不同对项目的影响；不考虑回收期满后继续发生的现金净流量。

（二）动态回收期

动态回收期需要将投资引起的未来现金净流量进行折现，以未来现金净流量的现值等于原始投资额现值时所经历的时间为动态回收期。

1．未来每年现金净流量相等时

在这种年金形式下，假定动态回收期为 n 年，则：

$$（P/A，i，n）=\frac{原始投资额现值}{每年现金净流量}$$

计算出年金现值系数后，通过查年金现值系数表，利用插值法，即可推算出动态回收期 n。

前述【例 4-3】中，假定资本成本率为 10%，查表得知当 i=10%时，第 4 年年金现值系数为 3.169 9，第 5 年年金现值系数为 3.790 8。这样，由于齐鲁公司投资项目的年金现值系数为 3.6，相应的回收期运用插值法计算，得出投资项目的动态回收期 n=4.69 年。

2．未来每年现金净流量不相等时

在这种情况下，应把每年的现金净流量逐一折现并加总，根据累计现金流量现值来确定回收期。可依据如下公式进行计算（设 M 是收回原始投资额现值的前一年）：

动态回收期=M+第 M 年的尚未收回额的现值/第（M+1）年的现金净流量现值

前述【例 4-4】中，齐鲁公司投资项目的动态回收期为：

$$项目回收期=3+\frac{300\,000-224\,290}{82\,270}=3.92（年）$$

回收期法的优点是计算简便、易于理解。这种方法是以回收期的长短来衡量方案的优劣，收回投资所需的时间越短，所冒的风险就越小。可见，回收期法是一种较为保守的方法。

静态回收期和动态回收期有一个共同局限，就是它们计算回收期时只考虑了未来现金净流量（或现值）总和中等于原始投资额（或现值）的部分，没有考虑超过原始投资额（或现值）的部分。显然，回收期长的项目，其超过原始投资额（或现值）的现金流量并不一定比回收期短的项目少。

二、净现值

（一）基本原理

净现值

一个投资项目，其未来现金净流量现值与原始投资额现值之间的差额被称为净现值（Net Present Value，NPV）。其计算公式为：

净现值（NPV）=未来现金净流量现值－原始投资额现值

计算净现值时，要按预定的折现率对投资项目的未来现金流量和原始投资额进行折现。预定折现率是投资者所期望的最低投资收益率。净现值为正，方案可行，说明方案的实际收益率高于所要求的收益率；净现值为负，方案不可取，说明方案的实际投资收益率低于所要求的收益率。

当净现值为零时，说明方案的投资收益刚好达到所要求的投资收益，方案也可行。因此，净现值的经济含义是投资方案收益超过基本收益后的剩余收益。其他条件相同时，净现值越大，方案越好。采用净现值法来评价投资方案，一般按照以下步骤。

第一，测定投资方案各年的现金流量，包括现金流出量和现金流入量。

第二，设定投资方案采用的折现率。

确定折现率的参考标准可以是：

（1）以市场利率为标准。资本市场的市场利率是整个社会投资收益率的最低水平，可以视为一般最低收益率要求。

（2）以投资者希望获得的预期最低投资收益率为标准。这考虑了投资项目的风险补偿因素以及通货膨胀因素。

（3）以企业平均资本成本率为标准。企业投资所需要的资金，都或多或少地具有资本成本，企业筹资承担的资本成本率水平，给投资项目提出了最低收益率要求。

第三，按设定的折现率，分别将各年的现金流出量和现金流入量折算成现值。

第四，将未来的现金净流量现值与原始投资额现值进行比较，若前者大于或等于后者，方案可行；若前者小于后者，方案不可行，说明方案的实际收益率达不到投资者的预期投资收益率。

【例 4-5】齐鲁公司购入一台设备，价值为 30 000 元，按直线法计提折旧，使用寿命为 6 年，期末无残值。预计投产后每年可获得利润 4 000 元，假定折现率为 12%。要求：计算该项目的净现值。

解：

NCF_0=−30 000（元）

每年折旧额=30 000 ÷ 6=5 000（元）

$NCF_{1\sim6}$=4 000+5 000=9 000（元）

NPV=9 000 ×（P/A，12%，6）−30 000

=9 000 × 4.111 4−30 000

=7 002.6（元）

（二）对净现值法的评价

净现值法简便易行，其主要的优点在于：

第一，适用性强，能基本满足项目年限相同的互斥投资方案的决策。如有 A、B 两个项目，资本成本率为 8%，A 项目投资 80 000 元可获净现值 20 000 元，B 项目投资 30 000 元可获净现值 10 000 元。尽管 A 项目投资额大，但在计算净现值时已经考虑了实施该项目所承担的还本付息负担，因此净现值大的 A 项目优于 B 项目。

第二，能灵活地考虑投资风险。净现值法在所设定的折现率中包含投资风险收益率要求，就能有效地考虑投资风险。例如，某投资项目期限为 15 年，资本成本率为 18%，由于投资项目时间长，风险也较大，所以投资者认定，在投资项目的有效使用期限 15 年中第一个五年期内以 18%折现，第二个五年期内以 20%折现，第三个五年期内以 25%折现，以此来体现投资风险。

净现值也具有明显的缺陷，主要表现在：

第一，所采用的折现率不易确定。如果两个方案采用不同的折现率，采用净现值法不能得出正确的结论。在同一个方案中，如果要考虑投资风险，要求的风险收益率不易确定。

第二，不适用于独立投资方案的比较决策。如果各方案的原始投资额现值不相等，有时无法做出正确决策。独立投资方案是指两个以上投资项目互不依赖、可以并存的方案。例如，对外投资购买甲股票或购买乙股票，它们之间并不冲突。在独立投资方案比较中，尽管某项目净现值大于其他项目，但所需投资额大，获利能力可能低于其他项目，而该项目与其他项目又是非互斥的，因此只凭净现值大小无法决策。

三、年金净流量

投资项目的未来现金净流量与原始投资额的差额，构成该项目的现金净流量总额。

项目期间内全部现金净流量的总现值或总终值折算为等额年金的平均现金净流量，被称为年金净流量（Annual Net Cash Flow，ANCF）。年金净流量的计算公式为：

$$\text{年金净流量}=\frac{\text{现金净流量总现值}}{\text{年金现值系数}}=\frac{\text{现金净流量总终值}}{\text{年金终值系数}}$$

式中，现金净流量总现值即净现值（NPV）。与净现值指标一样，年金净流量指标大于零，说明每年平均的现金流入能抵补现金流出，投资项目的净现值（或净终值）大于零，方案的收益率大于所要求的收益率，方案可行。在比较两个以上寿命期不同的投资方案时，年金净流量越大，方案越好。

【例 4-6】前述【例 4-5】中，齐鲁公司购入设备的年金净流量为：

$7\ 002.6/(P/A, 12\%, 6) = 7\ 002.6/4.111\ 4= 1\ 703.22$（元）

年金净流量法是净现值法的辅助方法，在各方案寿命期相同时，它实质上就是净现值法。因此，它适用于期限不同的投资方案决策。但同时，它也具有与净现值法同样的缺点，不便在对原始投资额不相等的独立投资方案进行决策时使用。

四、现值指数

现值指数（Present Value Index，PVI）是投资项目的未来现金净流量现值与原始投资额现值之比。计算公式为：

$$\text{现值指数}=\frac{\text{未来现金净流量现值}}{\text{原始投资额现值}}$$

$$\text{现值指数}=1+\text{净现值率}$$

现值指数

从现值指数的计算公式可见，现值指数的计算结果有三种：大于 1、等于 1、小于 1。若现值指数大于或等于 1，方案可行，说明方案实施后的投资收益率高于或等于必要收益率；若现值指数小于 1，方案不可行，说明方案实施后的投资收益率低于必要收益率。现值指数越大，方案越好。

【例 4-7】齐鲁公司有两个独立的投资方案，有关资料如表 4-6 所示。

表 4-6　净现值计算表　　单位：元

项　目	方案 A	方案 B
原始投资额现值	50 000	4 000
未来现金净流量现值	51 500	5 200
净现值	1 500	1 200

从净现值的绝对数来看，方案 A 大于方案 B，似乎应采用方案 A；但从投资额来看，方案 A 的原始投资额现值大大超过了方案 B。因此，在这种情况下，如果仅用净现值来判断方案的优劣，就难以做出正确的比较和评价。按现值指数法计算：

$$\text{方案A的现值指数}=\frac{51\,500}{50\,000}=1.03$$

$$\text{方案B的现值指数}=\frac{5\,200}{4\,000}=1.30$$

计算结果表明，方案 B 的现值指数大于方案 A，应当选择方案 B。

现值指数法也是净现值法的辅助方法，在各方案原始投资额现值相等时，实质上就是净现值法。由于现值指数是未来现金净流量现值与原始投资额现值之比，是一个相对数指标，反映了投资效率，所以，用现值指数指标来评价独立投资方案，可以克服净现值指标不便于对原始投资额现值不同的独立投资方案进行比较和评价的缺点，从而使对方案的分析评价更加合理、客观。

五、内含收益率

（一）基本原理

内含收益率（Internal Rate of Return，IRR），是指对投资方案未来的每年现金净流量进行折现，使所得的现值恰好与原始投资额现值相等，从而使净现值等于零时的折现率。

内含收益率法的基本原理是：在计算方案的净现值时，以必要投资收益率作为折现率计算，净现值的结果往往大于零或小于零，这说明方案的实际可能达到的投资收益率大于或小于必要投资收益率；而当净现值为零时，说明两种收益率相等。根据这个原理，内含收益率法就是使净现值等于零时的折现率，这个折现率就是投资方案实际可能达到的投资收益率。用内含收益率评价项目可行的必要条件是内含收益率大于或等于最低投资收益率。

（1）未来每年现金净流量相等。每年现金净流量相等是一种年金形式，通过查年金现值系数表，可计算出未来现金净流量现值，并令其净现值为零，有：

$$\text{未来每年现金净流量}\times\text{年金现值系数}-\text{原始投资额现值}=0$$

计算出净现值为零时的年金现值系数后，通过查年金现值系数表，利用插值法即可计算出相应的折现率 i，该折现率就是方案的内含收益率。

【例 4-8】齐鲁公司准备购入一台新型的设备，购价为 300 万元，使用年限为 10 年，无残值。该方案的最低投资收益率要求为 15%（以此作为折现率）。公司使用该新型设备后，估计每年产生现金净流量 65 万元。要求：用内含收益率指标评价该方案是否可行。

解：

令：650 000 × 年金现值系数−3 000 000=0

得：年金现值系数=4.615 4

现已知方案的使用年限为 10 年，查年金现值系数表，可得：时期 10、系数 4.615 4 所对应的折现率为 16% ~ 18%。采用插值法求得，该方案的内含收益率为 17.28%，高于最低投资收益率 15%，所以该方案可行。

（2）未来每年现金净流量不相等。如果投资方案的未来每年现金净流量不相等，各年现金净流量的分布就不是年金形式，不能采用直接查年金现值系数表的方法来计算内含收益率，而需采用逐次测试法。

逐次测试法的具体做法是：根据已知的有关资料，先估计一次折现率，来试算未来现金净流量的现值，并将这个现值与原始投资额现值相比较，如果净现值大于零，为正数，表示估计的折现率低于方案实际可能达到的投资收益率，需要重估一个较高的折现率进行试算：如果净现值小于零，为负数，表示估计的折现率高于方案实际可能达到的投资收益率，需要重估一个较低的折现率进行试算。如此反复试算，直到净现值等于零或基本接近于零，这时所估计的折现率就是希望求得的内含收益率。

【例 4-9】 齐鲁公司有一投资方案，需要一次性投资 240 000 元，使用年限为 4 年，每年现金净流量分别为 60 000 元、80 000 元、100 000 元、70 000 元。要求：计算该投资方案的内含收益率，并据以评价该方案是否可行。

解：

由于该方案每年的现金净流量不相等，因此需逐次测试计算方案的内含收益率。测算过程如表 4-7 所示。

表 4-7　净现值的逐次测试　　单位：元

年　份	每年现金净流量	第一次测算（8%）		第二次测算（10%）		第三次测算（12%）	
1	60 000	0.925 9	55 554	0.909 1	54 546	0.892 9	53 574
2	80 000	0.857 3	68 584	0.826 4	66 112	0.797 2	63 776
3	100 000	0.793 8	79 380	0.751 3	75 130	0.711 8	71 180
4	70 000	0.735 0	51 450	0.683 0	47 810	0.635 5	44 485
未来现金净流量现值合计		—	254 968	—	243 598	—	233 015
减：原始投资额现值		—	240 000	—	240 000	—	240 000
净现值		—	14 968	—	3 598	—	（6 985）

第一次测算，采用折现率 8%，净现值为正数，说明方案的内含收益率高于 8%收益率。第二次测算，采用折现率 10%，净现值仍为正数，但已较接近于零。第三次测算，采用折现率 12%，净现值为负数，说明方案的内含收益率低于 12%。因而可以估算，方案的内含收益率在 10%~12%。进一步运用插值法，得出方案的内含收益率为 10.68%。

（二）对内含收益率法的评价

内含收益率法的主要优点在于：

第一，内含收益率反映了投资项目可能达到的收益率，易于被高层决策人员所理解。

第二，对于独立投资方案的比较决策，如果各方案原始投资额现值不同，可以通过计算各方案的内含收益率，反映各独立投资方案的获利水平。

内含收益率法的主要缺点在于：

第一，计算复杂，不易直接考虑投资风险大小。

第二，在互斥投资方案决策时，如果各方案的原始投资额现值不相等，有时无法做出正确的决策。例如，某一方案原始投资额低，净现值小，但内含收益率可能较高；而另一方案原始投资额高，净现值大，但内含收益率可能较低。

【想一想】

如何运用投资项目的评价指标对投资项目的可行性进行分析?

任务三 掌握证券投资管理

任务描述

了解证券投资，掌握各种证券投资方式，为企业证券投资管理提供支持。

业务一 熟悉证券投资

业务描述

了解证券投资的特点，熟悉证券投资的目的和证券投资的风险。

相关知识

证券资产是企业进行金融投资所形成的资产。证券投资不同于项目投资，项目投资的对象是实体性经营资产，经营资产是直接为企业生产经营服务的资产，如固定资产、无形资产等，它们往往是一种服务能力递减的消耗性资产。证券投资的对象是金融资产，金融资产是一种以凭证、票据或者合同合约形式存在的权利性资产，如股票、债券、基金及其衍生证券等。

一、证券资产的特点

（一）价值虚拟性

证券资产不能脱离实体资产而完全独立存在，但证券资产的价值不完全由实体资本的现实生产经营活动决定，而是取决于契约性权利所能带来的未来现金流量，是一种未来现金流量折现的资本化价值。如债券投资代表的是未来按合同规定收取利息和收回本金的权利，股票投资代表的是对发行股票企业的经营控制权、财务控制权、收益分配权、剩余财产追索权等股东权利，基金投资则代表一种信托关系，是一种收益权。证券资产的服务能力在于它能带来未来的现金流量，按未来现金流量折现即资本化价值，是证券资产价值的统一表达。

（二）可分割性

实体项目投资的经营资产一般具有整体性要求，如购建新的生产能力，往往是厂房、设备、配套流动资产的结合。证券资产可以分割为一个最小的投资单位，如一股股票、一份债券、一份基金，这就决定了证券资产投资的现金流量比较单一，往往由原始投资、未来收益或资本利得、本金回收所构成。

（三）持有目的多元性

实体项目投资的经营资产往往是为消耗而持有的，为流动资产的加工提供生产条件。证券资产的持有目的是多元的，既可能是为未来积累现金即为未来变现而持有的，也可能是为谋取资本利得即为销售而持有的，还有可能是为取得对其他企业的控制权而持有的。

（四）强流动性

证券资产具有很强的流动性，其流动性表现在：①变现能力强。证券资产往往都是上市证券，一般都有活跃的交易市场可供及时转让。②持有目的可以相互转换。当企业急需现金时，可以立即将为其他目的而持有的证券资产变现。

（五）高风险性

证券资产是一种虚拟资产，会受到公司风险和市场风险的双重影响，不仅发行证券资产的公司业绩影响着它的投资收益率，资本市场的市场平均收益率变化也会给证券资产带来直接的市场风险。

二、证券投资的目的

（一）分散资金投向，降低投资风险

投资分散化，即将资金投资于多个相关程度较低的项目，实行多元化经营，能够有效地分散投资风险。对外证券投资不受地域和经营范围的限制，投资选择面非常广，投资资金的退出和收回也比较容易，是多元化投资的主要方式。

（二）利用闲置资金，增加企业收益

企业在生产经营过程中，由于各种原因有时会出现资金闲置、现金结余较多的情况。这些闲置的资金可以投资于股票、债券、基金等有价证券，获得投资收益。

（三）稳定客户关系，保障生产经营

在企业生产经营环节中，供应和销售是企业与市场相联系的重要通道。没有稳定的原材料供应来源、没有稳定的销售客户，都会使企业的生产经营中断。为了保持与供销客户良好而稳定的业务关系，可以对业务关系链的供销企业进行投资，购买其债券或股票，甚至达到控制。这样，能够通过债权或股权对关联企业的生产经营施加影响和控制，保障本企业的生产经营顺利进行。

（四）提高资产流动性，增强偿债能力

资产流动性强弱是影响企业财务安全性的主要因素。除现金等货币资产外，有价证券投资是企业流动性最强的资产，是企业速动资产的主要构成部分。在企业需要支付大量现金，而现有现金储备又不足时，可以通过变卖有价证券迅速取得大量现金，保证企业的及时支付。

三、证券投资的风险

由于证券资产的市价波动频繁，证券投资的风险往往较大。获取投资收益是证券投资的主要目的，证券投资的风险是投资者无法获得预期投资收益的可能性。按风险性质划分，证券投资的风险分为系统性风险和非系统性风险两大类别。

（一）系统性风险

证券投资的系统性风险，是指由于外部经济环境因素变化引起整个资本市场不确定性加强，从而对所有证券都产生影响的共同性风险。系统性风险影响资本市场上的所有证券，无法通过投资多元化的组合而加以避免，也被称为不可分散风险。

系统性风险波及所有证券资产，最终会反映在资本市场平均利率的提高上，所有的系统性风险几乎都可以归结为利率风险。利率风险是由于市场利率变动引起证券资产价值变化的可能性。市场利率反映了社会平均收益率，投资者对证券资产投资收益率的预期总是在市场利率基础上进行的，只有当证券资产投资收益率大于市场利率时，证券资产的价值才会高于其市场价格。市场利率的变动会造成证券资产价格的普遍波动，两者呈反向变化：市场利率上升，证券资产价格下跌；市场利率下降，证券资产价格上升。

1. 价格风险

价格风险是指由于市场利率上升，而使证券资产价格普遍下跌的可能性。价格风险来自资本市场买卖双方资本供求关系的不平衡，资本需求量增加，市场利率上升；资本供应量增加，市场利率下降。

资本需求量增加，引起市场利率上升，也意味着证券资产发行量的增加，引起整个资本市场所有证券资产价格的普遍下降。如果证券资产持有期间的市场利率上升，证券资产价格就会下跌，证券资产期限越长，投资者遭受的损失越大。到期风险附加率，就是对投资者承担利率变动风险的一种补偿，期限越长的证券资产，要求的到期风险附加率就越大。

2. 再投资风险

再投资风险是由于市场利率下降所造成的无法通过再投资而实现预期收益的可能性。根据流动性偏好理论，长期证券资产的收益率应当高于短期证券资产。

为了避免市场利率上升的价格风险，投资者可能会投资于短期证券资产，但短期证券资产又会面临市场利率下降的再投资风险，即无法按预定收益率进行再投资而实现所要求的预期收益。

3. 购买力风险

购买力风险是指由于通货膨胀而使货币购买力下降的可能性。在持续而剧烈的物价波动环境下，货币性资产会产生购买力损益：当物价持续上涨时，货币性资产会遭受购买力损失；当物价持续下跌时，货币性资产会带来购买力收益。

证券资产是一种货币性资产，通货膨胀会使证券资产投资的本金和收益贬值，名义收益率不变而实际收益率降低。购买力风险对具有收款权利性质的资产影响很大，债券投资的购买力风险远大于股票投资。如果通货膨胀长期延续，投资人会把资本投向实体性资产以求保值，对证券资产的需求量减少，引起证券资产价格下跌。

（二）非系统性风险

证券资产的非系统性风险，是指由特定经营环境或特定事件变化引起的不确定性，从而对个别证券资产产生影响的特有风险。非系统性风险源于每个公司自身特有的营业活动和财务活动，与某个具体的证券资产相关联，同整个证券资产市场无关。非系统性风险可以通过持有证券资产的多元化来抵消，也被称为可分散风险。

非系统性风险是公司特有风险，从公司内部管理的角度考察，公司特有风险的主要表现形式是公司经营风险和财务风险。从公司外部的证券资产市场投资者的角度考察，公司经营风险和财务风险的特征无法明确区分，公司特有风险是以违约风险、变现风险、破产风险等形式表现出来的。

1. 违约风险

违约风险是指证券资产发行者无法按时兑付证券资产利息和偿还本金的可能性。有价证券资产本身就是一种契约性权利资产，经济合同的任何一方违约都会给另一方造成损失。

2. 变现风险

变现风险是指证券资产持有者无法在市场上以正常的价格平仓出货的可能性。持有证券资产的投资者，可能会在证券资产持有期限内出售现有证券资产投资于另一项目，但在短期内找不到愿意出合理价格的买主，投资者就会丧失新的投资机会或面临降价出售的损失。

3. 破产风险

破产风险是指在证券资产发行者破产清算时投资者无法收回应得权益的可能性。

业务二　掌握债券投资

业务描述

了解债券投资的要素，掌握债券价值的计算方法，明确债券投资的优缺点。

相关知识

一、债券要素

债券是依照法定程序发行的约定在一定期限内还本付息的有价证券，它反映证券发行者与持有者之间的债权债务关系。债券一般包含以下几个基本要素。

1. 债券面值

债券面值是指债券设定的票面金额，它代表发行人承诺于未来某一特定日偿付债券持有人的金额，债券面值包括两方面的内容：①票面币种。即以何种货币作为债券的计量单位，一般而言，在国内发行的债券，发行的对象是国内有关经济主体，则选择本国货币，若在国外发行，则选择发行地所在国家或地区的货币或国际通用货币（如美元）作为债券的币种。②票面金额。票面金额对债券的发行成本、发行数量和持有者的分布具有影响，票面金额小，有利于小额投资者购买，从而有利于债券发行，但发行费用可能增加；票面金额大，会降低发行成本，但可能不利于债券发行。

2. 债券票面利率

债券票面利率是指债券发行者预计一年内向持有者支付的利息占票面金额的比率。票面利率不同于实际利率，实际利率是指按复利计算的一年期的利率，债券的计息和付息方式有多种，可能使用单利或复利计算，利息支付可能半年一次、一年一次或到期一次还本付息，这使得票面利率可能与实际利率发生差异。

3．债券到期日

债券到期日是指偿还债券本金的日期，债券一般都有规定到期日，以便到期时归还本金。

二、债券的价值

将未来在债券投资上收取的利息和收回的本金折为现值，即可得到债券的内在价值。债券的内在价值也被称为债券的理论价格，只有当债券价值大于其购买价格时，该债券才值得投资。影响债券价值的因素主要有债券的面值、期限、票面利率和所采用的折现率等因素。

1．债券估价基本模型

典型的债券类型是有固定的票面利率、每期支付利息、到期归还本金的债券，这种债券模式下债券价值计量的基本模型是：

$$V_b=\sum_{t=1}^{n}\frac{I_t}{(1+R)^t}+\frac{M}{(1+R)^n}$$

式中，V_b表示债券的价值，I_t表示债券各期的利息，M表示债券的面值，R表示债券价值评估时所采用的折现率，即所期望的最低投资收益率。一般来说，经常采用市场利率作为评估债券价值时所期望的最低投资收益率。

从债券价值基本计量模型中可以看出，债券面值、债券期限、票面利率、市场利率是影响债券价值的基本因素。

【例 4-10】某公司债券面值为 10 000 元，期限为 10 年，每年支付一次利息，到期归还本金。以市场利率作为评估债券价值的折现率，目前的市场利率为 10%，如果票面利率分别为 8%、10%和 12%，则有：

V_b=800×（P/A，10%，10）+10 000×（P/F，10%，10）=8 770.68（元）

V_b=1 000×（P/A，10%，10）+10 000×（P/F，10%，10）=9 999.60（元）

V_b=1 200×（P/A，10%，10）+10 000×（P/F，10%，10）=11 228.52（元）

综上可知，债券的票面利率可能小于、等于或大于市场利率，因而债券价值就可能小于、等于或大于债券票面价值，因此在债券实际发行时就要折价、平价或溢价发行。折价发行是对投资者未来少获利息而给予的必要补偿；平价发行是因为票面利率与市场利率相等，此时票面价值和债券价值是一致的，所以不存在补偿问题；溢价发行是为了对债券发行者未来多付利息而给予的必要补偿。

2．一次还本付息且不计复利的债券估价模型

我国很多债券属于一次还本付息且不计复利的债券模型，其估价计算公式为：

$$V_b=\frac{M(1+i\times n)}{(1+R)^n}$$

式中，符号含义同前式。

【例 4-11】某公司拟购买一家企业发行利随本清、期限为 10 年的企业债券，该债券面

值为 10 000 元，票面利率为 12%，不计复利，当前市场利率为 10%。要求：计算该债券发行价格为多少时才有投资价值。

解：

V_b=（10 000+12 000）×（P/F，10%，10）=8 481（元）

即该债券价格低于 8 481 元时，该公司才能购买。

3．折现发行时债券的估价模型

有些债券以折现方式发行，没有票面利率，到期按面值偿还，这些债券的估价模型为：

$$V_b = \frac{M}{(1+R)^n}$$

【例 4-12】某债券面值为 1 000 元，期限为 10 年，以折现方式发行，期内不计利息，按到期值偿还，当时市场利率为 10%。要求：计算该债券的价格为多少时，企业才能购买。

解：

V_b=1 000×（P/F，10%，10）=385.5（元）

即该债券的价格只有低于 385.5 元时，企业才能购买。

三、债券投资的收益率

1．债券收益的来源

债券投资的收益是投资于债券所获得的全部投资收益，这些投资收益来源于三个方面：

（1）名义利息收益。债券各期的名义利息收益等于面值与票面利率的乘积。

（2）利息再投资收益。债券投资评价时，假定债券本金是到期收回的，债券利息是分期收取的；如果将分期收到的利息重新投资于同一项目，取得与本金同等的利息收益率。

按货币时间价值的原理计算债券投资收益，就已经考虑了再投资因素。在取得再投资收益的同时，承担再投资风险。

（3）价差收益。它指债券尚未到期时投资者中途转让债券，在卖价和买价之间的价差上所获得的收益，也被称为资本利得收益。

2．债券的内部收益率

债券的内部收益率是指按当前市场价格购买债券并持有至到期日或转让日所产生的预期收益率，也就是债券投资项目的内含收益率。在债券价值估价基本模型中，如果用债券的购买价格 P_0 代替内在价值 V_b，就能求出债券的内部收益率。也就是说，用该内部收益率折现所决定的债券内在价值，刚好等于债券的目前购买价格。

债券真正的内在价值是按市场利率折现所决定的，当按市场利率折现所计算的内在价值大于按内部收益率折现所计算的内在价值时，债券的内部收益率才会大于市场利率，这正是投资者所期望的。

【例 4-13】假定投资者目前以 1 038.87 元的价格购买一份面值为 1 000 元、每年付息一次、到期归还本金、票面利率为 10%的 5 年期债券，投资者将该债券持有至到期日，有：

1 038.87=1000×10%×（$P/A, R$, 5）+1 000×（$P/F, R$, 5）

解得：内部收益率 R= 9%

同样原理，如果债券目前购买价格为 1 000 元或 927.88 元，有：

内部收益率 R=10%

或：内部收益率 R=12%

可见，溢价债券的内部收益率低于票面利率，折价债券的内部收益率高于票面利率，平价债券的内部收益率等于票面利率。

通常，也可以用简便算法对债券投资收益率做近似估算，其公式为：

$$R=\frac{I+(B-P)/N}{(B+P)/2}\times 100\%$$

式中，P 表示债券的当前购买价格，B 表示债券面值，N 表示债券持有期限，分母是平均资金占用，分子是平均收益。将【例 4-13】中的数据代入：

$$R=\frac{100+(1\,000-1\,038.87)/5}{(1\,000+1\,038.87)/2}\times 100\%=9.05\%$$

四、债券的优缺点

1．债券的优点

（1）安全性较高。与股票相比，债券投资风险比较小，政府发行的债券有国家财力作为后盾，其安全性较高，通常被视为无风险证券；企业债券的持有者拥有优先求偿权，即当企业破产时，优先于股东分得企业资产，因此，其发生损失的可能性较小。

（2）收入稳定性强。债券面值一般都标有固定利率，债券的发行人有按时支付利息的法定义务。因此，在正常情况下，投资于债券都能获得比较稳定的收入。

（3）市场流通性好。许多债券都具有较好的流动性。政府及大企业发行的债券一般都可以在金融市场上迅速出售，流通性很好。

2．债券的缺点

（1）购买力风险较大。债券的面值和利息发行时就已确定，如果投资期间的通货膨胀率比较高，则本金和利息的购买力将不同程度地受到侵蚀，在通货膨胀率非常高时，投资者虽然名义上有收益，但实际上却有损失。

（2）没有经营管理权。投资于债券只是获得收益的手段，无权对债券发行单位施加影响和控制。

诚信故事

春秋时期，吴国公子季札出使晋国，路过徐国时跟徐国国君交谈甚欢，成了好朋友。他将随身带的宝剑给徐国国君看。徐国国君看到这把宝剑后非常喜欢，但是又不好开口跟季札要。季札虽然看出来了，但是因为要带这把剑去晋国，不能失了礼节，所以在心里许诺说：等我回来，一定将这把剑赠给徐国国君。

等季札出使晋国回来再次路过徐国时，徐国国君已经去世了。于是，季札想将宝剑赠给他的儿子，也就是徐国的新国君。季札的随从说："这是吴国的宝剑，怎么能随便送人？而且您没有许诺给徐国国君。即使您曾许诺给徐国国君，但他已经不在了。"

季札说："我在心里许诺过，现在因为他不在了就不实现承诺，是违背自己的良心。"可是，徐国新国君说："我父亲去世时没有说过宝剑的事，我不能接受宝剑。"于是，季札就去祭拜徐国国君之墓，拜完后把宝剑挂在墓旁的树上，悄然而去。

业务三　掌握股票投资

业务描述

掌握股票价值的计算方法，为企业进行股票投资提供支持。

相关知识

股票是股份公司发给股东的所有权凭证，是股东借以取得股利的一种证券。股票持有者即该公司的股东，对该公司的财产有要求权。

一、股票的价值

投资于股票预期获得的未来现金流量的现值，即股票的价值或内在价值、理论价格。股票是一种权利凭证，它之所以有价值，是因为它能给持有者带来未来的收益，这种未来的收益包括各期获得的股利、转让股票获得的价差收益、股份公司的清算收益等。价格小于内在价值的股票，是值得投资者投资购买的。股份公司的净利润是决定股票价值的基础。股票给持有者带来未来的收益一般是以股利形式出现的，因此可以通过股利计算确定股票价值。

1. 股票估价基本模型

从理论上说，如果股东中途不转让股票，股票投资没有到期日，投资于股票所得到的未来现金流量是各期的股利。假定某股票未来各期股利为 D_t（t 为期数），R_s 为估价所采用的折现率即所期望的最低收益率，股票价值的估价模型为：

$$V_s=\frac{D_1}{(1+R_s)^1}+\frac{D_2}{(1+R_s)^2}+\cdots+\frac{D_n}{(1+R_s)^n}+\cdots=\sum_{t=1}^{\infty}\frac{D_t}{(1+R_s)^t}$$

优先股是特殊的股票，优先股股东每期在固定的时点上收到相等的股利，优先股没有到期日，未来的现金流量是一种永续年金，其价值计算为：

$$V_s=\frac{D}{R_s}$$

2. 常用的股票估价模式

与债券不同的是，持有期限、股利、折现率是影响股票价值的重要因素。如果投资者准备永久持有股票，未来的折现率也是固定不变的，那么未来各期不断变化的股利就成为评价股票价值的难题。为此，我们不得不假定未来的股利按一定的规律变化，从而形成几种常用的股票估价模式。

（1）固定增长模式。一般来说，公司并没有把每年的盈余全部作为股利分配出去，留存的收益扩大了公司的资本额，不断增长的资本会创造更多的盈余，进一步又引起下期股利的增长。如果公司本期的股利为 D_0，未来各期的股利按上期股利的一定百分比（g）呈几何级数增长。根据股票估价基本模型，股票价值 V_s 为：

$$V_s=\sum_{t=1}^{\infty}\frac{D_0(1+g)^t}{(1+R_s)^t}$$

因为 g 是一个固定的常数，当 R_s 大于 g 时，上式可以化简为：

$$V_s=\frac{D_1}{R_s-g}=\frac{D_0(1+g)}{R_s-g}$$

【例 4-14】 假定某投资者准备购买甲公司的股票，准备长期持有，并要求达到 10%的收益率。该公司今年每股股利为 1 元，预计未来股利会以 6%的速度增长，则甲股票的价值为：$V_s=\frac{1\times(1+6\%)}{10\%-6\%}=26.5$（元）。

如果甲股票目前的购买价格低于 26.5 元，那么该公司的股票是值得购买的。

（2）零增长模式。如果公司未来各期发放的股利都相等，并且投资者准备永久持有，那么这种股票与优先股类似。或者说，当固定增长模式中 g=0 时，有：

$$V_s=\frac{D}{R_s}$$

【例 4-15】 承【例 4-14】，如果 g=0，则甲股票的价值为：$V_s=1\div10\%=10$（元）。

二、股票投资的收益率

1．股票收益的来源

股票投资的收益由股利收益、股利再投资收益、转让价差收益三部分构成。并且，只要按货币时间价值的原理计算股票投资收益，就无须单独考虑再投资收益的因素。

2．股票的内部收益率

股票的内部收益率，是使得股票未来现金流量折现值等于目前的购买价格时的折现率，也就是股票投资项目的内含收益率。当股票的内部收益率高于投资者所要求的最低收益率时，投资者才愿意购买该股票。在固定增长股票估价模型中，用股票的购买价格 P_0 代替内在价值 V_s，有：

$$R=\frac{D_1}{P_0}+g$$

从上式可以看出，股票投资内部收益率由两部分构成：一部分是预期股利收益率 D_1/P_0，另一部分是股利增长率 g。

如果投资者不打算长期持有股票，将股票转让出去，则股票投资的收益由股利收益和资本利得（转让价差收益）构成。这时，股票内部收益率 R 是使股票投资净现值为零时的折现率，计算公式为：

$$NPV=\sum_{t=1}^{n}\frac{D_t}{(1+R)^t}+\frac{P_t}{(1+R)^n}-P_0=0$$

【例 4-16】 某投资者 20×1 年 5 月购入甲股票 2 000 股，每股购价为 8.2 元；甲公司 20×2 年、20×3 年、20×4 年分别派分现金股利 0.25 元/股、0.28 元/股、0.32 元/股；该投资者 20×4 年 5 月以每股 9.2 元的价格售出该股票，则甲股票内部收益率的计算为：

$$NPV=\frac{0.25}{1+R}+\frac{0.28}{(1+R)^2}+\frac{0.32}{(1+R)^3}+\frac{9.2}{(1+R)^3}-8.2=0$$

当 R=7%时，NPV=0.0494

当 R=8%时，NPV= −0.1715

用插值法计算得：R=7.22%

业务四　熟悉基金投资

业务描述

了解投资基金的概念，证券投资基金特点和分类，为进行基金投资提供支持。

相关知识

一、投资基金的概念

投资基金是一种集合投资方式，投资者通过购买基金份额，将众多资金集中起来，由专业的投资者即基金管理人进行管理，通过投资组合的方式进行投资，实现利益共享、风险共担。投资基金按照投资对象的不同可以分为证券投资基金和另类投资基金。证券投资基金主要投资于证券交易所或银行间市场上公开交易的有价证券，如股票、债券等。证券投资基金的投资者通过购买基金份额的方式间接进行证券投资，由基金管理人进行专业化投资决策，由基金托管人对资金进行托管，基金托管人往往为商业银行或其他金融机构。如果说股票反映了所有权关系，债券反映了债权债务关系，那么基金则反映了一种信托关系，它是一种受益凭证，投资者购买基金份额则成为基金的受益人。

二、证券投资基金的特点

1．集合理财实现专业化管理

基金将投资者资金集合起来，通过基金管理人进行投资，实现了集合理财。基金管理人具有更加专业的投资技能与丰富的投资经验，将集中起来的资金交由基金管理人进行管理，对于中小投资者来说可以获得更加专业化的投资服务。

2．通过组合投资实现分散风险的目的

资金量较小时无法通过购买多种证券达到分散投资风险的目的，而基于基金投资集合理财的特点可以同时购买多种证券，投资者可以通过购买基金份额从而用较少的资金购买“一揽子”证券，达到分散风险的目的。

3．投资者利益共享且风险共担

基金投资者可以获取的收益等于基金投资收益减去基金应当承担的相关费用，各投资者依据所持有的份额比例进行分配，当收益上升或下降时，各基金投资者获取的收益也按照其持有比例上升或下降相应的金额。参与基金运作的基金管理人和基金托管人仅按照约定的比例收取管理费用和托管费用，无权参与基金收益的分配。

4．权力隔离的运作机制

参与基金运作的包括基金投资者、托管人、管理人，基金管理人只负责基金的投资工作，而基金财产则被交与基金托管人，基金操作权力与资金管理权力相互隔离，形成了互相监督、互相制约的机制，从而有效地保障基金投资者的利益。

5．严格的监管制度

我国基金监管机构依据《中华人民共和国证券投资基金法》及其他相关管理办法对基金行业进行严格监管，严厉打击侵害投资者利益的违法行为。我国的基金业监管采取法定监管机构与自律性组织相结合的监管模式。中国证券监督委员会（简称“证监会”）是我国政府的基金监管机构，采取检查、调查取证、限制交易、行政处罚等措施对基金市场进行监管；基金业协会为行业自律性组织，负责制定行业标准、业务规范、从业人员教育、业内交流等工作；证券交易所是证券市场的自律管理者，负责对在交易所进行的基金投资行为进行监管，同时负责基金的信息披露工作。

三、证券投资基金的分类

1. 依据法律形式的不同，基金分为契约型基金与公司型基金

契约型基金依据基金管理人、基金托管人之间签署的基金合同设立，合同规定了参与基金运作各方的权利与义务。基金投资者通过购买基金份额成为基金合同当事人，享受合同规定的权利，也需承担相应的义务。

公司型基金则为独立法人，依据基金公司章程设立，基金投资者是基金公司的股东，按持有股份比例承担有限责任，分享投资收益。

2. 依据运作方式的不同，可以将基金分为封闭式基金与开放式基金

封闭式基金的持有人不得在基金约定的运作期内赎回基金，即基金份额在合同期限内固定不变。开放式基金则可以在合同约定的时间和场所对基金进行申购或赎回，即基金份额不固定。封闭式基金适合资金可进行长期投资的投资者，开放式基金则更适合强调流动资金管理的投资者。

3. 依据投资对象可以将基金分为股票基金、债券基金、货币市场基金和混合基金等

根据中国证监会对基金类别的分类标准，股票基金为基金资产 80%以上投资于股票的基金。债券基金为基金资产 80%以上投资于债券的基金。仅投资于货币市场工具的为货币市场基金。混合基金是指投资于股票、债券和货币市场工具，但股票投资和债券投资的比例不符合股票基金、债券基金规定的基金。

4. 依据投资目标可以将基金分为增长型基金、收入型基金和平衡型基金

增长型基金主要投资于具有较好增长潜力的股票，投资目标为获得资本增值，较少考虑当期收入。收入型基金则更加关注能否取得稳定的经常性收入，投资对象集中于风险较低的蓝筹股、公司及政府债券等。平衡型基金集合了上述两种基金投资的目标，既关注是否能够获得资本增值，又关注收入问题。三者在风险与收益的关系上往往表现为：增长型基金风险>平衡型基金风险>收入型基金风险，增长型基金收益>平衡型基金收益>收入型基金收益。

5. 根据募集方式可以将基金分为私募基金和公募基金

私募基金采取非公开方式发售，面向特定的投资者，他们往往风险承受能力较高，单个投资者涉及的资金量较大。公募基金可以面向社会公众公开发售，募集对象不确定，投资金额较低，适合中小投资者。公募基金由于涉及的投资者数量较多，因此受到更加严格的监管并要求更高的信息透明度。

项目小结

学习完本节，应该能够了解投资管理的特点、分类和原则；明确项目投资和证券投资

的类型；熟知项目投资决策中的现金流量，掌握项目投资评价的各种方法；熟知证券投资的各种方法；根据实际情况，能够指导企业进行项目投资和证券投资。

主要概念

投资管理	现金流量	投资回收期	净现值
年金净流量	现值指数	内含收益率	债券投资
股票投资	基金投资		

推荐阅读

[1] 谭可心. 新时期地方经营性国有资产投资策略研究[J]. 财会通讯，2021,（24）：99-103.

[2] 廖宏斌，袁年兴. 工程项目投资决策的评价指标与评价方法[J]. 统计与决策，2021，37（14）：181-185.

[3] 刘淑春，闫津臣，张思雪，林汉川. 企业管理数字化变革能提升投入产出效率吗[J]. 管理世界，2021，37（5）：170-190+13.

[4] 韦德洪，范丽靖. 企业财务管理能力构成框架与评价指标构建[J]. 财会月刊，2021，（9）：48-55.

[5] 陈政. 投资项目风险测定与比较[J]. 统计与决策，2020，36（20）：185-188.

[6] 刘春慧，张倩，徐菁. 政府投资建设项目跟踪审计发现的问题及对策[J]. 财务与会计，2020,（11）：69-70.

[7] 段国圣，段胜辉. 年金投资管理：评价、问题与建议[J]. 保险研究，2020,（4）：3-15.

[8] 张萍香. 企业项目投资决策净现值法研究[J]. 重庆理工大学学报（自然科学），2020，34（2）：252-258.

博学增信

凡视，上于面则敖，下于带则忧，倾则奸。

——《礼记·曲礼》

眼睛是心灵的窗户。与人对坐时，如何调整视线，才能表现对他人的尊重？视线若高于面颊，则为傲慢之相；视线若低于腰部，则含忧虑之心；若左右斜视，则似心术不正。

习题与实训

一、单项选择题

1. 对于两个寿命期相同、原始投资额现值不同的互斥投资方案，最为适用的决策指标是（　　）。

A. 净现值　　B. 内含收益率　　C. 年金净流量　　D. 动态投资回收期

2. 下列投资决策方法中，最适用于项目寿命期不同的互斥投资方案决策的是（　　）。

A. 净现值法　　B. 静态回收期法　　C. 年金净流量法　　D. 动态回收期法

3. 某投资项目只有第一年年初产生现金净流出，随后各年均产生现金净流入，且其动态回收期短于项目的寿命期，则该投资项目的净现值（　　）。

A. 大于 0　　B. 小于 0　　C. 等于 0　　D. 无法判断

4. 已知某投资项目的原始投资额现值为 100 万元，净现值为 25 万元，则该项目的现值指数为（　　）。

A. 0.25　　B. 0.75　　C. 1.05　　D. 1.25

5. 某投资项目各年现金净流量按 13%折现时，净现值大于零；按 15%折现时，净现值小于零。则该项目的内含收益率一定是（　　）。

A. 大于 14%　　B. 小于 14%　　C. 小于 13%　　D. 小于 15%

6. 某投资项目需在开始时一次性投资 50 000 元，其中固定资产投资 45 000 元，营运资金垫支 5 000 元，没有建设期。各年营业现金净流量分别为 10 000 元、12 000 元、16 000 元、20 000 元、21 600 元、14 500 元，则该项目的静态投资回收期是（　　）年。

A. 3.35　　B. 3.40　　C. 3.60　　D. 4.00

7. 采用静态回收期法进行项目评价时，下列表述错误的是（　　）。

A. 若每年现金净流量不相等，则无法计算静态回收期

B. 静态回收期法没有考虑货币时间价值

C. 若每年现金净流量相等，则静态回收期等于原始投资额除以每年现金净流量

D. 静态回收期法没有考虑回收期后的现金流量

8. 下列各项因素，不会对投资项目内含收益率指标计算结果产生影响的是（　　）。

A. 原始投资额　　B. 资本成本　　C. 项目计算期　　D. 现金净流量

9. 当折现率为 10%时，某项目的净现值为 500 万元，则说明该项目的内含收益率（　　）。

A. 高于 10%　　B. 低于 10%　　C. 等于 10%　　D. 无法确定

10. 某投资方案本年营业收入为 240 万元，营业成本为 170 万元，其中折旧为 70 万元，所得税税率为 25%，则该方案本年营业现金净流量为（　　）万元。

A. 70　　B. 122.5　　C. 75　　D. 85

11. 某公司计划投资建设一条新生产线，投资总额为 60 万元，预计新生产线投产后每年可为公司新增净利润 4 万元，生产线的年折旧额为 6 万元，则该投资的静态回收期为（　　）年。

A. 5　　B. 6　　C. 10　　D. 15

12. 下列各项中，属于证券资产的系统性风险的是（　　）。

A. 破产风险　　B. 违约风险　　C. 公司研发风险　　D. 再投资风险

13. 对债券持有人而言，债券发行人无法按期支付债券利息或偿付本金的风险是（　　）。

A. 流动性风险　　B. 系统性风险　　C. 违约风险　　D. 购买力风险

14. 下列关于风险的表述，不正确的是（　　）。

A. 利率风险属于系统性风险　　B. 购买力风险属于系统性风险

C. 违约风险不属于系统性风险　　D. 破产风险不属于非系统性风险

15. 根据债券估价基本模型，不考虑其他因素的影响，当市场利率上升时，固定利率债券价值的变化方向是（　　）。

A. 不变　　B. 不确定　　C. 下降　　D. 上升

16. 债券内在价值计算公式中不包含的因素是（　　）。

A. 债券市场价格　　B. 债券面值　　C. 债券期限　　D. 债券票面利率

17. 某公司当期每股股利为3.30元，预计未来每年以3%的速度增长，假设投资者的必要收益率为8%，则该公司每股股票的价值为（　　）元。

A. 41.25　　B. 67.98　　C. 66.00　　D. 110.00

18. 某公司股票的当前市场价格为10元/股，今年发放的现金股利为0.2元/股（D_0=0.2），预计未来每年股利增长率为5%，则该股票的内部收益率为（　　）。

A. 0.071　　B. 0.07　　C. 0.05　　D. 0.02

19. 基金发起人在设立基金时，规定了基金单位的发行总额，筹集到这个总额后，基金即宣告成立，在一定时期内不再接受新投资，这种基金被称为（　　）。

A. 契约型基金　　B. 公司型基金　　C. 封闭式基金　　D. 开放式基金

20. 某基金全部投资中，10%投资于股票，5%投资于短期国债，85%投资于公司债券。该基金被认定为（　　）。

A. 货币市场基金　　B. 股票基金　　C. 债券基金　　D. 混合基金

二、多项选择题

1. 购买固定资产属于（　　）。

A. 项目投资　　B. 直接投资　　C. 间接投资　　D. 对内投资

2. 与股票投资相比，债券投资的优点有（　　）。

A. 本金安全性好　　B. 投资收益率高　　C. 购买力风险低　　D. 收入稳定性强

3. 下列各项中，属于证券资产特点的有（　　）。

A. 可分割性　　B. 高风险性　　C. 强流动性　　D. 持有目的多元性

4. 在考虑所得税影响的情况下，下列可用于计算营业现金净流量的算式中，正确的有（　　）。

A. 税后营业利润+非付现成本

B. 营业收入−付现成本−所得税

C.（营业收入−付现成本）×（1−所得税税率）

D. 营业收入×（1−所得税税率）+非付现成本×所得税税率

5. 下列投资项目财务评价指标中，考虑了货币时间价值因素的有（　　）。

A. 静态回收期　　B. 净现值　　C. 内含收益率　　D. 现值指数

6. 下列投资决策评价指标中，其数值越大越好的指标有（　　）。

A. 净现值　　B. 回收期　　C. 内含收益率　　D. 净现值率

7. 以下指标中，考虑了全部项目现金净流量的有（　　）。

A. 内含收益率　　B. 净现值　　C. 年金净流量　　D. 动态投资回收期

8. 下列各项中，会随着折现率的下降而上升的指标是（　　）。

A. 动态回收期　　B. 净现值　　C. 内含收益率　　D. 现值指数

9. 某项目需要在第一年年初投资 76 万元，寿命期为 6 年，每年年末产生现金净流量 20 万元。已知（P/A, 14%, 6）=3.888 7，(P/A, 15%, 6)=3.784 5。若公司根据内含收益率法认定该项目具有可行性，则该项目的必要投资收益率不可能为（　　）。

A. 16%　　B. 13%　　C. 14%　　D. 15%

10. 在下列各项中，影响债券收益率的有（　　）。

A. 债券的票面利率、期限和面值　　B. 债券的持有时间

C. 债券的买入价和卖出价　　D. 债券的流动性和违约风险

三、判断题

1. 对内投资都是直接投资，对外投资不一定都是间接投资。（　　）

2. 投资项目是否具有财务可行性，完全取决于该项目在整个寿命周期内获得的利润总额是否超过整个项目的投资成本。（　　）

3. 净现值法可直接被用于对寿命期不同的互斥投资方案进行决策。（　　）

4. 对单个投资项目进行财务可行性评价时，利用净现值法和现值指数法所得出的结论是一致的。（　　）

5. 在独立投资方案决策中，只要方案的现值指数>0，方案就具有财务可行性。（　　）

6. 两种股票构成的资产组的预期收益率是这两种股票预期收益率的加权平均数，其权数为两种股票在组合中的价值比重。（　　）

7. 在固定资产投资决策中，当税法规定的净残值和预计净残值不同时，终结期现金流量的计算一般应考虑所得税的影响。（　　）

8. 在债券持有期间，当市场利率上升时，债券价格一般会随之下跌。（　　）

9. 假设其他条件不变，市场利率变动，债券价格反方向变动，即市场利率上升，债券价格下降。（　　）

10. 由于债券的面值、期限和票面利息通常是固定的，因此债券给持有者所带来的未来收益仅仅为利息收益。（　　）

四、计算题

1. 现有两个方案需要决策：

资料一：A 方案投资额为 3 000 万元，没有残值，直线法计提折旧，期限是 3 年，建设期是 0，税后营业利润是 1 000 万元，税后营业利润每年增加 20%。

资料二：B 方案投资额为 5 000 万元，期限是 5 年，直线法计提折旧，没有残值，营业收入为 3 500 万元，付现成本为 800 万元，垫支营运资金是 500 万元，期末收回。

资料三：企业使用的所得税税率是 25%，折现率为 8%，已知：（P/F, 8%, 3）=0.793 8，（P/F, 8%, 4）=0.735 0，（P/F, 8%, 5）=0.686 0；（P/A, 8%, 3）=2.577 1，（P/A, 8%, 4）=3.312 1，（P/A, 8%, 5）=3.992 7。要求：

（1）计算 A 方案的每年的营业现金流量、净现值、现值指数。

（2）计算 B 方案原始投资额、第一年到第四年的现金净流量、第五年的现金净流量、净现值。

（3）分别计算两个方案的年金净流量，判断选择哪个方案。

2. 乙公司为了扩大生产能力，拟购买一台新设备，该投资项目相关资料如下：

资料一：新设备的投资额为 1 800 万元，经济寿命期为 10 年。采用直线法计提折旧，预计期末净残值为 300 万元。假设设备购入即可投入生产，不需要垫支营运资金，该企业计提折旧的方法、年限、预计净残值等与税法规定一致。

资料二：新设备投资后第 1～6 年每年为企业增加营业现金净流量 400 万元，第 7～10 年每年为企业增加营业现金净流量 500 万元，项目终结时，预计设备净残值全部收回。

资料三：假设该投资项目的折现率为 10%，已知：$(P/F, 10\%, 4) = 0.683$，$(P/F, 10\%, 6) = 0.564\,5$，$(P/F, 10\%, 10) = 0.385\,5$；$(P/A, 10\%, 4) = 3.169\,9$，$(P/A, 10\%, 6) = 4.355\,3$，$(P/A, 10\%, 10) = 6.144\,6$。要求：

（1）计算项目静态投资回收期。

（2）计算项目净现值。

（3）评价项目投资可行性并说明理由。

3. 已知：某公司发行票面金额为 1 000 元、票面利率为 8%的 3 年期债券，该债券每年计息一次，到期归还本金，当时的市场利率为 10%。

要求：

（1）计算该债券的价值。

（2）假定投资者甲以 940 元的市场价格购入该债券，准备一直持有至期满，若不考虑各种税费的影响，计算内部收益率。

4. 乙公司拟用 2 000 万元进行证券投资，并准备长期持有。其中，1 200 万元购买 A 公司股票，800 万元购买 B 公司债券，有关资料如下：

（1）目前无风险收益率为 6%，市场平均收益率为 16%，A 公司股票的 β 系数为 1.2。

（2）A 公司当前每股市价为 12 元。预计未来每年的每股股利均为 2.7 元。

（3）B 公司债券的必要收益率为 7%。

要求：

（1）利用资本资产定价模型计算 A 公司股票的必要收益率。

（2）计算 A 公司股票的价值，并据以判断 A 公司股票是否值得购买。

（3）计算乙公司证券投资组合的必要收益率。

5. 甲企业计划利用一笔长期资金购买股票。现有 M 公司股票和 N 公司股票可供选择，甲企业只准备投资一家公司股票。已知 M 公司股票现行市价为每股 2.5 元，今年发放的每股股利为 0.25 元，预计以后每年以 6%的增长率增长。N 公司股票现行市价为每股 7 元，今年发放的每股股利为 0.6 元，股利分配政策将一贯坚持固定股利政策。

若无风险利率为 4%，股票市场平均收益率为 10%。M 公司股票的 β 系数为 2，N 公司股票的 β 系数为 1.5。

要求：

（1）利用股票估价模型，分别计算 M、N 公司股票价值。

（2）替甲企业做出股票投资决策。

项目五

营运资金管理

学习目标

知识学习目标

1. 熟悉营运资金的概念及其在企业经营中的重要性；
2. 熟悉营运资金的管理策略；
3. 了解企业持有现金的动机及各种动机对企业现金需求量的影响；
4. 掌握目标现金余额确定的方法；
5. 了解应收账款的功能和成本；
6. 掌握企业信用政策制定的方法；
7. 熟悉企业应收账款的监控和日常管理；
8. 掌握存货的成本构成和最优存货量的确定；
9. 掌握短期借款和商业信用的融资方式。

技能训练目标

1. 能够用正确的价值观引领企业的营运资金管理工作；
2. 会判断企业营运资金管理策略中流动资产的投资和融资策略；
3. 会预测企业的最佳现金持有量；
4. 用现金日常管理方法和现金管理模式指导企业的现金管理；
5. 能够结合企业销售情况制定合理的应收账款信用政策；
6. 有效管理企业的应收账款；
7. 会运用最优存货量的确定，管理和控制企业存货；
8. 会管理流动负债。

导入案例

齐鲁公司 20×1 年召开年度财务总结会议，财务经理在会议上对本年财务工作进行了总结，他说："今年的财务工作总体上按照原定计划完成，为了配合公司扩大生产，我们实施了新的财政政策。在资金筹集方面，通过各种筹资方式，资金筹集总量同比增长了10%。其中，流动资金借款比上年同比增长了 15%，不仅满足了流动资金的需要，还购买了一部分机器设备。"

"销售方面：销售收入同比增长了 20%，其中赊销同比增长了 30%，利润总额同比增长了 15%，但同时财务方面的一些问题也逐渐暴露了出来，主要是企业流动资金的周转速度放慢了。原因有两个：一是为了保证生产，增加了现金、存货的准备；二是为了扩大销售额放宽了赊销的信用政策，导致应收账款的增加，回收率同比下降了 3%。这样一来，公司虽然利润增加了，但是现金增加却很少。”

“明年是公司的还款高峰期，如果不进行财务政策的改革，保持较好的财务政策，即使公司的产品很受欢迎，订单很多，公司也将面临前所未有的财务困境，所以要求大家积极发表自己的见解，提供合理化的建议和意见，使公司尽快地渡过难关……”

如果你是公司的财务人员，通过财务经理的讲话，你能说出这个公司目前在营运资金管理中存在的问题吗？你能提出合理化的建议吗？

任务一 认知营运资金管理

任务描述

认识营运资金的内涵、特点、营运资金的周转和管理原则，能够判断企业营运资金管理策略的流动资产投资和流动资产筹资采取的策略及其风险和收益。

业务一 了解营运资金

业务描述

认识营运资金的内涵、特点、营运资金的周转和管理原则。

相关知识

认识营运资金

营运资金管理是企业对流动资产及流动负债的管理，一个企业要想维持正常的运转就必须拥有适量的营运资金。因此，营运资金管理是企业日常财务管理的重要组成部分，通过高效的营运资金管理可以最大限度地提高企业资金的使用效率和资产收益率，并最大限度地降低企业的经营风险和财务风险。营运资金管理通常主要包括现金管理、应收账款管理、存货管理和流动负债管理四部分内容。

一、营运资金的内涵

营运资金（又称营运资本）是指企业投入日常经营活动（营运活动）的资本。营运资金有狭义和广义之分，狭义的营运资金是指企业流动资产减去流动负债后的余额；广义的营运资金是指企业生产经营过程中占用在流动资产上的资金，是企业流动资产的总额。经营中，营运资金通常指的是狭义的营运资金概念。用公式表示如下：

营运资金=流动资产−流动负债

流动资产是指企业能够在一年以内或者超过一年的一个营业周期内实现或者运用的资产，流动资产具有周转快、易变现和企业占用周期短的特点。因为流动资产易变现和周转快的特点，拥有较多流动资产的企业，比同类拥有较少流动资产的企业具有较低的财务风险。流动资产主要包括货币资金、交易性金融资产、应收票据、应收账款和存货等项目。

流动负债是指需要在一年或者超过一年的一个营业周期内偿还的债务。流动负债又称短期负债，具有低成本、偿还期短的特点，需要合理的规划管理。否则，会因企业资金链断裂，给企业带来较大的财务风险。流动负债主要包括短期借款、应付票据、应付账款、应付职工薪酬、应交税费等项目。

二、营运资金的特点

1. 营运资金周转期较短

企业占用在流动资产上的资金通常会在一年或一个营业周期内收回，说明营运资金可以通过商业信用、短期借款等短期筹资方式来获取。

2. 营运资金数量的波动性

企业的流动资产和流动负债容易受到经营中内外部条件的影响，在经营周期中，营运资金数量的波动往往较大。

3. 营运资金来源具有多样性

营运资金的需求保障既可以通过短期筹资方式，也可以通过长期筹资方式解决，如短期借款、商业信用、应交税费、应付职工薪酬等。

4. 营运资金的实物形态具有变动性和易变现性

企业营运资金的实物形态按照现金、材料、在产品、产成品、应收账款、现金的顺序转化。并且，非现金形态的营运资金如存货、应收账款、短期有价证券等流动资产也具有较强的变现能力。

三、营运资金的周转

营运资金的周转，是指企业的营运资金从现金投入生产经营开始，到最终转化为现金为止的过程。按照企业生产要素的形式，主要包括以下三个方面。

（1）应收账款周转期，是指将应收账款转化为现金所需要的时间。

（2）存货周转期，是指将原材料转化成产成品并出售所需要的时间。

（3）应付账款周转期，是指从收到尚未付款的材料开始到现金支出之间所用的时间。

四、营运资金的管理原则

1. 合理确定营运资金的需求数量

企业营运资金的需求数量与企业生产经营活动直接相关，当企业处于经营繁荣期时，流动资产和流动负债都会相应地增加；当企业处于经营衰退期时，流动资产和流动负债也会相应减少。因此，企业财务人员要根据企业经营周期的发展规律，认真分析企业的生产经营状况，采用科学的方法预测营运资金的需要数量，便于提高企业营运资金的运营效率。

2. 合理筹划营运资金的使用效率

在营运资金的日常管理中，企业必须正确处理生产经营需要和合理节约使用资金二者之间的关系。要在保证企业正常生产经营需要的前提下，遵守勤俭节约的原则，挖掘资金潜力，精打细算地使用资金，提高营运资金运营效率。企业在经营中可以采取缩短营业周期的方式，加速变现过程，加快营运资金周转。企业通过千方百计加速存货、应收账款等流动资产的周转，使用有限的资金，获取最优的经济效益。

3．确保企业足够的短期偿债能力

流动资产、流动负债及二者的关系能较好地反映企业的短期偿债能力。流动负债是在短期内需要偿还的债务，而流动资产是企业在短期内可以转化为现金的资产。因此，当企业的营运资金为正时，企业具有较强的短期偿债能力；反之，表明企业短期偿债能力较弱。假如企业的流动资产太多，流动负债太少，就会因流动资产闲置而导致流动负债利用不足的后果。根据惯例，流动资产是流动负债的2倍左右一般被认为是比较合理的。因此，在营运资金管理中，企业要合理安排流动资产和流动负债的比例关系，在保证企业足够偿债能力的情况下，节约使用资金。

业务二　熟悉营运资金管理策略

业务描述

掌握流动资产投资策略和流动资产筹资策略的运用。

相关知识

企业需要评估营运资金管理中的风险与收益，制定流动资产的投资策略和融资策略。财务管理人员在营运资金管理方面主要需要确定企业流动资产的需求数量以及如何为需要的流动资产融资。在企业的经营实践中，两项决策同时进行，相互影响。营运资金管理策略包括流动资产的投资策略和流动资产的筹资策略。

一、流动资产的投资策略

营运资金持有量的高低，影响着企业的收益和风险。确定营运资金的持有量，就是在收益和风险之间进行权衡与选择。具体来说，就是要确定一个既能维持企业正常生产经营活动，又能在减少或不增加风险的前提下，给企业带来尽可能多利润的营运资金水平。

流动资产的投资策略

营运资金持有量表现为实现一定数量的销售额所要求的营运资金数量。不同的营运资金数量体现不同的风险与收益的关系。企业营运资金投资策略可以划分为以下三种（见图5-1）。

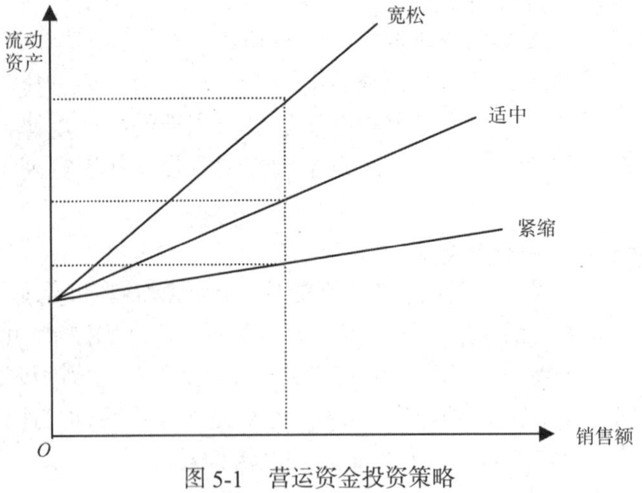

图5-1　营运资金投资策略

1. 紧缩的流动资产投资策略

紧缩的流动资产投资策略，是指企业用尽可能低的现金和小额的有价证券投资；保持较低的存货量；采取严格的销售信用政策或者禁止赊销。紧缩的流动资产投资策略，表现为较低的流动资产与销售收入比率，但同时伴随较高的运营风险。在企业维持低水平的流动资产与销售收入比率时，只要预期公司的流动性不会导致严重问题，该策略就能够为企业带来较高的收益。

2. 宽松的流动资产投资策略

宽松的流动资产投资策略，是指企业持有较多的现金和有价证券、充足的存货，提供给客户宽松的付款条件并保持较高的应收账款水平。宽松的流动资产投资策略，表现为安排较高的流动资产与销售收入比率，企业的运营风险较小，但同时也带来了较低的运营效率。

3. 适中的流动资产投资策略

适中的流动资产投资策略，是指按照预期的流动资产周转天数、销售额及其增长、成本水平和通货膨胀等因素确定的最优投资规模，合理安排流动资产投资。企业如何选择流动资产投资策略，取决于企业关键的决策者对企业风险和收益的权衡。

制定流动资产投资策略，首先，需要权衡的是资产的收益性与风险性。增加流动资产投资会增加流动资产的持有成本，降低资产的收益性，但会提高资产的流动性。反之，减少流动资产投资会降低流动资产的持有成本，增加资产的收益性，但资产的流动性会降低，短缺成本会增加。因此，从理论上来说，最优的流动资产投资应该是使流动资产的持有成本与短缺成本之和最低。

其次，制定流动资产投资策略时应充分考虑企业经营的内外部环境。通常，银行和其他借款人对企业流动性水平非常重视，因为流动性是金融机构确定信用额度和借款利率的主要依据之一。它们还会考虑应收账款和存货的质量，尤其是当这些资产被用来当作一项贷款的抵押品时更是如此。

最后，企业的流动资产投资策略往往还受产业因素的影响。在销售边际毛利润较高的产业，如果从额外销售中获得的利润超过额外应收账款所增加的成本，宽松的信用政策可能为企业带来更为可观的收益。流动资产占用具有明显的行业特征。在机械行业中，存货居于流动资产项目中的主要位置，通常占用全部流动资产的 50%左右。其他行业的流动资产占用往往与机械行业会有重大的不同。例如，在商业零售行业中，其流动资产占用要超过机械行业。

流动资产投资策略还受到企业正常决策者的影响。保守的决策者更倾向于宽松的流动资产投资策略，而风险承受能力较强的决策者则倾向于紧缩的流动资产投资策略。运营经理通常喜欢高水平的原材料，以便满足生产所需。销售经理喜欢高水平的产成品存货以便满足顾客的需要，而且喜欢宽松的信用政策以便刺激销售。相反，财务管理人员喜欢使存货和应收账款最小化，以便使流动资产融资的成本最低。

二、流动资产的融资策略

流动资产的融资策略

企业对流动资产的需求数量，一般会随着产品销售情况的变化而变化。例如，产品销售季节性很强的企业，当销售处于旺季时，流动资产的需求就会很多，有可能是平时的几倍；当销售处于淡季时，流动资产需求减弱，可能是平时的很少一部分；即使当销售处于最低水平时，也存在对流动资产最基本的需求。在企业经营状况不发生大的变化的情况下，流动资产最基本的需求具有一定的刚性和相对稳定性，这部分相对稳定的流动资产被称为永久性流动资产，主要指满足企业长期最低需求的流动资产，其占有量相对稳定；而对于那些由于季节性或临时性的原因而形成的流动资产，其占用量随当时的需求而波动，被称为波动性流动资产或临时性流动资产。

企业的流动负债根据负债形成的性质可以分为临时性流动负债和自发性流动负债。临时性流动负债，又称筹资性流动负债，是指为了满足临时性流动资金需要所发生的负债，如商业零售企业春节前为满足节日销售需要，超量购入货物而举借的短期银行借款。临时性负债一般只能供企业短期使用。自发性负债，又称经营性流动负债，是指直接产生于企业持续经营中的负债，如商业信用筹资和日常运营中产生的其他应付款，以及应付职工薪酬、应付利息、应交税费等，自发性负债可供企业长期使用。

通常，永久性流动资产相对稳定，需要通过长期负债融资或权益性资金融通；而波动性部分的融资则相对灵活，最经济的办法是通过低成本的短期融资解决，如采用1年期以内的短期借款或发行短期融资券等融资方式。融资决策主要取决于管理者的风险导向。此外，它还受短期、中期、长期负债利率差异的影响。根据资产的期限结构与资金来源的期限结构的匹配程度差异，流动资产的融资策略可以划分为期限匹配型融资策略、保守型融资策略和激进型融资策略三种基本类型。

1. 期限匹配型融资策略

期限匹配型融资策略，是指企业在融资中尽可能贯彻融资的匹配原则，永久性流动资产和非流动资产以长期融资方式（长期负债或股东权益）融通，波动性流动资产用短期来源融通。融资的匹配原则，不仅适用于流动资金融资，而且适用于长期资本融资，具有普遍的适应性。资金来源的有效期与资产的有效期的匹配，只是战略性的观念匹配，而不要求实际金额完全匹配。企业的融资数量反映了当时的流动资产的波动性、流动资产的持有数量，以及收益和风险居中。

2. 保守型融资策略

保守型融资策略，是指企业在融资中短期负债只满足部分临时性流动资产的资金需要，另一部分临时性流动资产和长期资产，则由长期资金来支持。通常最小限度地使用短期融资，流动比率较高，具有较高融资成本，收益与风险较低，如果长期负债以固定利率为基础，而短期融资方式以浮动或可变利率为基础，则利率风险可能降低。因此，保守型融资策略是一种风险和收益均较低的融资策略。

3. 激进型融资策略

激进型融资策略，是指短期负债不仅要满足临时性流动资产的资金需要，而且要解决部分永久性流动资产的资金需要。该策略使用更多的短期融资、更低的融资成本，具有较低的流动比率和更高的流动性风险。因此，激进型融资策略是一种收益性和风险性均较高的融资策略。

当企业遇到经济衰退、竞争环境恶化、业绩惨淡的经营年度，企业销售下跌时，存货将不会那么快地转换为现金，从而产生现金短缺、无法按时支付应付账款、销售下降、企业利润降低的现象。在这种情况下，企业希望与银行重新签订短期融资协议，银行可能会向企业索要更高的利率，从而导致企业在关键时刻难以筹集到急需的资金。当企业依靠大量的短期负债来解决资金困难时，会导致每年都必须更新短期负债协议，产生更大的风险。通过协议弱化这种风险，企业可以采用多年期（通常为 3～5 年）滚动信贷协议，允许企业以短期为基础进行借款，这种借款协议不像传统的短期借款那样会降低流动比率。

任务二 掌握现金管理

任务描述

了解企业持有现金的动机及它们对企业现金需求量的影响；掌握确定最佳现金持有量的方法；熟悉现金的日常管理和现金管理模式。

业务一 了解现金持有动机

业务描述

认识企业持有现金的动机，对三种动机进行比较分析。

相关知识

现金管理的目的是在保证企业生产经营活动所需现金的同时，节约使用资金，在资产的流动性和盈利能力之间做出抉择，以获取更多的长期利润。通常，企业的库存现金是没有收益的，而企业的银行存款利息率也远远低于企业的资本利润率。现金节余过多，会降低企业的收益；但现金太少，又有可能会出现现金短缺，影响生产经营活动。现金管理应力求做到在较少闲置资金的基础上，增加收益，降低风险。

【议一议】

企业经营过程中为什么要保留一定量的现金？现金持有量多少才合适？是否越少越好？

一、交易性需求

交易性需求，也称支付性需求，是指满足企业日常交易目的而持有现金，如用于支付职工工资、购买原材料、缴纳税款、支付股利、偿还到期债券等。企业在日常经营活动中，每天发生的现金流入量与现金流出量在数量上通常都存在一定的差额，因此，企业必须持有一定数量的现金才能满足企业日常交易活动的正常运行。

二、预防性需求

预防性需求，是指出于应付意外事件而持有的现金。例如，为了应付自然灾害、生产事故、意外发生的财务困难等原因而持有的现金。持有一定数量的预防性现金，可以减少企业的财务风险。预防性需求现金持有量的多少依据以下三个因素进行估计：①现金收支预测的准确程度；②企业承担风险的程度；③企业筹措临时资金的能力。

三、投机性需求

投机性需求，是指出于投机获利的目的而持有现金。例如，在证券市场价格剧烈波动时进行证券投机所需要的现金，为了能随时购买到偶然出现的廉价原材料或资产而准备的现金等。投机是为了获利，同时也会承担较大的风险，所以企业应当在正常现金需要量的基础上追加一定数量的投机性现金余额，不能用企业正常交易活动所需的现金进行投机活动。投机性现金的持有量主要取决于企业对待投机的态度以及企业在市场上投机机会的多少。

企业的现金持有量一般小于三种需求下的现金持有量之和，因为为某一需求持有的现金还可以被用于满足其他需求。

业务二　掌握最佳现金持有量

业务描述

掌握确定最佳现金持有量的方法。

相关知识

最佳现金持有量又称最佳现金余额，是指使现金既能满足生产经营需要，又能使现金使用效率和效益最高时的现金最低持有量。确定最佳现金持有量的模式主要有成本模式、存货模式、随机模式、现金周转模式四种。

一、成本模式

成本模式强调的是，持有现金是有成本的。最佳现金持有量是使得现金持有成本最低时的现金持有量。成本模式考虑的现金持有总成本由以下成本构成。

1. 管理成本

企业持有现金，会发生与之相关的管理费用，如管理人员工资、安全措施费等。这些费用是因管理现金而产生的成本。一般认为管理成本是一种固定成本，它在一定范围内与现金持有量之间无明显的比例关系。

2. 机会成本

现金的机会成本是指企业因持有一定现金余额丧失的再投资收益。再投资收益是企业不能同时用该现金进行有价证券投资所产生的机会成本，这种成本在数额上等于资金成本。例如，某企业的资本成本率为 8%，年均持有现金 100 万元，则该企业每年持有现金的机会成本为 8（=100 × 8%）万元。放弃的再投资收益即机会成本属于变动成本，它与现金持有量的多少密切相关，即现金持有量越大，机会成本越大，反之就越小。

3. 短缺成本

现金的短缺成本，是指企业因缺乏必要的现金，难以应对业务需要，而不得不使企业蒙受损失或为此付出的代价。现金的短缺成本随现金持有量的增加而下降，随现金持有量的减少而上升。

成本模式是根据持有现金的相关成本，分析预测其总成本最低时现金持有量的一种方法。其计算公式为：

最佳现金持有量下的现金持用总成本=min（管理成本+机会成本+短缺成本）

其中，管理成本属于固定成本；机会成本与现金持有量呈正相关；短缺成本同现金持有量呈负相关。这些成本同现金持有量之间的关系可以通过图 5-2 表示。

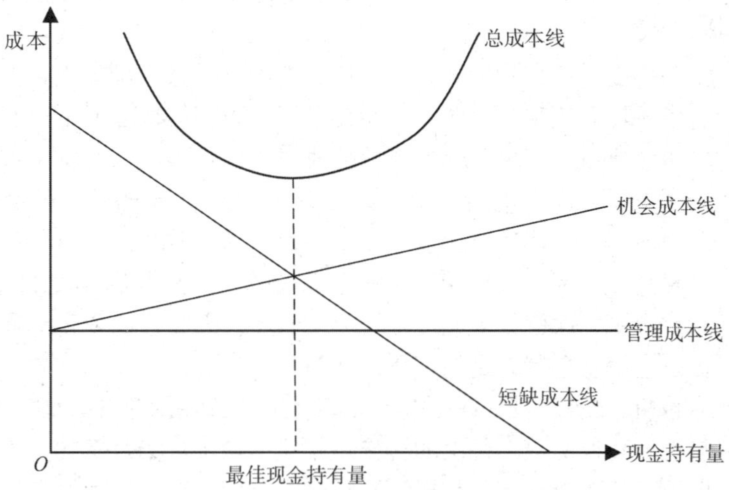

图 5-2 成本模式的现金持有成本

从图 5-2 中可以看出，由于管理成本、机会成本和短缺成本与现金持有量的变动关系不同，使得现金持有总成本呈抛物线形。抛物线的最低点为成本最低点，该点对应的现金持有量为最佳现金持有量。具体步骤为：

（1）根据不同现金持有量测算并确定有关成本数值；

（2）按照不同现金持有量及其相关成本资料编制最佳现金持有量测算表；

（3）在测算表中找出现金持有总成本最低时的现金持有量，即最佳现金持有量。

【例 5-1】某公司现有 A、B、C、D 四种现金持有方案，有关成本资料如表 5-1 所示。

表 5-1 现金持有方案

方 案	现金持有量（元）	机会成本率（%）	管理成本（元）	短缺成本（元）
A	10 000	12	2 000	4 500
B	20 000	12	2 000	3 500
C	30 000	12	2 000	1 000
D	40 000	12	2 000	0

这四种方案的现金持有总成本计算结果如表 5-2 所示。

表 5-2 现金持有总成本 单位：元

方 案	现金持有量	机会成本	管理成本	短缺成本	总成本
A	10 000	1 200	2 000	4 500	7 700
B	20 000	2 400	2 000	3 500	7 900
C	30 000	3 600	2 000	1 000	6 600
D	40 000	4 800	2 000	0	6 800

通过分析比较各方案的总成本可知，C 方案的总成本最低，因此 30 000 元是该企业的最佳现金持有量。

二、存货模式

存货模式

企业持有较多现金时，在降低现金短缺成本的同时，又会增加现金占用的机会成本；企业持有较少现金时，虽能减少现金占用的机会成本，但也会增加现金的短缺成本。如果企业平时只持有较少的现金，在有现金需要时，通过出售有价证券换回现金（或从银行借入现金），既能满足现金的需要，避免短缺成本，又能减少机会成本。因此，适当的现金与有价证券之间的转换，是企业提高资金使用效率的有效途径。当企业平时保留较多现金时则转换次数少，保留较少现金则转换次数多。因此，合理确定有价证券与现金的每次转换量，可以应用现金持有量的存货模式解决。

将有价证券转换为现金所付出的代价（如支付手续费用）被称为现金的交易成本。现金的交易成本与现金转换次数、每次的转换量相关。假定现金每次的交易成本是固定的，在企业一定时期现金使用量确定的前提下，每次以有价证券转换回的现金越多，企业平时持有的现金就越多，转换的次数就越少，现金的交易成本就越低；反之，每次转换回的现金越少，企业平时持有的现金量就越少，转换的次数就越多，现金的交易成本就越高。可见，现金交易成本与持有量成反比。现金的交易成本与现金的机会成本所组成的现金持有总成本曲线，如图 5-3 所示。

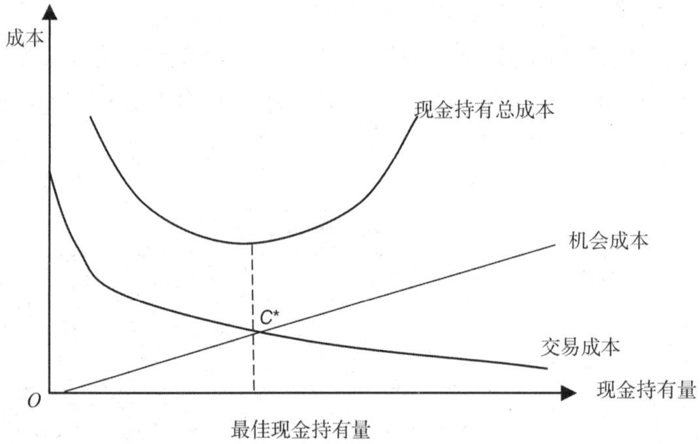

图 5-3　存货模式的现金持有成本

企业确定现金最佳持有量的存货模式，是将存货经济订货批量模式的原理用于确定目标现金余额的模式，其着眼点也是现金持有总成本最低。

运用存货模式确定目标现金余额时，是以下列假设为前提的：

（1）企业所需要的现金可通过证券变现取得，且证券变现的不确定性很小。

（2）企业预算期内现金需要总量可以预测。

（3）现金的支出过程比较稳定、波动较小，而且每当现金余额降至零时，均可通过部分证券变现得以补足。

（4）证券的利率或收益率以及每次的固定性交易费用可以获悉。

如果这些条件基本得到满足，企业便可以利用存货模式来确定最佳现金持有量。

最佳现金持有量即现金持有总成本最低的现金持有量。设 T 为一定时期内现金需求总量；F 为每次有价证券转换的固定成本；C 为最佳现金持有量；K 为持有现金的机会成本率；TC 为现金持有总成本；则：

机会成本=平均现金持有量×机会成本率=（$C/2$）·K

交易成本=（T/C）·F

现金持有总成本=机会成本+交易成本

即 TC=（$C/2$）·K+（T/C）·F

现金持有总成本与持有现金的机会成本和交易成本的关系，从图 5-3 中可知，总成本受现金持有量的影响，企业持有现金越多，机会成本越高，有价证券的转换次数越少，交易成本越低；反之，持有现金越少，机会成本越低，有价证券的转换次数越多，交易成本越高。由此可知，机会成本与现金持有量成正比，交易成本与现金持有量成反比。

当机会成本=交易成本时，（$C/2$）·K=（T/C）·F，现金持有总成本最低，此时的现金持有量为最佳现金持有量，以 C^*表示。

整理可得：

$$最佳现金持有量\ C^* = \sqrt{(2TF)/K}$$

$$相关总成本\ \mathrm{TC} = \sqrt{2TFK}$$

$$有价证券的交易次数\ N = \sqrt{(TK)/2F}$$

有价证券交易周期=360/N

【例 5-2】齐鲁公司现金收支平稳，预计全年（以 360 天计）需要量为 40 万元，现金与有价证券每实现一次转换发生交易费用 200 元，持有现金的机会成本率为 10%。要求利用存货模式确定最佳现金持有量、最低相关总成本、机会成本、交易成本、交易次数及有价证券交易周期。

解：

（1）最佳现金持有量 $C^* = \sqrt{(2TF)/K} = \sqrt{(2\times 400\,000\times 200)/10\%} = 40\,000$（元）

（2）最低相关总成本 $\mathrm{TC} = \sqrt{2TFK} = \sqrt{2\times 400\,000\times 200\times 10\%} = 4\,000$（元）

机会成本=（$C/2$）·K=（40 000÷2）×10%=20 000×10%=2 000（元）

交易成本=（T/C）·F=（400 000÷40 000）×200=2 000（元）

交易次数=400 000÷40 000=10（次）

（3）交易间隔周期=360÷10=36（天）

存货模式确定最佳现金持有量建立在未来期间现金流量稳定均衡且呈周期性变化的基础之上。在实际工作中，准确预测现金流量不易做到。通常，在预测值与实际发生值相差不是太大时，实际持有量可在上述公式确定的最佳现金持有量基础上，稍微再提高一些。

【练一练】

元天公司预计全年需要现金 200 000 元，每次通过与有价证券进行转换需支付的固定性交易费用为 15 元，持有现金的机会成本率为 12%，则最佳现金持有量是多少？此时的现金持有相关总成本是多少？

三、随机模式

企业经营中的现金流量往往具有很大的不确定性。假定每日现金流量的分布接近正态分布，每日现金流量可能低于也可能高于期望值，其变化是随机的。由于现金流量波动是随机的，只能对现金持有量确定一个控制区域，定出上限和下限。当企业现金余额在上限和下限之间波动时，这表明企业现金持有量处于合理的水平，无须进行调整。当现金余额达到上限时，则将部分现金转换为有价证券；当现金余额下降到下限时，则卖出部分证券。

随机模式

图 5-4 显示了现金管理的随机模式（米勒–奥尔模型），该模式有两条控制线和一条回归线。最低控制线 L 取决于模型之外的因素，其数额是由现金管理部门在综合考虑短缺现金的风险程度、企业借款能力、企业日常周转所需资金、银行要求的补偿性余额等因素的基础上确定的。回归线 R 可按下列公式计算：

$$R=\sqrt[3]{\frac{3b\delta^2}{4i}}+L$$

式中，b 表示证券转换为现金或现金转换为证券的成本；δ 表示企业每日现金流量变动的标准差；i 表示有价证券的日利率。

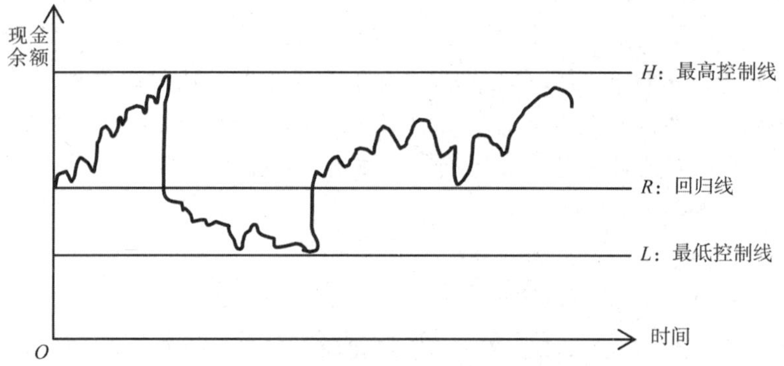

图 5-4　现金管理的随机模式

最高控制线 H 的计算公式为：

$$H=3R-2L$$

【例 5-3】 某企业确定其持有现金最低值应为 10 000 元，预估计企业每日现金流量标准差 δ 为 1 000 元，有价证券的年利息率为 10.8%，证券转换为现金的成本为 100 元。根据该模式，可求得：

有价证券的日利息率=10.8%÷360=0.03%

$$R=\sqrt[3]{\frac{3b\delta^2}{4i}}+L=\sqrt[3]{\frac{3\times100\times1\,000^2}{4\times0.03\%}}+10\,000=6\,300+10\,000=16\,300(\text{元})$$

$H=3R-2L=3\times16\,300-2\times10\,000=28\,900$（元）

该企业目标现金余额为 16 300 元。若现金持有额达到 28 900 元，则买进 12 600（=28 900–16 300）元的有价证券；若现金持有额降至 10 000 元，则卖出 6 300（=16 300–10 000）元的有价证券。

运用随机模式求现金最佳持有量符合随机思想，即企业现金支出是随机的，流入是无法预知的，所以，适用于所有企业现金最佳持有量的测算。另外，随机模式建立在企业的现金未来需求总量和收支不可预测的前提下，计算出来的现金持有量比较保守。

四、现金周转模式

现金周转模式是以现金周转期来确定最佳现金持有量的模式。它是现金从投入生产经营到最终再转化为现金的一个全过程，为准确地计算现金周转期提供了有效的依据。企业的经营周期是指从取得存货开始到销售存货并收回现金为止的时期。其中，从收到原材料，加工原材料，形成产成品，到将产成品卖出的这一时期，被称为存货周转期；产品卖出后到收到顾客支付的货款的这一时期，被称为应收账款周转期。同时，企业购买原材料并不用立即付款，这一延迟的付款时间段就是应付账款周转期。现金周转期，是指介于企业支付现金与收到现金之间的时间段，它等于经营周期减去应付账款周转期，如图 5-5 所示。

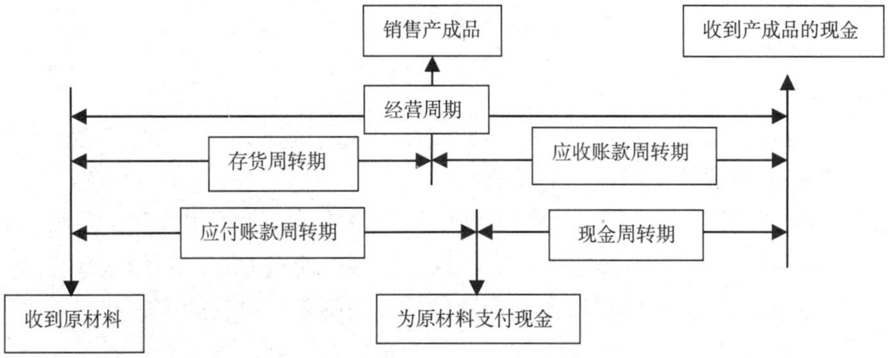

图 5-5 现金周转期

影响现金周转期的因素主要有三点：

（1）存货周转期=存货平均余额/每天的销货成本。

（2）应收账款周转期=应收账款平均余额/每天的销货收入。

（3）应付账款周转期=应付账款平均余额/每天的购货成本。

现金周转期可以被用来计算最佳现金持有量，主要步骤如下：

1. 确定现金周转期

经营周期=存货周转期+应收账款周转期

现金周转期=存货周转期+应收账款周转期–应付账款周转期

=经营周期–应付账款周转期

2. 确定现金周转次数（率）

现金周转次数（率）=360/现金周转期

3. 确定最佳现金持有量

最佳现金持有量=年现金总需求量/现金周转次数（率）

【例 5-4】假设某公司预计全年需要资金 900 万元，预计存货周转期为 80 天，应收账款周转期为 40 天，应付账款周转期为 40 天，如何确定现金持有量。

解：
现金周转期=80+40−40=80（天）
现金周转次数=360 ÷ 80=4.5（次）
最佳现金持有量=900 ÷ 4.5=200（万元）

业务三　熟悉现金管理模式和方法

业务描述

熟悉企业的现金日常管理和现金管理模式。

相关知识

一、现金日常管理

（一）收款管理

1．收款成本

一个高效率的收款系统能够使收款成本和收款浮动期达到最小，同时能够保证与客户汇款及其他现金流入来源相关的信息的质量。

收款成本包括浮动期成本，管理收款系统的相关费用（如银行手续费）及第三方处理费用或清算相关费用。在获得资金之前，应收款在途项目使企业无法利用这些资金，也会产生机会成本。信息的质量包括收款方得到的付款人的姓名、付款的内容和付款时间。信息要及时、准确地到达收款方，以便收款人及时处理资金，做出发货的安排。

2．收款浮动期

收款浮动期是指从支付开始到企业收到资金的时间间隔。收款浮动期主要是由纸基（又称纸质）支付工具导致的，它有下列三种类型。

（1）邮寄浮动期：从付款人寄出支票到收款人或收款人的处理系统收到支票的时间间隔。

（2）处理浮动期：支票的接受方处理支票和将支票存入银行以收回现金所花的时间。

（3）结算浮动期：通过银行系统进行支票结算所需的时间。

3．收款方式的改善

电子支付方式相比于纸基支付方式是一种改进。电子支付方式具有以下优势。

（1）结算时间和资金可用性可以预计；

（2）向任何一个账户或任何金融机构的支付具有灵活性，不受人工干扰；

（3）客户的汇款信息可与支付同时传送，更容易更新应收账款；

（4）客户的汇款从纸基方式转向电子方式，减少或消除了收款浮动期，降低了收款成本，收款过程更容易控制，并且提高了预测精度。

（二）付款管理

现金支出管理的主要任务和目标是在合理合法的范围内，在不损害企业信誉的情况下，尽可能延缓现金的支出时间。

1. 使用现金浮游量

现金浮游量是指由于企业提高收款效率和延长付款时间所产生的企业账户上的现金余额和银行账户上的企业存款余额之间的差额。

2. 推迟应付款的支付

推迟应付款的支付是指企业在不影响自己信誉的前提下，充分运用供货方所提供的信用优惠，尽可能地推迟应付款的支付期。

3. 汇票代替支票

支票支付方式基本上等价于现金支付，而采用汇票（分为商业承兑汇票和银行承兑汇票）支付一般并不是见票即付，这样可以推迟企业支付汇票的时间。因此，供应商并不喜欢汇票的付款方式，银行也不喜欢处理汇票。与支票相比，汇票通常会消耗更多的人力，银行会收较高的手续费。

4. 改进员工工资支付模式

企业为支付工资可以专门设立一个工资账户，通过银行直接向员工支付工资。为了尽可能地减少工资账户的存款余额，按照工资支付的具体时间向银行账户拨付款项。

5. 争取现金流出与现金流入同步

企业应尽量使现金流出与流入同步，这样，就可以降低交易性现金余额，同时可以减少有价证券转换为现金的次数，提高现金的利用效率，节约转换成本。

6. 使用零余额账户

企业与银行合作，保持一个主账户和一系列子账户。企业只在主账户保持一定的安全储备，而在一系列子账户不需要保持安全储备，被称为零余额账户。当从某个子账户签发的支票需要现金时，所需要的资金立即从主账户划拨过来，从而使更多的资金可以用作他处。

二、现金管理模式

（一）“收支两条线”管理模式

1. 企业实行“收支两条线”管理模式的目的

企业作为追求价值最大化的营利组织，实施“收支两条线”管理模式主要出于两个目的：第一，对企业范围内的现金进行集中管理，减少现金持有成本，加速资金周转，提高资金使用效率；第二，以实施“收支两条线”管理模式为切入点，通过高效的价值化管理来提高企业效益。

2.“收支两条线”管理模式的构建

构建企业“收支两条线”管理模式，可从规范资金的流向、流量和流程三个方面入手。

（二）集团企业资金集中管理模式

集团企业下属机构多，地域分布广，如果子、分公司多头开户，资金存放分散，会大大降低资金的使用效率。通过资金的集中管理、统一筹集、合理分配、有序调度，能够降低融资成本，提高资金使用效率，确保集团战略目标的实现，实现整体利益的最大化。

资金集中管理，也称司库制度，是指集团企业借助商业银行网上银行功能及其他信息技术手段，将分散在集团各所属企业的资金集中到总部，由总部统一调度、统一管理和统一运用。它主要包括资金集中、内部结算、融资管理、外汇管理、支付管理等内容，资金集中是基础。现行的资金集中管理模式大致可以分为统收统支模式、拨付备用金模式、结算中心模式、内部银行模式、财务公司模式5种。

1. 统收统支模式

统收统支模式，指企业的一切现金收入都集中在集团总部的财务部门，各分支机构或子公司不单独设立账号，一切现金支出都通过集团总部财务部门付出，现金收支的批准权高度集中。统收统支模式有利于企业集团实现全面收支平衡，提高资金的周转效率，减少资金沉淀，监控现金收支，降低资金成本。然而，该模式不利于调动成员企业开源节流的积极性，影响成员企业经营的灵活性，以致降低整个集团经营活动和财务活动的效率，而且在制度的管理上欠缺一定的合理性，总部财务部门的工作量很大。该模式适用于规模比较小的企业。

2. 拨付备用金模式

拨付备用金模式是指集团按照一定的期限统拨给所有所属分支机构或子公司备其使用的一定数额的现金。各分支机构或子企业发生现金支出后，持相关凭证到集团财务部门报销以补足备用金。拨付备用金模式相比于统收统支模式具有一定的灵活性，但这种模式也通常适用于那些经营规模比较小的企业。

3. 结算中心模式

结算中心通常是集团企业内部设立的办理内部各成员现金收付和往来结算业务的专门机构。结算中心通常设于财务部门内，是一个独立运行的职能机构。结算中心是集团企业发展到一定阶段，应企业内部资金管理需求而生的一个内部资金管理机构，是根据集团财务管理和控制的需要在集团内部设立的，为成员企业办理资金融通和结算，以降低企业成本、提高资金使用效率的服务机构。结算中心帮助企业集中管理各分公司、子公司的现金收入和支出。分公司、子公司收到现金后就直接转账存入结算中心在银行开立的账户。当需要资金的时候，再进行统一的拨付，有助于企业监控资金的流向。

4. 内部银行模式

内部银行是将社会银行的基本职能与管理方式引入企业内部管理机制而建立起来的一种内部资金管理机构，它将企业管理、金融信贷和财务管理三者融为一体，一般是将企业的自有资金和商业银行的信贷资金统筹运作，在内部银行统一调剂、融通运用。通过吸纳企业下属各单位闲散资金，调剂余缺，减少资金占用，加速资金周转速度，提高资金使用效率、效益。内部银行通常具有三大职能：结算、融资信贷和监督控制。内部银行模式一般适用于具有较多责任中心的企事业单位。

5. 财务公司模式

财务公司是一种经营部分银行业务的非银行金融机构，它一般是集团企业发展到一定水平后，需要经过人民银行审核批准才能设立的。其主要职责是开展集团内部资金集中结算，同时为集团成员企业提供包括存贷款、融资租赁、担保、信用鉴证、债券承销、财务顾问等在内的全方位金融服务。集团设立财务公司是把一种市场化的企业关系或银企关系引入集团资金管理中，使得集团各子公司具有完全独立的财权，可以自行经营自身的现金，对现金的使用行使决策权。另外，集团对各子公司的现金控制是通过财务公司进行的，财务公司对集团各子公司进行专门约束，而且这种约束建立在各自具有独立的经济利益基础上。集团公司经营者（或最高决策机构）不再直接干预子公司的现金使用和取得。

三、现金管理方面

1. 制度管理

企业在进行现金管理中，首先要遵守国家现金管理的有关规定。国家关于现金的管理制度主要包括现金的使用范围、库存现金的限额、现金的存取规定等。其次要建立企业内部关于现金管理的制度。企业内部现金管理制度包括专人管理制度、现金登记制度、内部审计制度。

2. 预算管理

以资金预算作为管理现金活动的标准，主要包括现金收入管理、现金支出管理、现金余额管理等内容。利用预算管理能够提高企业的整体管理水平。

3. 收支管理

收支管理主要包括两方面内容：一是加速收款，采取一些技术手段尽量使现金回收的时间缩短；二是控制现金支出，在不影响企业信誉的情况下，尽可能推迟款项的支付，利用银行存款的浮游量。

任务三 掌握应收账款管理

任务描述

了解应收账款的作用和成本，掌握企业信用政策制定的方法，熟悉企业应收账款的日常管理措施。

业务一 了解应收账款的作用和成本

业务描述

理解企业赊销业务形成应收账款的作用，掌握应收账款的成本：机会成本、管理成本和坏账成本。

相关知识

应收账款是指企业对外销售商品、提供劳务等所形成的应收未收的销售款，是企业流动资产的重要组成部分。企业通过提供商业信用，采取赊销、分期付款等方式扩大销售，增强竞争力，获取利润。应收账款作为企业扩大销售和盈利的一项投资，会发生一定的成本，企业在经营中需要对应收账款增加的盈利和所增加的成本之间做出权衡，对于应收账款的管理主要是分析企业赊销的条件，使赊销带来的盈利增加大于应收账款投资产生的成本增加，最终使企业现金收入增加，提升企业价值。

一、应收账款的作用

1. 扩大销售

赊销是激烈市场竞争环境下的一种促销方式，开展赊销业务的企业，实际上是向客户提供了两项交易：①向顾客销售产品；②在一定的时间内向顾客提供资金。虽然赊销仅仅是影响销售量的因素之一，但在银根紧缩、市场疲软、资金匮乏的情况下，赊销的促销作用是十分明显的。特别是在企业销售新产品、开拓新市场时，赊销对促进企业销售具有重要意义。

提供赊销所增加的产品一般不增加固定成本，因此，赊销所增加的收益等于增加的销量与单位边际贡献的乘积，计算公式如下：

增加的收益=增加的销售量×单位边际贡献

2．减少库存

企业持有过多的产成品存货，需要追加管理费、仓储费和保险费等支出；相反，企业持有应收账款，则没有上述支出。因此，当企业产成品存货较多时，一般都可以采用较为优惠的信用条件进行赊销，把存货转化为应收账款，减少产成品存货，节约相关的开支。

二、应收账款的成本

应收账款具有积极的促进销售和减少存货的功能，同时，也要付出相应的成本。主要包括机会成本、管理成本和坏账成本。

1．机会成本

应收账款会占用企业一定量的资金，如果企业没有把部分资金投放在应收账款上，就可以将其用于其他投资并可能获得收益，例如，投资债券获得利息收入。企业因把资金投放于应收账款而放弃其他投资机会带来收益的成本，即企业的机会成本。因为企业把资金投放在应收账款上而丧失了其他收入，机会成本的大小通常与企业维持赊销业务所需要的资金数量（应收账款投资额）、资金成本率有关。

应收账款机会成本可通过以下公式计算得出：

应收账款平均余额=日赊销额×平均收账期

应收账款占用资金=应收账款平均余额×变动成本率

应收账款占用资金的应计利息（机会成本）

=应收账款占用资金（赊销业务所需资金）×资本成本率

=应收账款平均余额×变动成本率×资本成本率

=日销售额×平均收现期×变动成本率×资本成本率

=全年销售额/360×平均收现期×变动成本率×资本成本率

=（全年销售额×变动成本率）/360×平均收现期×资本成本率

=全年变动成本/360×平均收现期×资本成本率

式中，平均收账期一般按以客户各自赊销额占总赊销额比重为权数的所有客户收账天数的加权平均数计算；资金成本率一般可按有价证券利率计算。

【例5-5】齐鲁公司预测年度赊销额为6 000 000元，应收账款收账天数为30天，变动成本率为70%，资金成本率为10%，则该公司应收账款的机会成本可计算如下：

应收账款平均余额=6 000 000÷360×30=500 000（元）

维持赊销业务所需资金量=500 000×70%=350 000（元）

应收账款的机会成本=350 000×10%=35 000（元）

2．管理成本

管理成本是指企业对应收账款进行管理时所发生的费用支出。它主要包括对客户的资信调查费用；收集各种信息的费用；应收账款账簿记录费用；催收账款所发生的费用；其他用于应收账款的管理费用。

3．坏账成本

在企业的赊销业务中，债务人由于种种原因无力偿还债务，企业因应收账款无法收回而发生的损失，被称为坏账成本。该成本一般与应收账款数量同方向变动，即应收账款越多，坏账成本也越高。因此，为避免坏账发生给企业生产经营活动带来的不利影响，企业应提取合理的坏账准备。

坏账成本一般用下列公式计算：

$$应收账款的坏账成本=赊销额\times 预计坏账损失率$$

业务二 掌握企业的信用政策

业务描述

熟悉企业的信用标准、收账政策，掌握应收账款的信用条件。

相关知识

经营状况、产品定价、产品质量和信用政策等都是影响企业应收账款水平的主要因素。但除了信用政策外，其他因素基本上都不是财务经理所能控制的。信用政策包括信用标准、信用条件和收账政策三个方面。

一、信用标准

信用标准是指信用申请者获得企业提供信用所必须达到的最低信用水平，通常以预期的坏账损失率作为判别标准。如果企业执行的信用标准过于严格，可能会降低对符合可接受信用风险标准客户的赊销额，减少坏账损失，减少应收账款的机会成本，但不利于扩大企业销售量甚至会因此限制企业的销售机会；如果企业执行的信用标准过于宽松，可能会对不符合可接受信用风险标准的客户提供赊销，因此，会增加随后还款的风险并增加应收账款的管理成本与坏账成本。

1．信息来源

企业在进行信用分析时，必须考虑信息的类型、数量和成本。既可以从企业内部收集信息，也可以从企业外部收集信息。无论信用信息从哪里收集，都必须将成本与预期的收益进行对比。企业内部产生的最重要的信用信息来源是信用申请人执行信用申请（协议）的情况和企业自己保存的有关信用申请人还款历史的记录。企业可以使用各种外部信息来源来帮助其确定申请人的信誉。申请人的财务报表是该种信息的主要来源之一，由于可以将这些财务报表及其相关比率与行业平均数进行对比，因此，它们都提供了有关信用申请人的重要信息。获得申请人付款状况的第二个信息来源是一些商业参考资料或申请人过去获得赊购的供货商。另外，银行或其他贷款机构（如商业贷款机构或租赁公司）可以给申请人提供财务状况和可使用信用额度方面的标准化信息。一些地方性和全国性的信用评级机构会收集、评价和报告有关申请人信用状况的历史信息。这些信用报告包括诸如以下内容的信息：还款历史、财务信息、最高信用额度、可获得的最长信用期限和所有未了解的债务诉讼。

2．信用的定性分析

信用的定性分析是对申请人“质”的分析。常用的信用定性分析法是 5C 信用评价系统，即评估申请人信用品质的五个方面：品质、能力、资本、抵押和条件。

（1）品质（Character）：是指个人或企业申请人的诚实和正直表现，反映了申请人在过去还款中体现出的还款意图和愿望，是 5C 中最重要的因素。企业必须设法了解申请人过去的付款记录，看其是否有按期如数付款的一贯做法。

（2）能力（Capacity）：是指申请人的偿债能力。企业应着重了解申请人流动资产的数量、质量以及流动比率的高低，必要时还可实地考察申请人的日常运营状况。

（3）资本（Capital）：是指如果申请人当期的现金流不足以还债，申请人在短期和长期内可以使用的财务资源，反映对于负债的保障程度。企业资本雄厚，说明企业具有强大的物质基础和抗风险能力。

（4）抵押（Collateral）：是指当申请人不能满足还款条款时，可以用作债务担保的资产或其他担保物。信用分析必须分析担保抵押手续是否齐备、抵押品的估值和出售有无问题、担保人的信誉是否可靠等。

（5）条件（Condition）：是指影响申请人还款能力和意愿的各种外在因素。

3. 信用的定量分析

进行商业信用的定量分析可以从考察信用申请人的财务报表开始。通常使用比率分析法评价顾客的财务状况。常用的指标有：流动性和营运资本比率（如流动比率、速动比率以及现金对负债总额比率）、债务管理和支付比率（利息保障倍数、长期债务对资本比率、带息债务对资产总额比率，以及负债总额对资产总额比率），以及盈利能力指标（销售回报率、总资产回报率和净资产收益率）。

将这些指标和信用评级机构及其他协会发布的行业标准进行比较，可以观察申请人的信用状况。

诚信故事

2003 年，吴恒忠的儿子因车祸不幸去世，留下了近 20 万元的债务。吴恒忠含泪向债主承诺：“请你们放心，我一定想办法把儿子欠的债还清，决不赖账。”为了还债，他将 52 亩撂荒地开垦出来。只要有了一点儿积蓄，他就拿去还债。一位债主不忍心看到他如此辛苦，曾多次主动说不要他还钱了，吴恒忠却说：“借了钱就一定要还!”到 2013 年，吴恒忠用自己勤劳的双手为儿子还清了债务。

他的事迹感动了很多人，当地老百姓这样赞扬吴恒忠：“诚信老爹吴恒忠，信义无价美名扬。”2013 年，吴恒忠被评为第四届全国道德模范。

二、信用条件

信用条件是企业要求顾客支付赊销款项的条件，包括信用期限、折扣期限和现金折扣。折扣期限和现金折扣构成折扣条件。提供比较优惠的信用条件能增加销售量，但也会带来额外的负担，例如，会增加应收账款的机会成本、坏账成本、现金折扣成本等。

1. 信用期限

信用期限是企业允许顾客从购货到付款之间的时间，或者说是企业给予顾客的付款期限。例如，某企业允许顾客在购货后的 50 天内付款，则信用期为 50 天。信用期过短，不足以吸引顾客，在竞争中会使销售额下降；信用期延长，对销售额增加固然有利，但只顾及销售增长而盲目增加信用期，所得的收益有时会被增加的费用抵销，甚至造成利润减少。因此，企业必须慎重研究，规定恰当的信用期。

信用期的确定，主要是分析改变现行信用期对收入和成本的影响。延长信用期，会使销售额增加，产生有利影响；与此同时应收账款的机会成本、管理成本和坏账损失增加，产生不利影响。当前者大于后者时，可以延长信用期，否则不宜延长。如果缩短信用期，情况与此相反。

【例 5-6】齐鲁公司应收账款采用 30 天按发票金额付款的信用政策，拟将信用期放宽至 50 天，仍按发票付款，没有现金折扣。假如，其风险投资的最低收益率为 12%，其他有关数据如表 5-3 所示。

表 5-3　齐鲁公司信用期决策数据

信用期	30 天	50 天
销售量（件）	100 000	120 000
销售额（元）（单价为 5 元）	500 000	600 000
销售成本（元）	—	—
变动成本（元）（每件 4 元）	400 000	480 000
固定成本（元）	50 000	50 000
毛利（元）	50 000	70 000
可能发生的收账费用（元）	3 000	4 000
可能发生的坏账损失（元）	5 000	9 000

在分析时，先假设放宽信用期带来的盈利增加，然后计算增加的成本，最后根据两者的结果做出判断。

（1）增加的盈利。

增加的盈利=增加的销售量×单位边际贡献−增加的固定成本

=（120 000−100 000）×（5−4）−（50 000−50 000）=20 000（元）

（2）应收账款增加的机会成本。

$$30天信用期应计利息=\frac{500\ 000}{360}\times 30\times\frac{400\ 000}{500\ 000}\times 12\%=4\ 000(元)$$

$$50天信用期应计利息=\frac{600\ 000}{360}\times 50\times\frac{480\ 000}{600\ 000}\times 12\%=8\ 000(元)$$

改变信用期间增加的机会成本=8 000−4 000=4 000（元）

（3）增加的收账费用和坏账损失。

增加的收账费用=4 000−3 000=1 000（元）

增加的坏账损失=9 000−5 000=4 000（元）

（4）放宽信用期增加的税前损益。

放宽信用期增加的税前损益=增加的盈利−增加的成本费用

=20 000−（4 000+1 000+4 000）=11 000（元）

由于放宽信用期增加的税前收益大于 0，故应放宽信用期，即采用 50 天的信用期。

2．折扣条件

折扣条件包括折扣期限和现金折扣两个方面。折扣期限是为顾客规定的可享受现金折扣的付款时间。现金折扣是在顾客提前付款时给予的优惠。如果企业给顾客提供现金折扣，那么顾客在折扣期付款时少付的金额所产生的“成本”将影响企业收益。当顾客利用了企业提供的现金折扣，而现金折扣又没有促使销售额增长时，企业的净收益则会下降。当然，上述收入方面的损失可能会全部或部分地由应收账款持有成本的下降所补偿。

向顾客提供现金折扣的主要目的在于吸引顾客为享受优惠而提前付款、缩短企业的平均收款期。另外，现金折扣也能招揽一些视折扣为减价出售的顾客前来购货，借此扩大销售量。

现金折扣通常采用“5/10，3/20，*N*/30”的形式，5/10 表示 10 天内付款，可享受 5%的价格优惠，即只需支付原价的 95%，若原价为 10 000 元，只需支付 9 500 元。3/20 表示在 10 天到 20 天付款，可享受 3%的价格优惠，即只需支付原价的 97%，若原价为 10 000 元，只需支付 9 700 元。*N*/30 表示付款的最后期限为 30 天，此时付款无优惠，即按全价付款。

企业采用什么形式的现金折扣，要与信用期间结合起来考虑。无论是信用期间还是现金折扣，都能给企业带来收益，但也会增加成本。当企业给予顾客某种现金折扣时，应当对折扣所能带来的收益与成本进行权衡，择优决断。

三、收账政策

收账政策是指信用条件被违反时，企业采取的收款政策。企业如果采取较积极的收账政策，可能会减少应收账款投资，减少坏账损失，但会增加收账成本。如果采取较消极的收账政策，则会增加应收账款投资和坏账损失，但会减少收账费用。在实际工作中，企业可参照测算信用标准、信用条件的方法来制定信用政策。

业务三　掌握应收账款的监控

业务描述

掌握应收账款监控的方法。

相关知识

在实施信用政策时，企业应监督和控制每一笔应收账款和应收账款总额。例如，可以运用应收账款周转天数衡量企业需要多长时间收回应收账款，可以通过账龄分析表追踪每一笔应收账款，采用 ABC 分析法来确定重点监控的对象等。监督每一笔应收账款的理由是：第一，在开票或收款过程中可能会发生错误或延迟；第二，有些客户可能故意拖欠到企业采取追款行动才付款；第三，客户财务状况的变化可能会改变其按时付款的能力，并且需要缩减该客户未来的赊销额度。企业也必须对应收账款的总体水平加以监督，因为应收账款的增加会影响企业的流动性，还可能导致额外融资的需要。此外，应收账款总体水平的显著变化可能表明业务方面发生了改变，这可能影响企业的融资需要和现金水平。企业管理部门需要分析这些变化以确定其起因并采取纠正措施。可能引起重大变化的事件包括销售量的变化、季节性、信用标准政策的修改、经济状况的波动以及竞争对手采取的促销等行动。最后，对应收账款总额进行分析还有助于预测未来现金流入的金额和时间。

一、应收账款周转天数

应收账款周转天数或平均收账期是衡量应收账款管理状况的一种方法。应收账款周转天数提供了一个简单的指标，将企业当前的应收账款周转天数与规定的信用期限、历史趋势以及行业正常水平进行比较，可以反映企业整体的收款效率。然而，应收账款周转天数可能会被销售量的变动趋势和剧烈的销售季节性所破坏。

【例 5-7】齐鲁公司 20×1 年 3 月底应收账款平均余额为 280 000 元，信用条件为在 50 天内全额付清货款。过去三个月的赊销情况为：

1 月：80 000 元；

2 月：100 000 元；

3 月：120 000 元。

应收账款周转天数的计算为：

平均日销售额=（80 000+100 000+120 000）÷90=3 333.33（元）

应收账款周转天数=应收账款平均余额/平均日销售额=280 000÷3 333.33=84（天）

平均逾期天数的计算为：

平均逾期天数=应收账款周转天数−平均信用期天数=84−50=34（天）

二、账龄分析表

账龄分析表将应收账款划分为未到信用期的应收账款和以 30 天为间隔的逾期应收账款。企业既可以按照应收账款总额进行账龄分析，也可以分顾客进行账龄分析。账龄分析法可以确定逾期应收账款，随着逾期时间的增加，应收账款收回的可能性变小。假定信用期限为 30 天，表 5-4 中的账龄分析表反映出 37.5%的应收账款为逾期账款。

表 5-4 账龄分析表

账 龄	应收账款余额（元）	占应收账款总额的比例（%）
0 ~ 30 天	750 000	62.5
31 ~ 60 天	250 000	20.83
61 ~ 90 天	125 000	10.42
91 天以上	75 000	6.25
合计	1 200 000	100

账龄分析表比应收账款周转天数更能揭示应收账款的变化趋势，因为账龄分析表给出了应收账款分布的模式，而不仅仅是平均数。应收账款周转天数有可能与信用期限一致，但是有一些账户可能拖欠很严重。因此，应收账款周转天数不能明确地表现出账款拖欠情况。当各个月之间的销售额变化很大时，账龄分析表和应收账款周转天数都可能发出类似的错误信号。

三、应收账款账户余额的模式

账龄分析表可以被用于进一步建立应收账款余额的模式，是一项重要的现金流预测工具。应收账款账户余额的模式反映一定期间（如一个月）的赊销额，以及在发生赊销的当月月末及随后的各月尚未偿还的比例。企业收款的历史决定了其正常的应收账款余额的模式，企业管理部门通过将当前的模式和过去的模式进行对比来评价应收账款余额模式的变化。企业还可以运用应收账款账户余额的模式来调整应收账款金额水平、衡量应收账款的收账效率以及预测未来的现金流。

【例 5-8】 齐鲁公司 1 月的销售在 3 月末尚未收回的应收账款为 50 000 元，如表 5-5 所示。

表 5-5　各月销售及收款情况

单位：元

1 月销售额：	—	500 000
1 月收款（销售额的 10%）	0.1 × 500 000	50 000
2 月收款（销售额的 50%）	0.5 × 500 000	250 000
3 月收款（销售额的 30%）	0.3 × 500 000	150 000
收款合计：	—	450 000
1 月销售的尚未收回的应收账款	（1−0.1−0.5−0.3）× 500 000	50 000

计算未收回应收账款的另外一个方法是将销售 3 个月后未收回销售额的比例（10%）乘以销售额（250 000 元），即

$$10\% \times 500\,000=50\,000（元）$$

上述例子假设能按时收回应收账款。然而，在现实中，有一定比例的应收账款会逾期或者会发生坏账，只需对应收账款账户余额的模式稍做调整就可以反映这些项目。

四、ABC 分析法

ABC 分析法是现代经济管理中广泛应用的一种“抓重点、照顾一般”的管理方法，又称重点管理法，类似于存货的 ABC 管理法。它是将企业的所有欠款客户按其金额的多少进行分类排队，然后分别采用不同的收账策略的一种方法。它一方面能加快应收账款收回，另一方面能将收账费用与预期收益联系起来。它先按所有客户应收账款逾期金额的多少分类排队，并计算出逾期金额所占比重。对这三类不同的客户，应采取不同的收款策略。例如，逾期金额较大、时间较长的 A 类客户，可以发出措辞较为严厉的信件催收、派专人催收，或者委托收款代理机构处理，甚至可通过法律解决；对 B 类客户则可以多发几封信函催收，或者打电话催收；对于逾期金额较小、时间较短的 C 类客户只需要发出通知其付款的信函即可。

业务四　了解应收账款的日常管理

业务描述

熟悉应收账款的日常管理策略。

相关知识

应收账款的管理难度比较大，在确定合理的信用政策之后，还要做好应收账款的日常管理工作，包括对客户的信用调查和分析评价、应收账款的催收工作等。

一、调查客户信用

信用调查是指收集和整理客户的信用状况。信用调查是企业应收账款日常管理的基础，是正确评价客户信用的前提条件。企业对顾客进行信用调查主要有两种方式。

1. 直接调查

直接调查是指调查人员与被调查单位进行直接接触，通过当面采访、询问、观看等方式获取信用资料的一种方法。直接调查可以保证收集资料的准确性和及时性，但获得的往往是感性资料，若不能得到被调查单位的配合，则会使调查工作难以开展。

2. 间接调查

间接调查是以被调查单位以及其他单位保存的有关原始记录和核算资料为基础、通过加工整理获得被调查单位信用资料的一种方法。这些资料主要来自以下几个方面：

（1）财务报表。通过财务报表分析，可以基本掌握一个企业的财务状况和信用状况。

（2）信用评估机构。专门的信用评估部门，因为其评估方法先进、评估调查细致、评估程序合理，所以可信度较高。

（3）银行。银行是信用资料的一个重要来源，许多银行都设有信用部，为其顾客服务，并负责对其顾客信用状况进行记录、评估。但银行一般仅愿意将其资料在内部及同行间进行交流，而不愿向其他单位提供。

（4）其他途径。如财税部门、工商管理部门、消费者协会等机构都可能提供相关的信用状况资料。

二、评估客户信用

在收集好信用资料以后，就需要对这些资料进行分析、评价。企业一般采用“5C”系统来进行评价，并对客户信用进行等级划分。信用等级的划分方法，目前主要有两种。一种是三类九等，即将企业的信用状况分为 AAA、AA、A、BBB、BB、B、CCC、CC、C 九等，其中 AAA 为信用最优等级，C 为信用最低等级。另一种是三级制，即分为 AAA、AA、A 三个信用等级。

三、收账的日常管理

在应收账款发生后，企业应采取各种措施，尽量争取按期收回款项，否则会因拖欠时间过长而发生坏账，使企业蒙受损失。因此，企业必须在对收账的收益与成本进行比较分析的基础上，制定切实可行的收账政策。通常企业可以采取寄发账单、电话催收、派人上门催收、法律诉讼等方式催收应收账款，然而催收账款要发生费用，某些催款方式的费用还会很高。一般来说，收账的花费越大，收账措施越有力，可收回的账款越多，坏账损失就越小。因此制定收账政策，又要在收账费用和所减少坏账损失之间做出权衡。制定有效、得当的收账政策在很大程度上靠的是有关人员的经验。从财务管理的角度讲，也有一些数量化的方法可供参照。根据应收账款总成本最小化的原则，可以通过比较各收账方案成本的大小来加以选择。

四、应收账款保理

应收账款保理，是指销售方将现在或将来与买方（债务人）订立的货物销售（服务）合同所产生的应收账款转让给保理商，由保理商提供下列服务中的至少两项：贸易融资、销售账户管理、应收账款的催收、信用风险控制与坏账担保。保理是一项综合性的金融服务方式，与单纯的融资或收账管理有本质的区别。

应收账款保理是指企业将赊销形成的未到期应收账款，在满足一定条件的情况下转让给保理商，以获得流动资金，加快资金的周转。保理可以分为有追索权保理（非买断型）和无追索权保理（买断型）、明保理和暗保理、折扣保理和到期保理。

有追索权保理指供应商将债权转让给保理商，供应商向保理商融通货币资金后，如果购货商拒绝付款或无力付款，保理商有权向供应商要求偿还预付的货币资金，如果购货商破产或无力支付，只要有关款项到期未能收回，保理商都有权向供应商进行追索，因而保理商具有全部"追索权"，这种保理方式在我国采用较多。无追索权保理是指保理商将销售合同完全买断，并承担全部的收款风险。

明保理是指保理商和供应商需要将销售合同被转让的情况通知购货商，并签订保理商、供应商、购货商之间的三方合同。暗保理是指供应商为了避免让客户知道自己因流动资金不足而转让应收账款，并且不将债权转让情况通知客户，货款到期时仍由销售商出面催款，再向银行偿还借款。

折扣保理又称融资保理，即在销售合同到期前，保理商将剩余未收款部分先预付给销售商，一般不超过全部合同额的 70%～90%。到期保理是指保理商并不提供预付账款融资，而是在赊销到期时才支付，届时不管货款是否收到，保理商都必须向销售商支付货款。

应收账款保理对于企业而言，其财务管理作用主要体现在以下几个方面。

（1）融资功能。应收账款保理，其实质也是一种利用未到期应收账款这种流动资产作为抵押从而获得银行短期借款的一种融资方式。对于那些规模小、销售业务少的企业来说，向银行贷款将会受到很大的限制，而自身的原始积累又不能支撑企业的高速发展，通过保理业务进行融资可能是企业较为明智的选择。

（2）减轻企业应收账款的管理负担。推行保理业务是市场分工思想的运用，面对市场的激烈竞争，企业可以把应收账款让与专门的保理商进行管理，使企业从应收账款的管理之中解脱出来，由专业的保理企业对销售企业的应收账款进行管理，它们具备专业技术人员和业务运行机制，会详细地对销售客户的信用状况进行调查，建立一套有效的收款政策，及时收回账款，使企业减轻财务管理负担，提高财务管理效率。

（3）减少坏账损失、降低经营风险。企业只要有应收账款就有可能发生坏账，以往应收账款的风险都是由企业单独承担，而采用应收账款保理后，一方面可以提供信用风险控制与坏账担保，帮助企业降低其客户违约的风险；另一方面可以借助专业的保理商去催收账款，能够在很大程度上降低坏账发生的可能性，有效地控制坏账风险。

（4）改善企业的财务结构。应收账款保理业务是将企业的应收账款与货币资金进行置换。企业通过出售应收账款，将流动性稍弱的应收账款置换为具有高度流动性的货币资金，增强了企业资产的流动性，提高了企业的债务清偿能力。

任务四 掌握存货管理

任务描述

认识存货管理的目标和存货的成本；掌握最优存货量经济订货模型和保险储备模型；

熟悉存货的控制系统。

业务一 熟悉存货管理的目标和存货的成本

业务描述

了解存货管理的目标和存货成本的构成。

相关知识

存货是指企业在正常生产经营过程中持有以备出售的产成品或商品，仍然处于生产过程中的产品，在生产过程或提供劳务过程中消耗的材料、物料等。存货是反映企业流动资金运作情况的“晴雨表”，往往成为少数人用来调节利润、偷逃国家税费的“调节器”。其在企业营运资金中占有很大比重，而且又是流动性较差的流动资产。

存货管理是对企业的存货进行管理，主要包括存货的信息管理和在此基础上的决策分析，最后进行有效控制，实现通过存货管理提高企业经济效益的目的。进行存货管理的主要目的是要控制存货水平，在充分发挥存货功能的基础上，降低存货成本。

一、存货管理的目标

1．保证生产经营活动正常进行

生产过程中需要的原材料和在产品，是生产的物质保证。为保障生产的正常进行，必须储备一定量的原材料，否则可能会造成生产中断、停工待料的现象。尽管当前部分企业的存货管理已经实现计算机自动化管理，但要实现存货为零的目标实属不易。

2．利于销售

存货储备能够增加企业在生产和销售方面的机动性和适应市场变化的能力。当企业市场需求量增加时，若产品储备不足就有可能失去销售良机。同时，由于顾客为节约采购成本和其他费用，一般可能成批采购；企业为了达到运输上的最优批量也会组织成批发运。因此，保持一定量的存货是有利于市场销售的。

3．维持均衡生产，降低产品生产成本

有些企业产品属于季节性产品或者需求波动较大的产品，若根据需求状况组织生产，则可能有时生产能力得不到充分利用，有时又超负荷生产，造成产品成本的上升。为了降低生产成本，实现均衡生产，就要储备一定的产成品存货，并应相应地保持一定的原材料存货。

4．降低存货取得成本

当企业进行采购时，进货总成本与采购物资的单价和采购次数有密切的关系。而许多供应商为鼓励客户多购买其产品，往往在客户采购量达到一定数量时，给予价格折扣，所以企业通过大批量集中进货，既可以享受价格折扣，降低购置成本，也因减少订货次数，降低了订货成本，使总的进货成本降低。

5．防止意外事件的发生

企业在采购、运输、生产和销售过程中，都可能发生意料之外的事故，保持必要的存货保险储备，可以避免和减少意外事件的损失。

二、存货的成本

（一）取得成本

取得成本是指为取得某种存货而支出的成本，通常用 TC_a 来表示，其又分为订货成本和购置成本。

（1）订货成本。订货成本指取得订单的成本，如办公费、差旅费、邮资、电话费、运输费等支出。订货成本中有一部分与订货次数无关，如常设采购机构的基本开支等，被称为固定订货成本，用 F_1 表示；另一部分与订货次数有关，如差旅费、邮资等，被称为变动订货成本。每次变动的订货成本用 K 表示；订货次数等于存货年需要量 D 与每次进货量 Q 之商。订货成本的计算公式为：

$$订货成本=F_1+订货次数\times K=F_1+(D/Q)K$$

（2）购置成本。购置成本指为购买货物本身所支付的成本，即存货本身的价值，经常用数量与单价的乘积来确定。年需要量用 D 来表示，单价用 U 表示，于是购置成本为 DU。

存货的取得总成本 TC_a 等于固定订货成本、变动订货成本和购置成本的和。其公式为：

取得成本=订货成本+购置成本=固定订货成本+变动订货成本+购置成本

$$TC_a=F_1+(D/Q)K+DU$$

（二）储存成本

储存成本，是指企业为储存存货而发生的各种费用支出，包括仓储费、保管费、搬运费、保险费、存货占用资金支付的利息费、存货残损和变质损失等。通常用 TC_c 表示。

储存成本可以按照与储存数额的关系分为固定储存成本和变动储存成本两类。其中，固定储存成本与存货储存数额的多少没有直接联系，这类成本属于决策的无关成本，如仓库折旧、仓库职工的固定工资等，常用 F_2 表示；而变动储存成本则与存货储存数额成正比例变动关系，这类成本属于决策的相关成本，如存货资金的应计利息、存货的破损和变质损失、存货的保险费用等，单位变动储存成本用 K_c 表示。假设单位变动储存成本是固定的，则变动储存成本与订货批量同方向变化，而与订货次数成反方向变化。储存成本的计算公式为：

储存成本=固定储存成本+变动储存成本

$$TC_c=F_2+(Q/2)K_c$$

（三）缺货成本

缺货成本，是指由于存货供应中断而造成的损失，包括材料供应中断造成的停工损失、产成品库存缺货造成的拖欠发货损失和丧失销售机会的损失及造成的商誉损失等。如果生产企业以紧急采购代用材料解决库存材料中断之急，那么缺货成本表现为紧急额外购入成本。缺货成本用 TC_s 表示。

如果以 TC 来表示存货总成本，它的计算公式为：

$$TC=TC_a+TC_c+TC_s=F_1+(D/Q)K+DU+F_2+(Q/2)K_c+TC_s$$

企业存货的最优化，就是使企业的存货总成本 TC 值最小。

业务二　掌握最优存货量的确定

业务描述

掌握确定最优存货量的经济订货模型和保险储备模型。

相关知识

存货的决策涉及四项内容：决定进货项目、选择供应单位、决定进货时间和决定进货批量。按照存货管理的目的，需要通过合理的进货批量和进货时间，使存货的总成本最低，这个批量就是经济订货量或经济批量，主要采取经济订货模型加以计算。

一、经济订货模型

经济订货模型的假设包括：①存货总需求量是已知常数；②不存在订货提前期，即可以随时补充存货；③货物是一次性入库；④单位货物成本为常数，无批量折扣；⑤库存储存成本与库存水平呈线性关系；⑥货物是一种独立需求的物品，不受其他货物影响；⑦不允许出现缺货。其存货水平与订货如图 5-6 所示。

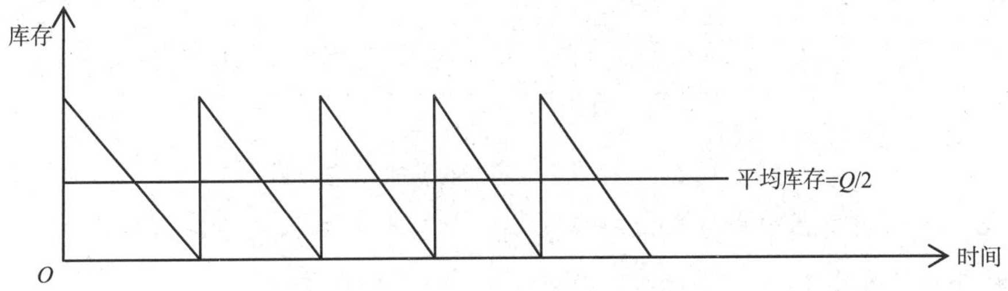

图 5-6　存货水平与订货

在上述假定条件下，由于存货单价不变（不存在数量折扣），与购置成本无关；不允许缺货，与缺货成本无关。这样，相关成本只有变动订货成本和变动储存成本。

$$\min(\text{存货相关总成本})=\min(\text{变动订货成本}+\text{变动储存成本})$$

$$\text{变动订货成本}=\text{年订货次数}\times\text{每次订货成本}=(D/Q)\times K$$

$$\text{变动储存成本}=\text{年平均库存}\times\text{单位储存成本}=(Q/2)\times K_c$$

式中，D 表示存货年需求量，Q 表示每次订货量，K 表示每次订货的变动成本，K_c 表示单位变动储存成本。

上述相关成本与进货批量的关系如图 5-7 所示。

由于变动订货成本与订货量反方向变化，变动储存成本与订货量正方向变化，因此，令二者相等，即可得出经济订货量的基本公式。

$$\text{变动订货成本}=\text{变动储存成本}$$

$$(D/Q)K=(Q/2)K_c$$

解出此时的 Q，即经济订货批量，用 EOQ 表示，计算可得：

$$\text{经济订货批量 EOQ}=\sqrt{2KD/K_c}$$

$$\text{每年最佳进货次数 } N=\sqrt{DK_c/2K}$$

最佳订货周期=360/N

由于存货是陆续耗用的，所以：

经济订货量平均占用资金=经济订货量/2×存货单价

与批量相关的存货总成本=变动订货成本+变动储存成本

$$=(D/Q)K+(Q/2)K_c$$

$$=\sqrt{2KDK_c}$$

在经济订货批量下，变动订货成本=变动存储成本=$\sqrt{2KDK_c}/2$

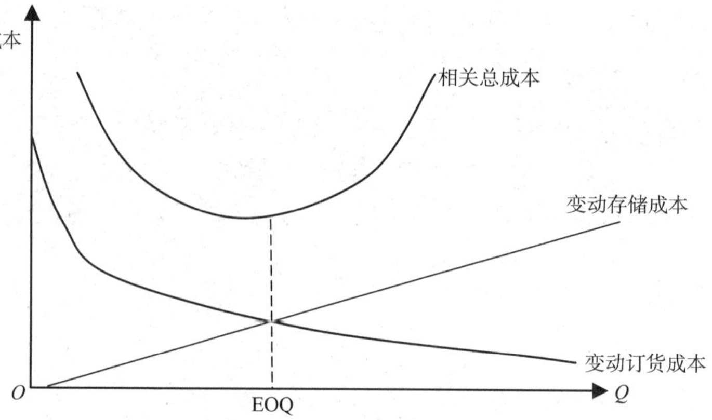

图 5-7 存货总成本与订货批量的关系

【例 5-9】齐鲁公司每年需消耗甲材料 72 000 千克，该材料的单位成本为 20 元/千克。单位变动储存成本为 4 元/千克，每次订货的变动成本为 40 元，则：

经济订货批量=$\sqrt{(2KD)/K_c}=\sqrt{(2\times 72\ 000\times 40)/4}$=1 200（千克）

每年最佳进货次数$(N)=\sqrt{(DK_c)/2K}=\sqrt{(72\ 000\times 4)/(2\times 40)}=60$（次）

最佳订货周期=360/N=360/60=6（天）

经济订货量平均占用资金=1 200/2×20=12 000（元）

与经济订货量相关的存货总成本=$\sqrt{2KDK_c}=\sqrt{2\times 40\times 72\ 000\times 4}$=4 800（元）

在经济订货批量下，变动订货成本=60×40=2 400（元），变动储存成本=1 200/2×4=2 400（元）。

二、保险储备模型

1. 保险储备的含义

按照某一订货量和再订货点发出订单后，如果需求增大或送货延迟，就会发生缺货或供货中断。为防止由此造成的损失，就需要多储备一些存货应急，这被称为保险储备。

2. 考虑保险储备的再订货点

再订货点 R=预计交货期内的需求+保险储备

=交货时间×平均日需求量+保险储备

3. 保险储备确定的方法：使保险储备的储存成本与缺货损失之和最小

保险储备的储存成本=保险储备×单位储存成本

缺货损失=每年订货次数×缺货数量×缺货概率×单位缺货损失

相关总成本=保险储备的储存成本+缺货损失

最佳保险储备=min（保险储备的储存成本+缺货损失）

比较不同保险储备方案下的相关总成本，选择最低者为最优保险储备。

【例 5-10】齐鲁公司计划年度耗用乙材料 100 000 千克，材料单价为 50 元，经济订货量为 25 000 千克，全年订货 4（=100 000/25 000）次，订货点为 1 200 千克。单位材料年储存成本为材料单价的 25%，单位材料缺货损失为 24 元。在交货期内，生产需要量及其概率如表 5-6 所示。

表 5-6 乙材料的生产需要量和概率

生产需要量（千克）	概 率
1 000	0.1
1 100	0.2
1 200	0.4
1 300	0.2
1 400	0.1

该公司最佳保险储备的计算如表 5-7 所示。

表 5-7 保险储备分析

保险储备量（千克）	缺货量（千克）	缺货概率	缺货损失（元）	保险储备的储存成本（元）	总成本（元）
0	0	0.1	0	—	—
	0	0.2	0	—	—
	0	0.4	0	—	—
	100	0.2	4×100×0.2×24=1 920	—	—
	200	0.1	4×200×0.1×24=1 920	—	—
			缺货损失期望值=3 840	0	3 840
100	0	0.1	0	—	—
	0	0.2	0	—	—
	0	0.4	0	—	—
	0	0.2	0	—	—
	100	0.1	4×100×0.1×24=960	—	—
			缺货损失期望值=960	100×50×0.25=1 250	2 210
200	0	0.1	0	—	—
	0	0.2	0	—	—
	0	0.4	0	—	—
	0	0.2	0	—	—
	0	0.1	0	—	—
			缺货损失期望值=0	200×50×0.25=2 500	2 500

从表 5-7 可以看出，当保险储备为 100 千克时，缺货损失与储存成本之和最低。因此，该企业保险储备量为 100 千克比较合适。例子说明了考虑交货期间生产需要量时的最佳保险储备量的确定方法。至于因延误供货引起的缺货，可以通过估计延误时间和平均每日耗用量来计算应增加的保险储备量。

业务三　熟悉存货的控制系统

业务描述

熟悉存货的 ABC 控制系统和适时制库存控制系统。

相关知识

存货管理不仅需要各种模型帮助确定适当的存货水平，还需要建立相应的存货控制系统。传统的存货控制系统有定量控制系统和定时控制系统两种。定量控制系统是指当存货下降到一定存货水平时即发出订货单，订货数量是固定的和事先决定的。定时控制系统是每隔一定的固定时期，无论现有存货水平多少，即发出订货申请。这两种系统都较简单和易于理解，但不够精确。现在许多大型企业都已采用了计算机存货控制系统。当存货数据输入计算机后，计算机即对这批货物开始跟踪。此后，每当有该货物被取出时，计算机就及时做出记录并修正库存余额。当存货下降到订货点时，计算机自动发出订单，并在收到订货时记下所有的库存量。计算机系统能对大量种类的存货进行有效管理，这也是大型企业愿意采用这种系统的原因之一。对于大型企业来说，其存货种类数以万计，要使用人力及传统方法对如此众多的库存进行有效管理，及时调整存货水平，避免出现缺货或浪费简直是不可能的，但计算机系统能做出迅速有效的反应。

伴随着业务流程重组的兴起以及计算机行业的发展，存货管理系统也得到了很大的发展。从物料资源规划（Material Requirement Planning，MRP）发展到制造资源规划（Manufacture Resource Plan，MRP-Ⅱ），再到企业资源规划（Enterprise Resource Planning，ERP），以及后来的柔性制造和供应链管理，甚至外包（Out-sourcing）等管理方法的快速发展，都大大提高了企业存货管理方法的发展。这些新的生产方式把信息技术革命和管理进步融为一体，提高了企业的整体运作效率。ABC 控制系统和适时制库存控制系统是两个典型的存货控制系统。

一、ABC 控制系统

ABC 分类管理，就是按照一定的标准，将企业的存货划分为 A、B、C 三类，分别实行分品种重点管理、分类别一般控制和按总额灵活掌握的存货管理方法。ABC 控制系统分类标准及其管理方法如表 5-8 所示。

表 5-8　ABC 控制系统分类标准及其管理方法

项　目	特　征	分类标准		管理方法
		金额（%）	品种数量（%）	
A 类	金额巨大，品种数量较少	50 ~ 70	10 ~ 15	分品种重点管理
B 类	金额一般，品种数量相对较多	15 ~ 20	20 ~ 25	分类别一般控制
C 类	品种数量繁多，价值金额却很小	10 ~ 35	60 ~ 70	按总额灵活掌握

分类标准主要有两个：一是金额标准；二是品种数量标准。其中金额标准是最基本的，品种数量标准仅作为参考。

二、适时制库存控制系统

适时制库存控制系统是指制造企业事先与供应商和客户协调好，只有当制造企业在生产过程中需要原料或零件时，供应商才会将原料或零件送来；而每当产品生产出来就交付给客户，从而使制造企业的库存水平大大下降。目前，已有越来越多的公司利用适时制库存控制系统减少甚至消除对库存的需求，即实行零库存管理，如沃尔玛、丰田、海尔等。适时库存控制系统进一步的发展被应用于企业整个生产管理过程中，集开发、生产、库存和分销于一体，大大提高了企业运营管理效率。

任务五 熟悉流动负债管理

任务描述

掌握短期借款的融资方式，并会正确计算实际利率；了解我国短期融资券的相关规定；能够合理应用商业信用的融资方式；熟悉流动负债的利与弊。

业务一 掌握短期借款的融资方式

业务描述

熟悉短期借款的信用条件，掌握短期借款实际利率的计算。

相关知识

流动负债主要由短期借款、短期融资券和商业信用三种方式，各种方式具有不同的获取速度、灵活性、成本和风险。这里先介绍短期借款。

一、短期借款的概念

短期借款是指企业向银行或其他金融机构借入的期限在 1 年以内（含 1 年）的各种借款。

目前，我国短期借款按照目的和用途分为生产周转借款、临时借款、结算借款、票据贴现借款等。按照国际惯例，短期借款往往按偿还方式不同分为一次性偿还借款和分期偿还借款；按利息支付方式不同分为收款法借款、贴现法借款和加息法借款；按有无担保分为抵押借款和信用借款。

短期借款可以随企业的需要进行安排，便于灵活使用，但其突出的缺点是短期内要归还，且可能会有很多附加条件。

二、短期借款的信用条件

银行等金融机构对企业贷款时，通常会附带一定的信用条件。短期借款所附带的一些信用条件主要有以下几种。

1．信贷额度

信贷额度及贷款限额，是借款企业与银行在协议中规定的借款最高限额，信贷额度的有效期限通常为1年。一般情况下，在信贷额度内，企业可以随时按需要使用借款。然而，银行并不承担必须支付全部信贷数额的义务。如果企业信誉恶化，即使在信贷额度内，企业也可能借不到款项。此时，银行不会承担法律责任。

2．周转信贷协定

周转信贷协定是银行具有法律义务地承诺提供不超过某一最高限额的贷款协定。在协定的有效期内，只要企业借款总额未超过最高限额，银行就必须满足企业任何时候提出的借款要求。企业要享用周转信贷协定，通常要就贷款限额的未使用部分向银行支付一笔承诺费。

【例5-11】某企业与银行商定的周转信贷额度为6 000万元，年度内实际使用了3 000万元，承诺率为0.5%，企业应向银行支付的承诺费为：

信贷承诺费=（6 000−3 000）×0.5%=15（万元）

周转信贷协定的有效期通常超过1年，但实际上贷款每几个月发放一次，所以这种信贷具有短期借款和长期借款的双重特点。

3．补偿性余额

补偿性余额是银行要求借款企业在银行中保持按贷款限额或实际借款额一定比例计算的最低存款余额。对于银行来说，补偿性余额有助于降低贷款风险，补偿其可能遭受的风险。补偿性余额提高了企业借款的实际利率，加重了企业的负担。

【例5-12】齐鲁公司向银行借款1 000万元，利率为6%，银行要求保留10%的补偿性余额，则企业实际可动用的贷款为900万元，该借款的实际利率为：

借款实际利率=（1 000×6%）÷900=6.67%

4．借款抵押

为了降低风险，银行发放贷款时往往需要有抵押品担保。短期借款的抵押品主要有应收账款、存货、应收票据、债券等。银行将根据抵押品面值的30%～90%发放贷款，具体比例取决于抵押品的变现能力和银行对风险的态度。

5．偿还条件

贷款的偿还有到期一次偿还和在贷款期内定期（每月、季）等额偿还两种方式。一般来讲，企业不希望采用后一种偿还方式，因为这会提高借款的实际年利率；而银行不希望采用前一种偿还方式，因为这会加重企业的财务负担，增加企业的拒付风险，同时会降低实际贷款利率。

6．其他承诺

银行有时还要求企业为取得贷款而做出其他承诺，如及时提供财务报表、保持适当的财务水平（如特定的流动比率）等。如果企业违背所做出的承诺，银行可要求企业立即偿还全部贷款。

三、短期借款的成本

短期借款成本主要包括利息、手续费等。短期借款成本的高低主要取决于贷款利率的高低和利息的支付方式。短期贷款利息的支付方式有收款法、贴现法和加息法三种，付息方式不同，短期借款成本计算也有所不同。

1. 收款法

收款法是在借款到期时向银行支付利息的方法。银行向企业贷款一般都采用这种方法收取利息。采用收款法时，短期贷款的实际利率就是名义利率。

2. 贴现法

银行借款利息的支付方式一般为利随本清法，又称收款法，即在借款到期时向银行支付利息。但有时银行要求采用贴现法，即银行向企业发放贷款时，先从本金中扣除利息，而到期时借款企业再偿还全部本金。采用该种方法，企业可利用的贷款额只有本金扣除利息的差额部分，从而提高了贷款的实际利率。

【例 5-13】齐鲁公司从银行取得借款 100 万元，期限为 1 年，利率为 8%，利息为 8 万元。按贴现法付息，该公司实际可动用的贷款为 92 万元，该借款的实际利率为：

借款实际利率=100×8%÷92=8%÷（1−8%）=8.7%

3. 加息法

加息法是银行发放分期等额偿还贷款时采用的利息收取方法。在分期等额偿还贷款情况下，银行将根据名义利率计算的利息加到贷款本金上，计算出贷款的本息和，要求企业在贷款期内分期偿还本息之和。由于贷款本金分期均衡偿还，借款企业实际上只平均使用了贷款本金的一半，却支付了全额利息。这样企业所负担的实际利率便要高出名义利率大约 1 倍。

【例 5-14】齐鲁公司借入名义年利率为 6%的贷款 100 000 元，分 12 个月等额偿还本息。该项借款的实际年利率为：

实际年利率=100 000×6%÷（100 000÷2）=12%

【议一议】

短期借款不同的信用条件和付息方式对短期贷款实际利率有什么影响？

业务二　了解短期融资券

业务描述

了解我国短期融资券的发行规定，在企业经营中能够合理应用。

相关知识

短期融资券，是由企业依法发行的无担保短期本票。在我国，短期融资券是指企业依照《银行间债券市场非金融企业债务融资工具管理办法》的条件和程序，在银行间债券市场发行和交易的，约定期限不超过 1 年的还本付息的有价证券。

一、发行短期融资券的相关规定

（1）发行人为非金融企业，发行企业均应经过在中国境内工商注册且具备债券评级能力的评级机构的信用评级，并将评级结果向银行间债券市场公示。

（2）发行和交易的对象是银行间债券市场的机构投资者，不向社会公众发行和交易。

（3）融资券的发行由符合条件的金融机构承销，企业不得自行销售融资券，发行融资券募集的资金被用于本企业的生产经营。

（4）融资券采用实名记账方式在中央国债登记结算有限责任公司登记托管，结算公司负责提供有关服务。

（5）债务融资工具发行利率、发行价格和所涉费率以市场化方式确定，任何商业机构不得以欺诈、操纵市场等行为获取不正当利益。

二、短期融资券的种类

短期融资券按照不同标准可做不同分类。

（1）按发行人，分为金融企业的融资券和非金融企业的融资券。在我国，目前发行和交易的主要是非金融企业的融资券。

（2）按发行方式，分为经纪人承销的融资券和直接销售的融资券。非金融企业发行融资券一般采用间接承销方式进行，金融企业发行融资券一般采用直接发行方式进行。

三、短期融资券的筹资特点

（1）短期融资券的筹资成本较低。相对于发行公司债券筹资而言，发行短期融资券的筹资成本较低。

（2）短期融资券的筹资额比较大。相对于银行借款筹资而言，短期融资券一次性的筹资额比较大。

（3）发行短期融资券的条件比较严格。必须是具备一定信用等级的实力强的企业，才能使用短期融资券筹资。

业务三　掌握商业信用筹资

业务描述

掌握企业利用商业信用的形式，了解商业信用筹资的优缺点。

相关知识

商业信用是指企业在进行商品或者劳务交易中，以延期付款或预收货款方式进行购销活动而形成的借贷关系，是企业之间的直接信用行为，是企业获得短期资金的重要来源。商业信用产生于企业生产经营的商品、劳务的交易中，是一种“自动性筹资”。

一、商业信用的形式

1. 应付账款

应付账款是供应商给企业提供的一种商业信用。由于购买者往往在到货一段时间后才付款，因此商业信用是企业获取短期资金的来源。如果企业规定对所有账单均见票后多少日付款，商业信用就形成了企业随生产周期而变化的一项内在的资金来源。当企业扩大生产规模，其进货和应付账款相应增长，商业信用就提供了增产需要的部分资金。当企业需要扩大生产规模时，如果能够延长进货和应付账款的付款时间，则企业就能够利用商业信用进行融通企业发展所需要的部分资金。

商业信用条件主要包括有信用期、无现金折扣，或者既有信用期又有现金折扣。一般供应商在一定的信用条件下规定现金折扣时，目的主要是加速资金的回收。企业在决定是否采取现金折扣时，应仔细考虑。通常，现金折扣的资金成本都非常高。

（1）放弃现金折扣的信用成本。购货方在供应商规定的折扣期内付款，可以获得免费信用，但企业无法享受现金折扣的优惠，从而付出代价。例如，企业某项应付账款的信用条件是“1/10，N/30”，指购货方在 10 天内付款，可以获得 1%的现金折扣；若在 10 天至 30 天付款，则无折扣；允许购货方付款期限最长是 30 天。

【例 5-15】齐鲁公司按“1/10，N/30”的付款条件购入 30 万元货物。如果企业在 10 天内付款，就可以获得 0.3（=30×1%）万元的现金折扣，信用额为 29.7（=30−0.3）万元。放弃现金折扣的信用成本率为：

$$\text{齐鲁公司放弃折扣的信用成本率}=\frac{\text{折扣率}}{1-\text{折扣率}}\times\frac{360}{\text{付款期（信用期）}-\text{折扣期}}$$

$$=\frac{1\%}{1-1\%}\times\frac{360}{30-10}$$

$$=18.18\%$$

通过计算可知，齐鲁公司放弃现金折扣的信用成本率是 18.18%，该信用成本率与折扣百分比大小、折扣期长短和付款期长短有关系，与货款额和折扣额没有关系。在企业放弃现金折扣的情况下，推迟付款的时间越长，其信用成本越小，但是不按照信用期限付款会导致企业信誉恶化、信用度严重下降，有可能给企业购买货物带来更严格的信用条件。

（2）放弃现金折扣的信用决策。当企业资金暂时缺乏或者存在比享受现金折扣更好的短期投资机会时，企业就会放弃现金折扣。当企业将应付账款额用于短期投资，所获得的投资收益率高于放弃现金折扣的信用成本率时，企业应当选择放弃现金折扣。

【例 5-16】齐鲁公司购买一批原材料，形成的应付账款为 20 万元，供应商的信用条件为“2/10，1/20，N/30”。企业用于支付账款的资金要在 30 天时才能周转回来，在 30 天内付款，只能通过短期资金融通解决。如果自己短期融通的资本成本为 12%，试确定公司原材料采购款的付款时间和价格。

解：

$$\text{公司10天内付款的信用成本率为}=\frac{\text{折扣率}}{1-\text{折扣率}}\times\frac{360}{\text{付款期（信用期）}-\text{折扣期}}$$

$$=\frac{2\%}{1-2\%}\times\frac{360}{30-10}=36.73\%$$

$$\text{公司20天内付款的信用成本率为}=\frac{\text{折扣率}}{1-\text{折扣率}}\times\frac{360}{\text{付款期（信用期）}-\text{折扣期}}$$

$$=\frac{1\%}{1-1\%}\times\frac{360}{30-20}$$

$$=36.36\%$$

由于公司10天和20天付款的信用成本率都高于短期资金融通的资本成本12%，所以初步判定企业应当取得现金折扣，借入银行借款以偿还货款。

10天付款，得折扣4 000元，用资196 000元，借款20天，利息为1 306.67元，净收益为2 693.33元；20天付款，得折扣2 000元，用资198 000元，借款10天，利息为660元，净收益为1 340元。

结论：在第10天付款是最佳方案，其净收益最大。

2. 应付票据

应付票据是指企业在商品购销活动和对工程价款进行结算中，因采用商业汇票结算方式而产生的商业信用。商业汇票是指由付款人或存款人（或承兑申请人）签发，由承兑人承兑，并于到期日向收款人或被背书人支付款项的一种票据，它包括商业承兑汇票和银行承兑汇票。应付票据按是否带息分为带息应付票据和不带息应付票据两种。

3. 预收账款

预收账款，是企业按照销售合同或者协议的规定，在发出货物之前向购货单位预先收取部分或全部货款的信用行为。购买单位对于紧俏商品往往乐于采用这种方式购货；企业对于生产周期长、造价较高的商品，往往采用预收货款的方式销货，以缓解企业的资金占用成本。

4. 应计未付款

应计未付款是企业在生产经营和利润分配过程中已经计提但尚未以货币支付的款项，主要包括应付职工薪酬、应交税费、应付利润或应付股利等。这些应付项目，在已经计提而没有支付的这段时间中，形成企业的应计未付款，相当于利益相关者给予企业的一个信用。企业的应计未付款随着企业规模的扩大而增加，使用这些企业经营过程中自然形成的资金，企业无须付出任何代价。当然，对于这些款项，企业必须保证在一定的时间内进行支付。

二、商业信用筹资的优缺点

1. 商业信用筹资的优点

（1）容易获取。商业信用是因企业的购销行为产生的，在企业经营中，总会存在供需关系并且又相互信任的基础客户。对于绝大多数企业，应付账款和预收账款都是自然的、持续的信贷形式。商业信用的提供方一般不会对企业的经营状况和风险做出严格的考察，企业在销售货物过程中一般自然就可以获得商业信用，而不需要像办理银行贷款那样复杂，有利于企业应对生产经营中暂时的资金紧张。

（2）具有较大灵活性。企业能够根据需要，选择决定筹资的金额大小和期限长短，同样要比银行借款等其他方式灵活得多。如果在规定的期限内实在难以付款或交货时，一般还可以与客户协商，延长时限。

（3）一般不需要提供担保。企业通过商业信用筹得的资金不需要第三方提供担保，筹资企业也不会被要求用资产进行担保。同样，企业在出现逾期付款或交货的情况下，会像办理银行贷款那样面临抵押资产被处置的风险，不影响企业生产经营。

2. 商业信用筹资的缺点

（1）筹资成本高。尽管商业信用的筹资成本仅是一种机会成本，但由于属于临时性筹资，其筹资成本比银行信用要高。

（2）容易使企业的信用水平恶化。商业信用的期限短，还款压力大，对企业现金流量管理的要求很高。如果长期和经常性地拖欠账款，企业的信誉会恶化。

（3）受外部环境影响较大。商业信用筹资受外部环境影响较大，稳定性较差，即使不考虑机会成本，也是不能无限制利用的。当商品供大于求时，卖方可能会终止提供商业信用；当市场资金供应紧张或有更好的投资方向时，商业信用筹资有可能会遇到障碍。

业务四 了解流动负债的利与弊

业务描述

了解流动负债的经营优势和劣势。

相关知识

一、流动负债的经营优势

流动负债容易获得，具有灵活性，能有效地为季节性信贷需要进行融资，实现了需要融资和获得融资之间的同步性。此外，短期借款一般比长期借款具有更少的约束性条款。如果仅在短期内需要资金，以短期为基础进行借款可以使企业维持未来借款决策的灵活性。如果采用长期借款协议，协议规定了约束性条款、大量的预付成本或信贷合约的初始费用，流动负债将丧失灵活性。

流动负债的一个主要用处是为季节性行业的流动资产进行融资。为了满足企业增长的需要，一个季节性企业必须增加存货和应收账款。流动负债是为流动资产中的临时性的、季节性的增长进行融资的主要工具。

二、流动负债的经营劣势

流动负债的流动性，造成其会经常发生变化，所以需要进行持续的重新谈判或滚动安排负债。贷款人由于企业财务状况的变化，或整体经济环境的变化，可能在到期日不愿滚动贷款，或重新设定贷款额度。提供信贷额度的贷款人一般要求，用于为短期营运资金缺口而筹集的贷款，必须每年支付至少 1 ~ 3 个月的全额款项，这 1 ~ 3 个月被称为结清期。贷款人这样处理的目的，是确认企业是否在有长期负债作为合适的融资来源时仍使用流动负债。实践表明，使用短期贷款为永久性流动资产融资是存在很大风险的。

项目小结

学完本项目，应了解营运资金的内涵及在企业经营中的重要性，熟悉营运资金的管理策略；掌握最佳现金持有量的方法，了解公司如何决定应收账款的信用政策；了解企业持有存货的原因以及如何进行存货管理；掌握流动负债的管理。

主要概念

营运资金　　流动资产投资策略　　资金管理　　流动资产融资策略

机会成本	管理成本	最佳现金持有量	成本模式
存货模式	随机模式	信用标准	现金折扣
储存成本	经济订货批量	短期融资券	商业信用

推荐阅读

[1] 宋华，杨晓叶. 基于营运资金信息匹配平台的供应链金融动态折扣决策研究[J]. 运筹与管理，2021，30（12）：92-99.

[2] 王明虎，王楠. 管理层自信影响企业营运资金融资策略吗——基于 A 股上市公司数据[J]. 会计之友，2021，（22）：37-41.

[3] 王明虎，孙梁艳. 宏观经济形势、管理层激励与营运资金融资策略[J]. 南京审计大学学报，2021，18（2）：102-111.

[4] 高琼华. “要素+渠道”双视角下企业营运资金管理绩效评价[J]. 财会通讯，2021，（6）：117-121.

[5] 花双莲，吴玉洁. 高管超额薪酬、内部控制与营运资金管理绩效[J]. 会计之友，2020，（20）：52-59.

[6] 温素彬，焦然. 管理会计工具应用对营运资金管理效率的影响研究——基于利益相关者视角的分析[J]. 会计研究，2020，（9）：149-162.

[7] 赵彬. 营运资金管理策略对企业盈利能力的影响[J]. 财会月刊，2020，（7）：19-23.

[8] 程昔武，程炜，纪纲. 客户集中度、市场竞争与营运资金管理效率[J]. 会计之友，2020，（7）：45-51.

[9] 张海啸，张波. 基于三维分析法的营运资金管理研究——以万科为例[J]. 财会通讯，2019，（35）：63-67.

[10] 于竹明，彭家钧. Q 公司营运资金管理模式创新与实践[J]. 财务与会计，2019，（18）：73-74.

博学增信

曾子曰：“吾日三省吾身：为人谋而不忠乎？与朋友交而不信乎？传不习乎？”

子夏曰：“贤贤易色；事父母，能竭其力；事君，能致其身；与朋友交，言而有信。虽曰未学，吾必谓之学矣。”

——《论语·学而》

曾子说：“我每天多次反省自己：为别人办事是不是尽心竭力了？同朋友交往是不是做到诚实可信了？老师传授给我的学业是不是复习了？”

子夏说：“能够看重贤德而不以女色为重，侍奉父母能够竭尽全力，为国家能够献出自己的生命，同朋友交往说话诚实、恪守信用，这样的人即使自认为没有学问，我也一定说他很有学识。”

习题与实训

一、单项选择题

1. 下列关于营运资金管理的说法中，不正确的有（　　）。

A. 企业占用在流动资产上的资金，会在一年内收回

B. 流动资产的数量会随着企业内外条件的变化而变化，波动很大

C. 营运资金的管理既包括流动资产的管理，也包括流动负债的管理

D. 流动资产是指可以在一年以内或超过一年的一个营业周期内变现或运用的资产

2. 下列选项中，能够表明是保守型融资策略的是（　　）。

A. 长期资金来源>永久性流动资产+非流动资产

B. 长期资金来源<永久性流动资产+非流动资产

C. 短期资金来源>波动性流动资产

D. 长期负债+股东权益>非流动资产

3. 某企业因供应商收回了信用政策，导致资金支付需求增加，需要补充持有大量现金，这种持有现金的动机属于（　　）。

A. 交易性　　B. 投资性　　C. 预防性　　D. 调整性

4. 企业在销售旺季为方便向客户提供商业信用而持有更多现金，该现金持有动机主要表现为（　　）。

A. 交易性需求　　B. 投资性需求　　C. 投机性需求　　D. 预防性需求

5. 下列各项成本中与现金的持有量成正比例关系的是（　　）。

A. 管理成本　　B. 短缺成本

C. 固定性转换成本　　D. 企业持有现金放弃的再投资收益

6. 在现金持有量的成本分析模式和存货模式中均需要考虑的因素包括（　　）。

A. 管理成本　　B. 转换成本　　C. 短缺成本　　D. 机会成本

7. 公司采用随机模式计算得出目标现金余额为 200 万元，最低限额为 120 万元，则根据该模式计算的现金上限为（　　）万元。

A. 280　　B. 360　　C. 240　　D. 320

8. 某企业年销售收入为 1 000 万元（1 年按 360 天计算），信用条件为“1/10，N/50”时，预计有 20%的客户选择享受现金折扣，其余客户在信用期付款，变动成本率为 60%，资金成本率为 8%，则应收账款的机会成本为（　　）元。

A. 56 000　　B. 65 000　　C. 78 000　　D. 93 333.33

9. 甲企业使用 5C 信用评价系统，其中对客户的流动比率和现金流预测特别关注。这说明其特别关注客户的（　　）。

A. 品质　　B. 能力　　C. 抵押　　D. 资本

10. 某企业年赊销额为 300 万元（一年按 360 天计算），应收账款周转率为 10 次，变动成本率为 60%，资金成本率为 10%，则企业的应收账款机会成本为（　　）万元。

A. 1.2　　B. 1.8　　C. 2.4　　D. 3.6

11. 某公司信用条件为 0.8/10，N/30，预计有 25%的客户（按销售额计算）选择现金

折扣优惠。其余客户在信用期满时付款，则平均收现期为（　　）。

A. 25 天　　B. 15 天　　C. 30 天　　D. 20 天

12. 在对存货实行 ABC 分类管理的情况下，ABC 三类存货的金额比重大致为（　　）。

A. 0.1 : 0.2 : 0.7　　B. 0.7 : 0.2 : 0.1　　C. 0.2 : 0.3 : 0.5　　D. 0.5 : 0.3 : 0.2

13. 存货周转期为 45 天，应收账款周转期为 60 天，应付账款周转期为 40 天，则现金周转期为（　　）天。

A. 45　　B. 50　　C. 60　　D. 65

14. 某借款利息每半年偿还一次，年利率为 6%，则实际借款利率为（　　）。

A. 0.06　　B. 0.060 9　　C. 0.12　　D. 0.122 4

15. 某公司向银行借款 2 000 万元，期限为 1 年，年利率为 6.5%，银行要求的补偿性余额比例为 12%，则该借款的实际利率为（　　）。

A. 0.072 8　　B. 0.065 9　　C. 0.073 9　　D. 0.12

二、多项选择题

1. 下列各项中，对营运资金占用水平产生影响的有（　　）。

A. 货币资金　　B. 应收账款　　C. 预付账款　　D. 存货

2. 不考虑其他因素，企业采用宽松的流动资产投资策略将导致（　　）。

A. 较低的流动资产　　B. 较低的偿债能力

C. 较低的流动资产短缺成本　　D. 较低的收益水平

3. 企业在制定流动资产融资策略时，下列各项中被视为长期资金来源的有（　　）。

A. 自发性流动负债　　B. 股东权益资本

C. 长期负债　　D. 临时性流动负债

4. 信用条件是指销货企业要求赊购客户支付货款的条件，其构成要素包括（　　）。

A. 信用期限　　B. 信用标准　　C. 信用期间　　D. 现金折扣

5. 现金折扣是企业对顾客在商品价格上的扣减。向顾客提供这种价格上的优惠，可以达到的目的有（　　）。

A. 降低成本　　B. 增加收益

C. 扩大销售量　　D. 缩短企业的平均收款期

6. 对信用标准进行定量分析，能够解决的问题是（　　）。

A. 降低销售成本　　B. 扩大销售收入

C. 确定坏账损失率　　D. 具体确定客户的信用等级

7. 下列各项中属于应收账款管理成本的是（　　）。

A. 客户资信调查费用　　B. 应收账款收账费用

C. 应收账款无法收回带来的损失　　D. 因投资应收账款丧失的其他收入

8. 在存货管理中，与持有存货有关的成本包括（　　）。

A. 取得成本　　B. 储存成本　　C. 缺货成本　　D. 短缺成本

9. 存货的短缺成本包括（　　）。

A. 丧失销售机会的损失　　B. 延误发货造成的信誉损失

C. 材料供应中断造成的停工损失　　D. 替代材料紧急采购的额外开支

10. 在存货订货量决策中，下列关于保险储备的表述正确的有（　　）。

A. 保险储备增加，存货的缺货损失减小 B. 保险储备增加，存货中断的概率变小
C. 保险储备增加，存货的再订货点降低 D. 保险储备增加，存货的储存成本提高
11. 商业信用作为企业短期资金的一种来源，主要表现形式有（ ）。
A. 应付票据 B. 季节性周转贷款
C. 应付账款 D. 预收账款
12. 在我国，关于短期融资券，正确的有（ ）。
A. 相对于银行借款，其信用等级要求较高
B. 相对于商业信用，其偿还方式比较灵活
C. 相对于企业债券，筹资成本较高
D. 相对于银行借款，其一次性筹资金额较大

三、判断题

1. 在流动资产的三种融资策略中，使用短期融资最多的是激进融资策略。（ ）
2. 企业为应付未来的突发事件而持有现金，满足预防性需求。（ ）
3. 企业现金管理的目的首先是使现金获得最大的收益，其次是保证日常生产经营业务的现金需求。（ ）
4. 企业持有现金的机会成本主要是指企业为了取得投资机会而发生的佣金、手续费等有关成本。（ ）
5. 在确定目标现金余额时，无论成本模式还是存货模式，都需要考虑持有现金的机会成本。（ ）
6. 在现金存货模式中，最佳现金持有量是机会成本和交易成本线交叉的点所对应的现金持有量。（ ）
7. 应收账款具有增加销售和减少存货的功能。（ ）
8. 企业营运资金越多，则企业的风险越大，收益率越高。（ ）
9. 信用条件是客户获得企业商业信用所应具备的最低条件，通常以预期的坏账损失率表示。（ ）
10. 在存货管理中，与持有存货有关的成本，包括取得成本和储存成本。（ ）
11. 如果某企业存货周转期为 50 天，应收账款周转期为 20 天，应付账款周转期为 30 天，则现金周转期=50+20−30=40（天）。（ ）
12. 在存货管理中，较高的保险储备增加了储存成本，但降低了缺货成本。（ ）
13. 某公司从银行取得 1 年期借款 100 万元，年利率 5%，若按贴现法付息，则实际利率大于 5%。（ ）
14. 银行借款如果附带补偿性余额条款，则会降低银行借款的实际利率。（ ）
15. 企业利用商业信用筹资比较机动、灵活，而且期限较短，不会恶化企业的信用水平。（ ）
16. 如果企业利用应付账款进行筹资而无须支付利息，则可以认为采用这种商业信用形式是没有筹资成本的。（ ）

四、综合题

1. 甲公司现金收支状况比较稳定，预计全年（按 360 天计算）需要现金 300 000 元，

现金与有价证券的转换成本为每次600元，有价证券的年利率为10%。要求：

（1）计算最佳现金持有量。

（2）计算最佳现金持有量下的现金持有总成本、交易成本和机会成本。

（3）计算最佳现金持有量下的全年有价证券交易次数和有价证券交易间隔期。

2. A公司每年需要耗用甲种原材料10 816千克，单位材料年储存成本为10元，平均每次订货费用为500元，该材料全年平均单价为1 000元。假设不存在数量折扣，不会出现陆续到货和缺货的现象。要求：

（1）计算甲材料的经济订货批量（保留整数）。

（2）计算甲材料的年度订货批数。

（3）计算甲材料的相关储存成本。

（4）计算甲材料的相关订货成本。

（5）计算甲材料的经济订货批量平均占用资金。

（6）计算与经济订货量相关的总成本。

3. 甲公司是一家标准件分销商，主要业务是采购并向固定客户供应某种标准件产品。有关资料如下：①该标准件上一年订货次数为60次，全年订货成本为80万元，其中固定成本总额为26万元，其余均为变动成本。单位变动成本和固定成本总额不变。②在该标准件仓储总费用中，每年固定租金为120万元，每增加一件标准件就增加1元仓储费。每件标准件的占用资金为50元，资金利率为6%。③该标准件年需要量为180万件。一年按照360天计算。④该标准件从发出订单到货物送达需要5天。要求：

（1）计算每次订货变动成本。

（2）计算单位变动储存成本。

（3）根据经济订货模型，计算该标准件的经济订货批量和最佳订货周期（按天算）。

（4）计算再订货点。

4. 甲公司20×8年度全年营业收入为4 500万元（全部为赊销收入），应收账款平均收现期为60天。公司产品销售单价为500元/件，单位变动成本为250元/件，若将应收账款所占用的资金用于其他风险投资，可获得的收益率为10%。20×9年，公司调整信用政策，全年销售收入（全部为赊销收入）预计增长40%，应收账款平均余额预计为840万元。假定全年按照360天计算，要求：

（1）计算20×8年应收账款平均余额。

（2）计算20×8年变动成本率。

（3）计算20×8年应收账款的机会成本。

（4）计算20×9年预计的应收账款的周转率和应收账款周转天数。

5. 甲公司欲购进原材料1 000吨，已知每吨价格为1 000元。该公司有以下方案解决本次购货所需的资金问题：

（1）与客户商定的付款条件为（1/10，N/50）。

（2）从A银行贷款，利率为8%，银行要求保留10%的补偿性余额。

（3）从B银行贷款，利率为7%，银行要求按贴现法付息。

要求：通过计算确定甲公司应选择哪个方案。

项目六

利润管理

学习目标

知识学习目标

1. 了解公司利润分配的原则；
2. 了解公司利润分配的制约因素；
3. 熟悉股利政策与公司价值的关系；
4. 掌握公司利润分配的顺序；
5. 掌握股利支付形式与程序；
6. 掌握公司股票分割与股票回购方式。

技能训练目标

1. 能够用正确的价值观指导企业的利润分配工作；
2. 能掌握公司股利分配政策，根据实际情况，运用相关原理，为企业确定利润分配政策提供可行性建议；
3. 能掌握利润管理的原则和流程，会设计和制订公司股利分配方案；
4. 会实施公司股利分配方案；
5. 会进行股票分割和股票回购等股东权益的核算。

导入案例

A 公司主要从事互联网相关业务，于 20×1 年在创业板上市。A 公司 20×1—20×6 年主要财务数据如表 6-1 和表 6-2 所示，该公司 20×1—20×6 年分红情况如表 6-3 所示。

表 6-1　A 公司 20×1—20×3 年主要财务数据　　单位：元

	20×1 年	20×2 年	20×3 年
营业收入	238 258 165.65	598 555 886.31	1 167 307 146.72
营业成本	165 332 063.83	437 194 116.19	969 895 918.13
营业利润	72 926 101.82	161 361 770.12	197 411 228.59
利润总额	74 836 620.57	164 244 470.12	228 011 728.59
净利润	70 099 429.37	131 121 130.75	194 194 142.39
每股收益	0.84	0.6	0.46

表6-2 A公司20×4—20×6年主要财务数据 单位：元

	20×4年	20×5年	20×6年
营业收入	2 361 244 730.86	6 818 938 622.38	13 016 725 124.12
营业成本	2 123 181 947.21	6 771 077 207.46	13 026 051 728.75
营业利润	236 707 644.84	47 866 453.36	69 422 832.97
利润总额	246 400 883.23	72 899 104.84	74 169 222.09
净利润	255 009 694.82	364 029 509.12	573 027 173.33
每股收益	0.32	0.44	0.31

表6-3 A公司20×1—20×6年分红情况

年 度	公告日	分红（每10股）	送股（每10股）	转增股（每10股）	登记日	除权日
20×6	20×7年3月18日	0.31	—	—	20×7年5月5日	20×7年5月4日
20×5	20×6年3月31日	0.46	—	12.00	20×6年5月12日	20×6年5月13日
20×4	20×5年3月22日	0.31	—	—	20×5年5月29日	20×5年5月30日
20×3	20×4年2月28日	0.50	—	9.00	20×4年6月4日	20×4年6月5日
20×2	20×3年3月9日	0.73	—	9.00	20×3年6月12日	20×3年6月13日
20×1	20×2年3月16日	1.50	2.00	10.00	20×2年5月17日	20×2年5月18日

思考：A公司20×1—20×6年的盈利情况与股利分配的关系。

任务一 认知利润管理

任务描述

了解企业利润分配的原则，掌握企业利润分配的顺序，为企业利润分配活动的开展提供支持。

业务一 了解利润分配原则

业务描述

了解公司在从事利润分配活动过程中应遵守的基本原则。

相关知识

公司的利润管理是指公司对利润分配相关工作及有关的财务关系的组织和协调活动，是把公司一定会计期间创造的经营成果合理地在公司内外部利益相关者之间进行有效分配的管理活动。公司的利润分配分为广义和狭义两种，广义的利润分配包含对公司收入和净利润两个层次内容的分配；狭义的利润分配仅指对公司净利润的分配。本项目介绍的利润分配是对公司净利润的分配。

利润分配作为公司财务管理的重要活动，应当遵循以下原则。

一、依法分配原则

公司的利润分配活动必须依法进行。为了规范公司的利润分配行为、维护公司各利益相关者的合法权益，国家制定了相应的法律法规，对公司利润分配的基本要求、业务程序和分配比例等方面做出了具体规定。公司在从事利润分配活动时要认真执行，不得违反。

二、分配与积累并重原则

公司在利润分配中要坚持积累与分配并重的原则。公司通过经营活动获取的利润，先要保证公司经营活动简单再生产的持续进行，还要为公司积累扩大再生产的储备资金。公司能够有效处理分配与积累的关系，保留适当比例的净利润以备未来生产经营之需，既可以增强公司抵抗风险的能力，又可以提高公司经营的稳定性和安全性。

三、兼顾各方利益原则

公司在利润分配中必须兼顾各方利益的原则。公司是经济社会活动的基本单元，公司的利润分配涉及国家、股东、债权人和职工等多方面的利益。公司在利润分配时，要统筹兼顾，正确处理各利益相关者之间的合法权益，协调矛盾，对公司的可持续发展具有重要意义。

四、投资与分配对等原则

公司在进行利润分配时充分体现“谁投资谁受益”“利润大小与投资比例相对等”的原则，是正确处理投资者与利润分配关系的关键。公司在向投资者分配利润时，在公平一致的原则下，按照投资者投资额的比例进行分配，实现利润分配的公开、公平和公正，保护投资者的合法权益。

诚信故事

中国的大学要求学术纯洁和诚信。在研究生的毕业论文的首页，每个学生都要庄严做出以下承诺：

本人郑重声明：本人所呈交的学位论文，是本人在导师的指导下，独立进行研究工作所取得的成果。除文中已经注明引用的内容外，本论文不含任何其他个人或集体已经发表或撰写过的作品成果。对本论文的研究做出重要贡献的个人和集体，均已在文中以明确方式标明。本人完全意识到本声明的法律结果由本人承担。

针对日常学习中一些同学存在的抄袭作业、考试作弊现象，撰写一份以“诚信学习，拒绝作弊”为主题的倡议书，号召大家诚实守信，从自我做起，从身边做起。

业务二　掌握利润分配的顺序

业务描述

掌握公司利润分配的顺序，按照有关法律规定，指导公司实施利润分配。

相关知识

利润分配的顺序

利润是公司收入弥补成本费用后的余额。由于公司成本费用包括的内容与表现的形式不同，利润所包含的内容与形式也存在一定的差别。未扣除利息和所得税的利润为公司的息税前利润；扣除了利息而未扣除所得税的利润为利润总额；扣除了利息和所得税的利润形成公司的净利润。

利润分配是公司进行净利润的分配过程。根据我国公司法及相关法律制度的规定，公司在进行净利润的分配时应遵照以下顺序进行。

一、弥补以前年度亏损

公司在进行利润分配前，首先应当弥补以前年度亏损。《公司法》规定公司的年度亏损可以用下一年度的税前利润弥补，下一年度不足弥补的，可以在五年之内用税前利润连续弥补，连续五年未弥补的亏损则需用税后利润弥补。其中，税后利润弥补亏损可以用当年实现的净利润，也可以使用盈余公积。

【温馨提示】

公司可以在五年内用税前利润连续弥补亏损。

二、提取法定公积金

公司提取法定公积金的目的是增加公司的内部积累，帮助公司实现扩大再生产。《公司法》规定，法定公积金的提取比例为当年税后利润（弥补亏损后）的10%。当公司法定公积金累计额为公司注册资本的50%以上的，可以不再提取。法定公积金根据公司的需要可以被用于弥补亏损或转增资本。然而，公司用法定公积金转增资本后，法定公积金余额不得少于转增前公司注册资本的25%。

三、提取任意公积金

《公司法》规定，公司从税后利润中提取法定公积金后，为了满足公司经营管理活动的需要，适度控制公司向投资者分配利润的水平，以及合理调整公司各年度的利润分配活动，经股东会或股东大会决议，还可以从税后利润中提取任意公积金。

四、向股东（投资者）分配股利（利润）

《公司法》规定，公司在弥补亏损、提取公积金后的税后利润，可以向股东（投资者）分配股利（利润）。其中，有限责任公司股东按照实缴的出资比例分取红利，全体股东约定不按照出资比例分取红利的除外；股份有限公司按照股东持有的股份比例分配，但股份有限公司章程规定不按照持股比例分配的除外。《公司法》规定，公司持有的本公司股份不得分配利润。

任务二 掌握利润分配政策

任务描述

熟悉实施不同的股利政策与企业价值的关系，了解利润分配的制约因素，熟悉股利的支付形式和股票股利的支付程序，掌握公司股票分割和股票回购的原理和方法，指导企业利润分配活动的具体实施。

业务一　熟悉股利政策与公司价值的关系

业务描述

了解不同的股利理论，掌握公司不同生命周期的发展阶段和盈利情况应该采用何种股利政策，以及不同的股利政策对企业价值的影响。

相关知识

股利政策是指公司在法律允许的范围内是否发放股利、发放多少股利以及何时发放股利的策略。采取何种股利政策是由实现公司价值的最大化的目标来确定的。公司的股利政策向市场传递了公司经营是否稳定、是否持续增长等有关企业发展的信息，是投资者推测公司基本经营状况、发展前景优劣的依据。因此，公司采用何种股利政策与公司在市场上的表现、在投资者中的形象密切相关，成功的股利政策有利于提高公司的市场价值。

一、股利分配理论

股利分配理论是指人们对股利分配的客观规律的科学认识与总结，其核心问题是股利政策与公司价值的关系问题。公司股利分配方案的制订既取决于公司的股利政策，又取决于公司的决策者对股利分配的理解与认识。不管公司采取什么样的股利政策，都要服务于公司的财务管理目标。有关股利分配和财务管理目标之间的关系主要有两种较为流行的观点。

股利分配理论

1．股利无关理论

股利无关理论认为，在完全资本市场理论下，市场具有强式效率，不存在任何公司或个人所得税和筹资费用，公司的投资决策与股利决策彼此独立的情况下，公司采取的股利政策不会对公司的价值或股票的价格产生任何影响，投资者也就不会关心公司股利的分配。公司市场价值的高低，是由公司投资决策的获利能力和风险组合所决定的，与公司的利润分配政策无关。

公司对投资者的分配是盈利减去投资后的差额，公司分红主要采取现金和股份回购等方式。因此，在完全资本市场下，股利政策的变化仅能够引起利润在现金股利和资本利得之间分配的变化。假设投资者都是理性的经济人，分配的变化不会影响公司的市场价值和股东的财富。

2．股利相关理论

与股利无关理论相对应，股利相关理论认为，公司的股利政策会影响股票价格和公司价值。其主要观点有以下几种。

（1）“手中鸟”理论。该理论认为，公司用留存收益继续投资获取利润具有很大的不确定性，并且投资的风险随着时间的推移会进一步加大。因此，风险厌恶型投资者相对偏好确定的股利，而不愿将利润留存在公司内部过多地承担公司未来投资的风险。该理论主要的观点是：公司的股利政策与公司价值是密切相关的，当公司采取较高的股利支付率时，股票价格会随之上升，公司价值也将得到提高。

（2）信号传递理论。该理论认为，在信息不对称的情况下，公司可以通过股利政策向市场传递有关公司未来获利能力的信息，从而影响公司股价。通常，公司预期未来获利能力较强时，往往愿意通过相对较高的股利支付率吸引更多的投资者。对于市场的投资者来讲，股利政策的差异成为反映公司预期获利能力的有价值的信号。如果公司能够连续保持较为稳定的股利支付水平，投资者就会对公司未来的盈利能力和现金流量水平持较为乐观的预期。如果公司的股利支付水平突然波动，股票市场也会对波动做出及时的反映。

（3）所得税差异理论。该理论认为，由于公司税率和纳税时间的差异，资本利得收入比股利收入更有助于实现公司利润最大化的目标，公司应当采用低股利政策。通常，政府对资本利得收入的税率要低于股利收入的税率。此外，即使二者没有税率上的差异，而投资者对资本利得纳税时间选择上具有更多的弹性，投资者仍然可以享受通过延迟纳税带来的利润差异。

（4）代理理论。该理论认为，股利政策有助于减少管理者与股东之间的代理冲突，即股利政策是协调股东与管理者之间代理关系的一种约束机制。该理论认为，股利的支付能够有效地降低管理者的代理成本。首先，支付股利减少了管理者对自由现金流量的支配权，在一定程度上可以抑制公司管理者过度投资或在职消费行为，从而保护投资者的利益；其次，较多的采取现金股利，减少了公司的内部融资，迫使公司通过资本市场寻求外部融资，公司将接受资本市场上更全面的严格监督，投资者通过资本市场对公司的监督降低企业的代理成本。因此，高水平的股利支付率可以有效降低公司的代理成本，但同时增加了公司从外部融资的成本，最佳股利政策应使这两种成本之和最小。

二、股利政策

公司须按照国家法律法规的规定，根据公司的价值目标和经营发展策略制定股利政策。股利政策既要保持相对稳定，又要与公司的财务目标和发展目标相契合。在实施中，主要有以下几种常见的股利政策可供选择。

1. 剩余股利政策

剩余股利政策

剩余股利政策是指公司根据其投资的资金需求，按照目标资本结构，测算出公司投资所需的权益资本金额，优先从企业盈余中留存资金，剩余部分的盈余才用来进行股利分配。企业的净利润优先满足公司经营发展的资金需求，只有在存在剩余的情况下，才进行股利发放；如果没有剩余，则不再进行股利分配。剩余股利政策依据的是 MM 股利无关理论，在完全理想状态下的资本市场中，公司的股利政策与普通股每股价值无关。因此，公司在制定股利政策时只需根据公司的投融资策略制定即可。公司在采用剩余股利政策时，要遵循以下四个步骤。

（1）先确定公司的目标资本结构，在该资本结构下，使公司的加权平均资本成本达到最优水平。

（2）根据公司的最佳资本预算，确定公司在目标资本结构下预计资金需求应增加的权益资本数额。

（3）公司最大可能地使用留存收益来满足资金需求中所需增加的权益资本数额。

（4）留存收益在满足公司权益资本增加的需求之后，如果还有剩余则用来发放现金股利。

剩余股利政策的优点有：公司的留存收益首先要保证企业再投资的需要，有助于降低企业再投资的资金成本、保持公司资本结构的最佳、实现公司长期价值的最大化。

剩余股利政策的缺陷有：公司如果完全遵守剩余股利政策，股利支付额会随着每年投资机会和盈利水平的波动而波动。在盈利水平较为稳定的情况下，股利支付额与投资机会的多少呈反方向变动；在投资机会维持不变的情况下，股利支付额将与公司盈利状况同方向波动。剩余股利政策不利于投资者安排投资的收入和支出，较难树立持续发展的公司形象，因此适用于处于初创阶段的公司。

【例 6-1】齐鲁公司 20×1 年税后净利润为 1 000 万元，20×2 年的投资计划需要资金 1 200 万元，公司的目标资本结构为权益资本占 50%、债务资本占 50%。

按照目标资本结构的要求，公司投资方案所需的权益资本数额为：

$1\,200 \times 50\% = 600$（万元）

公司当年全部可用于分派的盈利为 1 000 万元，除了满足上述投资方案所需的权益资本数额外，还有剩余则可用于发放股利。20×1 年，公司可以发放的股利为：

$1\,000-600 = 400$（万元）

假设该公司当年流通在外的普通股为 800 万股，那么，每股股利为：

$400 \div 800 = 0.5$（元/股）

2. 固定或稳定增长的股利政策

固定或稳定增长的股利政策

固定或稳定增长的股利政策是指公司将每年派发的股利支付额固定在某一特定水平或维持在某一固定比率上逐年稳定增长。公司只有在预期盈利不会发生逆转时才会选用固定或稳定增长的股利政策。在该政策下，公司先要确定股利支付额，并且确保股利支付额一般不会随资金需求的波动而波动。

固定或稳定增长股利政策的优点有：①稳定和持续增长的股利向市场传递公司正常发展的信息，有利于树立公司的良好形象，增强投资者对公司的信心，稳定公司的股票价格；②固定和稳定增长的股利支付额有助于投资者安排投资的收入和支出，有利于吸引进行长期投资并对股利有较高依赖性的股东；③固定和稳定增长的股利政策一般不符合公司的剩余股利理论，但股票市场会受到股东心理状态和其他要求等多种因素的影响，为了维持固定和持续增长的股利政策，推迟公司的某些投资方案或暂时偏离公司的目标资本结构，也许会比降低股利或股利支付率，对树立公司持续增长的企业形象更为有利。

固定或稳定增长股利政策的缺点有：股利的支付与公司盈利的关系相互脱节，无论公司的盈利状况如何，均需要支付固定的或按固定比率增长的股利，有可能会造成公司资金紧张、财务状况恶化。另外，公司在无利可分的情况下，若仍然实施固定或稳定增长的股利政策，与《公司法》是相违背的。

公司采用固定或稳定增长的股利政策，对公司未来的盈利和支付能力的准确判断提出很高的要求。在通常情况下，公司确定的固定股利数额不宜太高，以免使公司陷入无力支付的被动局面。固定或稳定增长的股利政策主要适用于经营比较稳定或正处于成长期的公司，且很难被长期采用。

固定股利支付率政策

3. 固定股利支付率政策

固定股利支付率政策是指把公司净利润的一定固定百分比作为股利分派给投资者。该固定比率被称为股利支付率，比率一经确定，一般不得随意变更。在该股利政策下，公司的净利润确定了，所派发的股利也就确定了。

固定股利支付率的优点有：①固定股利支付率政策使公司的股利与盈余紧密结合，充分体现了“多盈多分、少盈少分、无盈不分”的股利分配原则；②按照固定股利支付率股利政策，公司每年分配的股利会随着公司盈利能力的变动而变动。根据固定股利支付率政策，公司每年按固定的比例从税后利润中支付现金股利，从公司支付能力的角度来看是一种稳定的股利政策。

固定股利支付率的缺点有：①公司的年度利润很难保持稳定不变，从而会导致公司各年度的股利支付额波动较大。由于股利存在信号传递作用，股利的波动很容易给投资者带来经营状况不稳定、投资风险大的不良影响。②固定股利支付率容易使公司陷入较大的财务压力。公司实现的盈利多，并不一定代表公司有足够的现金流用来支付较多的股利。③确定恰当固定股利支付率的难度很大。

公司各年度面临的投资机会和筹资渠道会有很大的不同，这些都是影响公司股利分配的重要因素，固定股利支付率政策主要适用于处于稳定发展且财务状况也较稳定的公司，实际并不多见。

【例6-2】齐鲁公司长期采取固定股利支付率政策进行股利分配，确定的股利支付率为20%。20×1年税后净利润为800万元，如果公司继续执行固定股利支付率政策，本年度需要支付的股利为：

800×20%=160（万元）

假如公司本年度有较大的投资需求，计划采用剩余股利政策。公司下一年度的投资预算为1 200万元，公司的目标资本结构为权益资本占60%。按照目标资本结构的要求，公司投资方案需要的权益资本金为：

1 200×60%=720（万元）

公司20×1年度可以发放的股利为：

800−720=80（万元）

4. 低正常股利加额外股利政策

低正常股利加额外股利政策，指公司先设定一个较低的正常股利额，每年除了按正常股利向股东发放股利外，在公司盈余较多、资金较为充裕的年度向股东发放额外的股利。然而，额外股利并不固定化，因此并不意味着公司永久地提高了股利支付率。

低正常股利加额外股利政策

可以采用以下公式表示：

$$Y=a+bX$$

式中，Y代表每股股利；X代表每股收益；a代表每股低正常股利；b代表额外股利支付比率。

低正常股利加额外股利政策的优点有：①对于公司的股利支付政策赋予了较大的灵活

性和财务弹性，使公司在股利发放上留有余地。公司根据每年的盈利情况，选择不同的股利发放水平，以稳定和提高股价，进而实现公司价值最大化。②该股利政策使依靠股利度日的股东每年至少可以得到虽然较低但比较稳定的股利收入，从而吸引这部分股东。

低正常股利加额外股利政策的缺点有：①由于公司不同年度盈利的波动会使额外股利经常发生变化，造成每年的股利分配不同，从而使投资者产生利润不稳定的感觉。②当公司持续较长时间发放额外股利时，可能会被股东误认为发放的是“正常股利”，一旦取消，传递出的信号可能会使股东误认为是公司财务状况恶化的表现，从而导致公司股价下跌。一般来说，对于公司盈利随经济周期波动较大的公司或者当盈利及现金流量不是十分稳定的时候，低正常股利加额外股利政策是一种不错的选择。

【想一想】

公司在生命周期的不同阶段（初创、成长、成熟、衰退）各应采用什么样的股利政策？

业务二　熟悉利润分配的制约因素

业务描述

熟悉公司在利润分配时受到哪些方面因素的影响和制约，在制定利润分配政策时充分考虑有关各方面因素的影响。

相关知识

公司的利润分配活动涉及与公司有关的各利益相关者的切身利益，受到很多不确定因素的影响，在确定公司利润分配政策时，应当综合考虑法律、公司、股东，以及其他各种相关因素的影响。

一、法律因素

为了保护债权人和股东的利益，法律规定对公司的利润分配活动做出以下规定。

（1）资本保全约束。《公司法》规定公司不得用资本（实收资本、股本、资本公积）发放股利，目的是维持公司资本的完整性，保护公司完整的产权基础，保障债权人的合法权益。

（2）资本积累约束。公司必须按照《公司法》确定的比例和基数提取各种公积金，只能从公司可供分配的利润中支付股利。可供分配的利润包含公司当期的净利润按照规定提取各种公积金后的余额和以前年度累积的未分配利润。此外，在进行利润分配时，一般应当贯彻“无利不分”的原则，即当公司出现年度亏损时，一般不进行利润分配。

（3）超额累积利润约束。由于法律对资本利得和股利收入税率的要求不一致，假如公司为了避税而保留大量的盈余从而远远超过了公司投资需要，将会被加征额外的税款。

（4）偿债能力约束。公司在进行股利分配时，要考虑现金股利的分配对公司偿债能力的影响。要确保在进行股利分配完毕之后，公司仍能够保持较强的偿债能力，维持公司的信誉和偿债能力，保证公司资金链的正常运转。

二、公司因素

公司根据日常经营和长期发展需要的考虑，在确定利润分配政策时，要重点关注以下因素。

（1）现金流量。由于会计核算方法选择的不同，公司的净利润与现金流量难以实现完全同步，净利润的增加不一定意味着可供分配现金流量的增加。公司在进行利润分配时，要先保证正常经营活动对现金的需求，维持公司资金链的正常运转，保证企业的生产活动有序进行。

（2）资产的流动性。公司在进行利润分配时，现金股利的支付会减少其现金持有量，降低资产的流动性，然而保持资产一定的流动性是公司正常运转的必备条件。

（3）盈余的稳定性。在通常情况下，公司的盈余越稳定，其股利支付水平相对就越高。

（4）投资机会。当公司的投资机会比较多时，对资金的需求量相对较大，公司就很可能会采取低股利支付水平的分配政策。同时，当公司的投资机会较少时，对资金的需求量较小，公司倾向于采用较高的股利支付政策。此外，当公司使用留存收益再投资取得的报酬低于投资者将股利收入投资于其他投资机会所得的收益时，公司就不应该多留利润，而应该多发股利，这样才有利于股东价值的最大化。

（5）筹资因素。当公司的筹资能力比较强时，随时能够筹集到企业经营发展的资金，公司就具有较强的股利支付能力。此外，企业的留存收益是公司内部筹集资金的重要方式，与发行新股和举债相比，不会发生任何的筹资费用，并且增加了公司权益资本的比重，降低了企业的财务风险，有利于低成本地获取债务资本。

（6）其他因素。由于股利存在信号传递作用，因此公司不宜经常改变股利分配政策。保持一定的连续性和稳定性，有利于树立公司良好的形象，使企业获得一个合理的市场估值。另外，公司的利润分配政策还会受到同行业其他公司的影响，处于不同发展阶段和不同行业的公司股利支付比例会有一定的差异，要求公司在进行股利分配政策选择时考虑企业的发展阶段和所在行业状况的影响。

三、股东因素

股东在控制权、收入和税负等方面也会对公司的利润分配政策产生影响。

（1）控制权。股东往往将股利政策作为维持其控制地位的工具。公司支付较高的股利往往导致留存收益的减少。当公司为具有较高盈利预期的投资机会筹集资金时，采取发行新股方式的可能性增大。然而，新股东的加入稀释了公司控制权，此时，股东往往会希望采用较低的股利支付水平，便于从内部的留存收益中获取发展所需资金。

（2）稳定的收入。如果投资者通过现金股利维持生活，此时往往要求公司能够支付稳定的股利，而反对过多的留存收益。

（3）避税。由于法律规定的股利收入的税率要高于资本利得的税率，高股利收入和股东从避税的角度考虑往往倾向于选择较低的股利支付水平。

四、其他因素

（1）债务契约。通常公司的股利支付水平越高，留存的利润就越少，公司用于保障债权人利益的权益资本也就越少，公司的破产风险就会越大。因此，债权人为了保障自身利益不受侵害，通常会在债务契约、租赁合同中加入借款公司股利支付政策的限制条款。

（2）通货膨胀。通货膨胀会带来货币购买力水平下降，导致公司进行固定资产重置时的资金不足。此时，公司往往需要考虑留存一定的利润，来弥补由于资金购买力下降带来的固定资产重置的资金缺口。因此，在通货膨胀时期，公司往往偏好采取偏紧的利润分配政策。

【议一议】

我国上市公司主要采用的股利政策有哪些？采用该种股利政策受到了哪些因素的影响？

业务三　掌握股利支付形式与程序

业务描述

掌握股利的支付形式，会核算股票股利对股东权益的影响，熟悉股票股利的支付程序。

相关知识

一、股利支付的主要形式

股利支付形式主要分为以下四种。

1．现金股利

现金股利是以现金支付的股利，是股利支付的最常见的形式。公司在选择发放现金股利时除了要有足够的留存收益外，还要有足够的现金。现金是否充足是公司是否发放现金股利的重要制约因素。

【查一查】

中国证监会对我国上市公司现金分红进行了一系列规定，讨论一下这些制度出台的背景是什么？

2．财产股利

财产股利是以现金以外的其他资产支付的股利，主要是以公司所拥有的其他公司的股票和债权等有价证券作为股利支付给股东。

3．负债股利

负债股利是以负债方式支付的股利，通常以公司的应付票据或发放公司债券的方式给股东支付股利。

财产股利和负债股利在我国公司实务中很少使用，实际上是对现金股利的一种替代。

4．股票股利

股票股利是公司通过增发股票的方式支付股利。支付股票股利对公司来说，既没有现金流出公司，也不会导致公司财产的减少，只是将公司的留存收益转化为股本。然而，股票权利会增加公司流通在外的股票数量，降低股票的每股价值，不会改变公司股东权益的总额，但会影响股东权益的构成。

【例 6-3】齐鲁公司在 20×1 年发放股票股利前，其资产负债表上的股东权益情况如表 6-4 所示。

表 6-4 齐鲁公司股东权益情况　　单位：万元

普通股（面值 1 元，发行在外 3 000 万股）	3 000
资本公积	1 000
盈余公积	1 000
未分配利润	2 000
股东权益合计	7 000

假设该公司宣布发放 10%的股票股利，现有股东每持有 10 股，即可获赠 1 股普通股。若该股票当时市价为 5 元，那么随着股票股利的发放，须从“未分配利润”项目划转出的资金为：

3 000 × 10% × 5 = 1 500（万元）

由于股票面值（1 元）不变，发放 300 万股，“普通股”项目只应增加 300 万元，其余的 1 200（=1 500–300）万元应作为股票溢价转至“资本公积”项目，而公司的股东权益总额并未发生改变，仍是 7 000 万元，股票股利发放后的资产负债表上的股东权益情况如表 6-5 所示。

表 6-5 齐鲁公司股东权益情况　　单位：万元

普通股（面值 1 元，发行在外 3 300 万股）	3 300
资本公积	2 200
盈余公积	1 000
未分配利润	500
股东权益合计	7 000

假设某股东在公司派发股票股利之前持有公司的普通股 90 万股，那么，他所拥有的股权比例为：

90 ÷ 3 000 × 100%=3%

派发股利之后，他所拥有的股票数量和股份比例为：

90 ×（1+10%）=99（万股）

99 ÷ 3 300 × 100%=3%

【议一议】

如果【例 6-3】中的股利分配方案中的 10 送 1 改成了 10 转 1，那么齐鲁公司的股东权益会发生怎样的变化?

因此，公司发放股票股利不会对公司股东权益总额产生影响，股票股利派发前后每一位股东的持股比例也不会发生变化，但会引起各股东权益项目资金的再分配。公司发放股票股利虽不能直接增加股东的财富，也不会增加公司的价值，但对于股东和公司都有特殊意义。

对于股东，股票股利的优点主要有：

（1）派发股票股利后，理论上每股市价应该按照比例下降，但实际情况并非如此。在公司发放股票股利时，市场和投资者会普遍认为公司会有较大的发展和成长。该种信号的传递作用，会稳定股价，使股价下降比例减少甚至不降反升，从而使股东获得股票价值相对上升的好处。

（2）由于税法对股利收入和资本利得税率规定的差异，股东把股票股利出售，可以带来资本利得纳税上的好处。

对于公司，股票股利的优点主要有：

（1）公司发放股票股利无须向股东支付现金，在再投资机会较多的情况下，公司可以通过留存盈利为公司提供低成本的资金，从而有助于公司的发展。

（2）公司发放股票股利可以降低公司股票的市场价格，有利于促进股票的交易和流通，从而吸引更多的投资者成为公司股东，使公司的股权分散化，有效防止公司被恶意控制。

（3）股票股利的发放可以向外界传递公司未来发展前景良好的信号，从而增强投资者的信心，在一定程度上稳定股票价格。

二、股利支付程序

公司股利的发放必须遵守相关法律法规的要求，按照规定日程进行。通常，先由董事会提出分配预案，然后提交股东大会决议，通过后才能进行分配。股东大会决议通过分配预案后，要向股东宣布股利分配方案，并确定股权登记日、除息日和股利支付日。

（1）股利宣告日，即股东大会决议通过并由董事会将股利支付情况予以公告的日期。公告中将宣布每股应支付的股利、股权登记日、除息日以及股利支付日。

（2）股权登记日，即有权领取本期股利的股东资格登记的截止日期。凡是在此指定日期收盘之前取得该公司股票，都可以作为股东享受公司分派的股利。

（3）除息日，是指股利所有权与股票本身分离的日期，将股票中含有的股利分配权利予以解除，即在除息日当日及以后买入的股票不再享有本次股票分配的权利。我国上市公司的除息日通常是在登记日的下一个交易日。由于丧失了获取利息的权利，除息日的股票价格通常会下跌，也就是通常所说的“除权日”。

（4）股利支付日，即公司按照公布的分红方案通过资金清算系统或其他方式向股权登记日在册的股东实际支付股利的日期。

【例 6-4】齐鲁公司于 20×7 年 5 月 10 日公布 20×6 年度的分红方案，其公告如下：“20×7 年 5 月 9 日在济南召开的股东大会，通过了董事会关于每 10 股可派发现金股息 1 元（不考虑股息需缴纳的个人所得税）的 20×6 年股息分配方案。股权登记日为 5 月 24 日，除息日为 5 月 25 日，现金股利的支付日为 5 月 27 日。特此公告。”

该公司的股利支付程序如图 6-1 所示。

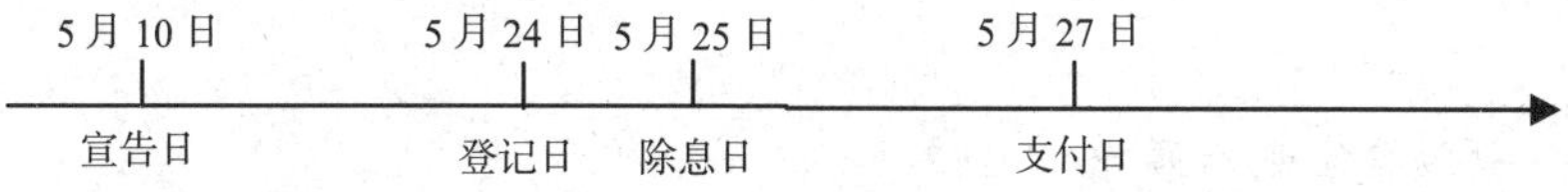

图 6-1　股利支付程序

业务四　掌握公司股票分割与股票回购

业务描述

掌握公司股票分割与股票回购的原理和方法，会核算股票分割与股票回购对公司股东权益的影响。

相关知识

一、股票分割

股票分割又称拆股，是将一股股票拆分为多股股票的行为。股票分割只会增加公司发行在外的股票的总数，并不会对公司的资本结构产生任何影响。股票分割与发放股票股利的原理类似，都能够在不增加股东权益的情况下增加公司股份的数量。不同的是，股票分割时股东权益总额和内部结构都不会发生任何变化，变化的只是股票面值；而发放股票股利仅能保持股东权益总额的不改变，股东权益的内部结构会发生相应的变化。

股票分割在公司经营中主要发挥两个方面的作用：①降低股票价格。股票分割能够使每股市价降低，使买卖该股票所需的资金数量减少，从而可以促进股票的流通和交易。流通性的提高和股东数量的增加，能够在一定程度上加大对公司股票恶意收购的难度。此外，股票价格降低还可以为公司发行新股做准备，吸引更多的投资者，因为公司股价太高会使许多潜在投资者力不从心而不敢轻易对公司股票进行投资。②可以向市场和投资者传递公司发展前景良好的信号，有助于提高投资者对公司的信心。

与股票分割相对，如果公司认为其股票价格过低，不利于建立市场声誉和企业未来的再筹资，为提高股票的价格，可以采取反分割措施。反分割又被称为股票合并或逆向分割，是指将多股股票合并为一股股票。股票合并与股票分割相对应，会降低股票的流通性，增加公司股票投资的门槛，往往向市场传递公司发展不利的信息，因此，较少有公司采用股票合并。

【例6-5】齐鲁公司在20×5年年末资产负债表上的股东权益情况如表6-6所示。

表6-6　齐鲁公司20×5年年末股东权益情况　单位：万元

普通股（面值5元，发行在外400万股）	2 000
资本公积	2 000
盈余公积	2 000
未分配利润	1 000
股东权益合计	7 000

（1）假设股票市价为10元，该公司宣布发放10%的股票股利，即现有股东每持有10股即可获赠1股普通股。发放股票股利后，股东权益有何变化？每股净资产是多少？

（2）假设该公司按照1∶2的比例进行股票分割。股票分割后，股东权益有何变化？每股净资产是多少？

解：

（1）发放股票股利后股东权益情况如表6-7所示。

表 6-7 齐鲁公司发放股票股利后股东权益情况 单位：万元

普通股（面值 5 元，发行在外 440 万股）	2 200
资本公积	2 200
盈余公积	2 000
未分配利润	600
股东权益合计	7 000

每股净资产为：7 000 ÷（400+40）=15.91（元/股）

（2）股票分割后股东权益情况如表 6-8 所示。

表 6-8 齐鲁公司股票分割后股东权益情况 单位：万元

普通股（面值 2.5 元，发行在外 800 万股）	2 000
资本公积	2 000
盈余公积	2 000
未分配利润	1 000
股东权益合计	7 000

每股净资产为：7 000 ÷（400 × 2）= 8.75（元/股）

二、股票回购

1. 股票回购的内涵

股票回购是上市公司出资将其发行在外的普通股以一定价格购买回来予以注销或作为库存股的一种资本运作方式。公司不得随意回购本公司的股份，只有当满足相关法律规定的情形时才可以进行股票回购。

股票回购主要包括公开市场回购、要约回购和协议回购三种方式。公开市场回购是指公司在公开交易市场上以当前市场价格回购股票；要约回购是指公司在特定期间向股东发出的以高出当前市场价格回购既定数量股票的要约；协议回购是指公司以协议价格直接向一个或几个主要股东回购股票的行为。

2. 股票回购的动机

（1）现金股利的替代。公司采用现金股利政策会对公司产生未来的派现压力，实施股票回购会造成公司当期现金的流出。当公司现金流量比较充裕时，可以通过回购股东所持有的股票将现金分配给股东，股东可自行选择继续持有股票或出售获取现金。

（2）改变公司的资本结构。公司无论是采用现金回购还是举债回购股票，都会提高公司的财务杠杆水平，改变公司的资本结构。当公司认为其权益资本在资本结构中所占比例较大时，为了调整资本结构而进行股票回购，可以在一定程度上降低整体资本成本。

（3）传递公司信息。由于信息不对称和预期差异的影响，公司在证券市场上的股票价格可能会被低估，股票价格过低会对公司的市场估值产生负面的影响。投资者通常会认为，股票回购是对公司股票价值低估而采取的应对措施。

（4）巩固控制权。控股股东为了保持其控制权，通常会通过直接或间接回购股票，从而巩固其公司的控制权。此外，股票回购使公司流通在外的股份减少，股价上升，可以有效防止敌意收购。

3. 股票回购的影响

（1）公司进行股票回购需要支付大量的资金，从而造成资金紧张，降低公司资产的流动性，对公司未来的经营活动产生影响。

（2）股票回购相当于股东退股和公司出资的减少，可能会引起公司股东重点关注当期利润的实现，这在一定程度上削弱了公司对债权人利益的保护，而忽视公司长远的发展，从而损害公司的根本利益。

（3）股票回购容易导致公司操纵股价。公司回购股票容易导致其利用内幕信息进行炒作，影响公司经营的规范化，从而损害投资者的利益。

拓展阅读

公司分红方案中股票的派、转、送、配的解析

上市公司在宣布分红方案时，有时会提到 10 派 1 转 5 送 5，这是什么意思呢？

派：指派息，上市公司直接用未分配利润发放现金，这种分配方式需要缴纳个人所得税。每 10 股派 1 元的意思就是每 10 股分现金股利 1 元，这种分配方式可以自动进入股东账户，当然是已经扣除所得税后的余额。

转：指转增股本，上市公司将资本公积转化为股本，转增的股本并没有改变股东权益的总额，但改变了股本结构的构成，增加了股本规模，实际结果和送股类似。每 10 股转增 5 股，股东以前有 10 股股票，转增之后变成 15 股，股东权益总数并没有变化，只是股权结构中部分资本公积转成了股本。

送：指送股，上市公司将未分配利润以红股的方式分配给股东使股东所持股份增加而获得投资收益。每 10 股送 5 股，股东以前有 10 股变成了 15 股，股东权益的总数也没有发生变化，只是结构上由未分配利润转入了股本。

转增股和送股的区别：转增是从资本公积转到股本中，可以不受公司本年度可供分配利润多少和时间的限制，只需减少部分资本公积转增股本，从某种意义上来说，转增股本并不是对股东分红的回报。送股是把从未分配利润转到股本中，只有在公司有盈余的情况下，才能实施送股。转增股和送股从本质上对股东来说，都是无偿获得上市公司的股票，在两种情况下股东权益都没有变化。

配：指配股。配股不是分红。上市公司根据经营发展的需要，依据有关规定和相应程序，向现有股东发行新股，属于筹集资金的行为，股东要按配股价格和配股数量缴纳配股款，完全不同于公司对股东的分红。按照惯例，公司配股时新股的认购权按照原有股权比例在原股东之间分配，即原股东拥有优先认购权。配股操作如同平时买股票，只要按照配股价和应配股数，填写买单即可。如果某股票又分红又配股，可以只取红利，而不配股，只要在配股缴款期不买入，配股权就会被放弃。

项目小结

学习完本项目，应该能够了解公司利润的构成，以及股票分割、股票回购的基本含义；明确利润分配的原则、利润分配的顺序；熟知股利分配方案的制定过程，掌握股利分配政策；根据实际情况，指导企业利润分配方案的制订和实施。

主要概念

股利无关理论	股利相关理论	“手中鸟”理论	信号传递理论
所得税差异理论	代理理论	股利政策	现金股利
财产股利	负债股利	股票股利	股权登记日
除息日	股票分割	股票回购	

推荐阅读

[1] 张大龙. 终极控制权、股权激励与企业产出效率的关系研究[J]. 商业经济研究，2021，（24）：174-177.

[2] 张训常，苏巧玲. 政府与国有企业间的利润分配对企业超额雇员的影响[J]. 世界经济，2021，44（11）：121-144.

[3] 潘星宇，沈艺峰. 股权激励、企业并购与利润管理[J]. 经济管理，2021，43（10）：99-118.

[4] 王秋豪. 公司法利润分配规则的逻辑结构与现实约束——基于法律与会计交叉分析的视角[J]. 证券市场导报，2021，（9）：2-12.

[5] 赵家茂，高晓建，李晓阳. A公司订单式定制化产品动态利润管理实践[J]. 财务与会计，2021，（11）：29-32.

[6] 李旭红，白雪苑，蔡雪山. 数字经济背景下剩余利润分配方法的发展趋势及其影响[J]. 国际税收，2021，（1）：49-56.

博学增信

《诗》云：“穆穆文王，於缉熙敬止。”为人君，止于仁；为人臣，止于敬；为人子，止于孝；为人父，止于慈；与国人交，止于信。

——《大学》

《诗经》说：“品德高尚的文王啊，为人光明磊落，做事始终庄重谨慎。”做国君的，要做到仁爱；做臣子的，要做到恭敬；做子女的，要做到孝顺；做父亲的，要做到慈爱；与他人交往，要做到讲信用。

习题与实训

一、单项选择题

1. 在以下关于利润分配的描述中，正确的是（　　）。

A. 公司不能从税后利润中提取盈余公积金

B. 公司在提取法定公积金之前，应当先用当年利润弥补亏损

C. 法定盈余公积的提取比例为当年税后利润（弥补亏损后）的 20%

D. 有限责任公司和股份有限公司股东都按照实缴的出资比例分取红利

2. 股利无关论认为股利分配对公司市场价值不产生影响，下列关于股利无关理论的假设表述错误的是（　　）。

A. 投资决策不受股利分配的影响　　B. 不存在股票筹资费用

C. 不存在资本增值　　D. 不存在个人或公司所得税

3. 某公司正在讨论股利分配问题。公司的一名高管认为，为了有效实施明年的配股方案，公司应当采用高现金股利政策。该高管的观点体现的是（　　）。

A. 代理理论　B. “手中鸟”理论　C. 股利无关理论　D. 所得税差异理论

4. 某企业在选择股利政策时，以代理成本和外部融资成本之和最小化为标准。该企业所依据的股利理论是（　　）。

A. 代理理论　B. “手中鸟”理论　C. 信号传递理论　D. 所得税差异理论

5. 以下股利分配政策中，最有利于股价稳定的是（　　）。

A. 剩余股利政策　　B. 固定股利支付率政策

C. 固定或稳定增长的股利政策　　D. 低正常股利加额外股利政策

6. 京通股份有限公司的盈利水平具有随着经济周期而波动较大的特点，其适用的股利分配政策为（　　）。

A. 剩余股利政策　　B. 固定股利政策

C. 固定股利支付率政策　　D. 低正常股利加额外股利政策

7. 在下列股利分配政策中，能保持股利与收益之间一定的比例关系，并体现多盈多分、少盈少分、无盈不分原则的是（　　）。

A. 剩余股利政策　　B. 固定或稳定增长股利政策

C. 固定股利支付率政策　　D. 低正常股利加额外股利政策

8. 某公司 20×5 年税后净利润为 2 000 万元，20×6 年投资计划需要资金 2 200 万元。如果该公司采用剩余股利政策，20×5 年发放的股利为 680 万元，则该公司目标资本结构中权益资本所占的比例为（　　）。

A. 40%　B. 50%　C. 60%　D. 68%

9. 某公司目标资本结构要求权益资本占 55%，20×1 年的净利润为 2 500 万元，预计 20×2 年投资所需资金为 3 000 万元。按照剩余股利政策，20×1 年可发放的现金股利为（　　）万元。

A. 850　B. 1 150　C. 1 375　D. 1 125

10. 在确定企业的收益分配政策时，应当考虑相关因素的影响，其中“偿债能力约束”属于（　　）。

A. 法律因素　B. 公司因素　C. 股东因素　D. 债务契约因素

11. 如果某公司以所持有的其他公司的有价证券作为股利发放给本公司股东，则该股利支付方式属于（　　）。

A. 负债股利　B. 现金股利　C. 财产股利　D. 股票股利

12. 在下列各项中，能够增加普通股股票发行在外股数，但不改变公司资本结构的行为是（ ）。

A. 股票分割 B. 股票回购 C. 增发普通股 D. 支付现金股利

二、多项选择题

1. 企业的利润分配应当遵循的原则包括（ ）。

A. 投资与收益对等 B. 成本与效益原则

C. 兼顾各方面利益 D. 分配与积累并重

2. 以下属于股利无关论中，完全市场理论的假设条件的有（ ）。

A. 不存在任何筹资费用

B. 市场具有半强式效率

C. 不存在任何公司和个人所得税

D. 公司的投资决策与股利决策有一定联系

3. 下列股利理论中，属于股利相关论的是（ ）。

A. MM 理论 B. "手中鸟"理论 C. 信号传递理论 D. 所得税差异理论

4. 下列股利分配理论中， 认为股利政策会影响公司的价值的有（ ）。

A. 信号传递理论 B. 所得税差异理论

C. "手中鸟"理论 D. 代理理论

5. 按照资本保全约束的要求，企业发放股利所需资金的来源包括（ ）。

A. 股本 B. 原始投资 C. 当年利润 D. 留存收益

6. 在影响利润分配政策的法律因素中，我国相关法律做出规定的是（ ）。

A. 偿债能力约束 B. 资本积累约束

C. 资本保全约束 D. 超额累积利润约束

7. 下列属于影响利润分配政策的公司因素的是（ ）。

A. 税赋 B. 投资需求 C. 筹资成本 D. 偿债能力

8. 股票分割可以（ ）。

A. 改善企业资本结构

B. 增加对并购方的吸引力

C. 可能会增加股东的现金股利

D. 使公司每股市价降低，促进股票的流通和交易

9. 是否对股东派发股利及股利支付率高低的确定，须对（ ）进行权衡。

A. 企业的投资机会 B. 投资者的具体要求

C. 股利的信号传递功能 D. 企业的筹资能力及筹资成本

10. 股票分割和股票股利的相同之处有（ ）。

A. 不改变公司股票数量 B. 不改变资本结构

C. 不改变股东权益结构 D. 不改变股东权益总额

11. 假设某股份公司按照 1 : 2 的比例进行股份分割，下列正确的有（ ）。

A. 股本总额增加一倍 B. 每股净资产保持不变

C. 股东权益总额保持不变 D. 股东权益内部结构保持不变

12. 下列各项中，属于回购股票的动机的有（ ）。

A. 改变结构　　B. 巩固控制权
C. 传递股价被高估的信息　　D. 替代现金股利

三、判断题

1. 信号传递理论认为，在信息对称的情况下，公司可以通过股利政策向市场传递有关公司未来获利能力的信息，从而影响公司的股价。（　）

2. 代理理论认为，高水平的股利政策增加了企业的代理成本，同时降低了外部融资成本，理想的股利政策应当使两种成本之和最小。（　）

3. 所得税差异理论认为，企业应当采用低股利政策。（　）

4. 剩余股利政策能保持理想的资本结构，使企业价值长期最大化，其依据是股利相关论。（　）

5. 企业目标资本结构为权益资本占60%。20×0年净利润为2 000万元，预计20×1年投资需求为1 000万元。公司采用剩余股利政策，20×0年可发放的现金股利为1 400万元。（　）

6. 采用剩余股利政策，在有投资机会时，企业偏向留存收益进行筹资。（　）

7. 在固定股利支付率政策下，各年的股利随着收益的波动而波动，容易给投资者带来公司经营状况不稳定的印象。（　）

8. 与固定股利政策相比，低正常股利加额外股利政策赋予公司股利发放的灵活性。（　）

9. 股东为防止控制权稀释，会倾向于较高的股利支付水平。（　）

10. 在除息日购入公司股票的投资者不能享有已宣布发放的股利。（　）

11. 在其他条件不变的情况下，股票分割会使发行在外的股票总数增加，进而降低公司资产负债率。（　）

12. 发放股票股利和进行股票分割都不会对股东权益总额产生影响，股东权益内部结构保持不变。（　）

13. 股票回购的形式有三种，即公开市场回购、要约回购和协议回购。其中，要约回购赋予所有股东向公司出售其所持股票的均等机会。（　）

四、综合题

1. 中达股份有限公司20×4年、20×5年的税后利润分别为1 500万元和1 800万元，公司于20×5年3月20日向股东分配现金红利900万元。20×6年年初，公司扩大生产规模，拟上一新项目，经测算，新项目需资金2 000万元。该公司资本结构为“权益：负债=3：2”。请分别回答以下问题：

（1）若该公司执行固定股利支付率政策，权益资金在20×5年的基础上上升5个百分点，资本结构不变，计算公司为上新项目需要筹集多少权益资金。

（2）若该公司执行固定股利政策，资本结构不变，计算公司为上新项目需要筹集多少权益资金。

（3）若该公司执行剩余股利政策，目标资本结构变为“权益：负债=1：1”，计算20×6年可以发放多少现金股利。

2. 某公司20×6年拟投资4 000万元购置一台生产设备以扩大生产能力，该公司目标资本结构下权益乘数为 2。该公司 20×5 年的税前利润为 4 000 万元，所得税税率为 25%。要求：

（1）计算 20×5 年的净利润。

（2）按照剩余股利政策计算企业分配的现金股利。

（3）如果该企业采用固定股利支付率政策，固定的股利支付率是 40%。在目标资本结构下，计算 20×6 年该公司为购置该设备要从外部筹集自有资金的数额。

（4）如果该企业采用的是低正常股利加额外股利政策，低正常股利为 1 000 万元，额外股利为净利润超过 2 000 万元的部分的 10%，在目标资本结构下，计算 20×6 年该公司为购置该设备需要从外部筹集自有资金的数额。

3. 在甲公司发放股票股利前，投资者张某持有甲公司普通股 20 万股，甲公司的股东权益账户情况如下：股本为 2 000 万元（发行在外的普通股为 2000 万股，面值为 1 元），资本公积为 3 000 万元，盈余公积为 2 000 万元，未分配利润为 3 000 万元。公司每 10 股发放 2 股股票股利，按市值确定的股票股利总额为 2 000 万元。要求：

（1）计算股票股利发放后的“未分配利润”项目金额。

（2）计算股票股利发放后的“股本”项目金额。

（3）计算股票股利发放后的“资本公积”项目金额。

（4）计算股票股利发放后张某持有公司股份的比例。

项目七

预算管理

学习目标

知识学习目标

1. 理解预算的概念、内容、作用；
2. 掌握预算编制的基本程序；
3. 掌握各种预算编制方法；
4. 掌握经营预算、专门决策预算和财务预算的内容；
5. 熟悉预算的执行与考核。

技能训练目标

1. 能够用正确的价值观指导企业预算的各项工作；
2. 能够灵活地运用各种预算编制的方法；
3. 能够进行经营预算的编制；
4. 能够进行资金预算、预计利润表、预计资产负债表的编制。

导入案例

齐鲁公司为了能充分发挥现有资源的优势、明确各部门的奋斗目标、制定各部门的考核标准、全面掌握企业未来一年的财务状况和经营成果，拟编制公司各项预算。那么齐鲁公司应如何开展下一年度的预算编制工作?

齐鲁公司要组织好企业的经营预算、专门决策预算和财务预算的各项工作，财务预算具体又包括资金预算、预计利润表、预计资产负债表等内容，资金预算必须以经营预算和专门决策预算为基础编制，因此，必须先组织好经营预算和专门决策预算后才能统筹完成好各项预算工作。

任务一 认知预算管理

任务描述

掌握全面预算的内容，了解全面预算的业务流程。

相关知识

预算是企业在预测、决策的基础上，用数量和金额以表格的形式反映企业未来一定时期内经营、投资、筹资等活动的具体计划，是为实现企业目标而对各种资源和企业活动所做的详细安排。预算是一种可据以执行和控制经济活动的、最为具体的计划，是对目标的具体化，是实现企业战略导向预定目标的有力工具。

数量化和可执行性是预算最主要的特征。首先，预算与企业的战略目标保持一致，因为预算是为实现企业目标而对各种资源和企业活动所做的详细安排；其次，预算是数量化的并具有可执行性，因为预算作为一种数量化的详细计划，它是对未来活动的细致、周密安排，是未来经营活动的依据。

一、全面预算的内容

全面预算是根据企业目标所编制的经营、资本、财务等年度收支计划，即以货币及其他数量形式反映的有关企业未来一段期间内各项经营活动目标的行动计划及相应措施的数量说明，具体包括经营预算、专门决策预算和财务预算。

经营预算是指与企业日常业务直接相关的一系列预算，包括销售预算、生产预算、采购预算、费用预算、人力资源预算等。

专门决策预算是指企业重大的或不经常发生的、需要根据特定决策编制的预算，包括投融资决策预算等。

财务预算是指与企业资金收支、财务状况或经营成果等有关的预算，包括资金预算、预计资产负债表、预计利润表等。财务预算作为全面预算体系的最后环节，它是从价值方面总括地反映企业经营预算与专门决策预算的结果，故亦被称为总预算，其他预算则相应被称为辅助预算或分预算。显然，财务预算在全面预算中占有举足轻重的地位。

图 7-1 是一个简化了的例子，包括一个企业预算编制的基本内容，反映了各种预算之间的主要联系。

企业编制财务预算应当按照先经营预算和专门决策预算，后财务预算的流程进行。销售预算是经营预算的编制起点，根据“以销定产”的原则确定生产预算，以及其他各项预算。财务预算一般按年度编制，经营预算、专门决策预算分季度、月份落实。

二、全面预算的作用

全面预算反映了企业各级各部门工作的目标，它具有以下作用。

（1）规划作用。预算作为企业的全面计划，规定了企业在一定时期内总的经营目标和各部门的具体目标。这就使各部门能够了解本部门的经济活动与整个企业经营目标的关系，明确各自的职责，也使得管理阶层在制订经营计划时更具前瞻性。

（2）协调作用。预算是协调企业内部职能的重要工具。由于企业内部各级各部门所承担的任务不同，职责不同，往往会出现许多不协调的现象，通过预算的编制和综合平衡，可以促使企业各部门之间互相了解、协调实现企业总目标。例如，按照销售部门制订的销售计划来执行，生产部门可能没有足够的生产能力；按照生产部门的生产计划来执行，销售部门可能无法将产品销售出去；销售和生产部门都认为应当扩大生产能力，但财务部门可能认为无法筹集到必要的资金。通过预算的编制，可以使各级各部门的工作目标协调一致。

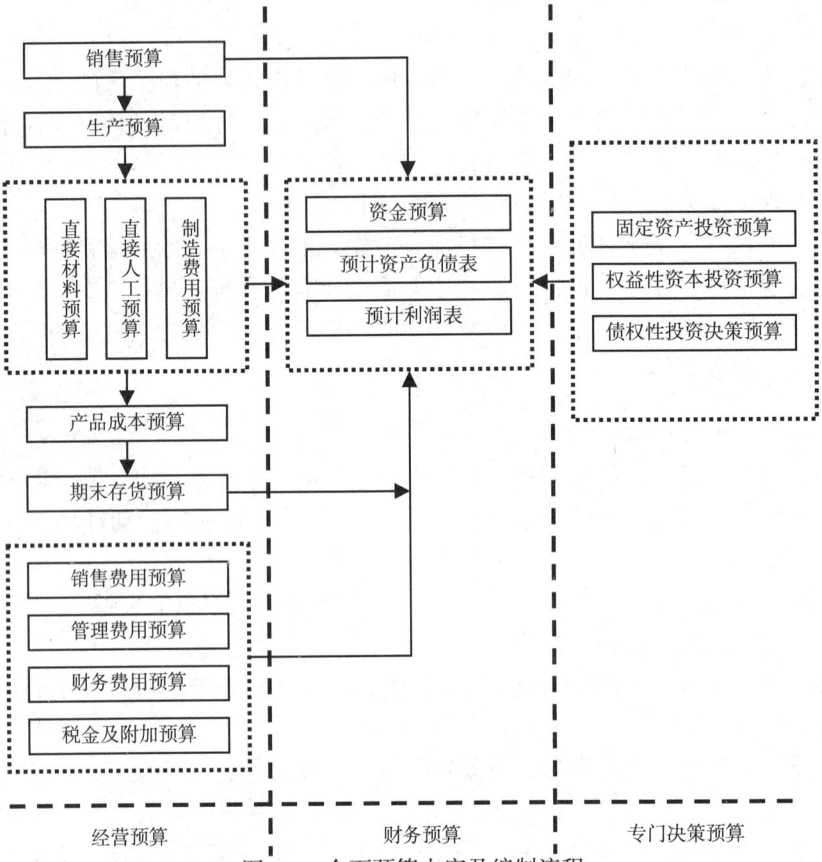

图 7-1　全面预算内容及编制流程

（3）分配作用。由于企业资源有限，通过预算可将资源在企业内部有效配置，使得资源在企业内部合理流动，最大限度地发挥作用。

（4）控制作用。预算可以作为控制和考核各部门工作的依据。预算编制完成后，就进入执行阶段。为了实现既定的目标利润，必须对预算的执行情况进行控制。这种控制作用不仅表现在对日常经济活动进行指导和监督，而且表现在对各部门实际执行结果进行计量、比较，确定差异，进行差异分析，并提出改进措施，调整经济活动，以保证各项预算指标的实现，也可以作为对各部门进行绩效评估的依据。

【案例分析】

农夫的一天

有一个农夫一早起来，告诉妻子说要去耕田，当他走到田地时，却发现耕耘机没有油了；原本打算立刻去加油的，突然想到家里的三四头猪还没有喂，于是转回家去；经过仓库时，望见旁边有几个马铃薯，他想起马铃薯可能正在发芽，于是又走到马铃薯田去；路途中经过木材堆，又记起家中需要一些柴火；正当要去取柴的时候，看见了一只生病的鸡躺在地上……这样来来回回跑了几趟，这个农夫从早上一直到太阳落山，油也没加，猪也没喂，田也没耕……显然，最后他什么事也没有做好。

全面预算管理方案明确了目标，但在执行时还要做到目标明确、方法可行、沟通到位、流程合理、激励到位、考核有效，只有这样预算才不是纸上谈兵，预算才能落地执行。

三、全面预算编制的基本程序

企业编制预算，一般应按照“上下结合、分级编制、逐级汇总”的程序进行，一般需要经过以下几个步骤。

（1）下达目标。企业董事会或经理办公会根据企业发展战略和预算期经济形势的初步预测，在决策的基础上，提出下一年度企业财务预算目标，包括销售或营业目标、成本费用目标、利润目标和现金流量目标，并确定财务预算编制的政策，由预算委员会下达各预算执行单位。

（2）编制上报。各预算执行单位按照企业预算委员会下达的预算目标和政策，结合自身特点以及预测的执行条件，提出详细的本单位预算方案，上报企业财务管理部门。

（3）审查平衡。企业财务管理部门对各预算执行单位上报的预算方案进行审查、汇总，提出综合平衡的建议。在审查、平衡过程中，预算委员会应当进行充分协调，对发现的问题提出初步调整的意见，并反馈给有关预算执行单位予以修正。

（4）审议批准。企业财务管理部门在有关预算执行单位修正调整的基础上，编制出企业预算方案，报企业预算委员会讨论。对于不符合企业发展战略或者预算目标的事项，企业预算委员会应当责成有关预算执行单位进一步修订、调整。在讨论、调整的基础上，企业财务管理部门正式编制企业年度预算草案，提交董事会或经理办公会审议批准。

（5）下达执行。企业财务管理部门对董事会或经理办公会审议批准的年度总预算，一般在次年 3 月底以前，分解成一系列的指标体系，由预算委员会逐级下达各预算执行单位执行。

【想一想】

若由你负责编制预算，你将如何安排预算编制工作？

任务二 掌握预算管理

任务描述

理解固定预算法与弹性预算法、增量预算法与零基预算法、定期预算法与滚动预算法的应用，并针对企业情况编制不同的预算；掌握经营预算，完成资金预算、预计资产负债表和预计利润表的编制。

业务一 掌握预算的编制方法

业务描述

掌握固定预算法与弹性预算法、增量预算法与零基预算法、定期预算法与滚动预算法等预算编制方法。

相关知识

企业可以根据不同的预算项目，分别采用固定预算法和弹性预算法，增量预算法和零基预算法、定期预算法和滚动预算法等方法编制各种预算。

一、固定预算法与弹性预算法

编制预算的方法按其业务量基础的数量特征不同，可分为固定预算法和弹性预算法。

（一）固定预算法

固定预算法又称静态预算法，是根据预算期内正常的、可实现的某一业务量（产量、销售量、作业量等与预算项目相关的弹性变量）水平为固定基础，不考虑可能发生的变动的预算编制方法。它一般适用于固定费用或者数额比较稳定的预算项目。

固定预算法的缺点表现在：一是适应性差，因为编制预算的业务量基础是事先假定的某个业务量。在这种方法下，不论预算期内业务量水平实际可能发生哪些变动，都只按事先确定的某一个业务量水平作为编制预算的基础。二是可比性差，当实际的业务量与编制预算所依据的业务量发生较大差异时，有关预算指标的实际数与预算数就会因业务量基础不同而失去可比性。例如，齐鲁公司预计业务量为销售 200 000 件产品，按此业务量给销售部门的预算费用为 20 000 元。如果该销售部门实际销售量达到 300 000 件，超出了预算业务量，固定预算下的费用预算仍为 20 000 元。

（二）弹性预算法

弹性预算法又称动态预算法，是指企业在分析业务量与预算项目之间数量依存关系的基础上，分别确定不同业务量及其相应预算项目所消耗资源的预算编制方法。

弹性预算法适用于编制全面预算中所有与业务量有关的预算，实务中主要被用于编制成本费用预算和利润预算，尤其是成本费用预算。

编制弹性预算，要选用一个最能代表生产经营活动水平的业务量计量单位。例如，以手工操作为主的车间，就应选用人工工时；制造单一产品或零件的部门，可以选用实物数量；修理部门可以选用直接修理工时等。

弹性预算法所采用的业务量范围，视企业或部门的业务量变化情况而定，务必使实际业务量不至于超出相关的业务量范围。一般来说，可定为正常生产能力的 70%~110%，或以历史上最高业务量和最低业务量为其上下限。弹性预算法编制预算的准确性，在很大程度上取决于成本性态分析的可靠性。弹性预算法一般适用于与预算执行单位业务量有关的成本（费用）、利润等预算项目。

与按特定业务量水平编制的固定预算法相比，弹性预算法的主要优点是考虑了预算期可能的不同业务量水平，更贴近企业经营管理实际情况。弹性预算法的主要缺点：一是编制工作量大；二是市场及其变动趋势预测的准确性、预算项目与业务量之间依存关系的判断水平等会对弹性预算的合理性造成较大影响。

弹性预算的编制，可以采用公式法和列表法两种。

1. 公式法

公式法假设成本和业务量之间存在线性关系，成本总额、固定成本总额、业务量和单位变动成本之间的变动关系可以表示为：

$$Y=a+bX$$

式中，Y 是成本总额，是该项目固定成本总额和变动成本总额之和；a 是不随业务量变动而变动的那部分固定成本；b 是单位变动成本，X 是业务量。这种方法要求按上述成本与业务量之间的线性假定，将企业各项目成本总额分解为变动成本和固定成本两部分。

【例 7-1】 齐鲁公司的制造费用项目单位变动费用和固定费用资料如表 7-1 所示。

表 7-1　齐鲁公司的制造费用项目单位变动费用和固定费用资料

费用明细项目	单位变动费用（元/工时）	费用明细项目	固定费用（元）
变动费用：		固定费用：	
间接人工	0.5	维护费用	12 000
间接材料	0.6	折旧费用	30 000
维护费用	0.4	管理费用	20 000
水电费用	0.3	保险费用	10 000
机物料	0.2	财产税	5 000
小计	2.0	小计	77 000

假设该企业预算期可能的预算工时变动范围为 49 000 ~ 51 000 工时，制造费用弹性预算如表 7-2 所示。

表 7-2　齐鲁公司制造费用弹性预算表（公式法）

工时变动范围为：49 000 ~ 51 000 小时　　　　单位：元

项　目	*a*	*b*
固定部分：		
维护费用	12 000	—
折旧费用	30 000	—
管理费用	20 000	—
保险费用	10 000	—
财产税	5 000	—
小计	77 000	—
变动部分：		
间接人工	—	0.5
间接材料	—	0.6
维护费用	—	0.4
水电费用	—	0.3
机物料	—	0.2
小计	—	2.0
总计	77 000	2.0

在本例中，针对制造费用而言，在业务量为 49 000 ~ 51 000 小时的情况下，Y=77 000+2.0X。如果业务量为 50 000 小时，则制造费用预算为 77 000 +2.0 × 50 000=177 000（元）。

公式法的优点是在一定范围内预算可以随业务量变动而变动，可比性和适应性强，编制预算的工作量相对较小；缺点是按公式进行成本分解比较麻烦，对每个费用子项目甚至细目逐一进行成本分解，工作量很大。此外，在应用公式法编制预算时，相关弹性定额可能仅在一定业务量范围内适用。当业务量变动超出该适用范围时，应及时修正、更新弹性定额，或改为列表法编制。

2. 列表法

列表法是指企业通过列表的方式，在业务量范围内依据已划分出的若干个不同等级，分别计算并列示该预算项目与业务量相关的不同可能预算方案的方法。

应用列表法编制预算，首先要在确定的业务量范围内，划分出若干个不同水平；其次分别计算各项预算值，汇总列入一个预算表格。

【例 7-2】假定有关资料同表 7-1。预算期企业可能的直接人工工时分别为 49 000 工时、49 500 工时、50 000 工时、50 500 工时和 51 000 工时。用列表法编制制造费用弹性预算如表 7-3 所示。

表 7-3 齐鲁公司制造费用弹性预算表（列表法） 单位：元

费用明细项目	单位变动费用	业务量				
		49 000 工时	49 500 工时	50 000 工时	50 500 工时	51 000 工时
变动费用：						
间接人工	0.5	24 500	24 750	25 000	25 250	25 500
间接材料	0.6	29 400	29 700	30 000	30 300	30 600
维护费用	0.4	19 600	19 800	20 000	20 200	20 400
水电费用	0.3	14 700	14 850	15 000	15 150	15 300
机物料	0.2	9 800	9 900	10 000	10 100	10 200
小计	2.0	98 000	99 000	100 000	101 000	102 000
固定费用：						
维护费用	—	12 000	12 000	12 000	12 000	12 000
折旧费用	—	30 000	30 000	30 000	30 000	30 000
管理费用	—	20 000	20 000	20 000	20 000	20 000
保险费用	—	10 000	10 000	10 000	10 000	10 000
财产税	—	5 000	5 000	5 000	5 000	5 000
小计	—	77 000	77 000	77 000	77 000	77 000
制造费用合计	—	175 000	176 000	177 000	178 000	179 000

列表法的优点是：不论实际业务量是多少，不必经过计算即可找到与业务量相近的预算成本。然而，运用列表法编制预算，在评价和考核实际成本时，往往需要使用插值法来计算“实际业务量的预算成本”，比较麻烦。

二、增量预算法与零基预算法

按其出发点的特征不同，编制预算的方法可分为增量预算法和零基预算法两大类。

（一）增量预算法

增量预算法，是指以历史期实际经济活动及其预算为基础，结合预算期经济活动及相关影响因素的变动情况，通过调整历史期经济活动项目及金额形成预算的预算编制方法。增量预算法以过去的费用发生水平为基础，主张无须在预算内容上做较大的调整，它的编制遵循如下假定：

第一，企业现有业务活动是合理的，不需要进行调整。

第二，企业现有各项业务的开支水平是合理的，在预算期予以保持。

第三，以现有业务活动和各项活动的开支水平，确定预算期各项活动的预算数。

【例 7-3】 齐鲁公司上年的制造费用为 50 000 元，考虑到本年生产任务增加了 10%，按增量预算编制计划年度的制造费用为：

计划年度制造费用预算=50 000×（1+10%）=55 000（元）

增量预算编制方法的缺陷是可能导致无效费用开支项目无法得到有效控制，因为不加分析地保留或接受原有的成本费用项目，可能使原来不合理的费用继续开支而得不到有效的控制，形成不必要开支的合理化，造成预算上的浪费。

【案例分析】

各部门的成本费用的增量预算

每届预算年度开始，各部门以上年实际支出为基础，再增列一笔金额，巧妙装饰后，作为新计划提交最高领导层审批。主持预算审批的领导，明知预算中的“水分”，但因不能透彻了解情况，只得不分良莠，一律砍掉 30%（或更多），随后开始一个争吵的过程；经过一段时间后，预算编制完成。几乎所有的申请单位都意见纷纷，大家都感到这套办法必须改革，但年复一年，仍不见有多少起色。这种不分青红皂白砍一刀的做法，使有经验的预算人员有意把预算造得大大超过实际需要，以便“砍一刀”后还能满足需要，却让那些实事求是地编制预算的人们叫苦不迭。

请问：该公司对成本费用采用什么预算方法？该方法有何缺点？

分析提示：该公司对成本费用采用的是增量预算编制方法，该方法由于在原有的开支基础上进行，对原有的开支项目一般难以压缩。而且从部门局部利益出发，编制者往往会从高编制预算，事实上，这些行为违背了职业道德与会计伦理的要求。

（二）零基预算法

零基预算法，是指企业不以历史期经济活动及其预算为基础，以零为起点，从实际需要出发分析预算期经济活动的合理性，经综合平衡，形成的预算编制方法。零基预算法适用于企业各项预算的编制，特别是不经常发生的预算项目或预算编制基础变化较大的预算项目。零基预算法的应用程序如下：

第一，明确预算编制标准。企业应搜集和分析对标单位、行业等外部信息，结合内部管理需要形成企业各预算项目的编制标准，并在预算管理过程中根据实际情况不断分析评价、修订完善预算编制标准。

第二，制订业务计划。预算编制责任部门应依据企业战略、年度经营目标和内外环境变化等安排预算期经济活动，在分析预算期各项经济活动合理性的基础上制订详细、具体的业务计划，作为预算编制的基础。

第三，编制预算草案。预算编制责任部门应以相关业务计划为基础，根据预算编制标准编制本部门相关预算项目，并报预算管理责任部门审核。

第四，审定预算方案。预算管理责任部门应在审核相关业务计划合理性的基础上，逐项评价各预算项目的目标、作用、标准和金额等，按战略相关性、资源限额和效益性等进行综合分析和平衡，汇总形成企业预算草案，上报企业预算管理委员会等专门机构审议后报董事会等机构审批。

零基预算法的优点表现在：一是以零为起点编制预算，不受历史期经济活动中的不合理因素影响，能够灵活应对内外环境的变化，预算编制更贴近预算期企业经济活动需要；二是有助于增加预算编制透明度，有利于进行预算控制。

其缺点主要体现在：一是预算编制工作量较大、成本较高；二是预算编制的准确性受企业管理水平和相关数据标准准确性影响较大。

【例7-4】齐鲁公司对管理费用预算的编制采用零基预算的编制方法。经多次讨论，预算编制人员确定的预算年度开支水平如表7-4所示。

表7-4 齐鲁公司预计费用项目及开支金额　　单位：万元

费用项目	预算金额
业务招待费	150
广告费	190
办公费	100
保险费	60
职工福利费	60
合计	560

假定公司预算年度对上述费用可动用的资源只有500万元，经过充分论证，认为上述费用中办公费、保险费和职工福利费必须得到全额保证，业务招待费、广告费可以适当压缩。那么，齐鲁公司将如何安排预算资金？

分析提示：首先计算扣除需全额保证预算资金后的可供分配资金，其次将可供分配的资金按成本与效益的关系予以分配。

根据历史资料得出的业务招待费、广告费的成本效益关系如表7-5所示。

表7-5 齐鲁公司成本效益关系表

费用项目	成本金额（万元）	收益金额（万元）	分配比例（%）
业务招待费	1	2	40.00
广告费	1	3	60.00
合计	—	5	100.00

（1）不可避免的项目预算金额=100+60+60=220（万元）

（2）可分配的预算资金=500−220=280（万元）

（3）按成本与效益权重将可分配的资金数额在业务招待费、广告费之间进行分配。其中：

业务招待费可分配资金=280×（2÷5）=112（万元）

广告费可分配资金=280×（3÷5）=168（万元）

三、定期预算法与滚动预算法

编制预算的方法按其预算期的时间特征不同，可分为定期预算法和滚动预算法两大类。

（一）定期预算法

定期预算法是指在编制预算时，以固定会计期间（如日历年度）作为预算期的一种预算编制方法。这种方法的优点是能够使预算期间与会计期间相对应，便于将实际数与预算数进行对比，也有利于对预算执行情况进行分析和评价。但这种方法以固定会计期间（如1年）为预算期，在执行一段时期之后，往往使管理人员只考虑剩下时间的业务量，缺乏长远打算，导致一些短期行为的出现。

（二）滚动预算法

滚动预算法是指企业根据上一期预算执行情况和新的预测结果，按既定的预算编制周期和滚动频率，对原有的预算方案进行调整和补充、逐期滚动、持续推进的预算编制方法。

按照预算编制周期，可以将滚动预算分为中期滚动预算和短期滚动预算。中期滚动预算的预算编制周期通常为3年或5年，以年度作为预算滚动频率。短期滚动预算通常以1年为预算编制周期，以月度、季度作为预算滚动频率。短期滚动预算通常使预算期始终保持12个月，每过1个月或1个季度，立即在期末增列1个月或1个季度的预算，逐期往后滚动，因而在任何一个时期都使预算保持为12个月的时间长度。这种预算能使企业各级管理人员对未来始终保持整整12个月时间的考虑和规划，从而保证企业的经营管理工作能够稳定而有序地进行。

（1）逐月滚动。逐月滚动是指在预算编制过程中，以月份为预算的编制和滚动单位，每个月调整一次预算的方法。如在20×1年1月至12月的预算执行过程中，需要在1月末根据当月预算的执行情况修订2月至12月的预算，同时补充下年1月的预算；到2月末可根据当月预算的执行情况，修订3月至20×2年1月的预算，同时补充20×2年2月的预算；以此类推。逐月滚动预算方式如图7-2所示。

按照逐月滚动方式编制的预算比较精确，但工作量较大。

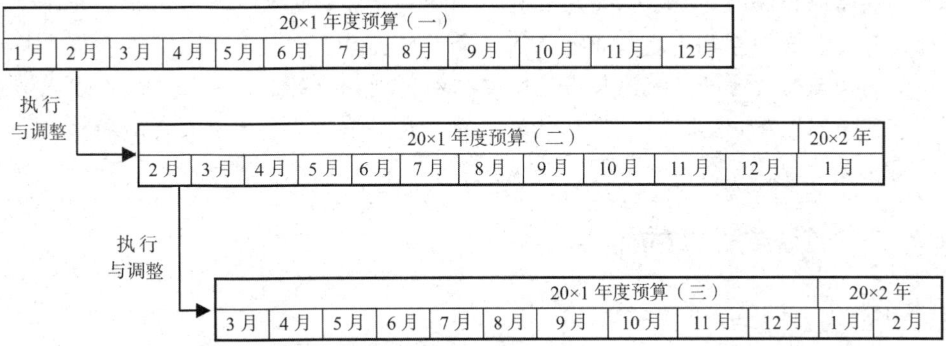

图7-2　逐月滚动预算方式

（2）逐季滚动。逐季滚动是指在预算编制过程中，以季度为预算的编制和滚动单位，每个季度调整一次预算的方法。逐季滚动编制的预算比逐月滚动的工作量小，但精确度较差。

（3）混合滚动。混合滚动是指在预算编制过程中，同时以月份和季度作为预算的编制和滚动单位的方法。这种预算方法的理论依据是：人们对未来的了解程度具有对近期的预计把握较大、对远期的预计把握较小的特征。混合滚动预算方式如图 7-3 所示。

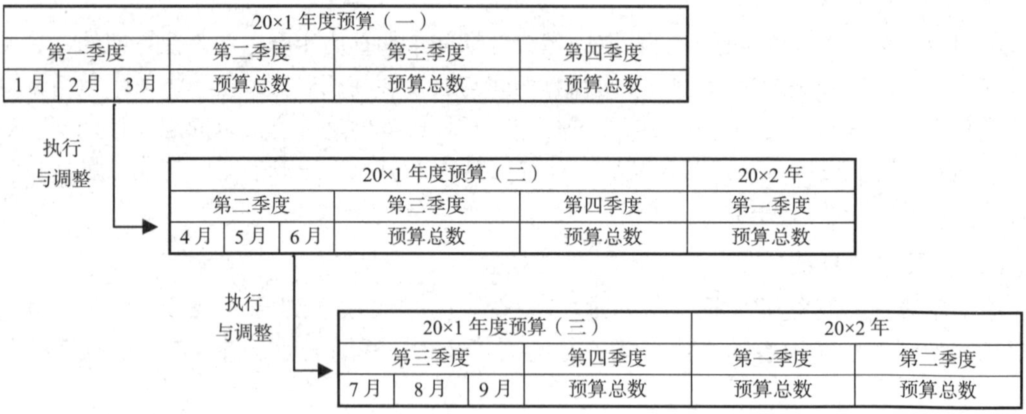

图 7-3 混合滚动预算方式

滚动预算的主要优点为：通过持续滚动预算编制、逐期滚动管理，实现动态反映市场，建立跨期综合平衡，从而有效指导企业营运，强化预算的决策与控制职能。滚动预算的主要缺点为：一是预算滚动的频率越高，对预算沟通的要求越高，预算编制的工作量越大；二是过高的滚动频率容易增加管理层的不稳定感，导致预算执行者无所适从。

诚信故事

“君子修身，莫善于诚信”，这是古人对诚信的认知；“言必信，行必果”“一言九鼎”“一诺千金”……这些古老的成语和俗语在今天依然闪耀着精神光芒。

“信”不是简单的守承诺，而是基于对自己、对别人、对世界的尽心，所以又有“诚信”之说。

诚信是安身立命之本，是成就事业的根基；诚信是人与人相处的原则，是维系社会稳定的基础。诚信的内涵随着社会的发展变迁不断得到丰富和完善。当今时代，全球化浪潮风起云涌，身处社会转型期的我们正面临深刻复杂的变革，希望与挑战并存，进步与危机同在。人们渴望诚信的生活，也渴望自己的诚信能得到社会的真诚回报。我们在生活中时常听到“诚信做人”“诚信立业”“诚信治国”的呼声。作为一个古老而常新的话题，诚信在今天具有重要的现实意义。

业务二　掌握预算的编制

业务描述

会根据企业实际情况编制经营预算、专门决策预算和资金预算，并编制预计资产负债表及利润表。

相关知识

企业应建立和完善预算编制的工作制度，明确预算编制依据、编制内容、编制程序和编制方法，确保预算编制依据合理、内容全面、程序规范、方法科学，确保形成各层级广泛接受的、符合业务假设的、可实现的预算控制目标。

一、销售预算

销售预算是在销售预测的基础上，根据企业年度目标利润确定的预计销售量、销售单价和销售收入等参数编制的，用于规划预算期销售活动的一种经营预算。在编制过程中，应根据年度内各季度市场预测的销售量和单价，确定预计销售收入，并根据各季现销收入与收回前期的应收账款反映现金收入额，以便为编制现金收支预算提供资料。根据销售预测确定的销售量和销售单价确定各期销售收入，并根据各期销售收入和企业信用政策，确定每期的销售现金流量，是销售预算的两个核心问题。

由于企业其他预算的编制都必须以销售预算为基础，因此，销售预算是整个预算编制的起点，其他预算都以销售预算作为基础。

【例 7-5】齐鲁公司 20×1 年（计划年度）只生产和销售一种产品，每季的产品销售货款有 60%于当期收到现金，有 40%属赊销于下一个季度收到现金。上一年（基期）年末的应收账款为 160 000 元。该公司计划年度的销售预算如表 7-6 所示。

表 7-6 齐鲁公司销售预算表

20×1 年度 单位：元

项 目	第一季度	第二季度	第三季度	第四季度	全 年
预计销售量（件）	1 200	1 800	2 400	2 160	7 560
预计单位销售	560	560	560	560	560
销售收入	672 000	1 008 000	1 344 000	1 209 600	4 233 600
预计现金收入：					
上年应收账款	160 000	—	—	—	160 000
第一季度销售实现	403 200	268 800	—	—	672 000
第二季度销售实现	—	604 800	403 200	—	1 008 000
第三季度销售实现	—	—	806 400	537 600	1 344 000
第四季度销售实现	—	—	—	725 760	725 760
现金收入合计	563 200	873 600	1 209 600	1 263 360	3 909 760

【想一想】

你需要收集哪些基础资料来编制销售预算？

二、生产预算

生产预算是为了规划预算期生产规模而编制的一种经营预算，它是在销售预算的基础上编制的，并可以作为编制直接材料预算和产品成本预算的依据。其内容有销售量、期初和期末产成品存货、生产量。在生产预算中，只涉及实物量指标，不涉及价值量指标。编制生产预算的主要依据是预算期各种产品的预计销售量及存货期初期末资料。具体计算公式为：

预计生产量=预计销售量+预计期末产成品存货−预计期初产成品存货

生产预算的要点是确定预算期的产品生产量和期末结存产品数量，前者为编制直接材料预算、人工预算、制造费用预算等提供基础，后者是编制期末存货预算和预计资产负债表的基础。

【例 7-6】假设齐鲁公司 20×1 年期末产成品存货数量按下期销售量的 10%确定，年初产成品存货 100 件，年末留存 200 件，预计销售量同表 7-6 中所示。齐鲁公司生产预算如表 7-7 所示。

表 7-7　齐鲁公司生产预算表

20×1 年度　　单位：件

项　目	第一季度	第二季度	第三季度	第四季度	全　年
预计销售量	1 200	1 800	2 400	2 160	7 560
加：预计期末产成品存货	180	240	216	200	200
合计	1 380	2 040	2 616	2 360	7 760
减：预计期初产成品存货	100	180	240	216	100
预计生产量	1 280	1 860	2 376	2 144	7 660

三、直接材料预算

直接材料预算是为了规划预算期材料消耗情况及采购活动而编制的，用于反映预算期各种材料消耗量、采购量、材料消耗成本和材料采购成本等计划信息的一种经营预算。依据预计生产量和单位产品材料用量，确定生产需要量，再根据材料的期初期末结存情况，确定预计采购量，最后根据采购材料的付款，确定现金支出情况。

某种材料生产需要量=预计生产量×单位产品材料耗用量

预计材料采购量=生产需用量+期末结存量−期初结存量

直接材料预算的要点是反映预算期材料需要量、采购量和期末结存量，并确定各预算期材料采购现金支出。材料期末结存量的确定可以为编制期末存货预算提供依据，现金支出的确定可以为编制资金预算提供依据。

【例 7-7】假设齐鲁公司计划年度期初材料结存量为 3 000 千克，期末结存量为 4 000 千克，其他各季度“期末材料存量”根据下季度生产需用量的 20%确定。每季度的购料款于当季支付 50%，剩余 50%于下一季度支付，应付账款年初余额为 23 500 元。其他资料如表 7-6 和表 7-7 所示。齐鲁公司直接材料预算如表 7-8 所示。

表 7-8　齐鲁公司直接材料预算表

20×1 年度

项　目	第一季度	第二季度	第三季度	第四季度	全　年
预计生产量（件）	1 280	1 860	2 376	2 144	7 660
单位产品材料用量（千克/件）	10	10	10	10	10

续表

项　目	第一季度	第二季度	第三季度	第四季度	全　年
生产需用量（千克）	12 800	18 600	23 760	21 440	76 600
加：预计期末结存量（千克）	3 720	4 752	4 288	4 000	4 000
减：预计期初结存量（千克）	3 000	3 720	4 752	4 288	3 000
预计材料采购量（千克）	13 520	19 632	23 296	21 152	77 600
单价（元/千克）	8	8	8	8	8
预计采购金额（元）	108 160	157 056	186 368	169 216	620 800
预计现金支出（元）:					
上年应付账款	23 500	—	—	—	23 500
第一季度（采购 108 160）	54 080	54 080	—	—	108 160
第二季度（采购 157 056）	—	78 528	78 528	—	157 056
第三季度（采购 186 368）	—	—	93 184	93 184	186 368
第四季度（采购 169 216）	—	—	—	84 608	84 608
合计	77 580	132 608	171 712	177 792	559 692

四、直接人工预算

直接人工预算是一种既反映预算期内人工工时消耗水平，又规划人工成本开支的经营预算。这项预算是根据生产预算中的预计生产量以及单位产品所需的直接人工小时和单位小时工资率进行编制的。在通常情况下，企业往往要雇用不同工种的工人，必须按工种类别分别计算不同工种的直接人工小时总数；然后将算得的直接人工小时总数分别乘以该工种的工资率，再予以合计，即可求得预计直接人工成本的总数。

有关数据具体计算公式如下。

1．预计直接人工总工时

某种产品直接人工总工时=单位产品定额工时×该产品预计生产量

单位产品定额工时是由产品生产工艺和技术水平决定的，由产品技术和生产部门提供定额标准；产品预计生产量来自生产预算。

2．预计直接人工总成本

某种产品直接人工总成本=单位工时工资率×该种产品直接人工工时总量

单位工时工资率来自企业人事部门工资标准和工资总额。

编制直接人工预算时，一般认为各预算期直接人工都是直接以现金形式发放的，因此不再特别列示直接人工的现金支出。另外，按照我国现行制度规定，在直接工资以外，还须计提应付福利费，此时应在直接人工预算中根据直接工资总额进一步确定预算期的预计应付福利费，并估计应付福利费的现金支出。为简便，本处假定应付福利费包括在直接人工总成本中并全部以现金支付。

直接人工预算的要点是确定直接人工总成本。

【例 7-8】假设齐鲁公司单位产品耗用工时为 2 小时，单位工时的工资率为 60 元，齐鲁公司直接人工预算如表 7-9 所示。

表 7-9　齐鲁公司直接人工预算表

20 × 1 年度

项　目	第一季度	第二季度	第三季度	第四季度	全　年
预计生产量（件）	1 280	1 860	2 376	2 144	7 660
单位产品定额工时（小时/件）	2	2	2	2	2
直接人工总工时（小时）	2 560	3 720	4 752	4 288	15 320
单位工时工资率（元/小时）	60	60	60	60	60
直接人工总成本（元）	153 600	223 200	285 120	257 280	919 200

由于工资一般都要全部支付现金，因此，直接人工预算表中的直接人工总成本就是资金预算中的直接人工工资支付额。

五、制造费用预算

制造费用预算是反映生产成本中除直接材料、直接人工以外的一切不能直接计入产品成本的间接制造费用的预算。这些费用通常可以分为固定费用和变动费用，分别编制固定制造费用预算和变动制造费用预算。在编制制造费用预算时，应以计划期的一定业务量为基础来规划各个费用项目的具体预算数字。

变动制造费用预算部分，应区分不同费用项目，逐项目根据单位变动制造费用分配率和业务量（一般是直接人工总工时或机器工时等）确定各项目的变动制造费用预算数。其中：

$$\text{变动制造费用分配率}=\frac{\text{该项目变动制造费用预算总额}}{\text{业务量预算总数}}$$

固定制造费用预算部分，也应区分不同费用项目，逐项目确定预算期的固定费用预算。

制造费用预算的要点是确定各个变动和固定制造费用项目的预算金额，并确定预计制造费用的现金支出。为方便，一般将制造费用中扣除折旧费后的余额，作为预算期内的制造费用现金支出。

【例 7-9】根据前面所编各预算表的资料，编制齐鲁公司制造费用预算如表 7-10 所示。

表 7-10　齐鲁公司制造费用预算表

20 × 1 年度

项　目	第一季度	第二季度	第三季度	第四季度	全　年
变动制造费用：					
间接人工（5 元/件）	6 400	9 300	11 880	10 720	38 300
间接材料（3 元/件）	3 840	5 580	7 128	6 432	22 980
修理费（4 元/件）	5 120	7 440	9 504	8 576	30 640
水电费（2 元/件）	2 560	3 720	4 752	4 288	15 320
小计	17 920	26 040	33 264	30 016	107 240
固定制造费用：					
修理费	10 000	11 400	15 000	15 000	51 400

续表

项　目	第一季度	第二季度	第三季度	第四季度	全　年
折旧费	50 000	50 000	50 000	50 000	200 000
管理人员工资	59 500	65 500	55 000	55 000	235 000
保险费	15 500	17 100	19 000	27 000	78 600
财产税	4 290	4 290	4 290	4 290	17 160
小计	139 290	148 290	143 290	151 290	582 160
合计	157 210	174 330	176 554	181 306	689 400
减：折旧费	50 000	50 000	50 000	50 000	200 000
现金支出的费用	107 210	124 330	126 554	131 306	489 400

为了便于以后编制产品成本预算，须计算小时费用率。

变动制造费用小时费用率=107 240÷15 320=7（元/小时）

固定制造费用小时费用率=582 160÷15 320=38（元/小时）

六、单位生产成本预算

单位生产成本预算是反映预算期内各种产品生产成本水平的一种经营预算。成本预算是在销售预算、生产预算、直接材料预算、直接人工预算和制造费用预算的基础上编制的，通常应反映各产品单位生产成本。

单位产品预计生产成本=单位产品直接材料成本+单位产品直接人工成本+单位产品制造费用

上述资料分别来自直接材料预算、直接人工预算和制造费用预算。

以单位产品成本预算为基础，还可以确定期末结存产品成本，公式如下：

期末结存产品成本=期初结存产品成本+本期产品生产成本−本期销售产品成本

公式中的期初结存产品成本和本期销售产品成本，应该根据具体的存货计价方法确定。确定期末结存产品成本后，可以与预计直接材料期末结存成本一起，一并在期末存货预算中予以反映。

单位产品生产成本预算的要点是确定单位产品预计生产成本和期末结存产品预计成本。

【例 7-10】假设齐鲁公司采用制造成本法计算成本，生产成本包括变动生产成本和固定生产成本。根据前面已编制的各种经营预算表的资料，编制齐鲁公司单位产品生产成本预算如表 7-11 所示。

表 7-11　齐鲁公司产品成本预算表

20×1 年度

项　目	单位成本			生产成本	期末存货	销货成本
	单价（元/千克或小时）	投入量（千克或小时）	成本（元）	7 660（件）	200（件）	7 560（件）
直接材料	8	10	80	612 800	16 000	604 800
直接人工	60	2	120	919 200	24 000	907 200
变动制造费用	7	2	14	107 240	2 800	105 840

续表

项　目	单位成本			生产成本	期末存货	销货成本
	单价（元/千克或小时）	投入量（千克或小时）	成本（元）	7 660（件）	200（件）	7 560（件）
固定制造费用	38	2	76	582 160	15 200	574 560
合计	—	—	290	2 221 400	58 000	2 192 400

七、销售及管理费用预算

销售费用预算是指为了实现销售预算所需支付的费用预算。它以销售预算为基础，根据费用计划编制。编制该预算时要求分析销售收入、销售利润和销售费用的关系，力求实现销售费用的最有效使用。

管理费用是搞好一般管理业务所必需的费用。随着企业规模的扩大，其一般管理职能日益重要，其费用也相应增加。在编制管理费用预算时，要分析企业的业务成绩和一般经济状况，务必做到费用合理化。管理费用多属于固定成本，所以，一般是以过去的实际开支为基础，按预算期的可预见变化来调整的。重要的是，必须充分考察每种费用是否必要，以便提高费用使用效率。

【例 7-11】假设齐鲁公司销售和行政管理部门根据计划期间的具体情况，合并编制销售与管理费用预算如表 7-12 所示。

表 7-12　齐鲁公司销售及管理费用预算表

20×1 年度　　　　单位：元

项　目	金　额
销售费用：	
销售人员工资	300 000
广告费	110 000
包装、运输费	50 000
保管费	30 000
折旧费	50 000
管理费用：	
管理人员薪金	200 000
福利费	40 000
保险费	20 000
办公费	35 000
折旧费	37 500
合计	872 500
减：折旧费	87 500
每季度支付现金（=785 000 ÷ 4）	196 250

八、专门决策预算

专门决策预算主要是长期投资预算，又称资本支出预算，通常是指与项目投资决策相关的专门预算，它往往涉及长期建设项目的资金投放与筹集，并经常跨越多个年度。编制专门决策预算的依据是，项目财务可行性分析资料，以及企业筹资决策资料。

专门决策预算的要点是准确反映项目资金投资支出与筹资计划，它同时也是编制资金预算和预计资产负债表的依据。

【例 7-12】假设齐鲁公司决定于 20×1 年上马一条新的生产线，年内安装完毕，并于年末投入使用，有关投资与筹资预算如表 7-13 所示。

表 7-13 齐鲁公司专门决策预算表

20×1 年度

单位：元

项　目	第一季度	第二季度	第三季度	第四季度	全　年
投资支出预算	1 000 000	100 000	350 000	—	1 450 000
借入长期借款	1 100 000	—	—	—	—

九、资金预算

资金预算是以经营预算和专门决策预算为依据编制的、专门反映预算期内预计现金收入与现金支出，以及为满足理想现金余额而进行筹资或归还借款等的预算。

资金预算由可供使用现金、现金支出、现金余缺、现金筹措与运用四部分构成。其中：

可供使用现金=期初现金余额+现金收入

可供使用现金−现金支出=现金余缺

现金余缺+现金筹措−现金运用=期末现金余额

财务管理部门应根据现金余缺与期末现金余额的比较，来确定预算期现金投放或筹措。当现金余缺大于期末现金余额时，应将超过期末余额以上的多余现金进行投资；当现金余缺小于现金余额时，应筹措现金，直到现金总额达到要求的期末现金余额。

【例 7-13】根据前面编制的各经营预算表和专门决策预算表的资料，编制资金预算。该公司年初现金余额为 200 000 元，每季度预缴所得税 35 000 元，年末支付股利 400 000 元。最低现金持有量为 200 000 元。齐鲁公司的资金预算表如表 7-14 所示。

表 7-14 齐鲁公司的资金预算表

20×1 年度

单位：元

项　目	第一季度	第二季度	第三季度	第四季度	全　年
期初现金余额	200 000	236 060	240 772	228 236	200 000
加：销售现金收入（表 7-6）	563 200	873 600	1 209 600	1 263 360	3 909 760
可供使用现金	763 200	1 109 660	1 450 372	1 491 596	4 109 760
减：现金支出					
直接材料总成本（表 7-8）	77 580	132 608	171 712	177 792	559 692
直接人工总成本（表 7-9）	153 600	223 200	285 120	257 280	919 200
制造费用（表 7-10）	107 210	124 330	126 554	131 306	489 400
销售及管理费用（表 7-12）	196 250	196 250	196 250	196 250	785 000
所得税费用	35 000	35 000	35 000	35 000	140 000
购买设备	1 000 000	100 000	350 000	0	1 450 000
股利	—	—	—	400 000	400 000

续表

项　目	第一季度	第二季度	第三季度	第四季度	全　年
现金支出合计	1 569 640	811 388	1 164 636	1 197 628	4 743 292
现金多余或不足	−806 440	298 272	285 736	293 968	−633 532
现金筹措与运用:					
借入长期借款	1 100 000	0	0	0	1 100 000
长期借款利息（年利率为10%）	57 500	57 500	57 500	57 500	230 000
期末现金余额	236 060	240 772	228 236	236 468	236 468

“现金收入”的主要来源是销货取得的现金收入，销货取得的现金收入数据来自销售预算。

“现金支出”部分包括预算期的各项现金支出。“直接材料”“直接人工”“制造费用”“销售及管理费用”“购买设备”的数据分别来自前述有关预算。

财务管理部门应根据现金余缺与理想期末现金余额的比较，并结合固定的利息支出数额以及其他的因素，来确定预算期现金运用或筹措的数额。本例中理想的现金余额是 200 000 元，如果资金不足，可以取得短期借款，银行的要求是，借款额必须是 100 000 元的整数倍。本例中借款利息按季度支付，进行资金预算时假设新增借款发生在季度的期初，归还借款发生在季度的期末。本例中，齐鲁公司上年末的长期借款余额为 1 200 000 元，所以，4 个季度的长期借款利息均为（1 200 000 +1 100 000）×10%÷4=57 500（元）。全年的期末现金余额指的是年末的现金余额，即第四季度末的现金余额，所以，应该是 236 468 元。

十、预计利润表

预计利润表用来综合反映企业在计划期的预计经营成果，是企业最主要的财务预算表之一。通过编制预计利润表，可以了解企业预期的盈利水平。如果预算利润与最初编制方针中的目标利润有较大差距，就需要调整部门预算，设法达到目标，或者经企业领导同意后修改目标利润。编制预计利润表的依据是各经营预算、专门决策预算和资金预算。

【例 7-14】以前面所编制的各种预算为资料来源，编制齐鲁公司预计利润表如表 7-15 所示。

表 7-15　齐鲁公司预计利润表

20×1 年度　　　　单位：元

项　目	金　额
销售收入（表 7-6）	4 233 600
销货成本（表 7-11）	2 192 400
毛利	2 041 200
销售费用和管理费用（表 7-12）	872 500
借款利息（表 7-14）	230 000
利润总额	938 700

续表

项　目	金　额
所得税费用（表 7-14）	140 000
净利润	798 700

其中，“销售收入”项目的数据来自销售预算；

“销售成本”项目的数据来自产品成本预算；

“毛利”项目的数据是前两项的差额；

“销售及管理费用”项目的数据来自销售及管理费用预算；

“利息”项目的数据来自资金预算。

另外，“所得税费用”项目是在利润规划时估计的，并已列入资金预算。

十一、预计资产负债表

预计资产负债表被用来反映企业在计划期末预计的财务状况。它的编制需以计划期开始日的资产负债表为基础，结合计划期间各项经营预算、专门决策预算、资金预算和预计利润表进行编制。它是编制全面预算的终点。

【例 7-15】根据齐鲁公司期初资产负债表及计划期各项预算中的有关资料进行调整，编制出 20×1 年年末的预计资产负债表如表 7-16 所示。

表 7-16　齐鲁公司预计资产负债表

20×1 年 12 月 31 日　　　　单位：元

资　产	年初余额	年末余额	负债与股东权益	年初余额	年末余额
流动资产：			流动负债：		
货币资金（表 7-14）	200 000	236 468	短期借款：		
应收账款（表 7-6）	160 000	483 840	应付账款（表 7-8）	23 500	84 608
存货（表 7-8 和表 7-11）	53 000	90 000	流动负债合计	23 500	84 608
流动资产合计	413 000	810 308	非流动负债：		
			长期借款	1 200 000	2 300 000
非流动资产：			非流动负债合计	1 200 000	2 300 000
固定资产	1 000 000	712 500	负债合计	1 223 500	2 384 608
			股东权益：		
在建工程	2 000 000	3 450 000	股本	1 000 000	1 000 000
			资本公积	500 000	500 000
非流动资产合计	3 000 000	4 162 500	盈余公积	250 000	329 870
			未分配利润	439 500	758 330

续表

资　产	年初余额	年末余额	负债与股东权益	年初余额	年末余额
资产总额	3 413 000	4 972 808	股东权益合计	2 189 500	2 588 200
			负债和股东权益总额	3 413 000	4 972 808

其中，“货币资金”的数据来源于表7-14中现金的年初和年末余额。

“应收账款”的年初余额160 000元来自表7-6的“上年应收账款”，年末余额为483 840［=1 209 600×（1−60%）］元。

“存货”包括直接材料和产成品，直接材料年初余额=3 000×8 =24 000（元），年末余额=4 000×8=32 000（元）；产成品成本年初余额=（200 +7 560−7 660）×290=29 000（元），年末余额=200×290 =58 000（元）。存货年初余额=24 000 +29 000 =53 000（元），年末余额=32 000+58 000=90 000（元）。

“固定资产”的年末余额为712 500（=1 000 000−287 500）元，其中的287 500（=200 000+87 500）元指的是本年计提的折旧，数字来自表7-10和表7-12。

“在建工程”的年末余额为3 450 000（=2 000 000+1 450 000）元，本年的增加额1 450 000元来自表7-13（项目本年未完工）。

“固定资产”“在建工程”的年初余额来自M公司上年年末的资产负债表。

“应付账款”的年初余额23 500元来自表7-8的“上年应付账款”，年末余额为84 608（=169 216×50%）元。

“长期借款”本年的增加额1 100 000元来源于表7-14。

“未分配利润”本年的增加额318 830元=本年的净利润798 700元（见表7-15）−本年的股利400 000元（见表7-14）−本年计提的法定盈余公积79 870元；股东权益各项目的期初余额均来自齐鲁公司上年末的资产负债表。股本和资本公积的余额不变。齐鲁公司未计提任意盈余公积，计提的法定盈余公积=798 700×10%=79 870（元），所以，盈余公积的年末余额=250 000+79 870=329 870（元）。

【想一想】

预计资产负债表中的应收账款、应付账款、存货、固定资产、未分配利润项目需要根据哪些预算资料分析填列？为什么？

业务三　熟悉预算的执行与考核

业务描述

掌握预算如何执行，以及执行过程中出现问题如何进行调整，同时对执行过程进行分析与考核。

相关知识

一、执行预算

企业预算一经批复下达，各预算执行单位就必须认真组织实施，将预算指标层层分解，从横向到纵向落实到内部各部门、各单位、各环节和各岗位，形成全方位的预算执行责任体系。

企业应当将预算作为预期内组织、协调各项经营活动的基本依据，将年度预算细分为月度预算和季度预算，分期实施预算控制，确保年度预算目标的实现。

企业应当强化现金流量的预算管理，按时组织预算资金的收入，严格控制预算资金的支付，调节资金收支平衡，控制支付风险。

对于预算内的资金拨付，按照授权审批程序执行。对于预算外的项目支出，应当按预算管理制度规范支付程序。对于无合同、无凭证、无手续的项目支出，不予支付。

企业应当严格执行销售、生产和成本费用预算，努力完成利润指标。在日常控制中，企业应当健全凭证记录，完善各项管理规章制度，严格执行生产经营月度计划和成本费用的定额、定率标准，加强适时监控。对预算执行中出现的异常情况，企业有关部门应及时查明原因，提出解决办法。

企业应当建立预算报告制度，要求各预算执行单位定期报告预算的执行情况。对于预算执行中发现的新情况、新问题及出现偏差较大的重大项目，企业财务管理部门以至预算委员会应当责成有关预算执行单位查找原因，提出改进经营管理的措施和建议。

企业财务管理部门应当利用财务报表监控预算的执行情况，及时向预算执行单位、企业预算委员会以至董事会或经理办公会提供财务预算的执行进度、执行差异及其对企业预算目标的影响等财务信息，促进企业完成预算目标。

二、调整预算

企业正式下达执行的预算，一般不予调整。预算执行单位在执行中由于市场环境、经营条件、政策法规等发生重大变化，致使预算的编制基础不成立，或者将导致预算执行结果产生重大偏差的，可以调整预算。

企业应当建立内部弹性预算机制，对于不影响预算目标的经营预算、资本预算、筹资预算之间的调整，企业可以按照内部授权批准制度执行，鼓励预算执行单位及时采取有效的经营管理对策，保证预算目标的实现。

企业调整预算，应当由预算执行单位逐级向企业预算委员会提出书面报告，阐述预算执行的具体情况、客观因素变化情况及其对预算执行造成的影响程度，提出预算指标的调整幅度。

企业财务管理部门应当对预算执行单位的预算调整报告进行审核分析，集中编制企业年度预算调整方案，提交预算委员会以至企业董事会或经理办公会审议批准，然后下达执行。

对于预算执行单位提出的预算调整事项，企业在进行决策时，一般应当遵循以下要求：

（1）预算调整事项不能偏离企业的发展战略。

（2）预算调整方案应当在经济上能够实现最优化。

（3）预算调整的重点应当放在预算执行中出现的重要的、非正常的、不符合常规的关键性差异方面。

三、分析与考核预算

企业应当建立预算分析制度，由预算委员会定期召开预算执行分析会议，全面掌握预算的执行情况，研究、解决预算执行中存在的问题，纠正预算的执行偏差。

开展预算执行分析，企业管理部门及各预算执行单位应当充分收集有关财务、业务、市场、技术、政策、法律等方面的信息资料，根据不同情况分别采用比率分析、比较分析、因素分析、平衡分析等方法，从定量与定性两个层面充分反映预算执行单位的现状、发展趋势及其存在的潜力。

针对预算的执行偏差，企业财务管理部门及各预算执行单位应当充分、客观地分析产生的原因，提出相应的解决措施或建议，提交董事会或经理办公会研究决定。

企业预算委员会应当定期组织预算审计，纠正预算执行中存在的问题，充分发挥内部审计的监督作用，维护预算管理的严肃性。

预算审计可以采用全面审计或者抽样审计的方式。在特殊情况下，企业也可组织不定期的专项审计。审计工作结束后，企业内部审计机构应当形成审计报告，直接提交预算委员会以至董事会或经理办公会，作为预算调整、改进内部经营管理和财务考核的重要参考。

预算年度终了，预算委员会应当向董事会或者经理办公会报告预算执行情况，并依据预算完成情况和预算审计情况对预算执行单位进行考核。

企业内部预算执行单位上报的预算执行报告，应经本部门、本单位负责人按照内部议事规范审议通过，作为企业进行财务考核的基本依据。企业预算按调整后的预算执行，预算完成情况以企业年度财务会计报告为准。

企业预算执行考核是企业绩效评价的主要内容，应当结合年度内部经济责任制进行考核，与预算执行单位负责人的奖惩挂钩，并作为企业内部人力资源管理的参考。

项目小结

通过本项目的学习，熟悉预算的基础知识；掌握固定预算法、弹性预算法、增量预算法、零基预算法等预算编制方法；掌握经营预算、专门决策预算和财务预算编制方法；熟悉预算的执行和考核。

主要概念

经营预算	专门决策预算	财务预算	固定预算法
弹性预算法	增量预算法	零基预算法	定期预算法
滚动预算法	资金预算	预计利润表	预计资产负债表

推荐阅读

[1] 于海峰，刘佳慧，赵合云. 预算绩效管理改革提升了政府治理效率吗？——基于多期双重差分模型的实证研究[J]. 中央财经大学学报，2021，(12)：3-11.
[2] 王佳. 全面实施绩效管理框架下深化预算绩效目标管理改革研究[J]. 地方财政研究，2021，(11)：50-57.
[3] 刘长泉. 高校预算和绩效管理一体化实施路径探析[J]. 财务与会计，2021，(10)：76-77.
[4] 李志学，杜丽丽. 平衡计分卡与全面预算的整合设计[J]. 财会月刊，2021，(21)：28-35.
[5] 李红霞，马艳. 关于进一步深化预算管理制度改革的几点思考[J]. 地方财政研究，2021，(10)：52-58.
[6] 徐芳芳，赵础昊. 政府预算绩效管理的注意力统计与分析——基于文本分析视角[J]. 财会月刊，2021，(20)：40-46.
[7] 李培清. 大数据时代国有企业集团预算管理改进探索[J]. 财会月刊，2021，(20)：63-67.
[8] 佘利文. H公司全面预算管理中业财融合的探索[J]. 财务与会计，2021，(18)：34-36+40.
[9] 李磊. A公司基于全面预算管理构建大运营管理体系探析[J]. 财务与会计，2021，(14)：84-85.
[10] 王波. 全面实施预算绩效管理与政府治理效能提升[J]. 地方财政研究，2021，(7)：56-60.

博学增信

子贡问政。子曰："足食，足兵，民信之矣。"子贡曰："必不得已而去，于斯三者何先？" 曰："去兵。"子贡曰："必不得已而去，于斯二者何先？"曰："去食。自古皆有死，民无信不立。"

——《论语·颜渊》

子贡问孔子怎样治理国家。孔子说："粮食充足，军备充足，老百姓的信任。"子贡说："如果不得不去掉一项，那么在三项中先去掉哪一项？"孔子说："去掉军备。"子贡说："如果不得不再去掉一项，那么剩下的两项中去掉哪一项？"孔子说："去掉粮食。自古以来人总是要死的，但如果老百姓不信任了，那么国政也就不能运行了。"

习题与实训

一、单项选择题

1. 下列各项中，对企业预算管理工作负总责的组织是（　　）。

A. 财务部　　B. 董事会　　C. 监事会　　D. 股东会

2. 相对于增量预算，下列关于零基预算的表述中错误的是（　　）。

A. 预算编制成本相对较高　　B. 预算编制工作量相对较少
C. 以零为起点编制预算　　D. 不受历史期不合理因素的影响

3. 用公式法编制财务预算时，固定制造费用为1 000元，如果业务量为100%，变动制造费用为3 000元；如果业务量为120%，则总制造费用为（　　）元。

A. 3 000　　B. 4 000　　C. 4 600　　D. 3 600

4. 某公司采用弹性预算法编制修理费预算，该修理费为混合成本。当业务量为100件时，费用预算为5 000元；当业务量为200件时，费用预算为7 000元。那么当业务量为180件时，修理费预算为（　　）元。

A. 7 200　　B. 9 000　　C. 6 300　　D. 6 600

5. 在分析业务量与预算项目之间的数量依存关系基础上，分别确定不同业务量及相应预算金额的预算编制方法是（　　）。

A. 固定预算法　　B. 定期预算法　　C. 滚动预算法　　D. 弹性预算法

6. 下列各项中，不属于经营预算的是（　　）。

A. 资金预算　　B. 销售预算　　C. 销售费用预算　　D. 直接材料预算

7. 下列各项中，不属于销售预算编制内容的是（　　）。

A. 销售收入　　B. 单价　　C. 销售费用　　D. 销售量

8. 下列关于生产预算的表述中，错误的是（　　）。

A. 生产预算是一种经营预算　　B. 生产预算不涉及实物量指标
C. 生产预算以销售预算为基础编制　　D. 生产预算是直接材料预算的编制依据

9. 某企业各季度销售收入有70%于本季度收到现金，30%于下季度收到现金。已知20×1年年末应收账款余额为600万元，20×2年第一季度预计销售收入为1 500万元，则20×2年第一季度预计现金收入为（　　）元。

A. 1 650　　B. 2 100　　C. 1 050　　D. 1 230

10. 企业每季度预计期末产成品存货为下一季度预计销售量的10%，已知第二季度预计销售量为2 000件，第三季度预计销售量为2 200件，则第二季度产成品预计生产量为（　　）件。

A. 2 020　　B. 2 000　　C. 2 200　　D. 2 220

11. 某公司20×1年第四季度预算生产为100万件，单位变动制造费用为3元/件，固定制造费用总额为10万元（含折旧费2万元），除折旧费外，其余均为付现费用。则20×1年第四季度制造费用的现金支出预算为（　　）万元。

A. 292　　B. 308　　C. 312　　D. 288

12. 某公司在编制资金预算时，期末现金余额要求不低于10 000元，资金不足向银行借款，借款金额要求为10 000元的整数倍。若“现金余缺”为−55 000元，则应向银行借款的金额为（　　）元。

A. 40 000　　B. 70 000　　C. 60 000　　D. 50 000

13. 制造业企业在编制利润表预算时，“销售成本”项目数据的来源是（　　）。

A. 产品成本预算　　B. 生产预算　　C. 销售预算　　D. 直接材料预算

二、多项选择题

1. 在全面预算体系中，编制产品成本预算的依据有（　　）。

A. 制造费用预算　B. 生产预算　C. 直接人工预算　D. 直接材料预算

2. 下列营业预算中，通常需要预计现金支出的预算有（　）。

A. 生产预算　B. 销售费用预算　C. 直接材料预算　D. 制造费用预算

3. 下列各项中，属于经营预算的有（　）。

A. 销售预算　B. 资金预算　C. 生产预算　D. 管理费用预算

4. 企业编制的下列预算中，属于财务预算的有（　）。

A. 制造费用预算　B. 资本支出预算

C. 预计资产负债表　D. 预计利润表

5. 编制资金预算的过程中，可作为其编制依据的有（　）。

A. 经营预算　B. 预计利润表

C. 预计资产负债表　D. 专门决策预算

6. 某期资金预算中假定出现了正值的现金余缺数，且超过额定的期末现金余额，单纯从财务预算调剂现金余缺的角度看，该期可以采用的措施有（　）。

A. 偿还部分借款利息　B. 偿还部分借款本金

C. 出售短期投资　D. 进行短期投资

7. 预计利润表中，可能涉及的项目有（　）。

A. 营业毛利　B. 利息　C. 所得税费用　D. 未分配利润

8. 下列各项预算中，与编制利润表预算直接相关的有（　）。

A. 销售预算　B. 生产预算

C. 产品成本预算　D. 销售及管理费用预算

9. 下列各项中，能够成为预计资产负债表中存货项目金额来源的有（　）。

A. 销售费用预算　B. 直接人工预算　C. 直接材料预算　D. 产品成本预算

10. 预算执行过程中，可能导致预算调整的情形有（　）。

A. 原材料价格大幅度上涨　B. 公司进行重大资产重组

C. 主要产品市场需求大幅下降　D. 税收政策导致公司税负大幅下降

三、判断题

1. 以历史期实际经济活动及其预算为基础，结合预算期经济活动及相关影响因素变动情况编制预算的方法是零基预算法。（　）

2. 增量预算有利于调动各个方面节约预算的积极性，并促使各基层单位合理使用资金。（　）

3. 与增量预算法相比，采用零基预算法编制预算的工作量较大，成本较高。（　）

4. 弹性预算可能会使预算期间与会计期间相分离。（　）

5. 滚动预算可以实时动态反映市场、建立跨期综合平衡，从而有效指导企业运营，强化预算的决策与控制职能。（　）

6. 在产品成本预算中，产品成本总预算金额是将直接材料、直接人工、制造费用、销售及管理费用的预算金额汇总相加而得到的。（　）

7. 资金预算以经营预算和专门决策预算为依据编制。（　）

8. 编制生产预算时，关键是正确地确定预计销售量。（　）

9. 单位生产成本预算通常应反映各产品单位生产成本。（　）

10. 专门决策预算间接反映相关决策的结果，是实际中选方案的进一步规划。（　　）

11. 在财务预算的编制过程中，编制预计财务报表的正确程序是：先编制预计资产负债表，然后再编制预计利润表。（　　）

12. 针对预算的执行偏差，企业预算委员会应当充分、客观地分析产生的原因，提出相应的解决措施或建议，提交董事会或经理办公会研究决定。（　　）

四、综合题

1. 某公司是一家商品经销商，第一季度有关预算如下：

资料一：第一季度 1 月、2 月、3 月的销售量分别是 1 000 件、1 200 件和 1 500 件，预计销售单价为 100 元/件，每月销售额在当月收回 40%，次月收回 60%。

资料二：每期期末商品的库存量预计为次月销售量的 30%。预计存货采购价统一为 70 元/件。存货的采购货款，当月支付 80%，次月支付 20%。

资料三：预计第一季度初现金余缺为 15 000 元，理想的期末目标现金余额是 4 500 元，计划在本季度利用长期借款筹措资金，借款金额要求是 10 000 元的整数倍，年利率是 8%，在季度末支付利息。要求：

（1）根据资料一，计算 2 月末的应收账款余额。

（2）根据资料一和资料二，计算 2 月末预计存货余额、应付账款余额。

（3）根据资料三，计算第一季度长期借款额、第一季度末预计货币资金余额。

2. 甲公司编制销售预算的相关资料如下：

资料一：甲公司预计在每季度销售收入中，有 70%在本季度收到现金，30%于下一季度收到现金，不存在坏账。20×6 年年末应收账款余额为 6 000 万元。假设不考虑增值税及其影响。

资料二：甲公司 20×7 年的销售预算如表 7-17 所示。

表 7-17　甲公司 20×7 年的销售预算　　单位：万元

项　目	第一季度	第二季度	第三季度	第四季度	全　年
预计销售量（万件）	500	600	650	700	2 450
预计单价（元/件）	30	30	30	30	30
预计销售收入	15 000	18 000	19 500	21 000	73 500
预计现金收入	—	—	—	—	—
上年应收账款	*	—	—	—	*
第一季度	*	*	—	—	*
第二季度	—	（B）	*	—	*
第三季度	—	—	*	（D）	*
第四季度	—	—	—	*	*
预计现金收入合计	（A）	17 100	（C）	20 550	*

注：表内的“*”为省略的数值。

要求：

（1）确定表格中字母所代表的数值（不需要列示计算过程）。

（2）计算 20×7 年年末预计应收账款余额。

项目八

财务分析

学习目标

知识学习目标

1. 了解企业财务分析的内涵，熟悉财务分析的含义及作用；
2. 掌握财务分析的常用方法；
3. 掌握衡量偿债能力的财务指标；
4. 掌握衡量营运能力的财务指标；
5. 掌握衡量盈利能力的财务指标；
6. 掌握衡量发展能力的财务指标；
7. 学会利用杜邦分析法评价企业业绩。

技能训练目标

1. 能够用正确的价值观指导企业的财务分析工作；
2. 掌握财务分析的常用方法，根据实际情况，运用不同的方法，对企业的财务状况和经营成果进行分析；
3. 能熟练运用相关衡量偿债能力、营运能力、盈利能力及发展能力的财务指标对企业的财务状况和经营成果进行分析；
4. 能够运用杜邦分析法比较不同企业的业绩，并做出相应分析。

导入案例

ABC 公司 20×2 年度的财务报表的主要资料如表 8-1 和表 8-2 所示。

表 8-1 资产负债表（简表）

单位：万元

资　产	期末数	期初数	负债和所有者权益	期末数	期初数
流动资产：			流动负债：		
货币资金	5 600	5 500	应付票据	5 800	4 550
交易性金融资产	10	90	交易性金融负债	0	0
应收票据	3 300	3 600	应付账款	6 800	6 900
应收账款	3 900	3 100	流动负债合计	12 600	11 450
存货	13 000	12 400	长期借款	15 710	15 170

续表

资　产	期末数	期初数	负债和所有者权益	期末数	期初数
流动资产合计	25 810	24 690	负债合计	28 310	26 620
固定资产	31 500	29 900	所有者权益	29 000	27 970
非流动资产合计	31 500	29 900	所有者权益合计	29 000	27 970
资产合计	57 310	54 590	负债和所有者权益合计	57 310	54 590

表 8-2　利润表（简表）　单位：万元

项　目	期末数	期初数
一、营业收入	225 000	200 000
减：营业成本	208 000	182 000
营业税金及附加	1 000	800
销售费用	3 000	3 500
管理费用	3 500	3 500
财务费用	2 500	2 650
二、营业利润	7 000	7 550
加：营业外收入	200	550
三、利润总额	7 200	8 100
减：所得税费用	1 800	2 025
四、净利润	5 400	6 075

思考：ABC 公司的财务状况及经营成果如何?

任务一　认知财务分析

任务描述

了解企业财务分析的内涵，掌握企业财务分析的方法，为企业财务分析活动提供理论支持。

业务一　了解财务分析

业务描述

了解财务分析的起源和含义，能明确财务分析的重要性，理解财务分析的目的。

相关知识

我国财务分析最早源于 20 世纪初，一些银行家开始分析企业的经营效益和偿债能力，但是没有得到更多的重视。改革开放以后，市场经济体制建立，现代的企业制度促使企业利益相关者站在不同的立场、出于不同的目的开始关心企业的经营状况、财务状况等，财务分析的重要性渐渐凸显出来。

一、财务分析的含义

财务分析的含义和作用

财务分析作为整个财务管理工作环节中的重要一部分，是对已经发生的经济活动的总结，也是未来财务预测的前提条件，具有重要的承前启后的作用。财务分析是以企业财务报告及其他相关资料为主要依据，对企业的财务状况和经营成果进行评价和剖析，反映企业在运营过程中的利弊得失和发展趋势，从而为改进企业财务管理工作和优化经济决策提供重要的财务信息。通过财务分析为企业投资者、债权人、经营者及其他利益相关者了解企业过去、评价企业现状、预测企业未来做出决策，提供一系列信息或者依据。

二、财务分析的作用

企业的财务报告是企业向会计信息使用者提供信息的重要文件，它反映了企业财务状况、经济成果和现金流量等各个方面的会计信息，为会计信息使用者提供决策依据。财务分析的作用主要表现在以下几个方面。

1. 正确评价企业的过去

正确评价企业的过去是反映现状和揭示未来的基础，财务分析通过对企业财务会计报告等资料的分析，能够正确反映企业的各项财务指标，如偿债能力、营运能力和盈利能力等，通过对企业过去的业绩分析评价，发现企业存在的问题，分析影响企业财务状况和经营成果的各项原因，便于管理者和利益相关者及时寻找解决方案，提高经营水平。正确认识企业的过去，了解企业的财务状况，对企业的现状和未来都十分有益。

2. 全面反映企业的现状

企业各项的生产经营活动可以通过财务会计报表或者管理会计报表得到反映，但是会计报表的格式及提供的数据往往是根据会计的特点及管理上的需要设计的，这些会计报表能够提供各方面的数据资料，却不能满足不同利益相关者的各种目的。财务分析，采用不同的分析手段和方法，反映企业的资产结构指标、权益结构指标、偿债能力指标、营运状况指标及盈利能力指标等，它能满足不同利益相关者的不同分析目的，全面反映企业的现状，对提高企业的有效运作和各项决策提供了基本信息。

3. 预估企业的未来

财务分析不仅可以评价企业的过去和反映企业的现状，更重要的是它可以通过对过去与现状的分析及评价，预估企业未来的发展状况及趋势。财务分析可以为未来财务的预测、决策及预算提供依据，对企业经营者业绩评价和经营水平都十分有帮助，同时也能为企业财务危机预警提供必要的信息。

三、财务分析的目的

财务分析信息的需求者主要包括企业所有者、企业债权人、企业经营决策者和政府等。不同主体出于不同的利益考虑，对财务分析信息有着各自不同的要求。

（1）企业所有者作为投资人，关心其资本的保值和增值状况，因此较为重视企业盈利能力指标，主要进行企业盈利能力分析。

（2）企业债权人因不能参与企业剩余收益分享，先关注的是其投资的安全性，因此更重视企业偿债能力指标，主要进行企业偿债能力分析，同时也关注企业盈利能力分析。

（3）企业经营决策者必须对企业经营理财的各个方面，包括营运能力、偿债能力、盈利能力及发展能力的全部信息予以详尽的了解和掌握，主要进行各方面综合分析，并关注企业财务风险和经营风险。

（4）政府兼具多重身份，既是宏观经济管理者，又是国有企业的所有者和重要的市场参与者，因此政府对企业财务分析的关注点因其身份不同而异。为了满足不同需求者的需求，财务分析一般应包括偿债能力分析、营运能力分析、盈利能力分析、发展能力分析等方面。

业务二　掌握财务分析的方法

业务描述

掌握财务分析的比较分析法、比率分析法和因素分析法三类分析方法。

相关知识

财务分析是一门技术性比较强的工作。财务分析的目的不同、方法不同，得出的结论就不同。在工作中，要根据实际情况采取多种多样的分析方法。本书主要介绍三种方法：比较分析法、比率分析法、因素分析法。

一、比较分析法

比较分析法

比较分析法是按照特定的指标系将客观事物加以比较，从而认识事物的本质和规律并做出正确的评价。财务报表的比较分析法，是指对两个或两个以上的可比数据进行对比，找出企业财务状况、经营成果中的差异与问题。根据比较对象的不同，比较分析法分为趋势分析法、横向比较法和预算差异分析法。趋势分析法的比较对象是本企业的历史；横向比较法比较的对象是同类企业，如行业平均水平或竞争对手；预算差异分析法的比较对象是预算数据。

【温馨提示】

在财务分析中，最常用的比较分析法是趋势分析法。

1. 趋势分析法

趋势分析法是通过对比两期或连续数期财务报告中的相同指标，确定其增减变动的方向、数额和幅度，来说明企业财务状况或经营成果变动趋势的一种方法。采用这种方法，可以分析引起变化的主要原因、变动的性质，并预测企业未来的发展趋势，具体运用于重要财务指标的比较、会计报表的比较和会计报表项目构成的比较等。

2. 横向比较法

横向比较法是将本企业的财务状况与其他企业的同期财务状况进行比较确定其存在的差异及程度，便于揭示企业财务状况中存在问题的方法。

3. 预算差异分析法

预算差异分析法是将本企业的实际执行结果与预算目标进行比较，确定其差异原因的方法。如果实际结果与预算目标的差异较大，企业管理当局应审慎调查，并判定其发生原因，以便采取适当的矫正措施。

【温馨提示】

在采用比较分析法时，应当注意以下问题：①用于对比的各个时期的指标，其计算口径必须保持一致；②应剔除偶发性项目的影响，使分析所利用的数据能反映正常的生产经营状况；③应运用例外原则对某项有显著变动的指标做重点分析，研究其产生的原因，以便采取对策，趋利避害。

二、比率分析法

比率分析法是通过计算各种比率指标来确定财务活动变动程度的方法。比率指标的类型主要有构成比率、效率比率和相关比率三类。

比率分析法

1. 构成比率

构成比率，又称结构比率，是某项财务指标的各组成部分数值占总体数值的百分比，反映部分与总体的关系。其计算公式为：

$$构成比率=\frac{某个组成部分数值}{总体数值}\times 100\%$$

例如，企业资产中流动资产、固定资产和无形资产占资产总额的百分比（资产构成比率），企业负债中流动负债和长期负债占负债总额的百分比（负债构成比率）等。利用构成比率，可以考察总体中某个部分的形成和安排是否合理，以便协调各项财务活动。

2. 效率比率

效率比率是某项财务活动中所费与所得的比率，反映投入与产出的关系。利用效率比率指标，可以进行得失比较、考察经营成果、评价经济效益。例如，将利润项目与营业成本、营业收入、资本金等项目加以对比，可以计算出成本利润率、营业利润率和资本金利润率等指标，从不同角度观察比较企业盈利能力的高低及其增减变化情况。

3. 相关比率

相关比率是以某个项目和与其有关但又不同的项目加以对比所得的比率，反映有关经济活动的相互关系。利用相关比率指标，可以考察企业相互关联的业务安排是否合理，以保障经营活动顺畅进行。例如，将流动资产与流动负债进行对比，计算出流动比率，可以判断企业的短期偿债能力；将负债总额与资产总额进行对比，可以判断企业长期偿债能力。

【温馨提示】

采用比率分析法时，应当注意以下几点：①对比项目的相关性；②对比口径的一致性；③衡量标准的科学性。

三、因素分析法

因素分析法是依据分析指标与其影响因素的关系，从数量上确定各因素对分析指标影响方向和影响程度的一种方法。因素分析法具体有两种：连环替代法和差额分析法。

1. 连环替代法

连环替代法，指将分析指标分解为各个可以计量的因素，并根据各个因素之间的依存关系，顺次用各因素的比较值（通常为实际值）替代基准值（通常为标准值或计划值），据以测定各因素对分析指标的影响。

因素分析法通常有四个步骤：①确定分析对象，即确定需要分析的财务指标，比较其实际数额和标准数额（如上年实际数额），并计算两者的差额；②确定该财务指标的驱动因素，即根据该财务指标的形成过程，建立财务指标与各驱动因素之间的函数关系模型；③确定驱动因素的替代顺序，即根据各驱动因素的重要性进行排序；④顺序计算各驱动因素脱离标准的差异对财务指标的影响。

【例 8-1】某企业 20×1 年 10 月某种原材料费用的实际数为 5 940 元，而其计划数是 5 000 元，实际比计划增加 940 元。由于原材料费用是由产品产量、单位产品材料消耗量和材料单价三个因素的乘积组成的，因此就可以把材料费用这一总指标分解为三个因素，然后逐个分析它们对材料费用总额的影响程度。现假设这三个因素的数值如表 8-3 所示。

表 8-3　原材料费用一览表

项　目	单　位	计划数	实际数
产品产量	件	100	110
单位产品材料消耗量	千克	10	9
材料单价	元	5	6
材料费用总额	元	5 000	5 940

根据表 8-3 中资料，材料费用总额实际数较计划数增加 940 元。运用连环替代法，可以计算各因素变动对材料费用总额的影响。

计划指标：100×10×5=5 000（元）　（8-1）

第一次替代：110×10×5=5 500（元）　（8-2）

第二次替代：110×9×5=4 950（元）　（8-3）

第三次替代：110×9×6=5 940（元）　（8-4）

实际指标：

式（8-2）–式（8-1）=5 500–5 000=500（元）　产量增加的影响

式（8-3）–式（8-2）=4 950–5 500=–550（元）　材料节约的影响

式（8-4）–式（8-3）=5 940–4 950=990（元）　价格提高的影响

500–550+990=940（元）　全部因素的影响

2. 差额分析法

差额分析法是连环替代法的一种简化形式，它利用各个因素的比较值与基准值之间的差额，来计算各因素对分析指标的影响。

【例 8-2】沿用表 8-3 中的资料。可采用差额分析法计算确定各因素变动对材料费用的影响。

①由于产量增加对财务费用的影响为：（110–100）×10×5=500　（元）

②由于材料节约对材料费用的影响为：110×（9–10）×5=–550　（元）

③由于价格提高对材料费用的影响为：110×9×（6–5）=990　（元）

【温馨提示】

在采用因素分析法时，必须注意以下问题：①因素分解的关联性。构成经济指标的因素，必须客观上存在因果关系，能够反映形成该项指标差异的内在构成原因。

②因素替代的顺序性。在确定替代因素时，必须根据各因素的依存关系，遵循一定的顺序依次替代，不可随意颠倒，否则会得出不同的结果。③顺序替代的连环性。在计算每一因素变动的影响时，都是在前一次计算的基础上进行的，采用连环比较的方法确定因素变化的影响结果。④计算结果的假定性。由于因素分析法计算的各因素变动的影响数，会因替代顺序不同而有差别，因而计算结果不免带有假定性，即它不可能使每个因素计算的结果都达到绝对准确。

任务二 掌握财务报表分析

任务描述

掌握财务分析的内容，能够熟练地运用相关财务指标对企业的偿债能力、营运能力、盈利能力及发展能力做出分析评价；掌握杜邦分析法。

业务一 掌握偿债能力分析

业务描述

掌握衡量企业短期偿债能力和长期偿债能力的指标。

相关知识

偿债能力是指企业偿还其所欠债务的能力。对偿债能力进行分析可以帮助债权人进行正确的借贷决策；有助于投资者进行正确的投资决策；有助于企业经营者进行正确的经营决策；有助于正确评价企业的财务状况。衡量偿债能力的方法有两种：一种是比较可供偿债资产与债务的多少，可供偿债资产超过债务较多，则企业偿债能力较强；另一种是比较经营活动现金流量和偿债所需现金，若经营活动现金流量超过偿债所需现金较多，则企业偿债能力较强。负债一般按到期时间分为短期负债和长期负债，偿债能力分析可分为短期偿债能力分析和长期偿债能力分析。

偿债能力分析

一、短期偿债能力分析

流动负债是企业在短期（一年或一个营业周期）需要偿还的主要负债，因此衡量短期偿债能力主要是对流动负债的偿还能力。企业的短期偿债能力取决于短期内企业产生现金的能力，即在短期内能够转化为现金的流动资产的多少。因此，短期偿债能力主要衡量的是流动资产对流动负债的清偿能力。衡量企业短期偿债能力的指标主要有营运资金、流动比率、速动比率。

1. 营运资金

营运资金是指流动资产超过流动负债的部分。其计算公式如下：

营运资金=流动资产−流动负债

其中，“流动资产”和“流动负债”，通常取自资产负债表。把资产负债表项目分为流动项目和非流动项目，并按流动性强弱排序，便于计算营运资金和分析流动性。营运资本越多则偿债越有保障。企业必须保持正的营运资金，以避免流动负债的偿付风险。当流动资产大于流动负债时，营运资金为正，说明企业财务状况稳定，不能偿债的风险较小。反之，当流动资产小于流动负债时，营运资金为负，此时，企业部分非流动资产以流动负债作为资金来源，企业不能偿债的风险很大。然而，营运资金是绝对数指标，不便于不同企业之间的比较。

【例 8-3】根据“导入案例”中 ABC 公司的财务报表主要资料——表 8-1 资产负债表（简表），有：

年初营运资金=24 690−11 450=13 240（万元）

年末营运资金=25 810−12 600=13 210（万元）

由计算可知，ABC 公司年初和年末的营运资金都为正，说明 ABC 公司财务状况稳定，偿债能力强。

流动比率

2．流动比率

流动比率是企业流动资产与流动负债之比。其计算公式为：

流动比率=流动资产 ÷ 流动负债

流动比率表明每 1 元流动负债有多少流动资产作为保障，通常流动比率越大，短期偿债能力越强。一般地，生产企业合理的流动比率是 2。流动资产中变现能力最差的存货金额约占流动资产总额的一半，剩下的流动性较大的流动资产至少要等于流动负债，企业短期偿债能力才会有保证。

该比率较易受人为操纵，且无法揭示流动资产的构成内容，只能大致反映流动资产整体的变现能力。流动资产中包含像存货这类变现能力较差的资产，如果能将其剔除，其所反映的短期偿债能力会更加可信，这就是速动比率。

【例 8-4】根据“导入案例”中 ABC 公司的财务报表主要资料——表 8-1 资产负债表（简表），有：

年初流动比率=24 690 ÷ 11 450=2.16

年末流动比率=25 810 ÷ 12 600=2.05

由计算可知，ABC 公司年初和年末的流动比率都大于 2，说明 ABC 公司的短期偿债能力有一定的保障。

【议一议】

流动比率高是不是就意味着短期偿债能力一定很强？

速动比率

3．速动比率

速动比率是企业速动资产与流动负债之比，其计算公式为：

速动比率=速动资产 ÷ 流动负债

构成流动资产的各项目，流动性差别较大。其中货币资金、交易性金融资产和各种应收款项，可以在较短时间内变现，被称为速动资产；其他的流动资产，如存货、预付款项、一年内到期的非流动资产和其他流动资产等，属于非速动资产。由于存货资产等的变现速度慢，部分可能已被抵押，并且存货成本和市价也可能存在差异，因此将存货归入非速动资产。剔除了变现能力较差的资产后，速动比率比流动比率能更准确、可靠地评价企业资产的流动性及偿还短期债务的能力。

速动比率表明每 1 元流动负债有多少速动资产作为偿债保障。在一般情况下，速动比率越大，短期偿债能力越强。速动比率至少是 1，速动比率过低，企业面临偿债风险；但速动比率过高，会因占用现金及应收账款过多使机会成本增加。另外，对于季节性生产的企业，其应收账款金额存在季节性波动，根据某一时点计算的速动比率不能客观地反映其短期偿债能力；由于行业特点的不同，大量使用现金结算的企业的速动比率大大低于 1 也是正常现象。

【例 8-5】根据“导入案例”中 ABC 公司的财务报表主要资料——表 8-1 资产负债表（简表），有：

年初速动资产=5 500+90+3 600+3 100=12 290（万元）

年末速动资产=5 600+10+3 300+3 900=12 810（万元）

年初速动比率=12 290 ÷ 11 450=1.07

年末速动比率=12 810 ÷ 12 600=1.02

由计算可知，ABC 公司年初和年末的速动比率都大于 1，说明 ABC 公司的短期偿债能力较强。

4．现金比率

现金资产包括货币资金和交易性金融资产等。现金资产与流动负债的比值被称为现金比率。现金比率计算公式为：

现金比率=（货币资金+交易性金融资产）÷流动负债

现金比率剔除了应收账款对偿债能力的影响，最能反映企业直接偿付流动负债的能力，表明每 1 元流动负债有多少现金资产作为偿债保障。由于流动负债是在一年内（或一个营业周期内）陆续到期清偿，所以并不需要企业时时保留相当于流动负债金额的现金资产。经验研究表明，0.2 的现金比率可以接受。如果这一比率过高，就意味着企业过多资源占用在盈利能力较低的现金资产上，从而影响了企业盈利能力。

【例 8-6】根据“导入案例”中 ABC 公司的财务报表主要资料——表 8-1 资产负债表（简表），有：

年初现金比率=（5 500＋90）÷ 11 450 =0.488

年末现金比率=（5 600+10）÷ 12 600 =0.445

由计算可知，ABC 公司虽然流动比率和速动比率都较高，但现金比率偏低，说明该公司短期偿债能力还是有一定风险的，应缩短应收账期，加大应收账款催账力度，以加速应收账款资金的周转。

诚信故事

乔致庸是著名的晋商，也是“乔家大院”的主人。在乔致庸的思想里，他宁可赔钱，也不能失信。信誉是商业的命脉。因此，乔家的商铺以诚信著称，所有的商铺以不缺斤少两、不弄虚作假为标准。大家对乔家的商铺很放心，所以乔家的生意非常红火。

有一次，乔家在包头的一个叫“复盛西”的商铺要向山西运送一批胡麻油。经手的伙计为了多赚钱，往胡麻油里掺了假。掌柜发现后，狠狠斥责了伙计，但是这批掺了假的胡麻油该怎么处理？掌柜当众倒掉了这批劣质油，换上了货真价实的胡麻油后才运往山西。这个举动虽然让商铺损失了金钱，却换来了诚信的声誉。此后，大家更加信任乔家商铺，乔家的买卖越做越大。

想一想：这个故事给我们带来了什么样的启示？

二、长期偿债能力分析

长期偿债能力是指企业在较长的期间偿还债务的能力。企业在长期内不仅需要偿还流动负债，还须偿还非流动负债，因此，长期偿债能力衡量企业对全部负债的清偿能力。企业对全部负债的清偿能力取决于其总资产水平，因此长期偿债能力指标考察的是企业资产、负债和所有者权益之间的关系。其常用指标主要有资产负债率、产权比率、权益乘数和利息保障倍数。

1. 资产负债率

资产负债率是企业负债总额与资产总额之比。其计算公式为：

$$资产负债率=负债总额 \div 资产总额 \times 100\%$$

资产负债率反映总资产中通过负债取得的比例，衡量企业清算时资产对债权人权益的保障程度。当资产负债率高于 50%时，表明企业资产来源主要是负债，财务风险较大。当资产负债率低于 50%时，表明企业资产的主要来源是所有者权益，财务比较稳健。这一比率越低，表明企业资产对负债的保障能力越高，企业的长期偿债能力越强。较低的资产负债率表明财务风险较低，但同时也意味着可能没有利用财务杠杆的作用，盈利能力也较低；而较高的资产负债率表明较大的财务风险和较高的盈利能力。当因负债增加的收益能够弥补其增加的风险时，经营者才能考虑借入负债。而在风险和收益实现平衡的条件下，是选择较高的负债水平还是较低的负债水平，则取决于经营者的风险偏好等多种因素。

【例 8-7】根据“导入案例”中 ABC 公司的财务报表主要资料——表 8-1 资产负债表（简表），有：

年初资产负债率=26 620 ÷ 54 590×100%=48.76%

年末资产负债率=28 310 ÷ 57 310×100%=49.40%

由计算可知，ABC 公司年末的资产负债率提高，表明该公司的负债水平提高，但偿债能力强弱还须结合行业水平进一步分析。

2. 产权比率

产权比率又称资本负债率，是负债总额与所有者权益之比，它是企业财务结构稳健与否的重要标志。其计算公式为：

$$产权比率=负债总额 \div 所有者权益 \times 100\%$$

产权比率反映了由债权人提供的资本与所有者提供的资本的比率关系，即企业财务结构是否稳定；而且反映了债权人资本受股东权益保障的程度，或者企业清算时对债权人利益的保障程度。一般地，该比率越低，表明企业长期偿债能力越强，债权人权益保障程度越高。要结合企业的具体情况分析，当企业的资产收益率大于负债成本率时，负债经营有利于提高资金收益率，获得额外的利润，这时的产权比率可适当高些。产权比率高表明企业是高风险、高报酬的财务结构；产权比率低表明企业是低风险、低报酬的财务结构。

【例 8-8】 根据“导入案例”中 ABC 公司的财务报表主要资料——表 8-1 资产负债表（简表），有：

年初产权比率=26 620÷27 970×100%=95.17%

年末产权比率=28 310÷29 000×100%=97.62%

由计算可知，ABC 公司年末的产权比率提高，表明该公司负债比例提高，财务风险有所加大。

【温馨提示】

资产负债率侧重于分析债务偿付安全性的物质保障程度，产权比率则侧重于揭示财务结构的稳健程度以及自有资金对偿债风险的承受能力。

3. 权益乘数

权益乘数是总资产与所有者权益的比值。其计算公式为：

权益乘数=总资产÷所有者权益

权益乘数可以用来说明股东每投入 1 元钱可实际拥有和控制的金额。在企业存在负债的情况下，权益乘数大于 1。企业负债比例越高，权益乘数越大。产权比率和权益乘数是资产负债率的另外两种表现形式，也是反映财务杠杆水平的指标。

【例 8-9】 根据“导入案例”中 ABC 公司的财务报表主要资料——表 8-1 资产负债表（简表），有：

年初权益乘数=54 590÷27 970=1.952

年末权益乘数=57 310÷29 000=1.976

由计算可知，ABC 公司年末的权益乘数增加，说明企业负债比率增加，财务风险增大。

4. 利息保障倍数

利息保障倍数是指企业息税前利润与应付利息之比，也称已获利息倍数，可衡量偿还借款利息的能力。其计算公式为：

利息保障倍数=息税前利润÷应付利息

=（净利润+利润表中的利息费用+所得税）÷应付利息

“息税前利润”是指利润表中未扣除利息费用和所得税前的利润。“应付利息”是指本期发生的全部应付利息，不仅包括财务费用中的利息费用，还应包括计入固定资产成本中的资本化利息。利息保障倍数反映支付利息的利润来源（息税前利润）与利息支出之间的关系，该比率越高，长期偿债能力越强。从长期看，利息保障倍数至少要大于 1（国际公认标准为 3），息税前利润要大于利息费用，企业才可能再举债。如果利息保障倍数过低，企业将面临无法偿付债务的风险。

【例 8-10】 根据导入案例中 ABC 公司的财务报表主要资料——表 8-1 资产负债表（简

表）和表 8-2 利润表（简表），假定 ABC 公司的财务费用全部为利息费用，资本化利息为 0。

上年利息保障倍数=（6 075+2 650+2 025）÷2 650=4.06

本年利息保障倍数=（5 400+2 500+1 800）÷2 500=3.88

由计算可知，ABC 公司本年的利息保障倍数比上年下降了，利息支付能力有所降低，偿债能力有待进一步提高。

三、影响偿债能力的其他因素

1. 可动用的银行贷款指标或授信额度

当企业存在可动用的银行贷款指标或授信额度时，这些数据不在财务报表内反映，但由于可以随时增加企业的支付能力，因此可以提高企业的偿债能力。

2. 资产质量

在财务报表内反映的资产金额为资产的账面价值，但由于财务会计的局限性，资产的账面价值与实际价值可能存在差异，例如，资产可能被高估或低估，一些资产无法进入财务报表等。此外，资产的变现能力也会影响偿债能力。如果企业存在很快变现的长期资产，会增加企业的短期偿债能力。

3. 或有事项和承诺事项

如果企业存在债务担保或未决诉讼等或有事项，会增加企业的潜在偿债压力。同样，各种承诺支付事项，也会加大企业偿债义务。

业务二　掌握营运能力分析

业务描述

掌握衡量企业流动资产营运能力、固定资产营运能力和总资产营运能力的指标。

相关知识

营运能力侧重于投入与产出（主要指收入）之间的关系，一般而言，资金周转速度越快，资产运用、循环的效率越高，说明企业的资金管理水平越高，企业可以投入少、收益多。企业营运能力分析主要包括流动资产营运能力分析、固定资产营运能力分析和总资产营运能力分析三个方面。

一、流动资产营运能力分析

反映流动资产营运能力的指标主要有应收账款周转率、存货周转率和流动资产周转率。

1. 应收账款周转率

应收账款在流动资产中有着举足轻重的地位，及时收回应收账款，不仅能增强企业的短期偿债能力，也反映出企业管理应收账款的效率。反映应收账款周转情况的比率有应收账款周转率（次数）和应收账款周转天数。

应收账款周转次数，是一定时期内商品或产品营业收入与应收账款平均余额的比值，表明一定时期内应收账款平均收回的次数。其计算公式为：

$$应收账款周转次数=\frac{营业收入}{应收账款平均余额}$$

$$=\frac{营业收入}{(期初应收账款+期末应收账款)\div 2}$$

应收账款周转天数指应收账款周转一次（从销售开始到收回现金）所需要的时间，其计算公式为：

应收账款周转天数=计算期天数 ÷ 应收账款周转次数

=计算期天数 × 应收账款平均余额 ÷ 营业收入

通常，应收账款周转率越高、周转天数越短表明应收账款管理效率越高。

应收账款周转率反映了企业应收账款周转速度的快慢及应收账款管理效率的高低。此处的应收账款包括会计报表中“应收票据”及“应收账款”等全部赊销账款，应收票据是销售形成的应收款项的另一种形式。另外，应收账款为没有扣除坏账准备的金额。在一定时期内周转次数多、周转天数少，表明企业收账迅速，信用销售管理严格，应收账款流动性强，企业短期偿债能力强等。

【例 8-11】 根据“导入案例”中 ABC 公司的财务报表主要资料——表 8-1 资产负债表（简表）和表 8-2 利润表（简表），有：

$$应收账款周转次数=\frac{225\ 000}{(3\ 900+3300+3\ 100+3600)\div 2}=32.37（次）$$

应收账款周转天数=360 ÷ 32.37=11.12（天）

由计算可知，ABC 公司周转次数多、周转天数少，表明应收账款管理效率高。

【温馨提示】

从理论上讲，应收账款是由赊销引起的，其对应的收入应为赊销收入，而非全部营业收入。然而，赊销数据难以取得，且可以假设现金销售是收账时间为零的应收账款，因此只要保持计算口径的历史一致性，使用营业净额不影响分析。营业收入数据使用利润表中的“营业收入”。

【议一议】

应收账款周转率受哪些因素的影响？如何加强应收账款的管理？

2. 存货周转率

在流动资产中，存货所占比重较大，存货的流动性将直接影响企业的流动比率。存货周转率的分析同样可以通过存货周转次数和存货周转天数反映。

存货周转率（次数）是指在一定时期内企业营业成本与存货平均资金占用额的比率，是衡量和评价企业购入存货、投入生产、销售收回等各环节管理效率的综合性指标。其计算公式为：

存货周转次数=营业成本 ÷ 存货平均余额

存货平均余额=（期初存货+期末存货）÷ 2

式中，营业成本为利润表中“营业成本”的数值。存货周转天数是指存货周转一次（从存货取得到存货销售）所需要的时间。计算公式为：

存货周转天数=计算期天数÷存货周转次数

=计算期天数×存货平均余额÷营业成本

一般来讲，存货周转速度越快，存货占用水平越低，流动越强，存货转化为现金或应收账款的速度就越快，这样会增强企业的短期偿债能力及盈利能力。通过存货周转速度分析，有利于找出存货管理中存在的问题，尽可能降低资金占用水平。

【例8-12】根据“导入案例”中ABC公司的财务报表主要资料——表8-1资产负债表（简表）和表8-2利润表（简表），有：

$$存货周转次数=\frac{208\,000}{(13\,000+12\,400)\div 2}=16.38（次）$$

存货周转天数=360÷16.38=21.98（天）

由计算可知，ABC公司存货周转速度较快，营运能力比较强。

【温馨提示】

在具体分析时，应注意几点：①存货周转率的高低与企业的经营特点有密切联系，应注意行业的可比性；②该比率反映的是存货整体的周转情况，不能说明企业经营各环节的存货周转情况和管理水平；③应结合应收账款周转情况和信用政策进行分析。

3. 流动资产周转率

流动资产周转率是反映企业流动资产周转速度的指标。流动资产周转率（次数）是一定时期营业收入净额与企业流动资产平均占用额之间的比率。其计算公式为：

流动资产周转次数=营业收入÷流动资产平均余额

流动资产周转天数=计算期天数÷流动资产周转次数

=计算期天数×流动资产平均余额÷营业收入净额

式中，流动资产平均余额=（期初流动资产+期末流动资产）÷2。

在一定时期内，流动资产周转次数越多，表明以相同的流动资产完成的周转额越多，流动资产利用效果越好。流动资产周转天数越少，表明流动资产在经历生产销售各阶段所占用的时间越短，可相对节约流动资产，增强企业营运能力。

【例8-13】根据“导入案例”中ABC公司的财务报表主要资料——表8-1资产负债表（简表）和表8-2利润表（简表），有：

$$流动资产周转次数=\frac{225\,000}{(25\,810+24\,690)\div 2}=8.91（次）$$

流动资产周转天数=360÷8.91=40.4（天）

由计算可知，ABC公司流动资产周转次数较多，流动资产利用效果较好，营运能力好。

二、固定资产营运能力分析

反映固定资产营运能力的指标为固定资产周转率。固定资产周转率是指企业年营业收入与平均固定资产的比率。它是反映企业固定资产周转情况，从而衡量固定资产利用效率的一项指标。其计算公式为：

固定资产周转率=营业收入 ÷ 平均固定资产

式中，平均固定资产=（期初固定资产+期末固定资产）÷ 2。

固定资产周转率高，说明企业固定资产投资得当，结构合理，利用效率高；反之，如果固定资产周转率不高，则表明固定资产利用效率不高，企业的营运能力不强。

【例 8-14】根据导入案例中 ABC 公司的财务报表主要资料——表 8-1 资产负债表（简表）和表 8-2 利润表（简表），有：

$$固定资产周转率（次数）=\frac{225\,000}{(31\,500+29\,900)\div 2}=7.33$$

由计算可知，ABC 公司固定资产周转率较高，说明企业固定资产投资得当，结构合理，利用效率较高。

三、总资产营运能力分析

反映总资产营运能力的指标是总资产周转率。总资产周转率是企业营业收入与企业平均资产总额的比率。计算公式为：

总资产周转率=营业收入净额 ÷ 平均资产总额

如果企业各期资产总额比较稳定，波动不大，则：

平均总资产=（期初总资产+期末总资产）÷ 2

如果资金占用的波动性较大，企业应采用更详细的资料进行计算，如按照各月的资金占用额计算，则：

平均总资产=（月初总资产+月末总资产）÷ 2

季平均资金占用额=（1/2 季初资金占用额+第一月末资金占用额+第二月末资金占用额+1/2 季末资金占用额）÷ 3

年平均资金占用额=（1/2 年初资金占用额+第一季末资金占用额+第二季末资金占用额+第三季末资金占用额+1/2 年末资金占用额）÷ 4

计算总资产周转率时，应注意，分子、分母在时间上保持一致。该比率衡量企业资产整体的使用效率。总资产由各项资产组成，在既定的营业收入情况下，总资产周转率的驱动因素是各项资产。因此，对总资产周转情况的分析应结合各项资产的周转情况，以发现影响企业资产周转的主要因素。

总之，各项资产的周转率指标被用于衡量各项资产赚取收入的能力，经常和企业盈利能力的指标结合在一起，以全面评价企业的盈利能力。

【例 8-15】根据“导入案例”中 ABC 公司的财务报表主要资料——表 8-1 资产负债表（简表）和表 8-2 利润表（简表），有：

$$总资产周转率=\frac{225\,000}{(57\,310+54\,590)\div 2}=4.02$$

由计算可知，ABC 公司总资产周转率比较快，总资产使用效率较高。

业务三　掌握盈利能力分析

业务描述

掌握衡量企业盈利能力的指标。

相关知识

盈利能力就是企业获取利润、实现资本增值的能力。投资人、债权人及经理人员，都非常重视和关心企业的盈利能力，盈利能力指标主要通过收入与利润之间的关系、资产与利润之间的关系反映。反映企业盈利能力的指标主要有营业毛利率、营业净利率、总资产净利率和净资产收益率。

一、营业毛利率

营业毛利率是营业毛利与营业收入之比，其计算公式如下：

营业毛利率=营业毛利 ÷ 营业收入 × 100%

其中，营业毛利=营业收入–营业成本。

营业毛利率反映产品每销售 1 元所包含的毛利润是多少，即营业收入扣除营业成本后还有多少剩余可用于各期费用和形成利润。营业毛利率越高，表明产品的盈利能力越强。将营业毛利率与行业水平进行比较，可以反映企业产品的市场竞争地位。那些营业毛利率高于行业水平的企业意味着实现一定的收入占用了更少的成本，表明它们在资源、技术或劳动生产率方面具有竞争优势，而那些营业毛利率低于行业水平的企业则意味着在行业中处于竞争劣势。此外，将不同行业的营业毛利率进行横向比较，也可以说明行业间盈利能力的差异。

【例 8-16】根据“导入案例”中 ABC 公司的财务报表主要资料——表 8-1 资产负债表（简表）和表 8-2 利润表（简表），有：

上年营业毛利率（200 000–182 000）÷ 200 000 × 100% =9%

本年营业毛利率=（225 000–208 000）÷ 225 000 × 100% =4.31%

由计算可知，ABC 公司营业毛利率下降，说明企业盈利能力下降。

二、营业净利率

营业净利率是净利润与营业收入之比，其计算公式为：

营业净利率=净利润 ÷ 营业收入 × 100%

营业净利率反映每 1 元营业收入最终赚取了多少利润，被用于反映产品最终的盈利能力。在利润表上，从营业收入到净利润要扣除营业成本、期间费用、税金等项目。因此，将营业净利率按利润的扣除项目进行分解可以识别影响营业净利率的主要因素。

【例 8-17】根据“导入案例”中 ABC 公司的财务报表主要资料——表 8-1 资产负债表（简表）和表 8-2 利润表（简表），有：

上年营业净利率=6 075 ÷ 200 000 × 100%=3.04%

本年营业净利率=5 400 ÷ 225 000 × 100%=2.40%

由计算可知，ABC 公司营业净利率下降，说明企业盈利能力下降。企业应该查明原因，采取相应措施，提高盈利水平。

三、总资产净利率

总资产净利率指净利润与平均总资产的比率，反映每 1 元资产创造的净利润。其计算公式为：

$$总资产净利率=净利润 \div 平均总资产 \times 100\%$$

总资产净利率衡量的是企业资产的盈利能力。总资产净利率越高，表明企业资产的利用效果越好。影响总资产净利率的因素是营业净利率和总资产周转率。

$$总资产净利率=\frac{净利润}{平均总资产}=\frac{净利润}{营业收入}\times\frac{营业收入}{平均总资产}=营业净利率\times总资产周转率$$

因此，企业可以通过提高营业净利率、加速资产周转来提高总资产净利率。

【例 8-18】 根据导入案例中 ABC 公司的财务报表主要资料——表 8-1 资产负债表（简表）和表 8-2 利润表（简表），有：

$$总资产净利率=\frac{5\,400}{(57\,310+54\,590)\div 2}\times 100\%=9.65\%$$

由计算可知，ABC 公司总资产净利率受营业净利率和总资产周转率的影响，应通过提高营业净利率和总资产周转率来提高企业的盈利水平。

四、净资产收益率

净资产收益率又叫权益净利率或权益收益率，是净利润与平均所有者权益的比值，表示每 1 元股东资本赚取的净利润，反映资本经营的盈利能力。其计算公式为：

$$净资产收益率=（净利润 \div 平均所有者权益）\times 100\%$$

该指标是企业盈利能力指标的核心，也是杜邦财务指标体系的核心，更是投资者关注的重点。一般来说，净资产收益率越高，所有者和债权人的利益保障程度越高。如果企业的净资产收益率在一段时期内持续增长，说明权益资本盈利能力稳定上升。然而，净资产收益率不是一个越高越好的概念，分析时要注意企业的财务风险。

$$净资产收益率=\frac{净利润}{平均净资产}=\frac{净利润}{平均总资产}\times\frac{平均总资产}{平均净资产}=总资产净利率\times权益乘数$$

通过对净资产收益率的分解可以发现，改善资产盈利能力和增加企业负债都可以提高净资产收益率。而如果不改善资产盈利能力，单纯通过加大举债提高权益乘数进而提高净资产收益率的做法则十分危险。这是因为，企业负债经营的前提是有足够的盈利能力，保障偿还债务本息，单纯增加负债对净资产收益率的改善只具有短期效应，最终将因盈利能力无法涵盖增加的财务风险而使企业面临财务困境。因此，只有当企业净资产收益率上升同时财务风险没有明显加大时，才能说明企业财务状况良好。

【例 8-19】 根据导入案例中 ABC 公司的财务报表主要资料——表 8-1 资产负债表（简表）和表 8-2 利润表（简表），有：

$$净资产收益率=\frac{5\,400}{(29\,000+27\,970)\div 2}\times 100\%=18.96\%$$

由计算可知，ABC 公司净资产收益率受总资产净利率和权益乘数的影响，直观体现公司的盈利能力。

业务四 掌握发展能力分析

业务描述

掌握衡量企业发展能力的指标。

相关知识

衡量企业发展能力的指标主要有：营业收入增长率、总资产增长率、营业利润增长率、资本保值增值率和所有者权益增长率等。

一、营业收入增长率

该指标反映的是相对的营业收入增长情况，是衡量企业经营状况和市场占有能力、预测企业经营业务拓展趋势的重要指标。在实际分析时应考虑企业历年的销售水平、市场占有情况、行业未来发展及其他影响企业发展的潜在因素，或结合企业前三年的营业收入增长率进行趋势性分析判断。其计算公式为：

$$营业收入增长率=本年营业收入增长额 \div 上年营业收入 \times 100\%$$

其中，本年营业收入增长额=本年营业收入−上年营业收入。

计算过程中，营业收入可以使用利润表中的“营业收入”数据。营业收入增长率大于零，表明企业本年营业收入有所增长。该指标值越高，表明企业营业收入的增长速度越快，企业市场前景越好。

【例 8-20】根据“导入案例”中 ABC 公司的财务报表主要资料——表 8-2 利润表（简表），有：

营业收入增长率=（225 000−200 000）÷200 000×100%=12.5%

二、总资产增长率

总资产增长率是企业本年资产增长额同年初资产总额的比率，反映企业本期资产规模的增长情况。其计算公式为：

$$总资产增长率=本年资产增长额 \div 年初资产总额 \times 100\%$$

其中，本年资产增长额=年末资产总额−年初资产总额。

总资产增长率越高，表明企业一定时期内资产经营规模扩张的速度越快。但在分析时，需要关注资产规模扩张的质和量的关系，以及企业的后续发展能力，避免盲目扩张。

【例 8-21】根据“导入案例”中 ABC 公司的财务报表主要资料——表 8-1 资产负债表（简表），有：

总资产增长率=（57 310−54 590）÷54 590×100%=4.98%

三、营业利润增长率

营业利润增长率是企业本年营业利润增长额与上年营业利润总额的比率，反映企业营业利润的增减变动情况。其计算公式为：

营业利润增长率=本年营业利润增长额 ÷ 上年营业利润总额 × 100%

其中，本年营业利润增长额=本年营业利润−上年营业利润。

【例 8-22】 根据“导入案例”中 ABC 公司的财务报表主要资料——表 8-2 利润表（简表），有：

营业利润增长率=（7 000−7 550）÷ 7 550 × 100%=−7.28%

四、资本保值增值率

资本保值增值率是指所有者权益的期末总额与期初总额之比。其计算公式为：

资本保值增值率=期末所有者权益 ÷ 期初所有者权益 × 100%

如果企业盈利能力提高，利润增加，必然会使期末所有者权益大于期初所有者权益，所以该指标也是衡量企业盈利能力的重要指标。当然，这一指标的高低，除受企业经营成果的影响外，还受企业利润分配政策和投入资本的影响。

【例 8-23】 根据“导入案例”中 ABC 公司的财务报表主要资料——表 8-1 资产负债表（简表），有：

资本保值增值率=29 000 ÷ 27 970 × 100%=103.68%

五、所有者权益增长率

所有者权益增长率是企业本年所有者权益增长额与年初所有者权益的比率，反映企业当年资本的积累能力。其计算公式为：

所有者权益增长率=本年所有者权益增长额 ÷ 年初所有者权益 × 100%

本年所有者权益增长额=年末所有者权益−年初所有者权益

所有者权益增长率越高，表明企业的资本积累越多，应对风险、持续发展的能力越强。

【例 8-24】 根据“导入案例”中 ABC 公司的财务报表主要资料——表 8-1 资产负债表（简表），有：

所有者权益增长率=（29 000−27 970）÷ 27 970 × 100% =3.68%

业务五　掌握杜邦分析法

业务描述

掌握杜邦财务分析体系的基本原理，能够运用杜邦财务分析体系对企业进行业绩评价。

相关知识

杜邦财务分析体系，简称杜邦体系，是利用几个财务比率指标间的内在联系来综合地分析企业的财务状况，评价公司盈利能力、股东权益回报水平及企业绩效的一种经典方法。该体系是以净资产收益率为起点，以总资产净利率和权益乘数为基础，重点揭示企业获利能力及杠杆作用对净资产收益率的影响，以及相关指标间的相互作用关系，这种分析方法最早由美国杜邦公司使用，故名杜邦分析法。

一、杜邦财务分析体系的指标

净资产收益率（权益收益率）是杜邦分析体系的核心比率，是一个综合性最强的财务分析指标，可用于不同企业间的比较。为了提高净资产收益率，可以从下面的分解指标入手：

$$净资产收益率（权益净利率）=\frac{净利润}{营业收入}\times\frac{营业收入}{总资产}\times\frac{总资产}{股东权益}$$
$$=营业净利率\times总资产周转率\times权益乘数$$

无论是提高营业净利率，还是总资产周转率，或是权益乘数，都会提高净资产收益率这个指标。其中，营业净利率中的“净利润”和“营业收入”都可以从利润表中取得，营业净利率概括了全部的经营成果；权益乘数中“总资产”和“股东权益”可以从资产负债表中取得，权益乘数表明了资产、负债和股东权益的比例关系，反映了最基本的财务状况；总资产周转率把利润表和资产负债表联系起来，使净资产收益率可以综合反映企业经营成果和财务状况。

二、杜邦财务分析体系的基本框架

该体系是一个多层次的财务比率分解体系，如图 8-1 所示。各项财务比率，可在每个层次上与本企业历史或同行业数据比较，然后逐级分解财务指标，逐步覆盖企业经营活动的各个环节，便于更加系统、全面地评价企业的经营成果和财务状况。运用杜邦分析法需要抓住以下几点。

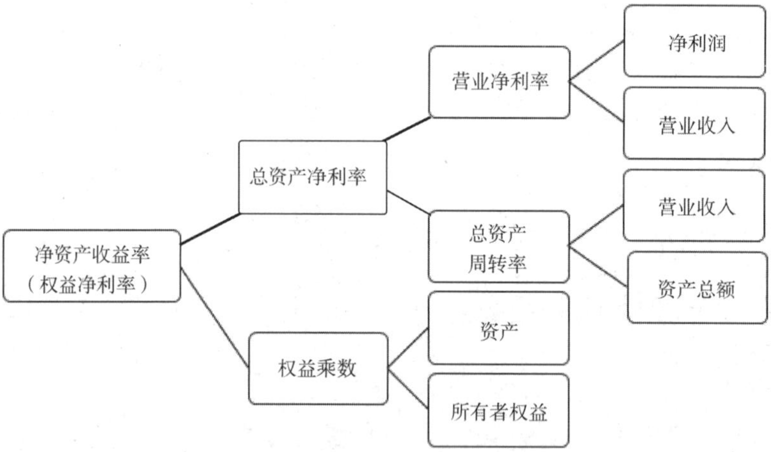

图 8-1 杜邦分析体系的基本框架

首先，净资产收益率是一个综合性最强的财务分析指标，是杜邦分析体系的起点。把净资产收益率分解为营业净利率、总资产周转率和权益乘数（前两项共同作用是总资产净利率），这三个比率在各企业间可能存在较大差异。通过对差异的比较，可以观察本企业与其他企业的经营战略和财务政策的不同。其中，营业净利率和总资产周转率反映企业的经营战略。营业净利率反映了企业净利润与营业收入的关系，它的高低取决于营业收入与成本总额的高低。要想提高营业净利率，一是要扩大营业收入，二是要降低成本费用。扩大营业收入既有利于提高营业净利率，又有利于提高总资产周转率。另外，企业为了提高营业净利率就要增加产品附加值，这就需要增加投资，从而使得周转率下降；相反，为了加快周转，就要降低价格，从而引起营业净利率下降。是“高盈利、低周转”还是“低盈利、高周转”，是企业根据外部环境和自身资源做出的战略选择，仅从营业净利率的高低判断不出企业的优劣，应与总资产周转率结合起来看企业的经营战略，两者共同作用是总资产净利率，总资产净利率是反映企业的盈利能力的重要指标。

其次，权益乘数是企业的负债程度，以及公司利用财务杠杆进行经营活动的综合反映。资产负债率越高，权益乘数就越高。在总资产净利率不变的情况下，提高财务杠杆可以提高净资产收益率，同时增加财务风险。当企业为了提高净资产收益率而提高财务杠杆时，贷款者却更倾向于把资金贷给预期未来经营活动现金流量比较稳定的企业。为了稳定现金流量，企业可能会降低价格、减少竞争，可能增加营运资金防止现金流中断，这些都会引起总资产净利率下降。因此，一般总资产净利率较低的企业，财务杠杆较高，反之亦然。总资产净利率与财务杠杆负相关，两者共同作用决定了净资产收益率，因此企业的经营战略要与财务政策相匹配。

【例 8-25】某企业有关财务数据如表 8-4 所示，分析该企业净资产收益率变化的原因如表 8-5 所示。题目的后续分析计算均以完整小数位引用计算，计算结果以四舍五入保留 2 位小数在算式中呈现。

表 8-4 基本财务数据

单位：万元

	净利润	营业收入	平均资产总额	平均负债总额	全部成本	制造成本	销售费用	管理费用	财务费用
20×1 年	102.84	4 112.24	3 062.23	2 056.77	4 039.67	3 735.34	102.03	186.68	15.62
20×2 年	126.54	7 576.14	3 305.80	2 156.59	7 367.47	6 842.62	217.41	257.18	50.26

表 8-5 财务比率

项 目	20×1 年	20×2 年
净资产收益率（%）	10.23	11.01
权益乘数	3.05	2.88
资产负债率（%）	67.17	65.24
总资产净利率（%）	3.36	3.83
营业净利率（%）	2.50	1.67
总资产周转率（次）	1.34	2.29

（1）对净资产收益率的分析。

该企业的净资产收益率在 20×1 年至 20×2 年出现了一定程度的好转，从 20×1 年的 10.23%增加至 20×2 年的 11.01%。企业的投资者在很大程度上依据这个指标来判断是否投资或是否转让股份、考察经营者业绩和决定股利分配政策。这些指标对企业的管理者也至关重要。

净资产收益率=权益乘数×总资产净利率

20×1 年：10.23%=3.05×3.36%

20×2 年：11.01%=2.88×3.83%

通过分解可以明显地看出，该企业净资产收益率的变动是资本结构（权益乘数）变动和资产利用效果（总资产净利率）变动两方面共同作用的结果，而该企业的总资产净利率太低，显示出很差的资产利用效果。

（2）对总资产净利率的分析。

总资产净利率=营业净利率 × 总资产周转率

20 × 1 年：3.36%=2.50% × 1.34

20 × 2 年：3.83%=1.67% × 2.29

通过分解可以看出 20 × 2 年该企业的总资产周转率有所提高，说明资产的利用得到了比较好的控制，显示出比上一年较好的效果，表明该企业利用其总资产产生营业收入的效率在增加。总资产周转率提高的同时营业净利率减少，阻碍了总资产净利率的增加。

（3）对营业净利率的分析。

$$营业净利率=\frac{净利润}{营业收入}\times 100\%$$

$$20\times 1\ 年：2.50\%=\frac{102.84}{4\,112.24}\times 100\%$$

$$20\times 2\ 年：1.67\%=\frac{126.542}{7\,576.14}\times 100\%$$

该企业 20 × 2 年大幅度提高了营业收入，但是净利润的提高幅度却很小，分析其原因是成本费用增多，从表 8－4 可知：全部成本从 20 × 1 年的 4 039.67 万元增加到 20 × 2 年的 7 367.47 万元，与营业收入的增加幅度大致相当。

（4）对全部成本的分析。

全部成本=制造成本＋销售费用＋管理费用＋财务费用

20 × 1 年：4 039.67=3 735.34+102.03+186.68+15.62

20 × 2 年：7 367.47=6 842.62+217.41+257.18+50.26

本例中，导致该企业净资产收益率小的主要原因是全部成本过大。也正是因为全部成本的大幅度提高导致了净利润提高幅度不大，而营业收入大幅度增加，就引起了营业净利率的降低，显示出该企业营业盈利能力的降低。总资产净利率的提高应当归功于总资产周转率的提高，营业净利率的减少却起到了阻碍的作用。

（5）对权益乘数的分析。

$$权益乘数=\frac{资产总额}{权益总额}$$

$$20\times 1\ 年：3.05=\frac{3062.23}{3062.23-2056.77}$$

$$20\times 2\ 年：2.88=\frac{3305.80}{3305.80-2156.59}$$

该企业下降的权益乘数，说明企业的资本结构在 20 × 1 年至 20 × 2 年发生了变动，20 × 2 年的权益乘数较 20 × 1 年有所减小。权益乘数越小，企业负债程度越低，偿还债务能力越强，财务风险有所降低。这个指标同时也反映了财务杠杆对利润水平的影响。该企业的权益乘数一直处于 2~5，即负债率在 50%~80%，属于激进战略型企业。管理者应该准确把握企业所处的环境，准确预测利润，合理控制负债带来的风险。

（6）结论。

对于该企业，最重要的就是要努力降低各项成本，在控制成本上下功夫，同时要保持较高的总资产周转率。这样，可以使营业净利率得到提高，进而使总资产净利率有大的提高。

项目小结

学习完本项目，应该能够了解财务分析的含义、作用及目的等；熟练运用不同的财务分析方法；掌握运用不同财务指标分析企业的偿债能力、营运能力、盈利能力及发展能力，掌握运用杜邦分析法对企业业绩进行评价。

主要概念

财务分析　比较分析法　比率分析法　因素分析法

营运能力　偿债能力　盈利能力　发展能力

杜邦分析法

推荐阅读

[1] 陆旸，戚啸艳，顾成伟. 高溢价并购商誉对盈利能力和企业价值影响研究[J]. 财会通讯，2021，(24)：61-64.

[2] 王志强，任振超. 多元化经营对企业偿债能力的影响[J]. 统计与决策，2021，37(22)：181-184.

[3] 吴波虹. 财政补贴、税收优惠与企业技术创新能力——基于盈利能力的视角[J]. 技术经济与管理研究，2021，(9)：12-17.

[4] 陈伟光，潘凤，蔡伟宏. 银行资本、盈利能力与风险承担[J]. 金融经济学研究，2021，36(4)：141-160.

[5] 程开明，范华艳. “营改增”对高技术服务企业盈利能力的影响效应——基于双重差分模型的实证研究[J]. 税务与经济，2021，(4)：23-33.

[6] 段海艳，田亚星. 研发投入对企业未来盈利能力影响的实证分析[J]. 财会月刊，2021，(12)：34-41.

[7] 陈华. 轻资产商贸模式及盈利能力分析[J]. 商业经济研究，2021，(11)：110-113.

[8] 章颖薇，胡明英. 基于企业活动划分视角的杜邦体系研究——来自制造业上市公司的经验证据[J]. 会计之友，2021，(7)：109-114.

[9] 张娟娟，周松. 杜邦财务比率模型分析体系构建——以金杯汽车股份有限公司(集团)

为例[J]. 财会通讯，2019，(17)：109-112.

博学增信

孟子说："大人者，言不必信，行不必果，惟义所在。"这句话的意思是：有德行的人，说话不一定都讲信用，做事不一定都做成，只看是否合乎义。孔子说："言必信，行必果，硁硁然小人哉!"这句话的意思是：说话一定要诚信，做事一定要做成，固执而不懂得权变的是小人呀!

请结合孟子和孔子的话，谈谈"大人之信"和"小人之信"的区别。

习题与实训

一、单项选择题

1. 下列关于营运资金的计算中正确的是（ ）。

A. 营运资金=流动资产−非流动负债　　B. 营运资金=长期资产−流动负债
C. 营运资金=流动资产−流动负债　　D. 营运资金=长期资产−长期负债

2. 某公司流动比率为 1.8，赊购一批原材料，流动比率变化方向（ ）。

A. 不变　　B. 变小　　C. 变大　　D. 以上都可能

3. 某公司当前的速动比率大于 1，若用现金偿还应付账款，则对流动比率和速动比率的影响是（ ）。

A. 流动比率变大、速动比率变大　　B. 流动比率变大、速动比率变小
C. 流动比率变小、速动比率变小　　D. 流动比率变小、速动比率变大

4. 下列各项中，属于速动资产的是（ ）。

A. 预付款项　　B. 存货
C. 货币资金　　D. 一年内到期的非流动资产

5. 下列不属于反映企业短期偿债能力的财务指标是（ ）。

A. 流动比率　　B. 速动比率　　C. 产权比率　　D. 现金比率

6. 某公司 20×2 年年末的股东权益为 5 000 万元，流动负债为 2 000 万元，非流动负债为 500 万元。则该公司 20×2 年年末的资产负债率为（ ）。

A. 33.33%　　B. 40%　　C. 300%　　D. 50%

7. 下列关于资产负债率、权益乘数和产权比率之间关系的表达式中，正确的是（ ）。

A. 资产负债率+权益乘数=产权比率　　B. 资产负债率−权益乘数=产权比率
C. 资产负债率×权益乘数=产权比率　　D. 资产负债率÷权益乘数=产权比率

8. 已知利润总额为 700 万元，利润表中的财务费用为 50 万元，资本化利息为 30 万元，则利息保障倍数为（ ）。

A. 8.75　　B. 15　　C. 9.375　　D. 9.75

9. 甲公司 20×2 年的营业收入为 8 000 万元，营业成本为 5 000 万元，流动资产平均余额为 400 万元，则甲公司 20×2 年的流动资产周转天数为（ ）天（一年按照 360 天

进行计算)。

A. 18.25 B. 18 C. 20 D. 30

10. 甲公司 20×2 年的营业收入为 5 200 万元，营业成本为 3 200 万元，年初固定资产净值为 4 750 万元，年末固定资产净值为 3850 万元，则根据这些资料计算得出的甲公司 20×2 年的固定资产周转次数为(　　)。

A. 2.89 次 B. 2.56 次 C. 1.21 次 D. 5 次

11. A 公司资产负债率为 50%，若营业净利率为 10%，总资产周转次数为 3 次，则净资产收益率为(　　)。

A. 15% B. 60% C. 10% D. 25%

12. 某公司 20×2 年年初所有者权益为 1.25 亿元，20×2 年年末所有者权益为 1.50 亿元。该公司 20×2 年的资本保值增值率是(　　)。

A. 16.67% B. 20.00% C. 25.00% D. 120.00%

13. 在杜邦分析法中主要的指标是(　　)。

A. 应收账款周转率 B. 流动比率

C. 存货周转率 D. 净资产收益率

二、多项选择题

1. 比较分析法按照比较对象分为(　　)。

A. 趋势分析法 B. 横向比较法 C. 预算差异分析法 D. 因素分析法

2. 某公司目前的速动比率为 1.3，以下业务导致速动比率降低的有(　　)。

A. 用所生产的产品抵偿应付购买设备款

B. 从银行借入短期借款用以购买短期股票做投资

C. 赊购原材料一批

D. 用银行支票购买一台机床

3. 下列属于反映企业长期偿债能力的指标有(　　)。

A. 资产负债率 B. 权益乘数 C. 利息保障倍数 D. 现金比率

4. 下列财务指标中，可以用反映公司资本结构的有(　　)。

A. 资产负债率 B. 产权比率 C. 营业净利率 D. 总资产周转率

5. 某公司 20×2 年年末的股东权益为 5 000 万元，流动负债为 2 000 万元，非流动负债为 500 万元。则下列说法正确的有(　　)。

A. 该公司 20×2 年年末的产权比率为 0.5

B. 该公司 20×2 年年末的产权比率为 2.0

C. 该公司 20×2 年年末的权益乘数为 1.5

D. 该公司 20×2 年年末的权益乘数为 2/3

6. 甲公司 20×2 年的营业收入为 800 万元，营业成本为 500 万元，存货平均余额为 100 万元，假设一年为 360 天，则下列说法中正确的有(　　)。

A. 存货周转次数为 8 次 B. 存货周转次数为 5 次

C. 存货周转天数为 45 天 D. 存货周转天数为 72 天

7. 下列各项中，可用于企业营运能力分析的财务指标有(　　)。

A. 速动比率 B. 应收账款周转天数

C. 存货周转次数　　D. 流动比率

8. 下列指标中，属于反映企业盈利能力的指标有（　　）。

A. 净资产收益率　　B. 营业净利率

C. 应收账款周转率　　D. 速动比率

9. 当其他因素不变的情况下，下列因素会使净资产收益率降低的有（　　）。

A. 营业净利率降低　　B. 总资产周转次数降低

C. 产权比率提高　　D. 资产负债率降低

10. 杜邦分析体系中所涉及的主要财务指标有（　　）。

A. 营业现金比率　　B. 权益乘数　　C. 营业净利率　　D. 总资产周转率

三、判断题

1. 在财务分析中，企业经营者应对企业财务状况进行全面的综合分析，并关注企业财务风险和经营风险。（　　）

2. 财务分析中的效率指标，是某项财务活动中所费与所得之间的比率，反映投入与产出的关系。（　　）

3. 如果销售额不稳定且难以预测，则企业应保持较高的流动资产水平。（　　）

4. 现金比率不同于速动比率之处主要在于剔除了应收账款对短期偿债能力的影响。（　　）

5. 在计算应收账款周转次数指标时，不应将应收票据考虑在内。（　　）

6. 在计算利息保障倍数时，"应付利息"指计入财务费用中的利息支出，不包括资本化利息。（　　）

7. 在资产负债率、产权比率和权益乘数三个指标中，已知其中一个指标值，就可以推出另外两个指标值。（　　）

8. 权益乘数的高低取决于企业的资金结构；资产负债率越高，权益乘数越高，财务风险越大。（　　）

9. 计算资本保值增值率时，期末所有者权益的计量应当考虑利润分配政策及投入资本的影响。（　　）

10. 净资产收益率是一个综合性比较强的财务分析指标，是杜邦财务分析体系的起点。（　　）

四、综合题

1. M公司20×7年流动资产由速动资产和存货构成，存货年初数为500万元，年末数为870万元。其他资料如表8-6所示。

表8-6　M公司相关资料　　单位：万元

项　目	年初数	年末数	本年数
流动资产			
长期股权投资	600	300	
固定资产	0	1 600	
总资产			
流动负债（年利率5%）	700	900	

续表

项　目	年初数	年末数	本年数
长期有息负债（年利率 10%）	600	300	
流动比率	2		
速动比率		0.7	
流动资产周转率			7
净利润（所得税税率 25%）			900

假定企业不存在其他项目，一年按 360 天计算。要求：

（1）计算流动资产及总资产的年初数、年末数。

（2）计算本年营业收入和总资产周转天数（涉及资产负债表的数据采用平均数计算，下同）。

（3）计算总资产净利率和权益净利率。

（4）计算利息保障倍数（利息按平均负债计算）。

2. 甲公司为控制杠杆水平，降低财务风险，争取在 20×2 年年末将资产负债率控制在 65%以内。公司 20×2 年年末的资产总额为 4 000 万元，其中流动资产为 1 800 万元；公司 20×2 年年末的负债总额为 3 000 万元，其中流动负债为 1 200 万元。

要求：

（1）计算 20×2 年年末的流动比率和营运资金。

（2）计算 20×2 年年末的产权比率和权益乘数。

（3）计算 20×2 年年末的资产负债率，并据此判断公司是否实现了控制杠杆水平的目标。

3. 资料一、甲公司 20×2 年年末资产负债表如表 8-7 所示。

表 8-7　甲公司 20×2 年年末资产负债表　　单位：万元

货币资金	450	短期借款	A
应收票据及应收账款	250	应付票据及应付账款	280
存货	400	长期借款	700
非流动资产	1 300	所有者权益	B
资产总计	2 400	负债与所有者权益合计	2 400

资料二、已知：年初应收账款为 150 万元，年初存货为 260 万元，年初所有者权益为 1 000 万元。本年营业收入为 1 650 万元，营业成本为 990 万元，净利润为 220 万元。年末流动比率为 2.2，一年按 360 天计算。要求：

（1）计算资料一中字母所代表数字。

（2）计算应收账款周转次数、存货周转天数、营业毛利率。

附录A

复利终值系数表

期数	1%	2%	3%	4%	5%	6%	7%	8%	9%	10%
1	1.010 0	1.020 0	1.030 0	1.040 0	1.050 0	1.060 0	1.070 0	1.080 0	1.090 0	1.100 0
2	1.020 1	1.040 4	1.060 9	1.081 6	1.102 5	1.123 6	1.144 9	1.166 4	1.188 1	1.210 0
3	1.030 3	1.061 2	1.092 7	1.124 9	1.157 6	1.191 0	1.225 0	1.259 7	1.295 0	1.331 0
4	1.040 6	1.082 4	1.125 5	1.169 9	1.215 5	1.262 5	1.310 8	1.360 5	1.411 6	1.464 1
5	1.051 0	1.104 1	1.159 3	1.216 7	1.276 3	1.338 2	1.402 6	1.469 3	1.538 6	1.610 5
6	1.061 5	1.126 2	1.194 1	1.265 3	1.340 1	1.418 5	1.500 7	1.586 9	1.677 1	1.771 6
7	1.072 1	1.148 7	1.229 9	1.315 9	1.407 1	1.503 6	1.605 8	1.713 8	1.828 0	1.948 7
8	1.082 9	1.171 7	1.266 8	1.368 6	1.477 5	1.593 8	1.718 2	1.850 9	1.992 6	2.143 6
9	1.093 7	1.195 1	1.304 8	1.423 3	1.551 3	1.689 5	1.838 5	1.999 0	2.171 9	2.357 9
10	1.104 6	1.219 0	1.343 9	1.480 2	1.628 9	1.790 8	1.967 2	2.158 9	2.367 4	2.593 7
11	1.115 7	1.243 4	1.384 2	1.539 5	1.710 3	1.898 3	2.104 9	2.331 6	2.580 4	2.853 1
12	1.126 8	1.268 2	1.425 8	1.601 0	1.795 9	2.012 2	2.252 2	2.518 2	2.812 7	3.138 4
13	1.138 1	1.293 6	1.468 5	1.665 1	1.885 6	2.132 9	2.409 8	2.719 6	3.065 8	3.452 3
14	1.149 5	1.319 5	1.512 6	1.731 7	1.979 9	2.260 9	2.578 5	2.937 2	3.341 7	3.797 5
15	1.161 0	1.345 9	1.558 0	1.800 9	2.078 9	2.396 6	2.759 0	3.172 2	3.642 5	4.177 2
16	1.172 6	1.372 8	1.604 7	1.873 0	2.182 9	2.540 4	2.952 2	3.425 9	3.970 3	4.595 0
17	1.184 3	1.400 2	1.652 8	1.947 9	2.292 0	2.692 8	3.158 8	3.700 0	4.327 6	5.054 5
18	1.196 1	1.428 2	1.702 4	2.025 8	2.406 6	2.854 3	3.379 9	3.996 0	4.717 1	5.559 9
19	1.208 1	1.456 8	1.753 5	2.106 8	2.527 0	3.025 6	3.616 5	4.315 7	5.141 7	6.115 9
20	1.220 2	1.485 9	1.806 1	2.191 1	2.653 3	3.207 1	3.869 7	4.661 0	5.604 4	6.727 5
21	1.232 4	1.515 7	1.860 3	2.278 8	2.786 0	3.399 6	4.140 6	5.033 8	6.108 8	7.400 2
22	1.244 7	1.546 0	1.916 1	2.369 9	2.925 3	3.603 5	4.430 4	5.436 5	6.658 6	8.140 3
23	1.257 2	1.576 9	1.973 6	2.464 7	3.071 5	3.819 7	4.740 5	5.871 5	7.257 9	8.954 3
24	1.269 7	1.608 4	2.032 8	2.563 3	3.225 1	4.048 9	5.072 4	6.341 2	7.911 1	9.849 7
25	1.282 4	1.640 6	2.093 8	2.665 8	3.386 4	4.291 9	5.427 4	6.848 5	8.623 1	10.835
26	1.295 3	1.673 4	2.156 6	2.772 5	3.555 7	4.549 4	5.807 4	7.396 4	9.399 2	11.918

续表

期数	1%	2%	3%	4%	5%	6%	7%	8%	9%	10%
27	1.308 2	1.706 9	2.221 3	2.883 4	3.733 5	4.822 3	6.213 9	7.988 1	10.245	13.110
28	1.321 3	1.741 0	2.287 9	2.998 7	3.920 1	5.111 7	6.648 8	8.627 1	11.167	14.421
29	1.334 5	1.775 8	2.356 6	3.118 7	4.116 1	5.418 4	7.114 3	9.317 3	12.172	15.863
30	1.347 8	1.811 4	2.427 3	3.243 4	4.321 9	5.743 5	7.612 3	10.063	13.268	17.449
40	1.488 9	2.208 0	3.262 0	4.801 0	7.040 0	10.286	14.97 5	21.725	31.409	45.259
50	1.644 6	2.691 6	4.383 9	7.106 7	11.467	18.420	29.457	46.902	74.358	117.39
60	1.816 7	3.281 0	5.891 6	10.520	18.679	32.988	57.946	101.26	176.03	304.48

期数	12%	14%	15%	16%	18%	20%	24%	28%	32%	36%
1	1.120 0	1.140 0	1.150 0	1.160 0	1.180 0	1.200 0	1.240 0	1.280 0	1.320 0	1.360 0
2	1.254 4	1.299 6	1.322 5	1.345 6	1.392 4	1.440 0	1.537 6	1.638 4	1.742 4	1.849 6
3	1.404 9	1.481 5	1.520 9	1.560 9	1.643 0	1.728 0	1.906 6	2.097 2	2.300 0	2.515 5
4	1.573 5	1.689 0	1.749 0	1.810 6	1.938 8	2.073 6	2.364 2	2.684 4	3.036 0	3.421 0
5	1.762 3	1.925 4	2.011 4	2.100 3	2.287 8	2.488 3	2.931 6	3.436 0	4.007 5	4.652 6
6	1.973 8	2.195 0	2.313 1	2.436 4	2.699 6	2.986 0	3.635 2	4.398 0	5.289 9	6.327 5
7	2.210 7	2.502 3	2.660 0	2.826 2	3.185 5	3.583 2	4.507 7	5.629 5	6.982 6	8.605 4
8	2.476 0	2.852 6	3.059 0	3.278 4	3.758 9	4.299 8	5.589 5	7.205 8	9.217 0	11.703
9	2.773 1	3.251 9	3.517 9	3.803 0	4.435 5	5.159 8	6.931 0	9.223 4	12.167	15.917
10	3.105 8	3.707 2	4.045 6	4.411 4	5.233 8	6.191 7	8.594 4	11.806	16.060	21.647
11	3.478 5	4.226 2	4.652 4	5.117 3	6.175 9	7.430 1	10.657	15.112	21.199	29.439
12	3.896 0	4.817 9	5.350 3	5.936 0	7.287 6	8.916 1	13.215	19.343	27.983	40.038
13	4.363 5	5.492 4	6.152 8	6.885 8	8.599 4	10.699	16.386	24.759	36.937	54.451
14	4.887 1	6.261 3	7.075 7	7.987 5	10.147	12.839	20.319	31.691	48.757	74.053
15	5.473 6	7.137 9	8.137 1	9.265 5	11.974	15.407	25.196	40.565	64.359	100.71
16	6.130 4	8.137 2	9.357 6	10.748	14.129	18.488	31.243	51.923	84.954	136.97
17	6.866 0	9.276 5	10.761	12.468	16.672	22.186	38.741	66.461	112.14	186.28
18	7.690 0	10.57 5	12.376	14.463	19.673	26.623	48.039	85.071	148.02	253.34
19	8.612 8	12.056	14.232	16.777	23.214	31.948	59.568	108.89	195.39	344.54
20	9.646 3	13.744	16.367	19.461	27.393	38.338	73.864	139.38	257.92	468.57
21	10.804	15.668	18.822	22.575	32.324	46.005	91.592	178.41	340.45	637.26
22	12.100	17.861	21.645	26.186	38.142	55.206	113.57	228.36	449.39	866.67
23	13.552	20.362	24.892	30.376	45.008	66.247	140.83	292.30	593.20	1 178.7
24	15.179	23.212	28.625	35.236	53.109	79.497	174.63	374.14	783.02	1 603.0
25	17.000	26.462	32.919	40.874	62.669	95.396	216.54	478.90	1 033.6	2 180.1
26	19.040	30.167	37.857	47.414	73.949	114.48	268.51	613.00	1 364.3	2 964.9
27	21.325	34.390	43.535	55.000	87.260	137.37	332.96	784.64	1 800.9	4 032.3
28	23.884	39.205	50.066	63.800	102.97	164.84	412.86	1 004.3	2 377.2	5 483.9

续表

期数	12%	14%	15%	16%	18%	20%	24%	28%	32%	36%
29	26.750	44.693	57.576	74.009	121.50	197.81	511.95	1 285.6	3 137.9	7 458.1
30	29.960	50.950	66.212	85.850	143.37	237.38	634.82	1 645.5	4 142.1	10 143
40	93.051	188.88	267.86	378.72	750.38	1 469.8	5 455.9	19 427	66 521	*
50	289.00	700.23	1 083.7	1 670.7	3 927.4	9 100.4	46 890	*	*	*
60	897.60	2 595.9	4 384.0	7 370.2	20 555	56 348	*	*	*	*

附录B

复利现值系数表

期数	1%	2%	3%	4%	5%	6%	7%	8%	9%	10%
1	0.990 1	0.980 4	0.970 9	0.961 5	0.952 4	0.943 4	0.934 6	0.925 9	0.917 4	0.909 1
2	0.980 3	0.961 2	0.942 6	0.924 6	0.907 0	0.890 0	0.873 4	0.857 3	0.841 7	0.826 4
3	0.970 6	0.942 3	0.915 1	0.889 0	0.863 8	0.839 6	0.816 3	0.793 8	0.772 2	0.751 3
4	0.961 0	0.923 8	0.888 5	0.854 8	0.822 7	0.792 1	0.762 9	0.735 0	0.708 4	0.683 0
5	0.951 5	0.905 7	0.862 6	0.821 9	0.783 5	0.747 3	0.713 0	0.680 6	0.649 9	0.620 9
6	0.942 0	0.888 0	0.837 5	0.790 3	0.746 2	0.705 0	0.666 3	0.630 2	0.596 3	0.564 5
7	0.932 7	0.870 6	0.813 1	0.759 9	0.710 7	0.665 1	0.622 7	0.583 5	0.547 0	0.513 2
8	0.923 5	0.853 5	0.789 4	0.730 7	0.676 8	0.627 4	0.582 0	0.540 3	0.501 9	0.466 5
9	0.914 3	0.836 8	0.766 4	0.702 6	0.644 6	0.591 9	0.543 9	0.500 2	0.460 4	0.424 1
10	0.905 3	0.820 3	0.744 1	0.675 6	0.613 9	0.558 4	0.508 3	0.463 2	0.422 4	0.385 5
11	0.896 3	0.804 3	0.722 4	0.649 6	0.584 7	0.526 8	0.475 1	0.428 9	0.387 5	0.350 5
12	0.887 4	0.788 5	0.701 4	0.624 6	0.556 8	0.497 0	0.444 0	0.397 1	0.355 5	0.318 6
13	0.878 7	0.773 0	0.681 0	0.600 6	0.530 3	0.468 8	0.415 0	0.367 7	0.326 2	0.289 7
14	0.870 0	0.757 9	0.661 1	0.577 5	0.505 1	0.442 3	0.387 8	0.340 5	0.299 2	0.263 3
15	0.861 3	0.743 0	0.641 9	0.555 3	0.481 0	0.417 3	0.362 4	0.315 2	0.274 5	0.239 4
16	0.852 8	0.728 4	0.623 2	0.533 9	0.458 1	0.393 6	0.338 7	0.291 9	0.251 9	0.217 6
17	0.844 4	0.714 2	0.605 0	0.513 4	0.436 3	0.371 4	0.316 6	0.270 3	0.231 1	0.197 8
18	0.836 0	0.700 2	0.587 4	0.493 6	0.415 5	0.350 3	0.295 9	0.250 2	0.212 0	0.179 9
19	0.827 7	0.686 4	0.570 3	0.474 6	0.395 7	0.330 5	0.276 5	0.231 7	0.194 5	0.163 5
20	0.819 5	0.673 0	0.553 7	0.456 4	0.376 9	0.311 8	0.258 4	0.214 5	0.178 4	0.148 6
21	0.811 4	0.659 8	0.537 5	0.438 8	0.358 9	0.294 2	0.241 5	0.198 7	0.163 7	0.135 1
22	0.803 4	0.646 8	0.521 9	0.422 0	0.341 8	0.277 5	0.225 7	0.183 9	0.150 2	0.122 8
23	0.795 4	0.634 2	0.506 7	0.405 7	0.325 6	0.261 8	0.210 9	0.170 3	0.137 8	0.111 7
24	0.787 6	0.621 7	0.491 9	0.390 1	0.310 1	0.247 0	0.197 1	0.157 7	0.126 4	0.101 5
25	0.779 8	0.609 5	0.477 6	0.375 1	0.295 3	0.233 0	0.184 2	0.146 0	0.116 0	0.092 3
26	0.772 0	0.597 6	0.463 7	0.360 7	0.281 2	0.219 8	0.172 2	0.135 2	0.106 4	0.083 9

续表

期数	1%	2%	3%	4%	5%	6%	7%	8%	9%	10%
27	0.764 4	0.585 9	0.450 2	0.346 8	0.267 8	0.207 4	0.160 9	0.125 2	0.097 6	0.076 3
28	0.756 8	0.574 4	0.437 1	0.333 5	0.255 1	0.195 6	0.150 4	0.115 9	0.089 5	0.069 3
29	0.749 3	0.563 1	0.424 3	0.320 7	0.242 9	0.184 6	0.140 6	0.107 3	0.082 2	0.063 0
30	0.741 9	0.552 1	0.412 0	0.308 3	0.231 4	0.174 1	0.131 4	0.099 4	0.075 4	0.057 3
35	0.705 9	0.500 0	0.355 4	0.253 4	0.181 3	0.130 1	0.093 7	0.067 6	0.049 0	0.035 6
40	0.671 7	0.452 9	0.306 6	0.208 3	0.142 0	0.097 2	0.066 8	0.046 0	0.031 8	0.022 1
45	0.639 1	0.410 2	0.264 4	0.171 2	0.111 3	0.072 7	0.047 6	0.031 3	0.020 7	0.013 7
50	0.608 0	0.371 5	0.228 1	0.140 7	0.087 2	0.054 3	0.033 9	0.021 3	0.013 4	0.008 5
55	0.578 5	0.336 5	0.196 8	0.115 7	0.068 3	0.040 6	0.024 2	0.014 5	0.008 7	0.005 3
期数	12%	14%	15%	16%	18%	20%	24%	28%	32%	36%
1	0.892 9	0.877 2	0.869 6	0.862 1	0.847 5	0.833 3	0.806 5	0.781 3	0.757 6	0.735 3
2	0.797 2	0.769 5	0.756 1	0.743 2	0.718 2	0.694 4	0.650 4	0.610 4	0.573 9	0.540 7
3	0.711 8	0.675 0	0.657 5	0.640 7	0.608 6	0.578 7	0.524 5	0.476 8	0.434 8	0.397 5
4	0.635 5	0.592 1	0.571 8	0.552 3	0.515 8	0.482 3	0.423 0	0.372 5	0.329 4	0.292 3
5	0.567 4	0.519 4	0.497 2	0.476 1	0.437 1	0.401 9	0.341 1	0.291 0	0.249 5	0.214 9
6	0.506 6	0.455 6	0.432 3	0.410 4	0.370 4	0.334 9	0.275 1	0.227 4	0.189 0	0.158 0
7	0.452 3	0.399 6	0.375 9	0.353 8	0.313 9	0.279 1	0.221 8	0.177 6	0.143 2	0.116 2
8	0.403 9	0.350 6	0.326 9	0.305 0	0.266 0	0.232 6	0.178 9	0.138 8	0.108 5	0.085 4
9	0.360 6	0.307 5	0.284 3	0.263 0	0.225 5	0.193 8	0.144 3	0.108 4	0.082 2	0.062 8
10	0.322 0	0.269 7	0.247 2	0.226 7	0.191 1	0.161 5	0.116 4	0.084 7	0.062 3	0.046 2
11	0.287 5	0.236 6	0.214 9	0.195 4	0.161 9	0.134 6	0.093 8	0.066 2	0.047 2	0.034 0
12	0.256 7	0.207 6	0.186 9	0.168 5	0.137 2	0.112 2	0.075 7	0.051 7	0.035 7	0.025 0
13	0.229 2	0.182 1	0.162 5	0.145 2	0.116 3	0.093 5	0.061 0	0.040 4	0.027 1	0.018 4
14	0.204 6	0.159 7	0.141 3	0.125 2	0.098 5	0.077 9	0.049 2	0.031 6	0.020 5	0.013 5
15	0.182 7	0.140 1	0.122 9	0.107 9	0.083 5	0.064 9	0.039 7	0.024 7	0.015 5	0.009 9
16	0.163 1	0.122 9	0.106 9	0.093 0	0.070 8	0.054 1	0.032 0	0.019 3	0.011 8	0.007 3
17	0.145 6	0.107 8	0.092 9	0.080 2	0.060 0	0.045 1	0.025 8	0.015 0	0.008 9	0.005 4
18	0.130 0	0.094 6	0.080 8	0.069 1	0.050 8	0.037 6	0.020 8	0.011 8	0.006 8	0.003 9
19	0.116 1	0.082 9	0.070 3	0.059 6	0.043 1	0.031 3	0.016 8	0.009 2	0.005 1	0.002 9
20	0.103 7	0.072 8	0.061 1	0.051 4	0.036 5	0.026 1	0.013 5	0.007 2	0.003 9	0.002 1
21	0.092 6	0.063 8	0.053 1	0.044 3	0.030 9	0.021 7	0.010 9	0.005 6	0.002 9	0.001 6
22	0.082 6	0.056 0	0.046 2	0.038 2	0.026 2	0.018 1	0.008 8	0.004 4	0.002 2	0.001 2
23	0.073 8	0.049 1	0.040 2	0.032 9	0.022 2	0.015 1	0.007 1	0.003 4	0.001 7	0.000 8
24	0.065 9	0.043 1	0.034 9	0.028 4	0.018 8	0.012 6	0.005 7	0.002 7	0.001 3	0.000 6
25	0.058 8	0.037 8	0.030 4	0.024 5	0.016 0	0.010 5	0.004 6	0.002 1	0.001 0	0.000 5
26	0.052 5	0.033 1	0.026 4	0.021 1	0.013 5	0.008 7	0.003 7	0.001 6	0.000 7	0.000 3

续表

期数	12%	14%	15%	16%	18%	20%	24%	28%	32%	36%
27	0.046 9	0.029 1	0.023 0	0.018 2	0.011 5	0.007 3	0.003 0	0.001 3	0.000 6	0.000 2
28	0.041 9	0.025 5	0.020 0	0.015 7	0.009 7	0.006 1	0.002 4	0.001 0	0.000 4	0.000 2
29	0.037 4	0.022 4	0.017 4	0.013 5	0.008 2	0.005 1	0.002 0	0.000 8	0.000 3	0.000 1
30	0.033 4	0.019 6	0.015 1	0.011 6	0.007 0	0.004 2	0.001 6	0.000 6	0.000 2	0.000 1
35	0.018 9	0.010 2	0.007 5	0.005 5	0.003 0	0.001 7	0.000 5	0.000 2	0.000 1	*
40	0.010 7	0.005 3	0.003 7	0.002 6	0.001 3	0.000 7	0.000 2	0.000 1	*	*
45	0.006 1	0.002 7	0.001 9	0.001 3	0.000 6	0.000 3	0.000 1	*	*	*
50	0.003 5	0.001 4	0.000 9	0.000 6	0.000 3	0.000 1	*	*	*	*
55	0.002 0	0.000 7	0.000 5	0.000 3	0.000 1	*	*	*	*	*

附录 C

年金终值系数表

期数	1%	2%	3%	4%	5%	6%	7%	8%	9%	10%
1	1.000 0	1.000 0	1.000 0	1.000 0	1.000 0	1.000 0	1.000 0	1.000 0	1.000 0	1.000 0
2	2.010 0	2.020 0	2.030 0	2.040 0	2.050 0	2.060 0	2.070 0	2.080 0	2.090 0	2.100 0
3	3.030 1	3.060 4	3.090 9	3.121 6	3.152 5	3.183 6	3.214 9	3.246 4	3.278 1	3.310 0
4	4.060 4	4.121 6	4.183 6	4.246 5	4.310 1	4.374 6	4.439 9	4.506 1	4.573 1	4.641 0
5	5.101 0	5.204 0	5.309 1	5.416 3	5.525 6	5.637 1	5.750 7	5.866 6	5.984 7	6.105 1
6	6.152 0	6.308 1	6.468 4	6.633 0	6.801 9	6.975 3	7.153 3	7.335 9	7.523 3	7.715 6
7	7.213 5	7.434 3	7.662 5	7.898 3	8.142 0	8.393 8	8.654 0	8.922 8	9.200 4	9.487 2
8	8.285 7	8.583 0	8.892 3	9.214 2	9.549 1	9.897 5	10.260	10.637	11.029	11.436
9	9.368 5	9.754 6	10.159	10.583	11.027	11.491	11.978	12.488	13.021	13.580
10	10.462	10.950	11.464	12.006	12.578	13.181	13.816	14.487	15.193	15.937
11	11.567	12.169	12.808	13.486	14.207	14.972	15.784	16.646	17.560	18.531
12	12.683	13.412	14.192	15.026	15.917	16.870	17.889	18.977	20.141	21.384
13	13.809	14.680	15.618	16.627	17.713	18.882	20.141	21.495	22.953	24.523
14	14.947	15.974	17.086	18.292	19.599	21.015	22.551	24.215	26.019	27.975
15	16.097	17.293	18.599	20.024	21.579	23.276	25.129	27.152	29.361	31.773
16	17.258	18.639	20.157	21.825	23.658	25.673	27.888	30.324	33.003	35.950
17	18.430	20.012	21.762	23.698	25.840	28.213	30.840	33.750	36.974	40.545
18	19.615	21.412	23.414	25.645	28.132	30.906	33.999	37.450	41.301	45.599
19	20.811	22.841	25.117	27.671	30.539	33.760	37.379	41.446	46.019	51.159
20	22.019	24.297	26.870	29.778	33.066	36.786	40.996	45.762	51.160	57.275
21	23.239	25.783	28.677	31.969	35.719	39.993	44.865	50.423	56.765	64.003
22	24.472	27.299	30.537	34.248	38.505	43.392	49.006	55.457	62.873	71.403
23	25.716	28.845	32.453	36.618	41.431	46.996	53.436	60.893	69.532	79.543
24	26.974	30.422	34.427	39.083	44.502	50.816	58.177	66.765	76.790	88.497
25	28.243	32.030	36.459	41.646	47.727	54.865	63.249	73.106	84.701	98.347
26	29.526	33.671	38.553	44.312	51.114	59.156	68.677	79.954	93.324	109.18

续表

期数	1%	2%	3%	4%	5%	6%	7%	8%	9%	10%
27	30.821	35.344	40.710	47.084	54.669	63.706	74.484	87.351	102.72	121.10
28	32.129	37.051	42.931	49.968	58.403	68.528	80.698	95.339	112.97	134.21
29	33.450	38.792	45.219	52.966	62.323	73.640	87.347	103.97	124.14	148.63
30	34.785	40.568	47.575	56.085	66.439	79.058	94.461	113.28	136.31	164.49
40	48.886	60.402	75.401	95.026	120.80	154.76	199.64	259.06	337.88	442.59
50	64.463	84.579	112.80	152.67	209.35	290.34	406.53	573.77	815.08	1 163.9
60	81.670	114.05	163.05	237.99	353.58	533.13	813.52	1 253.2	1 944.8	3 034.8
期数	12%	14%	15%	16%	18%	20%	24%	28%	32%	36%
1	1.000 0	1.000 0	1.000 0	1.000 0	1.000 0	1.000 0	1.000 0	1.000 0	1.000 0	1.000 0
2	2.120 0	2.140 0	2.150 0	2.160 0	2.180 0	2.200 0	2.240 0	2.280 0	2.320 0	2.360 0
3	3.374 4	3.439 6	3.472 5	3.505 6	3.572 4	3.640 0	3.777 6	3.918 4	4.062 4	4.209 6
4	4.779 3	4.921 1	4.993 4	5.066 5	5.215 4	5.368 0	5.684 2	6.015 6	6.362 4	6.725 1
5	6.352 8	6.610 1	6.742 4	6.877 1	7.154 2	7.441 6	8.048 4	8.699 9	9.398 3	10.146
6	8.115 2	8.535 5	8.753 7	8.977 5	9.442 0	9.929 9	10.980	12.136	13.406	14.799
7	10.089	10.731	11.067	11.414	12.142	12.916	14.615	16.534	18.696	21.126
8	12.300	13.233	13.727	14.240	15.327	16.499	19.123	22.163	25.678	29.732
9	14.776	16.085	16.786	17.519	19.086	20.799	24.713	29.369	34.895	41.435
10	17.549	19.337	20.304	21.322	23.521	25.959	31.643	38.593	47.062	57.352
11	20.655	23.045	24.349	25.733	28.755	32.150	40.238	50.399	63.122	78.998
12	24.133	27.271	29.002	30.850	34.931	39.581	50.895	65.510	84.320	108.44
13	28.029	32.089	34.352	36.786	42.219	48.497	64.110	84.853	112.30	148.48
14	32.393	37.581	40.505	43.672	50.818	59.196	80.496	109.61	149.24	202.93
15	37.280	43.842	47.580	51.660	60.965	72.035	100.82	141.30	198.00	276.98
16	42.753	50.980	55.718	60.925	72.939	87.442	126.01	181.87	262.36	377.69
17	48.884	59.118	65.075	71.673	87.068	105.93	157.25	233.79	347.31	514.66
18	55.750	68.394	75.836	84.141	103.74	128.12	195.99	300.25	459.45	700.94
19	63.440	78.969	88.212	98.603	123.41	154.74	244.03	385.32	607.47	954.28
20	72.052	91.025	102.44	115.38	146.63	186.69	303.60	494.21	802.86	1 298.8
21	81.699	104.77	118.81	134.84	174.02	225.03	377.46	633.59	1 060.8	1 767.4
22	92.503	120.44	137.63	157.42	206.34	271.03	469.06	812.00	1 401.2	2 404.7
23	104.60	138.30	159.28	183.60	244.49	326.24	582.63	1 040.4	1 850.6	3 271.3
24	118.16	158.66	184.17	213.98	289.49	392.48	723.46	1 332.7	2 443.8	4 450.0
25	133.33	181.87	212.79	249.21	342.60	471.98	898.09	1 706.8	3 226.8	6 053.0
26	150.33	208.33	245.71	290.09	405.27	567.38	1 114.6	2 185.7	4 260.4	8 233.1
27	169.37	238.50	283.57	337.50	479.22	681.85	1 383.1	2 798.7	5 624.8	11 198
28	190.70	272.89	327.10	392.50	566.48	819.22	1 716.1	3 583.3	7 425.7	15 230

续表

期数	12%	14%	15%	16%	18%	20%	24%	28%	32%	36%
29	214.58	312.09	377.17	456.30	669.45	984.07	2 129.0	4 587.7	9 802.9	20 714
30	241.33	356.79	434.75	530.31	790.95	1 181.9	2 640.9	5 873.2	12 941	28 172
40	767.09	1 342.0	1 779.1	2 360.8	4 163.2	7 343.9	22 729	69 377	207 874	609 890
50	2 400.0	4 994.5	7 217.7	10 436	21 813	45 497	195 373	819 103	*	*
60	7 471.6	18 535	29 220	46 058	114 190	281 733	*	*	*	*

附录 D

年金现值系数表

期数	1%	2%	3%	4%	5%	6%	7%	8%	9%	10%
1	0.990 1	0.980 4	0.970 9	0.961 5	0.952 4	0.943 4	0.934 6	0.925 9	0.917 4	0.909 1
2	1.970 4	1.941 6	1.913 5	1.886 1	1.859 4	1.833 4	1.808 0	1.783 3	1.759 1	1.735 5
3	2.941 0	2.883 9	2.828 6	2.775 1	2.723 2	2.673 0	2.624 3	2.577 1	2.531 3	2.486 9
4	3.902 0	3.807 7	3.717 1	3.629 9	3.546 0	3.465 1	3.387 2	3.312 1	3.239 7	3.169 9
5	4.853 4	4.713 5	4.579 7	4.451 8	4.329 5	4.212 4	4.100 2	3.992 7	3.889 7	3.790 8
6	5.795 5	5.601 4	5.417 2	5.242 1	5.075 7	4.917 3	4.766 5	4.622 9	4.485 9	4.355 3
7	6.728 2	6.472 0	6.230 3	6.002 1	5.786 4	5.582 4	5.389 3	5.206 4	5.033 0	4.868 4
8	7.651 7	7.325 5	7.019 7	6.732 7	6.463 2	6.209 8	5.971 3	5.746 6	5.534 8	5.334 9
9	8.566 0	8.162 2	7.786 1	7.435 3	7.107 8	6.801 7	6.515 2	6.246 9	5.995 2	5.759 0
10	9.471 3	8.982 6	8.530 2	8.110 9	7.721 7	7.360 1	7.023 6	6.710 1	6.417 7	6.144 6
11	10.367 6	9.786 8	9.252 6	8.760 5	8.306 4	7.886 9	7.498 7	7.139 0	6.805 2	6.495 1
12	11.255 1	10.575 3	9.954 0	9.385 1	8.863 3	8.383 8	7.942 7	7.536 1	7.160 7	6.813 7
13	12.133 7	11.348 4	10.635 0	9.985 6	9.393 6	8.852 7	8.357 7	7.903 8	7.486 9	7.103 4
14	13.003 7	12.106 2	11.296 1	10.563 1	9.898 6	9.295 0	8.745 5	8.244 2	7.786 2	7.366 7
15	13.865 1	12.849 3	11.937 9	11.118 4	10.379 7	9.712 2	9.107 9	8.559 5	8.060 7	7.606 1
16	14.717 9	13.577 7	12.561 1	11.652 3	10.837 8	10.105 9	9.446 6	8.851 4	8.312 6	7.823 7
17	15.562 3	14.291 9	13.166 1	12.165 7	11.274 1	10.477 3	9.763 2	9.121 6	8.543 6	8.021 6
18	16.398 3	14.992 0	13.753 5	12.659 3	11.689 6	10.827 6	10.059 1	9.371 9	8.755 6	8.201 4
19	17.226 0	15.678 5	14.323 8	13.133 9	12.085 3	11.158 1	10.335 6	9.603 6	8.950 1	8.364 9
20	18.045 6	16.351 4	14.877 5	13.590 3	12.462 2	11.469 9	10.594 0	9.818 1	9.128 5	8.513 6
21	18.857 0	17.011 2	15.415 0	14.029 2	12.821 2	11.764 1	10.835 5	10.016 8	9.292 2	8.648 7
22	19.660 4	17.658 0	15.936 9	14.451 1	13.163 0	12.041 6	11.061 2	10.200 7	9.442 4	8.771 5
23	20.455 8	18.292 2	16.443 6	14.856 8	13.488 6	12.303 4	11.272 2	10.371 1	9.580 2	8.883 2
24	21.243 4	18.913 9	16.935 5	15.247 0	13.798 6	12.550 4	11.469 3	10.528 8	9.706 6	8.984 7
25	22.023 2	19.523 5	17.413 1	15.622 1	14.093 9	12.783 4	11.653 6	10.674 8	9.822 6	9.077 0
26	22.795 2	20.121 0	17.876 8	15.982 8	14.375 2	13.003 2	11.825 8	10.810 0	9.929 0	9.160 9

续表

期数	1%	2%	3%	4%	5%	6%	7%	8%	9%	10%
27	23.559 6	20.706 9	18.327 0	16.329 6	14.643 0	13.210 5	11.986 7	10.935 2	10.026 6	9.237 2
28	24.316 4	21.281 3	18.764 1	16.663 1	14.898 1	13.406 2	12.137 1	11.051 1	10.116 1	9.306 6
29	25.065 8	21.844 4	19.188 5	16.983 7	15.141 1	13.590 7	12.277 7	11.158 4	10.198 3	9.369 6
30	25.807 7	22.396 5	19.600 4	17.292 0	15.372 5	13.764 8	12.409 0	11.257 8	10.273 7	9.426 9
35	29.408 6	24.998 6	21.487 2	18.664 6	16.374 2	14.498 2	12.947 7	11.654 6	10.566 8	9.644 2
40	32.834 7	27.355 5	23.114 8	19.792 8	17.159 1	15.046 3	13.331 7	11.924 6	10.757 4	9.779 1
45	36.094 5	29.490 2	24.518 7	20.720 0	17.774 1	15.455 8	13.605 5	12.108 4	10.881 2	9.862 8
50	39.196 1	31.423 6	25.729 8	21.482 2	18.255 9	15.761 9	13.800 7	12.233 5	10.961 7	9.914 8
55	42.147 2	33.174 8	26.774 4	22.108 6	18.633 5	15.990 5	13.939 9	12.318 6	11.014 0	9.947 1
期数	12%	14%	15%	16%	18%	20%	24%	28%	32%	36%
1	0.892 9	0.877 2	0.869 6	0.862 1	0.847 5	0.833 3	0.806 5	0.781 3	0.757 6	0.735 3
2	1.690 1	1.646 7	1.625 7	1.605 2	1.565 6	1.527 8	1.456 8	1.391 6	1.331 5	1.276 0
3	2.401 8	2.321 6	2.283 2	2.245 9	2.174 3	2.106 5	1.981 3	1.868 4	1.766 3	1.673 5
4	3.037 3	2.913 7	2.855 0	2.798 2	2.690 1	2.588 7	2.404 3	2.241 0	2.095 7	1.965 8
5	3.604 8	3.433 1	3.352 2	3.274 3	3.127 2	2.990 6	2.745 4	2.532 0	2.345 2	2.180 7
6	4.111 4	3.888 7	3.784 5	3.684 7	3.497 6	3.325 5	3.020 5	2.759 4	2.534 2	2.338 8
7	4.563 8	4.288 3	4.160 4	4.038 6	3.811 5	3.604 6	3.242 3	2.937 0	2.677 5	2.455 0
8	4.967 6	4.638 9	4.487 3	4.343 6	4.077 6	3.837 2	3.421 2	3.075 8	2.786 0	2.540 4
9	5.328 2	4.946 4	4.771 6	4.606 5	4.303 0	4.031 0	3.565 5	3.184 2	2.868 1	2.603 3
10	5.650 2	5.216 1	5.018 8	4.833 2	4.494 1	4.192 5	3.681 9	3.268 9	2.930 4	2.649 5
11	5.937 7	5.452 7	5.233 7	5.028 6	4.656 0	4.327 1	3.775 7	3.335 1	2.977 6	2.683 4
12	6.194 4	5.660 3	5.420 6	5.197 1	4.793 2	4.439 2	3.851 4	3.386 8	3.013 3	2.708 4
13	6.423 5	5.842 4	5.583 1	5.342 3	4.909 5	4.532 7	3.912 4	3.427 2	3.040 4	2.726 8
14	6.628 2	6.002 1	5.724 5	5.467 5	5.008 1	4.610 6	3.961 6	3.458 7	3.060 9	2.740 3
15	6.810 9	6.142 2	5.847 4	5.575 5	5.091 6	4.675 5	4.001 3	3.483 4	3.076 4	2.750 2
16	6.974 0	6.265 1	5.954 2	5.668 5	5.162 4	4.729 6	4.033 3	3.502 6	3.088 2	2.757 5
17	7.119 6	6.372 9	6.047 2	5.748 7	5.222 3	4.774 6	4.059 1	3.517 7	3.097 1	2.762 9
18	7.249 7	6.467 4	6.128 0	5.817 8	5.273 2	4.812 2	4.079 9	3.529 4	3.103 9	2.766 8
19	7.365 8	6.550 4	6.198 2	5.877 5	5.316 2	4.843 5	4.096 7	3.538 6	3.109 0	2.769 7
20	7.469 4	6.623 1	6.259 3	5.928 8	5.352 7	4.869 6	4.110 3	3.545 8	3.112 9	2.771 8
21	7.562 0	6.687 0	6.312 5	5.973 1	5.383 7	4.891 3	4.121 2	3.551 4	3.115 8	2.773 4
22	7.644 6	6.742 9	6.358 7	6.011 3	5.409 9	4.909 4	4.130 0	3.555 8	3.118 0	2.774 6
23	7.718 4	6.792 1	6.398 8	6.044 2	5.432 1	4.924 5	4.137 1	3.559 2	3.119 7	2.775 4
24	7.784 3	6.835 1	6.433 8	6.072 6	5.450 9	4.937 1	4.142 8	3.561 9	3.121 0	2.776 0
25	7.843 1	6.872 9	6.464 1	6.097 1	5.466 9	4.947 6	4.147 4	3.564 0	3.122 0	2.776 5
26	7.895 7	6.906 1	6.490 6	6.118 2	5.480 4	4.956 3	4.151 1	3.565 6	3.122 7	2.776 8

续表

期数	12%	14%	15%	16%	18%	20%	24%	28%	32%	36%
27	7.942 6	6.935 2	6.513 5	6.136 4	5.491 9	4.963 6	4.154 2	3.566 9	3.123 3	2.777 1
28	7.984 4	6.960 7	6.533 5	6.152 0	5.501 6	4.969 7	4.156 6	3.567 9	3.123 7	2.777 3
29	8.021 8	6.983 0	6.550 9	6.165 6	5.509 8	4.974 7	4.158 5	3.568 7	3.124 0	2.777 4
30	8.055 2	7.002 7	6.566 0	6.177 2	5.516 8	4.978 9	4.160 1	3.569 3	3.124 2	2.777 5
35	8.175 5	7.070 0	6.616 6	6.215 3	5.538 6	4.991 5	4.164 4	3.570 8	3.124 8	2.777 7
40	8.243 8	7.105 0	6.641 8	6.233 5	5.548 2	4.996 6	4.165 9	3.571 2	3.125 0	2.777 8
45	8.282 5	7.123 2	6.654 3	6.242 1	5.552 3	4.998 6	4.166 4	3.571 4	3.125 0	2.777 8
50	8.304 5	7.132 7	6.660 5	6.246 3	5.554 1	4.999 5	4.166 6	3.571 4	3.125 0	2.777 8
55	8.317 0	7.137 6	6.663 6	6.248 2	5.554 9	4.999 8	4.166 6	3.571 4	3.125 0	2.777 8

参考文献

[1] 詹姆斯·C. 范霍恩，小约翰·M. 瓦霍维奇. 现代企业财务管理（第十一版）[M]. 北京：经济科学出版社，2002.
[2] 财政部会计资格评价中心. 财务管理[M]. 北京：经济科学出版社，2021.
[3] 中国注册会计师协会. 财务成本管理[M]. 北京：中国财政经济出版社，2021.
[4] 荆新，王化成，刘俊彦. 财务管理学[M]. 8 版. 北京：中国人民大学出版社，2020.
[5] 张玉英. 财务管理[M]. 6 版. 北京：高等教育出版社，2019.
[6] 张文华. 企业财务管理（微课版）[M]. 北京：人民邮电出版社，2021.
[7] 马元兴. 企业财务管理[M]. 4 版. 北京：高等教育出版社，2021.
[8] 孔德兰，许辉. 财务管理：原理、实务、案例、实训[M]. 4 版. 大连：东北财经大学出版社，2019.
[9] 张勋阁. 公司理财实务[M]. 4 版. 大连：东北财经大学出版社，2020.
[10] 郭素娟. 财务管理[M]. 4 版. 北京：中国财政经济出版社，2019.
[11] 靳磊. 财务管理实务[M]. 5 版. 北京：高等教育出版社，2021.
[12] 徐健顺，李志华. 中华优秀传统文化[M]. 青岛：青岛出版社，2018.